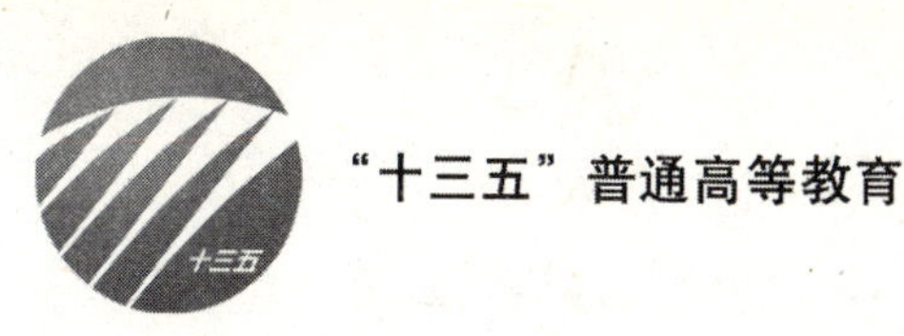

"十三五"普通高等教育本科部委级规划教材

应用统计学

陈 磊◎主编

国家一级出版社 中国纺织出版社 全国百佳图书出版单位

内容提要

统计学在现代科学和日常生活中的应用十分广泛。得益于信息技术的飞速发展，大量的数据可以被记录和保存下来。如何更有效地使用这些数据？如何从纷杂的数据中累积经验？如何通过丰富的数据进行验证假设？这些问题直接影响了个人的认知高度。本教材主要面向管理专业学生，由浅入深，内容涵盖了描述统计、参数估计、假设检验、方差分析、时间序列等现代统计学核心的方法，分别介绍了抽样、样本分布、假设检验、方差分析等重要的统计学概念，再结合案例和实际操作强化了对概念的理解，更积累了处理和分析类似问题的经验。本教材引入了案例思考形式的问题，把问题留给学生，让学生设身处地去思考对策。本教材强化了专业统计软件的操作，注重培养学生使用工具解决问题的能力。本教材还配有微信公众号和微视频讲解，欢迎得到广大学生和教师的关注和订阅。

图书在版编目（CIP）数据

应用统计学 / 陈磊主编．—北京：中国纺织出版社，2018. 3

"十三五"普通高等教育本科部委级规划教材

ISBN 978-7-5180-4113-8

Ⅰ．①应…　Ⅱ．①陈…　Ⅲ．①应用统计学—高等学校—教材　Ⅳ．①C8

中国版本图书馆 CIP 数据核字（2017）第 232474 号

策划编辑：曹炳镝　　责任印制：储志伟

中国纺织出版社出版发行

地址：北京市朝阳区百子湾东里 A407 号楼　邮政编码：100124

销售电话：010-67004422　传真：010-87155801

http://www.c-textilep.com

E-mail: faxing@c-textilep.com

中国纺织出版社天猫旗舰店

官方微博 http://weibo.com/2119887771

三河市宏盛印务有限公司印刷　各地新华书店经销

2018 年 3 月第 1 版第 1 次印刷

开本：710 毫米 ×1000 毫米　1/16　印张：22

字数：325 千字　定价：48.00 元

凡购本书，如有缺页、倒页、脱页，由本社图书营销中心调换

高等院校“十三五”部委级规划教材经济管理类编委会

石　涛：山西大学经济与工商管理学院副院长、教授、博导

王核成：杭州电子科技大学管理学院院长、教授、博导

王进富：西安工程大学管理学院院长、教授、硕导

王若军：北京经济管理职业学院院长、教授

乌丹星：国家开放大学社会工作学院执行院长、教授

吴中元：天津工业大学科研处处长、教授

夏火松：武汉纺织大学管理学院院长、教授、博导

张健东：大连工业大学管理学院院长、教授、硕导

张科静：东华大学旭日工商管理学院副院长、教授、硕导

张芝萍：浙江纺织服装职业技术学院商学院院长、教授

赵开华：北京吉利学院副校长、教授

赵志泉：中原工学院经济管理学院院长、教授、硕导

朱春红：天津工业大学经济学院院长、教授、硕导

PREFACE | 前 言

人类社会进步的源动力是知识的积累。哲学中的经验主义（Empiricism）学派指的就是人类的知识主要来自感知经历，通过经历的累积凝结成了知识。这种经验主义获取知识的过程正是符合统计学收集数据，分析数据，解释数据从而累积为经验和知识的逻辑过程。可以说统计学是人类获取知识和积累知识的重要手段，正因为在漫漫历史长河中人类不断趋利避害，积累经验才成就了今天的辉煌。

随着科技的不断进步，“大数据”“互联网 +”等理念不断融入日常生活中，数据收集过程正以前所未有的速度大幅跃进，数据的数量倍增，质量也更有保障。另外，随着计算机技术的发展，数据分析也取得了长足的进步，新版本的统计软件可以在很短的时间内处理更多更复杂的统计计算，阻碍统计学发展的瓶颈被一一突破。如今，数据处理与分析已经成为现代社会不可或缺的技能，无论在经济规划、科学研究还是在商业发展、日常生活中，数据分析技术已经广泛渗透至各个领域。

本书迎合了信息化时代的特点，旨在从实际统计软件操作出发，提高同学的应用和分析能力。编者希望同学们通过本书的学习掌握多种统计学分析方法，并学会运用软件更科学更有效地分析、解释各种现象，进而可以用所学的方法解决实际问题，学以致用。编者更希望同学在信息爆炸的未来掌握信息数据筛选、处理、分析、凝练的手段，让这些信息数据为我所用，通过信息的分析辨认真伪，避免在信息浪潮中随波逐流，迷茫失措。

本书主要面向管理专业学生。教材的编写主要遵循三个原则：第一，从实践中学习。本课程大幅度加强软件操作的讲解，理想的上课环境是计算机房或者学生自带电脑。第二，语言精练。对复杂的概念逻辑精练归纳，尽量用简明达意的语言讲述。第三，鼓励学生思考。教材引入大量案例思考形式的问题，把问题留给学生，让学生设身处地去思考对策。本书与其他统计学教材相比有三个特色：

第一，软件多样化。与其他重理论、轻实践的教材相比，本书提供了大量软件操作练习题。这些软件包括 SPSS，Excel 统计分析库，MiniTab，R 语言等。其中 R 语言作为免费的开源软件更适合学生获取。丰富的插件，完善的功能和全球范围的沟通支持平台也促使 R 语言突飞猛进，成为全球主流的统计开发语言。为此本书特用一个章节介绍 R 语言的操作和应用。由于本书加入了大量的软件操作内容，编者更推荐在计算机房等环境下使用本书授课，这样可以获得更佳的学习效果。

第二，注重思考和解释。本书与一般的统计学教材不同，不再以公式和计算作为学习重点，对于类似公式推导、例题演算等笔算内容点到为止。本书更侧重于培养学生统计建模能力和对结果分析、解释的能力。其原因是人类笔算能力十分有限，处理数据量略大的计算时耗时耗力，而且容易出错，而这些计算工作完全可以交给计算机软件处理，过程便捷，结果精确。编者也期望学生将学习的重心放在思考问题和解决问题上，不需要在背公式和计算上耽误精力。

第三，解决问题。本书中列举大量实际问题，以例题和案例等形式出现。其目的是让学生直接面对真实的问题，运用所学的方法解决问题，思考分析结果，进而寻求更佳的解决方案。这些案例中使用的数据大部分是真实数据，与其他教材中凑变量、代公式的模式完全不同。通过这种案例形式的解决问题培训，学生可以更好地掌握所学的知识，在未来生活中用所学的方法建立统计模型，分析并解决问题。

这套教材由东华大学旭日工商管理学院统计学教研组主编。本书还配有微信公众号和微视频讲解，欢迎广大学生和教师关注和订阅。如有疑问也可以在微信公众号中提出，编者会尽量回答。编者水平有限，书中错误和疏漏在所难免，敬请同学和老师提出宝贵意见，编者一定认真听取并作改进和修订。

感谢同学和老师采用本书，感谢出版社的大力支持。

陈磊、王满、王维红
2016 年于东华大学

CONTENTS | 目　录

第一章　绪论

第二章　数据搜集和预处理

第三章　数据探索和特征描述

第四章　参数估计

第五章　假设检验

第六章 方差分析

第七章 线性回归分析方法及其软件实现

第八章 非线性回归模型

第九章 时间序列分析

第十章　统计指数

附 录

第一章　绪论

【本章学习目标】

1. 理解统计学的含义
2. 理解描述统计和推断统计
3. 了解统计学的应用领域
4. 了解数据的类型
5. 理解统计中的几个基本概念

【引导案例】

第一财经（CBN）是中国非常有影响力、品种较完整的财经媒体集团，隶属于中国第二大传媒集团——上海东方传媒集团（SMG）。

第一财经拥有第一财经电视、第一财经日报、第一财经广播、第一财经周刊、第一财经网站、第一财经研究院，并在积极探索数字媒体业务（如无线业务）和金融商业信息服务业务（如实时财经新闻业务和数据库业务）。第一财经致力于为中国广大投资者和商界、经济界人士，以及全球华人经济圈提供实时、严谨、高质的财经新闻，打造具有公信力和强大影响力的全媒体金融与商业信息服务集团。

第一财经金融价值榜（CFV）利用第一财经专业财经资讯平台优势，集聚智库和专家合力，权威客观反映中国金融行业公司和产品价值，打造在学术界、商业界和媒体界具有影响力的金融价值评估标准，提供具有行业权威性及导向性的竞争力排名榜单。

“第一财经金融价值榜”在上海启动，每年评选经过 3 个多月的调研、面访，于 11 月进行数据汇总统计，公布最终榜单和报告，并同期举办“第一财经年会”。第一财经特邀中国社会科学院金融研究所，并依托第一财经研究院，借鉴国内外优秀的研究体系，结合中国金融行业的特点，共同制定了符合中国国情发展现状、具有一定研究价值和中国特色的金融价值研究模型，并在此基础上开展“第一财经金融价值榜”评选活动。

评选指标主要分为客观指标和主观指标两部分，并按照每个奖项的特性设置一定的加权比例。客观指标数据通过数据搜集、问卷调查、新闻跟踪得出。而主观指标则主要通过第一财经专业团队评分和专家顾问委员会评分等方式得出。

CFV 还将邀请中国知名经济学家和金融研究人员组成专家顾问委员会，参与评选体系的制定和主观指标的评定，并为评选过程提供谋划、指导与监督。

在上述案例中需要调研和分析许多数据，比如金融公司的资产规模、产品种类、盈利能力、风险状况等变量数据。本章介绍统计学中的基本概念，讨论可用于统计分析的数据类型，并说明如何取得这些数据。我们还将介绍描述统计和推断统计，它们是将数据转化为有意义的且易于解释的统计信息的方法。

第一节　统计学与统计数据

一、统计数据（data）

我们知道，统计学是通过对统计数据进行分析来发现统计规律的一门学科。在日常工作和生活中，我们经常看到媒体上的各种报道中有很多数据，例如：

2015 年 7 月 14 日（周二）收盘，沪指跌 1.16%，报收 3924.49 点，成交金额 8301 亿元。金融、运输设备、建筑和资源类股票拖累大盘，券商板块领跌；其中，华泰证券、中国中车、中煤能源和中国交建跌幅居首；

据彭博新闻社调查得到的分析师预估中值，2015 年中国第二季度经济同比增幅为 6.8%，低于第一季度 7% 的同比增速；

中国人民银行授权中国外汇交易中心公布，2015 年 5 月 28 日银行间外汇市场人民币汇率中间价为：1 美元对人民币 6.1202 元，1 欧元对人民币 6.6882 元，100 日元对人民币 4.9619 元，1 港元对人民币 0.78912 元，1 英镑对人民币 9.4148 元，1 澳大利亚元对人民币 4.7456 元，1 新西兰元对人民币 4.4501 元，1 新加坡元对人民币 4.5459 元，1 加拿大元对人民币 4.9150 元，人民币 1 元对 0.58642 林吉特，人民币 1 元对 8.4000 俄罗斯卢布……

有时，为了研究某一问题，我们也常常通过调查或实验得到各种统计数据，如消费调查中消费者的年龄、性别、收入、文化程度、消费金额……企业效益调查中企业规模、企业类型、所属行业，销售收入、利润总额、销售利润率、资产总额……纺织品特性实验中的洗涤方式、洗涤水温、缩水率……这些都是统计数据。

统计数据不仅仅是数值型和分类型数据，也包括文字型数据、音频数据、图像数据以及文本数据等。特别是在当前大数据时代背景下，数据的体量、传播速度、非结构化数据的比例都急速增加，与传统的数据的有了质的变化，这给传统的统计分析提出了很大的挑战，也给统计学的发展提供了空前的机遇。目前，文本挖掘、关联分析、决策树等数据挖掘方法都日益得到越来越多的应用。

二、统计学（statistics）

观察和统计是我们认识世界的重要途径。在很多自然和社会现象中，我们往往是首先通过大量的观察和统计，发现某种现象存在一定的规律，进而由相关学科去揭示这些规律存在的原因，这样逐步去认识这个世界的。当然，有时候人们观察统计到的现象也有可能是“伪”的，这就需要进一步用统计方法去检验，或者用专业知识去证明这些现象并不是科学规律而是一种错觉，这也使得我们对世界的认识更加深刻。

科学的统计方法还能够使我们智慧地解读我们身边的数据和信息。在我们日常的生活中，每天都充斥着大量的信息，哪些信息是“真”的？哪些信息是“假”的？怎样解释身边的信息或数据？你是否常常会错误地解读数据呢？以下就是几个常见的错误地解释数据的例子：

（1）某年 5 月投放了某种冰淇淋广告，在接下来的三个月中，冰淇淋的销售额增加了 30%，因此，该广告效果非常好。

在这个例子中，对数据的解读显然是不合理的。因为不管是否投放广告，冰淇淋的销售额在 6 月、7 月、8 月通常都会增加，这是一种由天气变化导致的效应。人们却把这个结果解释成广告的影响，而事实上，这个结果是受时间 t 的影响。

（2）城市的教堂越多，犯罪案件也越多，因此，教堂数量增加导致犯罪案件的增加。

在这个例子中，对数据的解读显然也是不合理的。事实上，在大城市里，是第三个变量（人口）的增加，导致教堂和案件数量同时都增加，这种情形称为第三变量问题。然而，人们却解释为教堂数量和案件数量这两个变量之间存在某种关系，而没有认识到两个变量同时受第三个变量影响。

（3）如今，不同种族之间通婚的比例比 25 年前增加了 75%，因此，我们的社会已经接受了不同种族之间的通婚。

显然，这种数据解读也是不合理的。事实上，当前不同种族的通婚率是多少我们不知道，我们没有所需要的全部信息。假定 25 年前异族通婚率为 1%，那么当前的通婚率只有 1.75%，根据这个比率很难做出人们接受异族通婚的结论。再者，不排除在这些年中，异族通婚率存在波动，现在也不是最高的，也不能认为人们不接受异族通婚，所以，这条数据给我们的信息并不完整。

统计方法可以帮助我们更加清晰地理解身边的信息，更加准确地理解这个世界。统计分析的目的就是通过科学地搜集和分析数据，找到规律，正确认识世界。统计学是研究在数据分析中，如何更加科学地收集、整理、展示、分析和解释数据，以发现统计规律的一门方法论学科。

什么是统计规律呢？统计规律是人们通过大量观察和实践，得到的一些经验规律。以下是一些有趣的统计规律的例子：

（1）正常条件下新生婴儿的男女性别比并不是 1∶1，而是大约为 100∶100 到 107∶100。

（2）众所周知，投掷一枚均匀骰子，出现 1～6 点的频率各为 1/6。但是，一般情况下，一枚骰子是不可能完全质地均匀的，各点出现的概率也是不同的。因此，你可以通过大量投掷骰子，得到某个骰子各个点出现的不同概率。这个统计规律可能会帮你在博彩中赚钱。

（3）看云识天气。农民在日复一日的劳作中，早就发现了云彩与天气的关系，并总结出很多农业谚语，如“云彩向东一阵风，云彩向西批蓑衣，云彩向南雨连连，云彩向北一阵黑。”……

（4）有人做过统计：女性眨眼次数大约是男性的两倍。

（5）老师普遍有这样的经验：坐在前面的学生平均成绩高于坐在后排的学生。

（6）根据国外某个调查的结果：左撇子寿命低于右撇子大约 7 年。

（7）各国发展的实践表明：一个经济体的人均收入达到世界中等水平（人均 GDP 在 4000～12700 美元的阶段）后，由于不能顺利实现发展战略和发展方式转变，会陷入“中等收入陷阱”，导致新的增长动力特别是内生动力不足，经济长期停滞不前；同时，快速发展中积聚的问题集中爆发，造成贫富分化加剧、产业升级艰难、城市化进程受阻、社会矛盾凸显等。

对于上述统计规律，你认同吗？根据你的人生经验，你又观察到过哪些有趣的规律呢？怎样去检验这些规律是否成立呢？

如果用统计学去研究上述统计规律是否成立，就需要确定：搜集什么数据来分析这个问题？采用什么方法搜集数据？怎样根据所搜集的数据的特点，选择恰当的分析方法？应如何解释数据分析的结果？怎样做统计检验？等等。这些都需要科学的统计学方法进行指导。用不同的数据、采用不同方法进行分析，都有可能会得出不同的结论。例如，在对各个地区产业竞争力进行评价和排名时，选择不同的变量会得到不同的评价结果；又如，高校录取学生时，是根据高考的原始分数还是标准分也会有不同的录取结果；再如，当数据存在高度相关性时，直接采用全部数据作为影响因素进行回归分析，会造成分析结果失效。因此，搜集什么数据、怎样搜集、怎样展示数据、怎样建立既简洁又准确的统计分析模型，怎样解释分析结果，都是统计学的研究范畴。

三、统计研究的过程

一般认为，研究建立统计理论的分支称为理论统计学。例如，数理统计学，其研究方法与数学类似，主要是逻辑推理。研究统计方法的实际应用的分支称为应用统计学，应用统计学的研究方法主要是归纳（抽取），应用统计学的特点就是通过对大量数据的观察统计，归纳得到统计规律。统计研究过程大致包括以下环节：

（一）统计设计

与生产其他产品类似，进行统计分析之前也先要进行统计设计。包括对研究问题的定义、搜集什么数据、数据的搜集方法与搜集过程、分析方法与分析过程，甚至人员、经费预算等都要考虑清楚。统计的研究对象往往具有随机性、群体性、数量性。例如，顾客在某服务系统接受服务的等待时间是随机的、数量性的，多个顾客构成群体。

（二）搜集、整理和描述数据

在这个环节，可以用问卷调查、实验等方法，通过线上、线下等途径搜集数据；用数据清洗、预处理、统计分组等方法整理数据；用各种统计图、统计表以及描述统计量如均值、标准差等描述数据的主要特征，目的是使数据更准确、简洁，以发现数据基本特征。

（三）数据分析和结果解释

在这个环节，可以对经过整理的统计数据进行更加深入的分析。如果数据是样本数据，可以利用参数估计或假设检验方法对总体特征进行推断；也可用利用相关分析、回归分析或者方差分析方法研究变量之间的关系；如果数据是纵向数据，可以用时间序列分析、指数分析方法分析事物的发展趋势等。如果需要进行变量缩减，可以用主成分分析和因子分析方法；对于面板数据，也有专门的分析方法，等等。

（四）统计数据的开发与利用

在这个环节，可以直接利用统计分析的结果进行辅助决策，也可以对数据进行二次开发和利用，比如利用因子分析的结果进一步进行综合评价等。

统计研究过程是一个从实际问题出发，最后回到实际问题的循环过程，见图 1-1。

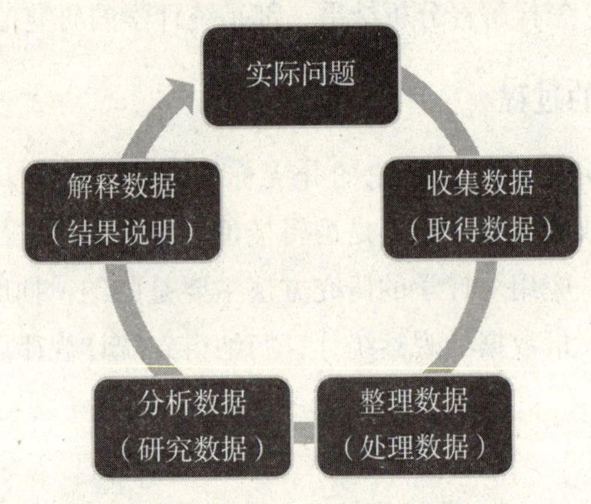

图 1-1　统计研究的循环过程

统计学是一门方法论学科，统计分析方法应用于对各个学科内容的分析，就是相应的专业统计学。常见的有管理统计学、经济统计学、医药统计学、气象统计学、卫生统计学、工程统计学等。

四、统计学的产生和发展

当今的应用统计学是由三个源头汇总而成的，一是宏观经济统计，以英国威廉·配第的《政治算术》为标志；二是人口统计，以英国的约翰格朗特《关于死亡表的自然观察与政治观察》为标志；三是古典概率论，以古典概率理论的形成为标志。

统计学的发展大致经过了从描述统计学到推断统计学再到现代统计学三个阶段。

（一）描述统计

描述统计（descriptive statistics）研究数据收集、整理和描述的统计学分支，其主要内容是搜集数据、整理数据、展示数据和对数据进行描述性分析。描述统计的目的是描述数据特征并找出数据的基本规律。比如，为了研究某城市居民对住房面积与住房满意程度的情况，研究者收集了数据，并总结如图1–2所示。我们可以很快得到结论，对住房满意的人群其现住面积还是人均面积，都高于不满意人群。也就意味着住房的面积很可能影响到人们对住宅的满意程度。

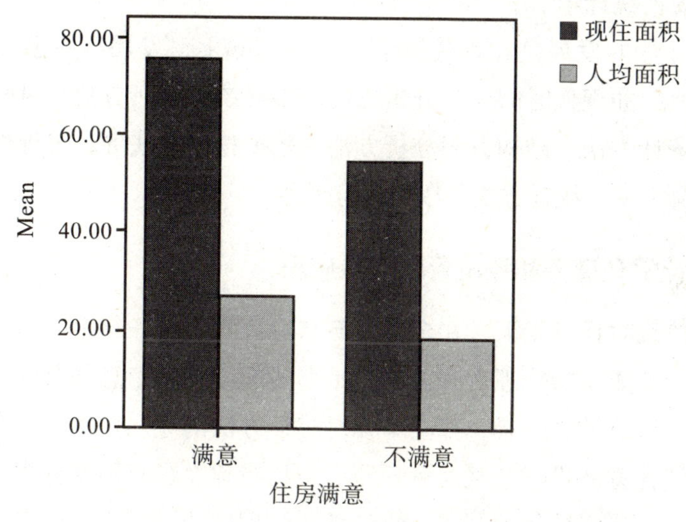

图 1–2 描述统计的内容

（二）推断统计

推断统计（inferential statistics）是在描述统计的基础上，研究如何利用样本数据来推断总体特征的统计学分支，参数估计方法和假设检验方法推断统计的两大基本内容，在此基础上，又进一步延伸出一些其他推断统计方法。推断统计的核心思想是了解学习总体的特性，从总体中抽取出样本，通过对于样本的某种属性的学习掌握规律，从而推断总体也具有这种规律，如图 1–3 所示。当然，推断统计学和描述统计学不是割裂开来的，推断统计也是在对样本数据进行描述的基础上进行推断的，另外，如果是掌握普查数据（总体数据），就不需要推断统计了。

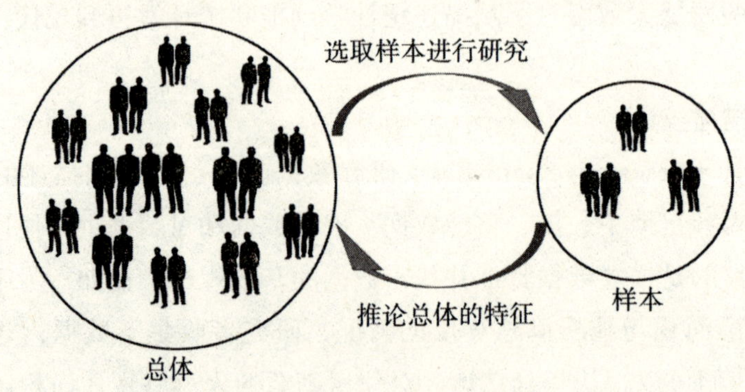

图 1-3 推断统计的内容

（三）现代统计学

现代统计学的发展是在现代数学发展的基础上，发展出一系列更加多元化的统计方法，如现代时间序列分析方法、多元统计分析方法、贝叶斯统计方法、非参数统计方法、结构方程分析方法、数据挖掘方法等。统计学一直是发展最快的学科之一。统计方法可以说无穷无尽。

五、统计学在商务和经济管理中的应用

在当今信息时代背景下，在全球商务与经济背景中，每个人都可以获取大量统计信息，最成功的管理者和决策者是那些能够理解信息并有效利用信息的人。不管哪个行业的管理者，都离不开对统计方法的应用。例如，在经济领域中可以应用统计方法进行宏观经济预测、公司绩效及影响因素分析、股票价格分析与预测、经济指数的编制等；统计学在管理中的应用也有很多，如可将统计方法应用于财务分析、抽样审计等；在工业管理领域统计方法可以应用于产品质量控制；在人力资源管理方面统计方法可应用于业绩考核；在市场营销管理方面统计方法可应用于市场分析、消费者偏好分析、营销策略选择等。下面进一步举例说明统计学在商务与经济中的应用。

（一）市场营销

条形码扫描已经广泛用于为各种营销调研收集数据。数据公司从商店购买POS扫描数据，经过加工处理，进行统计汇总后再出售给制造商。制造商也购买特价销售和利用店内陈列品等促销活动的数据，以及统计研究报告。产品品

牌经理可以查看扫描资料和促销活动统计资料，从而能更好地理解促销活动和销售额之间的关系。这样的分析对市场营销策略的制定非常有意义。

（二）生产质量控制

质量是当今产品的生命，质量管理图也是统计学的一项重要应用。在生产过程中，由多种统计质量管理图用于监测生产过程的产出。当检测变量不超过控制上限或下限，说明生产过程处于“受控”状态，反之，则说明生产过程必须进行调整和修正。

（三）经济学

为了进行经济或者管理决策，需要对未来宏观经济或其某一方面发展作出预测。经济学家在进行预测时需要用到各种统计信息和统计方法。例如，在预测通货膨胀率时，需要利用生产者价格指数、失业率、制造业开工率等经济指标的统计信息，这些指标往往要作为预测变量输入到预测通货膨胀率的数学模型中。

（四）财务分析

财务顾问利用各种各样的统计信息进行投资决策指导。在股票市场中，财务顾问利用统计分析方法，综合分析市盈率和股息等方面的财务数据，通过将单只股票和股票市场平均状况进行对比，就可以得出某一只股票的价值是被高估还是被低估的结论，这一信息将和其他信息一起帮助财务顾问做出买入、卖出或是持股的建议。

（五）审计

会计师事务所在对其客户进行审计时，由于账户数量或者交易数量太多，常常需要使用统计抽样方法，进行抽样审计。一般的做法是，审计人员从若干账户或者若干笔交易中利用某种抽样方法抽取一个子集作为样本，进行审计，然后使用统计方法做出是否接受审计结果的结论。

以上这些例子只是统计学方法在商务与经济中应用的一部分内容，除此之外，在人力资源管理、物流管理、信息管理等各个方面统计学都是非常重要的分析方法。总之，统计学是一门方法论学科，是数据分析的工具，统计分析结果是决策的重要参考。

第二节 统计学中的基本概念

一、总体和样本

总体（population）是所研究的全部个体（元素 element）的集合。样本（sample）是从总体中抽取的一部分个体的集合。构成总体的个体数目称为总体容量（population size），通常用 N 表示；构成样本的个体数目称为样本容量（sample size），通常用 n 表示。按照总体容量是否有限，总体可以分为有限总体和无限总体。对于无限总体，放回抽样和不放回抽样是无差别的，对于有限总体则不然。一般情况下，如果总体容量相对于样本容量来说非常大，就可以近似认为是无限总体。

二、参数和统计量

总体参数（parameter）是描述总体特征的一个常数，简称参数。例如，总体均值（μ）、标准差（σ）、总体比例（π）等都是参数，总体参数通常用希腊字母表示。

样本统计量（statistic）简称统计量，是描述样本特征的随机变量，是样本的函数且不包含总体中的未知参数。常用的统计量主要有样本均值（$\bar{x}$）、样本标准差（s）、样本比例（p）等。样本统计量通常用小写英文字母表示。

在抽取样本完成后，统计量的值就可以计算得出推断统计方法是用样本特征推断总体特征的方法，亦即用样本统计量推断总体参数的方法。

三、数据的类型

在一般的统计学范畴中，数据主要分为两类：数值型数据和分类型数据。

（一）数值型数据

数值型数据（numericaldata）是对事物的精确测度，结果表现为具体的数值。例如，产值、利润、人口数、身高、体重都是数值型的数据。

数值型数据是最常见的数据。时间、角度、压力等都可以用具体的数值型数据表示。数值型数据可进一步分成间隔尺度的数据（interval scale data）和比率尺度的数据（ratio scale data）两类。如果数据没有绝对零点，则这种变量的测量尺度是间隔尺度，比如，温度就是间隔尺度数据，学术能力评估测试

（SAT）的分数也是间隔尺度数据。间隔尺度的数据没有绝对的零点，如摄氏温度与华氏温度规定的零度不是同一个温度，SAT 成绩没有零分。两个间隔尺度的数据的差值是有意义的，但是比值没有意义。例如，按照摄氏温度，A 房间温度是 B 房间的两倍。

如果数据具有间隔尺度数据的所有性质，并且两个数值之比是有意义的，则这种测量结果是比率尺度的数据，如距离、高度、重量、时间、人口等变量都是比率尺度的数据。比率尺度数据的特点是有一个绝对零值，变量取零值时表示什么都不存在。

此外，数据还可以按照时间状况分为截面数据（cross-sectional data）和时间序列数据（time series data）。截面数据是在相同或近似相同的时间点上收集的数据，描述现象在某一时间不同主体的情况。比如，2005 年我国各地区的国内生产总值数据就是截面数据。时间序列数据是在不同时间上收集到的同一主体、同一变量的数据，用来描述现象随时间变化的情况，比如，2000～2005 年我国国内生产总值数据就是时间序列数据。

（二）分类型数据

分类型数据（categorical data）的值一般作为标签使用，没有具体的数学意义。可以利用数值型数据，对一组人进行性别编码。将性别为女性定义为 0，男性定义为 1。此时 0 和 1 并没有数学意义，并不代表 1 是 0 的无穷大倍数。编码也可相反，将男性定义为 0，女性为 1，并不存在逻辑错误。这里 0 和 1 只是编码的标签，用来区分不同的类别。

分类变量不仅可以对“男女”“是否”“赞成反对”等二分变量进行编码，也可以对多分类的变量进行编码。比如，婚姻状况就存在多种情况，可以用数值 1 至 5 分别代表“单身”“已婚”“离异”“丧偶”“再婚”。同样，在这种编码中，5“再婚”并不代表是 1“单身”的五倍。这种不具有排序意义的分类数据也被称为“标签尺度”（nominalscales）。

另一种分类数据是具有排序意义的，比如，学位等级“博士”“硕士”“学士”；学校中的年级分类“高一”“高二”“高三”；体育比赛中体重等级分类；飞机舱位分类等。这些具有排序意义的分类称为“排序标尺”（ordinal scales）。

分类数据在研究中非常有用，比如，用动物实验验证某种药物的抗病毒作用，科学家通常会将小鼠分为两组，一组注射药物，标记为 1。另一组不注射药物，标记为 0。然后观察病毒的感染情况，从而判断药物的对抗病毒功效。

第三节　常用统计软件介绍

常用的统计分析软件有 SAS、SPSS、MiniTab、STATISTICA、R、E-VIEWS 等，另外，Excel 中也有许多统计功能。本书主要介绍 SPSS 软件，书中的分析过程主要采用 SPSS22.0 实现。

一、SPSS 软件概述

SPSS 软件是美国斯坦福大学三位学生于 1968 年研制开发的统计软件，SPSS 是 Statistical Package for Social Science（社会科学统计软件包）的缩写，后来被 IBM 公司收购。SPSS 软件现在已经成为一个统计功能强大的统计软件系统，广泛应用于经济学、管理学、生物学、医学、金融学等领域。

SPSS 是普通统计用户的首选，是因为它具有如下特点：

（1）操作简单。可以采用菜单式操作，不需要编程序，只需要用鼠标就可以完成统计分析，这种“傻瓜式”的操作方式，对于初学者来说，非常方便。

（2）界面友好。SPSS 的标准界面类似于 Excel 的界面，方便初学者使用。

（3）数据编辑和传输方便。可以在数据编辑窗口对打开的数据文件进行编辑，如添加、删除、复制、剪切和粘贴等常规操作，也可以与很多软件进行数据传输，如 DAT、SLK、DBF、Excel、Access 等多种文件都可以在 SPSS 中打开。

（4）输出的统计图表美观灵活，主要统计结果由表格和图形方式输出，表格和图形生成以后，可以进行编辑修改，还可以复制到 Word 和 PowerPoint 文件里。

（5）统计功能强大，可以实现一般统计教科书里的统计分析方法，如样本数据的预处理和描述统计、参数估计与假设检验、方差分析、回归分析、非参数检验、聚类分析、因子分析、判别分析、时间序列分析、对应分析、可靠性分析等。更多信息可以参考 www.spss.com。

二、其他软件

本书还介绍了一部分 MiniTab 的使用方法。MiniTab 经常用于质量控制的分析，在生产制造行业中比较常用。一些功能的设计比 SPSS 更为易用，比如 SPSS 的单侧假设建议需要自行调整显著性水平，用双侧检验的结果推算单侧结果；而 MiniTab 可以直接命令计算机实施单侧检验操作。此外，MiniTab 对变量的定义更为宽松，一些分析允许对文本类的数据直接进行操作，甚至是中文字符也可以直接运行；而 SPSS 中的许多分析需要对文本数据编码，如将性别编码为 0 和 1，才能实施分析操作。更多信息可以参考 www.minitab.com。

Excel 是最常用的数据整理工具。虽然 Excel 本身并不是数据分析软件，但依然提供了“分析工具库”插件。该插件可以用来执行大部分常见的统计分析。此外，随着 Office 版本的提升，新版本的 Excel 可以从 Office 应用商店中购买收费或者是免费的 Excel 应用程序，从而执行如逻辑回归、曲线拟合等更复杂的分析操作。使用 Excel 进行分析的优点也非常突出。Office 系统使用的用户人数众多，图表绘制直观而且自定义方便，这都便于分析结果的分享和展示。此外，Office 有着非常出色的移动端支持，可以在手机、平板等设施上使用，其他统计软件很难做到像 Office 这样跨平台的移动端支持。

R 是一种开源的开发平台，在国内越来越受到开发者的欢迎。R 的界面并没有 SPSS 或 MiniTab 这么友好，分析功能需要通过窗口输入代码执行，初学者入门需要花不少时间。然而由于 R 本身的开源性质，其中许多算法包已经由其他开发者或用户完成并上传，相似的分析功能可以直接下载使用。随着时间的积累，R 的开源包已经十分丰富，包括了地图界面、交通流量等多种复杂的分析计算方法。R 的相关信息可以参考 www.r-project.org。

近年来，随着数据库和大数据技术的蓬勃发展，Python 逐渐成为一种主流的数据分析工具。Python 本身与 R 类似，是一种程序语言，并非专业的数据分析工具。Python 的外部接口十分优秀，对网页和各种数据库都有非常好的支持。除了外部接口以外 Python 的处理速度也很快，尤其当数据量很大时，优势十分明显，因此 Python 近年来受到许多开发者的追捧。Python 的相关信息可以参考 https：//www.python.org。

对于不同行业来说选择统计分析的软件也有一定的偏向。比如，金融业偏向于使用 Eviews 软件。Eviews 是 Econometrics Views 的缩写，直译为计量经济学观察。该软件有出色的财务分析、成本分析、销售预测功能，对于金融企业来说非常实用，www.eviews.com 是该软件的官网。SAS（statistic alanalysis system）也是一个比较优秀的统计软件，至今在全球范围内也积累了相当大的用户群体。广泛应用于政府行政机关，金融业和生产企业。该软件有强大的商务智能（business intelligence）功能，为企业提供了高效的决策支持。

总之，统计软件是数据分析过程中必不可少的工具，各种软件都有侧重和优点。事实上，大部分统计软件的功能非常类似。学习的过程可以循序渐进，从简单的 Excel 入手，逐渐学习 SPSS、MiniTab 等专业统计工具，然后可以向开源软件 R、Python 等开源程序语言发展。

【本章小结】

统计学是收集、整理、分析、表述和解释数据的艺术与科学。几乎每个专业的大学生都要学习统计学课程。我们通过描写商务和经济中典型的统计应用开始本章的论述。

数据是指所收集、分析的事实与数字。我们可以用不同测量尺度来取得一个特定变量的数据。为了便于统计分析，数据可以粗略划分为分类型数据和数值型数据。分类数据使用标记或名称来识别每一个体属性，分类型数据包括名义尺度的数据和顺序尺度的数据两种情形。数值型数据是表示大小或多少的数据，只有当数据是数值型的，普通的算数运算才有意义。因而，适用于数值型数据的统计运算并非总是适合于分类型数据。

本章还介绍了描述统计和推断统计。描述统计是用于汇总数据的表格、图形和数值方法；推断统计是利用样本数据估计总体特征并进行假设检验的过程。最后，本章对进行统计分析的软件进行了简单介绍。

【本章习题】

1. 美国能源部提供各种汽车燃料燃烧效率的分析。下表是由 10 种汽车组成的一个样本。

（1）这个数据集有多少样本？

（2）这个数据集有多少变量？

（3）哪些变量是分类变量？哪些变量是数值型变量？

（4）市区行驶油耗是哪种类型的测量尺度？

汽车品牌	类型	汽缸数	市区行驶油耗（英里 / 加仑）	公路行驶油耗（英里/加仑）	推荐燃料
奥迪 A8	大型	12	13	19	优质汽油
宝马 328Xi	小型	6	17	25	优质汽油

续表

汽车品牌	类型	汽缸数	市区行驶油耗（英里/加仑）	公路行驶油耗（英里/加仑）	推荐燃料
凯迪拉克 CTS	中型	6	16	25	普通汽油
克莱斯勒 300	大型	8	13	18	优质汽油
福特福克斯	小型	4	24	33	普通汽油
现代伊兰特	中型	4	25	33	普通汽油
吉普大切诺基	中型	6	17	26	柴油
庞蒂亚克 G6	小型	6	15	22	普通汽油
丰田凯美瑞	中型	4	21	31	普通汽油
大众捷达	小型	5	21	29	普通汽油

2. 某杂志进行了一项调查，以了解其订阅者的简况，提出的问题如下：

（1）在过去的 12 个月中您有几天住进旅店？

（2）您是否拥有或者租赁过豪华车？

（3）您多大年龄？

（4）过去 3 年中您的国际出行目的地是哪里？列出最多 7 个国际目的地。

确定每一问题中回答所得的数据是分类型的还是数值型的。

3. 有 5 名学生期中考试成绩的样本数据如下：72，65，82，90，76。下列表述中哪一项是正确的？

（1）5 名学生的平均期中成绩是 77 分。

（2）参加考试的所有学生平均期中考试成绩的估计值为 77 分。

（3）一半以上参加考试的学生的成绩在 70～85 分之间。

（4）如果这个样本中还包含其他 5 名学生，他们的成绩将在 65～90 分之间。

第二章　数据搜集和预处理

【本章学习目标】

1. 了解不同的数据收集方法
2. 掌握数据筛选的技巧
3. 了解各种数据收集方法的优缺点
4. 掌握数据信度的初步分析
5. 掌握数据的转换、编码、补缺等操作

【引导案例】

在上海的某个中高档购物商场内新开了一家意大利餐厅。老板非常在意顾客的感受和反馈，可是苦于语言沟通的障碍，很难和顾客直接交流，而且直接和客户交流效率太低，大部分客户也不愿意在用餐过程中被占用更多时间。因此他设计了一套很简单的问题，希望可以通过这种方式了解客户消费的感受。老板将这些问题翻译好并打印在信用卡大小的纸片上，在每个桌子上的小盒子里放上一叠。顾客自愿填写，埋单时交给服务员即可。问题如下：

问题1，您觉得此次消费菜肴口味如何？

1. 非常不满意　　2. 不满意　　3. 一般　　4. 满意　　5. 非常满意

问题2，您觉得餐厅的服务如何？

1. 非常不满意　　2. 不满意　　3. 一般　　4. 满意　　5. 非常满意

问题3，您觉得餐厅气氛如何？

1. 非常不满意　　2. 不满意　　3. 一般　　4. 满意　　5. 非常满意

问题4，您会推荐本餐厅给朋友吗？

1. 肯定不会　　2. 不会　　3. 可能吧　4. 会　　5. 肯定会

问题5，在本商城所有的餐厅店家中，您觉得本餐厅排名如何？

1. 名列前茅　　2. 比较靠前　3. 一般　　4. 不好　　5. 很差

问题6，您的家庭月收入大约是多少？

问题7，您所在的行业是什么？

问题 8，您的年龄是？

问题 9，您希望本餐厅做哪些改进？

问题 10，您的联系电话或者电子邮件。

这位老板对这个问卷非常满意，这种方法被称为“李克特测量尺度”，收集的前五个问题可以测量出顾客对餐厅各方面的满意度，后五个问题对顾客的基本情况也能有所知晓。一周以后，老板收集了不少问卷，并汇总制成表格。在这里我们抽取了一部分用来思考数据收集的问题，如表 2-1 所示。其中问题 10 未被列出。

表 2-1 客户回馈数据（部分）

序列	问题 1	问题 2	问题 3	问题 4	问题 5	问题 6	问题 7	问题 8	问题 9
1	4	3	4	3	2	8000	银行业	29	音乐太吵
2	5	5	5	5	5	88888	政治家	50	
3	4	3	3	4	2			30	座位不够舒服
4	5	5	5	5	1	保密	保密	保密	有点咸
5	1	1	1	1	5				上菜太慢
6	5	4	5	5	1				
7	5	5	5	4	2				酒的种类偏少
8	4	4	3	4	2	9000	IT 业	35	开通移动支付
9	4	4	4	4	4				
10	4	4	4	4	2		设计师	40	
11	5	5	5	5	1				很好
12	5	2	5	4	1	8000	贸易	42	带意大利客户来吃饭，服务员不会说意大利话，需要培训
13	4	5	4	4	2		建筑	37	偏贵
14	5	5	4	4	1		不动产		灯太暗
15	4	5	4	4	2		零售	50	餐具的档次不够
16	4	4	4	4	1		媒体行业		酒具和餐具很一般，羊排不入味，餐前面包太硬，鸭胸和三文鱼肉质偏老，餐后冰激凌也很一般

从数据回馈来看，结果比较理想。但是这些数据真的就能反映真实情况吗？应该如何剔除那些无效的数据呢？判断数据有效性的依据又应该是什么

呢？为了引出本章的主要内容，我们就表 2-1 中的三个回答先思考一下。

先看 2 号顾客的反馈。他所有的回答都选择了“5，非常好”，但问题 5 是一个反向编号（reverse coding）问题，也就是 1 代表了非常好，5 代表非常不好。那么一种可能是这位顾客这次消费感受真的很好，所以他就随便看了前两个问题，然后都选择了 5。还有一种可能就是，这个人就是随便选，所有的问题都没看。他所填写的问题 6 和问题 7 似乎也在开玩笑。他的回馈有价值吗？

再看 5 号顾客的反馈。这位顾客显然是非常不满意，所有的选项都选择了最差的。但在问题 9 中他并没有提出具体哪里不好，只是说了“上菜太慢”。可是意大利菜的特点就是这样，比如，现点现做最简单的披萨也需要经过揉面、撒料、烘烤等过程，至少也要半小时。那天他到底等了多久才上菜？会不会那天这位顾客发生了什么不愉快的事情，导致心情不好，所以都选择了最差的，而且也说不出理由？他的回馈应该被采纳吗？

最后看 16 号顾客的反馈。这位顾客在问题 9 中提了许多意见，而且非常具体，有针对性，似乎对本次用餐经历很不满意。但他的回答却显示对餐厅总体还是满意的，并认为餐厅在这个商圈内是名列前茅的。那他究竟满意还是不满意？难道这位顾客是再好的菜肴也不会打满分的“挑剔美食家”吗？那他的回馈应该被采纳吗？

仔细考虑就会发现，其实每个顾客的回答都可能存在一些测量误差。即使对同一个顾客用同样的问题进行多次测量，也很有可能获得不同的结果。那么我们如何才能得到最接近真实的数据呢？

第一节 数据收集

使用统计方法分析出有效结果的前提是需要有良好的数据。然而，如本章中引导案例的情况，现实生活中很难获得良好的真实数据，或者收集到了数据，但很难判断数据的质量。本章将介绍一些数据收集方面的方法，从而提高数据的质量。

一直以来如何提高数据收集的效率一直是许多研究的一个核心问题，发展出的具体方式方法也有许多。但归根结底，我们可以从数据收集的来源和数据收集的方法两个角度对其进行梳理。

一、数据来源分类

从数据收集的来源来看，可以分为两大类，间接来源和直接来源。

第一类，间接来源。间接来源的数据通常也被称为“二手数据”，是指这些数据已经存在，为了完成我们的研究，对这些数据整理、筛选使之成为对研究有用的数据。在实际研究过程中会碰到这样的情况，就是研究者不得不采取前人所收集的数据。比如，青少年文化研究中心想了解现今的日本漫画对我国中小学生的影响，同时也想知道这些影响与过去相比有何种变化。要了解现今漫画对中小学生的影响，研究者可以去中小学采访学生或发放问卷收集反馈。但要收集以前的数据研究者不可能回到过去某个时间去调查漫画对学生的影响。这意味着研究者必须参考过去已有的数据，并做比对。可见，在现实生活中，许多研究需要参照过去的研究结果才能得到质量较高的结论。因此，在日常生活中，许多资料会被保存和归档，其主要用途之一就是为未来的研究提供参考资料。

间接来源的数据存储媒介多种多样，如报纸、研究报告、财务报表、统计年鉴、公司内部数据库、图书、互联网信息等。使用这些间接来源数据的优势是收集成本低，尤其是时间成本。这些二手数据通常可以通过搜索、查找、购买等方法获得。不仅获取相对容易，而且间接数据的作用也非常广泛，比如，帮助研究者分析所要研究问题的发展途径；提供研究问题的背景；帮助研究者更好地定义问题；检验和回答某些疑问和假设；寻找研究问题的思路和途径等。同时，二手数据的缺点也是显而易见的。最突出的就是二手数据的质量难以控制。由于二手数据是其他研究人员在过去的某一个时刻所收集的，其研究目的、主观偏见、数据收集手段等都无法控制，因此二手数据的可信度很难保证，使用前也要反复验证。

第二类，直接来源。直接来源的数据就是由研究者本人收集整理得到的数据，这种数据也通常被称为“一手数据”。一手数据在生活中也非常常见，比如中国移动的用户拨打客户服务电话后会提醒该用户对服务做出评价。这就是移动公司正在收集他们的一手数据并期望以此提升未来客户服务部门的质量。一手数据的优点是针对性强，数据收集的具体时间、地点、方法等完全可控，时效性也强。正因如此，一手数据收集的缺点就是成本高，当采集较大的数据量时需要消耗大量的人力、物力、财力。另外，地域跨度也是一手数据收集比较难克服的问题，核心研究人员通常无法为了收集数据而远距离反复奔波。

二、从数据采集的具体手段分类

第一类，普查（census）。这种方法需要从群体中每一个个体收集数据，从而达到全面了解总体的目的。但这种方法很难实现，需要耗费大量的时间和人力。一般只能收集简单的信息，如学校中男女生人数，汽车品牌销量等。另外，我们熟知的民主决议也是一种普查方式。通过收集“同意”“反对”“弃权”的数据了解全体的意愿，进而做出抉择。所以，普查虽然可以收集全体中每一个个体的信息，但局限性太强，只能收集简单的数据。

第二类，汇报（report）。这种方法指的是通过层层上报所汇总的数据。比如某省想知道水稻的年产量是多少，那么通常采取的方法是要求省内每一个村将水稻产量数据上报乡，乡汇总后再上报县，县汇总后再到上报到省。如果还有镇或地级市，过程就会更复杂。可见这种数据收集方法虽然全面，但是烦琐又耗时，过程中极容易产生误差，而且这种偏差累计到上层后很难被发现。一般情况下，汇报是我们所要避免的数据收集方法，而且当我们参考的数据是汇报方式得到时要存有怀疑精神。

第三类，观察（observation）。这种方法指研究者选择特定时间和地点对某现象观察并记录。比如，要了解某个路段交通通行情况，研究者可以观察该路段不同时间段内车辆通过数量。观察收集到的数据优点是精确度高，数据质量好；缺点是成本较高，数据范围大时需要投入大量人力物力。观察手段还经常被用来收集一些比较敏感的数据。比如，当研究者想知道某个高校中贫困学生的饮食消费情况，如果当面问他们或者让他们汇报数据显然不合理，无法避免有人碍于面子或者想多获得一些补助多报或少报实际消费金额。这时最好的办法是通过观察收集数据，看他们在食堂吃什么饭菜可以推断出每天大约消费的金额。

第四类，访谈（interview）。访谈的具体手段有许多，有研究者与参与者一对一面谈，也有一个研究者对多个参与者的聚焦小组访谈。稍微简单的问题可以通过电话访谈完成。有些研究者也善于利用高科技手段，采用互联网视频通话进行访谈从而提高数据收集的效率。一般来说访谈适用于收集和挖掘深层次的关于行为和意识的信息。比如，犯罪行为学的研究者需要和犯罪嫌疑人或罪犯进行面谈，了解其犯罪原因和动机甚至是作案细节，分析归纳后提出一些建议进而防范类似犯罪在未来发生。在其他领域中如战略管理、消费行为、营销、组织行为等领域中也经常应用到访谈方法。我们在电视上看到的访谈类节目也是典型的访谈数据收集方法。

第五类，问卷调查（survey）。本章引导案例就是一个设计问卷的情况。问卷是日常生活中常见的数据收集方式，这种方法的核心是重新构思问题的提问方法，让参与者可以用简单的方式回答问题。比如，有研究者想了解大学生叫外卖的消费行为，他设计了一系列问题。其中的部分问题如图 2-1 所示。

5. 以百度外卖为调查对象，请根据您的实际情况填写下列量表：*

	非常不同意	不同意	一般	同意	非常同意
我经常从这个网站购买	●	●	●	●	●
我经常访问这个网站产品信息	●	●	●	●	●
当我访问这个网站时我花了很多时间看产品信息	●	●	●	●	●
我会考虑将来从这个网站购买商品	●	●	●	●	●
我将认真考虑从这个网站购买商品	●	●	●	●	●
可能我将从这个网站购买商品	●	●	●	●	●
从这个网站上寻找商品是一个好主意	●	●	●	●	●
从这个网站上购买商品是一个明智的决定	●	●	●	●	●
从这个网站上购买商品是一个愉快的经历	●	●	●	●	●
如果亲朋好友推荐使用该网站点餐饮，我会有兴趣使用	●	●	●	●	●
如果我尊敬或喜欢的名人或明星使用该网站点餐饮，我会有兴趣使用	●	●	●	●	●
如果使用该网站点餐饮成为社会潮流，我会有兴趣使用	●	●	●	●	●
如果网友对该网站点餐饮的评价很好，我会有兴趣使用	●	●	●	●	●

图 2-1　外卖消费行为问卷（部分）

问卷的回答相当简单，参与者只需要选择相应的量度就可以了。对参与者来说回答问卷压力也不大，通常不会涉及一些专业知识问题或者逻辑复杂的问题。因此，问卷调查方式是现今最受研究者欢迎的一种数据收集方法。问卷调查的优势有许多，比较显著的优点有以下几项。

（1）便捷。一旦问卷设计完成后，核心研究者不用过多参与数据收集过程，只需要将问卷大面积发放，然后等待回收即可。也可以委托非研究人员完成收集工作。

（2）克服地理跨度。研究者不必为了收集数据远距离奔波，只需将问卷邮寄或电邮至远方。

（3）成本低。问卷本身的成本非常低，但有些研究者为了提高问卷的回收率也会采取一些如奖品、抽红包等激励措施。

（4）无须指导。问卷的问题设计比较简单，参与者无须特殊培训即可完成问卷，过程中一般不需要研究人员的引导或介入。这与访谈方法的研究者指导启发，逐步深入形成了鲜明的对比。

（5）后期易于处理。

由于问卷的回答比较简单，非常适合用计算机软件对其做进一步筛选和分析。问卷调查也有一些难以克服的缺点：

（1）回收率较低。许多人不愿意参与调查，在没有任何激励的情况下，20% 的问卷回收率已经属于很高了。

（2）容易出现质量差的回答。一些参与者可能敷衍乱选，随意回答。由于参与者不仅匿名而且无须和调研者面对面交流，相比访谈的方法参与者更容易随意回答。

（3）无效数据的辨别有一定难度。为了保持研究的可靠性必须剔除那些随意的无用问卷，虽然现在有许多方法和手段可以帮助研究者进行筛选，但要完全辨别出随意回答的难度还是较大。

（4）数据形式简单。一般来说采用问卷调查的方法很难收集如“想法”“情感”和“思想”等深层次、复杂的数据。虽然我们可以利用量表等手段进行测量但还是无法处理复杂的感知和思想。

第六类，试验方法。这种方法指的是研究者设计实验，通过记录和观察收集数据。比如当我们要了解新的教材是否有更好的教学效果。那么就可以采取实验的方法，设立一个实验班级，在实验班中采用新教材进行教学。再与一个使用老教材的班级进行对比。当然，这样做的前提是原先实验班级和使用老教材的普通班级没大差异。采用新教材的班级一般称作为实验组（experiment group），另一个老教材的班级被称为对照组（control group），通过收集和比较这两个组的平时成绩、考试成绩、学生满意度等数据进而对新的教材效果做出评价。这种实验方法也被广泛应用于新药物的开发，食品配方更新等多个领域。事实上这种分两组（experiment 和 control）的比较方法不只适用于实验方法，问卷调查、访谈等方法也会用到，比如，将收回的问卷按照性别、地区、婚姻状况等分类变量进行区分，然后再比较它们之间的差异。

还需要指出的是，试验方法收集的数据通常比问卷方法收集的数据更加精确。试想一下，老师想了解学生的学习情况，用问卷法和实验法会得到不同的结果。考试就是一种最常见的实验手段，将不同的知识点设计成考卷，通过让同学解答考卷的形式进行实验并回收数据。相比另一种方法，问卷法收集数据即对每一个学生用"非常不同意"到"非常同意"的度量方法去测量学生对每个章节知识点的掌握情况。可想而知，学生为了得到高分，一定都会选择非常同意，从而表示他们掌握了每个知识点和章节的内容。在这种情况下使用问卷方法显然会造成很大的偏差。可见在这种情况下，采用实验方法即用考卷去测量学生知识掌握的情况更为精确。

三、基于网络的新方法

随着信息科技的发展，数据收集的瓶颈很快被突破。突破的主要手段就是将用户参与提交数据转变为用户同意服务商获取其数据。也就是说，用户几乎不需要参与访谈或者是问卷调查，而其使用数据则会自动上传给服务商。这种依靠互联网收集数据的好处有许多。

第一，数据质量非常高。在数据收集过程中，避免了用户无意或者故意地提供虚假数据。比如，牙刷生产商想了解用户刷牙的行为。如果使用传统的数据收集方法，那么生产商需要寻找使用他们产品的客户，然后再通过文件调查或者访谈的方法了解用户的使用习惯和使用感受。如果该牙刷生产商具有一定的技术实力，他们就可以采用互联网收集用户数据。在征得用户同意后采用智能牙刷记录用户每天刷牙的次数，每次刷牙的开始和结束时间，使用的强度等数据。这些数据再通过互联网传输给生产商，这样生产商就能收集更精确的数据。这个过程可以用图 2-2 来表述。

图 2-2 利用互联网收集用户刷牙的数据

第二，收集效率大幅提升。传统的数据收集方法需要大量的参与者介入，比如，参与者需要回答问卷，然后将结果反馈给研究者。虽然问卷收集的方法可以大幅度降低研究者的数据收集时间，但是参与者还是需要耗费较多时间完成问卷。在互联网的情景下，参与者的介入时间大量减少。通常用户产生的数据会自动被收集用于研究分析。比如，当用户用手机查看刷牙时间时，这些信息也被传输给了研究者。采用互联网收集数据，每个用户都是参与者，这样不但提高了数据收集的效率更扩大了数据收集的范围。

第三，时效性强。传统的数据调查需要经过几个过程，发放问卷、回收问卷、汇总数据和数据筛选。整个过程少则数日多则几周甚至几个月。用传统的数据收集方法根本无法保证数据的时效性。相比之下，互联网的数据收集时效性非常强。一般在用户使用并产生数据后，在很多时间内信息就可以被研究者收集。又由于数据的质量非常高，数据的筛选过程非常简单，完全可以做到不需要人工介入的自动化。因此互联网手机的数据精确，时效性强。比如，如果我们佩戴了智能设备训练长跑时候，可以即时查看位置、进程、速度甚至是心率等信息。基于互联网，这些信息也可以即时反馈给教练，从而制订更合适的训练计划。当然设备的研究和开发人员可以获取这些数据。

第四，数据内容丰富。传统的数据收集手段非常局限，一般只能获取比较简单形式的数据，比如量表打分等。如果要收集更多深层的数据，比如主观意愿、行为等，需要研究者投入大量的时间和精力观察或者访谈。而智能化的互联网数据收集方法可以收集多种数据，包括用户的使用行为、频率、变化等。比如图 2–3 中记录了关于健康的各种数据。

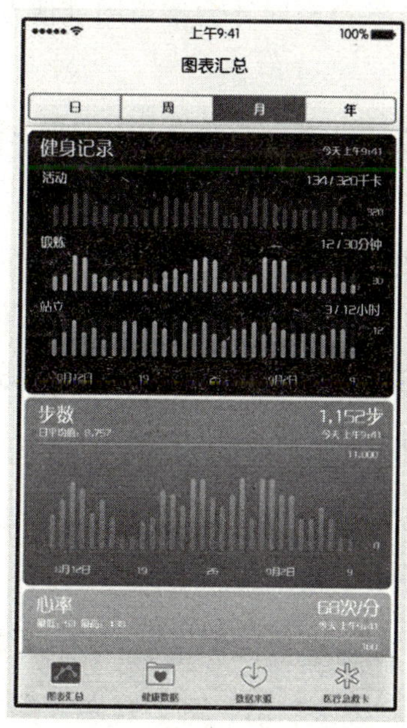

图 2–3 丰富的数据内容

图 2–3 中记录了各种各样的数据，包括每天走了几步，站立了多久，消耗

了多少热量等。如果配合适当的设备还会记录每天跑步的数据、做瑜伽的时间、游泳的情况，甚至坐车、走路、骑车、走楼梯等数据。这些数据类型多，数据量巨大，如果用传统的数据收集方法，即使将所有数据都写入问卷中，参与者认真回答问卷，也很难保证数据的准确性。

第五，扩展与移植。互联网收集的数据已经是电子化的高质量数据，其扩展性非常强。比如在图 2-3 中，心率的数据已经被记录下来，如果配合适当的设备，我们可以想象，血压、血脂、血糖甚至胆固醇等指数也可以被收集到。这些功能都可以在现有的数据基础上逐渐扩展。电子化数据的另一个优势就是移植方便，比如在图 2-3 中，为了给用户更好的健康建议，这些数据可以被导入医疗机构的数据库中，由医生等专业人士根据用户的作息数据分析，并给出更好的膳食、运动建议和潜在疾病危机等。

可见，利用智能设备和互联网收集数据可以显著提高数据收集的规模、质量和效率。在未来一定会成为一种势不可当的趋势。这种数据收集的缺点也是非常突出的，就是这种数据收集方法入门门槛比较高，产品或者服务一定要提供良好的用户体验，否则一旦用户放弃使用，那么就无法获取任何数据。对于研究者来说应当尽量使用这些互联网方式收集到的数据，因为这些数据更加真实可信。只有在无法获取这些数据时才会考虑用其他方法收集数据。

第二节　数据的预处理和软件操作

数据预处理的目的是将无用的数据剔除掉，否则研究的结果将受到影响。在本章的引导案例中，餐厅老板想知道客人的感受，但如果有客人随意回答、胡乱回答问题，那么结果一定给餐厅老板的认知带来偏差。我们到底要剔除什么样的数据呢？哪种数据是无效的？除了人工筛选外，有没有自动化便捷的方法呢？

一、数据收集的技巧和数据审查

以问卷调查为收集手段的数据需要的数据预处理工作量比较大。因为其他数据比如实验观测数据、访谈数据、二手数据等都比较可靠，无用的数据比较少。相比之下，问卷调查的数据中出现无用数据的可能性就大很多。对于问卷数据，为了提高其收集精确度，可以在收集的过程中加入几个注意力测试问题，用于确定调查参与者正在认真回答问题。比如在图 2–1 中，问题选项比较多有十三项，而且问题也似乎趣味性不大，参与者容易感到乏味，导致随意回答问题。那么研究者就可以在第 10 题前插上这样一个问题：

“从这个网站购物很便宜。如果您正在认真回答问卷，请选择‘非常满意’。”

这个问题的作用就是将那些已经失去耐心看题的参与者挑选出来。也就是说当研究者汇总数据时如果这题没有选择 5，说明这个参与者已经失去了读题的耐心，这份回答应该作为无效数据被剔除掉。反之选择了 5 的参与者说明他们认真阅读了题目，回答应该有效。这类题目被称为“陷阱问题”。在问卷调查的方法中效果显著。

相比陷阱问题，还有一种方法更直观——“逻辑审查”。比如在本章引导案例中，收集的数据包括了年龄和工作。如果有人回答不符合常理或逻辑时这个问卷就要考虑被剔除掉。比如，回答问卷中出现了这样的情况：

行业：政府外交官，年龄：19，收入：3000 元。

这种记录显然不符合常理，19 岁应该还是个学生，就是出社会找工作了也不太可能成为外交官。如果他不是 19 岁，谎报年龄的话，那外交官的月收入也不应该是 3000 元。当然也有该回答是真实的可能性存在，这位顾客可能是一个比较贫穷的第三世界国家的驻华使臣。19 岁已经工作了几年，也算当地的一个高学历人士，月收入 3000 元在该国也是中产阶级。但是，按照逻辑审查的原则，这种可能性非常小，因此研究者应该将这份回答剔除。这种方法的弊端是比较难实现自动化处理，通常研究者需要自己人工对数据进行审查和剔除。

二、利用软件快速剔除

许多情况下，数据量是巨大的，人工审查不可能完成，必须依赖计算机软件实现审查功能。比如，某市场调研公司每年都会研究女性使用化妆品的认知、习惯和购买途径等。调研人员原先在街上以试用装的形式吸引路人参与调研，现在则可以用互联网发放问卷并收集结果，试用装可以通过邮寄的方式发给参与者。通常这种问卷有上百个小问题项目，需要参与者耗费一定的时间才能完成。那么为了排除为得到试用装而随意回答问题的人，最便捷的方法是用软件设置剔除的时间。参与者回答问卷所需时间不用记录，大部分问卷调查的系统会自动记录生成。导出结果后，比如回答时间全部记录在 A 列。在 Excel 中可以用函数筛选出 12 分钟以内回答完成的人数。

=IF（A1<TIME（0，12，0），“小于 12 分钟”，“大于等于 12 分钟”）

在这个表达式中“IF（）”函数是逻辑判断作用，“TIME（）”函数定义具体小时，分钟和秒。将这个表达式向下填充后，就可以很轻易地找出 12 分钟以内回答完成的人，并根据实际情况剔除这些人的回答。

前面提及这类问卷通常问题比较多，有许多人并没有耐心完成题目，回答问题也比较随意，通常会全部都选择某个固定的值，比如 3（一般）。当然不排除真的有人这么认为，但是这种没有变化的回答其实是没有什么意义的。用 Excel 中的另一个函数，可以很快将此类问卷筛选出来。比如，某个参与者回答了 10 个问题，每个问题最低分 1 分，最高分 5 分。这位参与者对所有的问题都回答了固定分值 3，分值被存贮在 A1，B1，C1…J1 中。我们可以在 K1 中输入：

K1=VAR.P（A1：J1）

这时我们看到的是他回答问题的方差是 0，这代表了他回答的分值全都一样。这个方法的好处就是可以测量出参与者回答问题的变化幅度。如果出现方差很小的情况，比如 0，很可能这位参与者并没有仔细阅读问题，只是随便地填写问题而已。如果用方差的分析方法配合先前的回答时间，应该很快就可以把那些随意回答的人筛选出来。

三、数据预处理及软件操作

信息化的数据最大的优势是可以利用计算机软件对其进行处理。处理的目的是将无效的数据删除，保留有效的真实的调研结果。处理的方法和具体手段有许多种，我们在这里介绍一些常用的数据预处理方法。

（一）数据审查和筛选

我们已经介绍了“陷阱问题”和“逻辑审查”两种方法。前者需要在数据收集前将问题设计到问卷中，后者需要在收集完数据后对其进行甄别。当数据量比较大时，我们可以借助计算机的筛选和排序功能提高预处理的效率和准确度。

【例题 2.1】小型的一体音响曾经非常流行，这种小型音响音质好，声音大，可以用电池，携带方便，可以播放 CD 和卡带。在蓝牙音响面世前这种小型音响是便携音响的主流产品。一家小音响店的老板，销售十个型号的设备，如表 2-2。

表 2-2 不同型号设备的数据

Brand & Model	Price ($)	Sound Quality	CD Capacity	FM Tuning	Tape Decks
Aiwa NSX-AJ800	250	Good	3	Fair	2
JVC FS-SD1000	500	Good	1	Very Good	0
JVC MX-G50	200	Very Good	3	Excellent	2
Panasonic SC-PM11	170	Fair	5	Very Good	1
RCA RS 1283	170	Good	3	Poor	0
Sharp CD-BA2600	150	Good	3	Good	2
Sony CHC-CL1	300	Very Good	3	Very Good	1
Sony MHC-NX1	500	Good	5	Excellent	2
Yamaha GX-505	400	Very Good	3	Excellent	1
Yamaha MCR-E100	500	Very Good	1	Excellent	0

表 2-2 中六列分别代表了“品牌和型号”“价格”“音质”“CD 量”“FM 收音”和“磁带量”。店里来了一位客人，他对音质要求很高，但最多只愿意支付 $400，同时他还希望这个设备可以存储多张 CD，还可以播放磁带。老板应该推荐哪一款呢？

解：利用数据筛选功能在 Excel 中可以很快把符合这些条件的产品筛选出来。

鼠标点击 A1 单元格，然后点击“开始栏”中的“筛选和排序”，再点击“筛选”的图标。第一行就都带有了一个小三角▾图标。当熟悉这个过程后也可以在数据栏中找到筛选功能，或者用快捷键“Ctrl+Shift+L”键来实现。出现筛选箭头后根据该客户的要求进行筛选。首先他对音质要求很高，在 Sound Quality 下拉栏中只勾选“Very Good”。然后点击“Price”再点击“数字筛选”功能，选择“小于或等于”然后输入 400。这时还有三个产品满足他的要求，分别是 JVC MX-G50、Sony CHC-CL1 和 Yamaha GX-505。这些机器都可以存放 3 张 CD 和 1 盘磁带，看来也能满足这个客户的另两个需求。

从例题中可以看出用电脑帮助我们做筛选是非常快的，我们可以利用筛选功能快速地找出需要的数据或应该剔除的数据。Excel 的另一个优点是可视化的程度非常大，给用户的直观感受非常好。

【例题 2.2】音响店老板觉得表 2-2 并不是一个推荐方法，因为大部分客户不需要 10 个产品作为候选。观察表 2-2 后发现该表是按照产品名称排序的，爱华 Aiwa 是 A 开头所以比较靠前，雅马哈的 Y 比较靠后。老板觉得按照字幕排序毫无意义，顾客更关注价格。老板觉得有必要重新做一张按照价格排序的价目表，而且要直观，要有视觉冲击力。

解：在 Excel 中排序的实现非常简单。老板想按照价格排序，价格相等的按照 CD 量排序。在 Excel 中，先点击 CD Capacity 的下拉箭头，点击降序。然后再点击 Price 下拉，点击降序。这样排序的表格就完成了，最贵的是音质并不是特别优异的 Sony MHC-NX1 和 JVC FS-SD1000，不过这两个产品非常漂亮。那么如何增强它的可视化呢？首先选中 Price 下所有的数据，然后在开始栏里点击“条件格式”按钮，再选择相应的“数据条”“色阶”或者“图集”用于表示数据的数值，结果如表 2-3 所示。

表 2-3 不同的条件格式选项

Price ($)	Price ($)	Price ($)
500	500	500
500	500	500
500	500	500
400	400	400
300	300	300
250	250	250
200	200	200
170	170	170
170	170	170
150	150	150

此外老板觉得 FM 收音质量也是个很好的卖点，他决定将 FM 收音质量好的设备凸显出来。具体的操作方法是选择 FMtuning 中的所有数据，点击条件格式中的“突出显示单元格规则”，再点击“等于”，在对话框中输入要突显的值“Excellent”，最后选择凸显的方式，当然也可以自定字体、字型、颜色、填充等。然后可以配合表格的套用格式功能生成如表 2-4 排序后的结果。

表 2-4 排序和突出显示后的结果

Brand & Model	Price($)	Sound Qualit	CD Capacit	FM Tunin	Tape Deck
Sony MHC-NX1	500	Good	▲ 5	Excellent	2
JVC FS-SD1000	500	Good	▼ 1	Very Good	0
Yamaha MCR-E100	500	Very Good	▼ 1	Excellent	0
Yamaha GX-505	400	Very Good	▬ 3	Excellent	1
Sony CHC-CL1	300	Very Good	▬ 3	Very Good	1
Aiwa NSX-AJ800	250	Good	▬ 3	Fair	2
JVC MX-G50	200	Very Good	▬ 3	Excellent	2
Panasonic SC-PM11	170	Fair	▲ 5	Very Good	1
RCA RS 1283	170	Good	▬ 3	Poor	0
Sharp CD-BA2600	150	Good	▬ 3	Good	2

（二）数据插补

问卷调查中通常还有一种情况出现，就是参与者因为种种因素没有回答某一个选项，但其他选项回答非常完好。仅仅因为一个选项而将其当作无效数据剔除显然很可惜，尤其是在对一些不常见的现象研究时获取的每份数据都非常可贵。参与者不回答的原因多种多样，比如太敏感不愿意暴露真实情况、时间跨度长了记不清等。对于这种缺失数值（missingvalue），数据插补是非常有效的补救措施。

【例题 2.3】有人认为换工作次数越多收入应该越高。为了进一步了解这种说法的可信程度研究者在某个城市中收集了年龄、收入和换工作次数的信息。这些信息被导入 SPSS 中，如表 2-5 所示。修补表中缺失数据和错误数据。

表 2-5 某城市收集的年龄，收入和换工作次数的数据（部分）

序号	月收入	年龄	换工作次数
1	5500.00	21	2
2	6000.00	21	19
3	3800.00	23	1
4	5900.00	27	1
5	6200.00	29	3
6	12000.00	32	6

续表

序号	月收入	年龄	换工作次数
7	4200.00	34	1
8		43	3
9	11000.00	43	3
10	8100.00	50	4

解：在表 2-5 中注意看有两个需要修补的地方，第一处是“月收入”的第八位回答者，没有具体的数值。第二处在“换工作次数”的第二位，他只有 21 岁却换了 19 次工作。他们其他的数据非常完整可靠，可能是在填写问卷时候因为某种情况错填或者漏填了某个选项。在 SPSS 中，对于这样的缺失数值有一个专门的处理功能“Replace Missing Values”修改缺失值。在 SPSS 中在 Transform 菜单下点击 Replace Missing Values 就出现了修补缺失值功能的窗口，如图 2-4 所示。

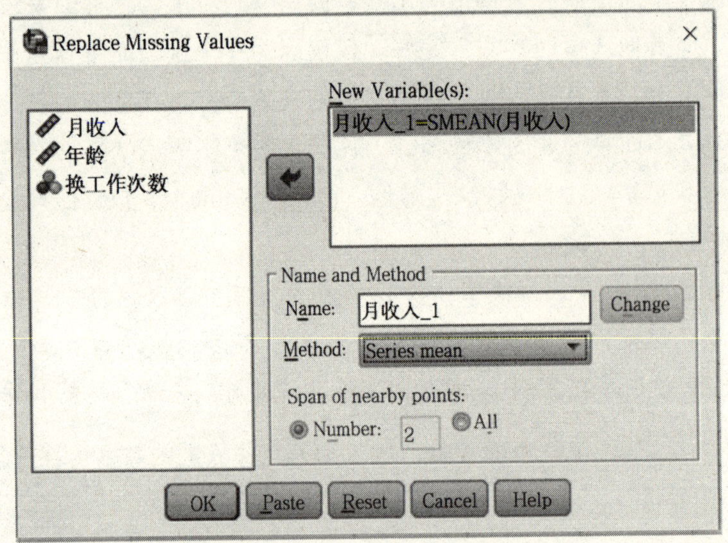

图 2-4 缺失数值填补功能窗口

将“月收入”点击放入“New Variable（s）”栏中。Method 选择 seriesmean，点击 OK。SPSS 运行后再生成了新的一个变量叫“月收入 _1”这个变量保留了原来“月收入”中所有的数值，并将第八个缺失值用另外 9 个数据的均值 6966.67 代替。

对于“换工作次数”来说，19 次一定是一个错误的数值。在这里，我们可以用类似的方法先将 19 这个数据删除，再用 Replace Missing Values 功能进行修补，如图 2-5 所示。

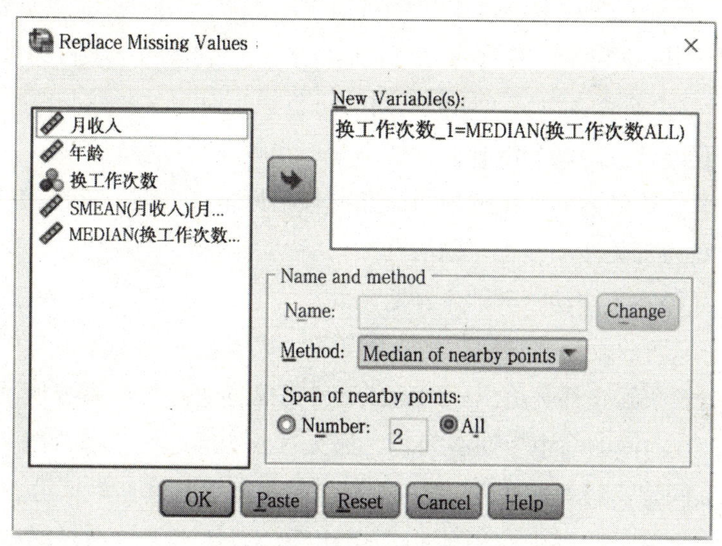

图 2-5 用中位数填补缺失数值

按照图 2-5，将 Method 选择为“Median of nearby points”。Span of nearby points 里面选择“All”，其作用是将所有的换工作次数作为计算依据，算出中位数。如果选择“Number”就可以制定这个缺失数值的上下几位数为计算范围得出中位数结果。选择完成后点击“Change”按钮，在 New Variable（s）栏中公式就会做出自动更改。点击“OK”后就生成了新的变量“换工作次数 _1”，并用中位数 3 替代了原先 19 的位置。操作完成后，还可以回到原始数据一列将删除的 19 填补回去。

以上操作可以根据实际情况和研究者的意愿对数据的完整性进行修补，从而令其适合后期更为复杂的数据分析。我们在对数据缺失值和异常值修补的过程中必须遵循一个原则，就是尽量不要影响数据的真实性。这意味着数据量大，数据获取简单的情况下，可以考虑将有缺失值和异常值的整条记录删除。只有在数据收集困难的情况下，迫不得已才对原始数值进行认为补缺和修改。

（三）数据信度分析及软件操作

问卷调查所获得的数据通常要经过信效度分析。信度（rcliability）指的是整体数据的可靠性，它是采取同样的方法对同一对象重复进行测量时，其所得结果相一致的程度。从另一方面来说，信度就是指测量数据的可靠程度。信度的核心理念就是对于同一个现象用不同的问题反复测量，所测得结果的一致性就是信度的反应。

比如，当研究者想了解高中学生对动漫的态度，用五点量表进行测量，1 代表了非常不同意到 5 非常同意。然后抽取了一定数量的学生作为参与者进行问卷调研。这个研究者设置了 4 个不同的问题。

（1）我经常看动画和漫画，包括书籍、视频和剧集等。

（2）我喜欢动漫和动漫的周边产品，包括海报、模型、玩具和游戏等。

（3）我经常关注动漫为主题的网站。

（4）我经常关注动漫类的主题活动。

这四个问题的设计非常精巧。试想如果一位动漫迷来回答这样的问题，其答案应该是四个问题都会给出 4 同意或者 5 非常同意这样的高分值。相反，如果一个不喜欢动漫的高中生回答问题，那么这四个问题应该都给出 1 非常不同意或者 2 不同意。很难想象会有一个人会在前两个问题回答低分，而回答后两个问题给出高分。这意味着他非常喜欢看动漫却不关注动漫网站新闻主题活动，这显然不合理。或者又有人非常关注动漫网站，喜欢动漫周边产品，本身却不喜欢动漫这种情况也不太可能。信度高的问卷通常回答的选项是非常一致的。

衡量信度的指数多种多样，通常我们采取的指数是克隆巴赫系数（Cronbach’s alpha）。这个测量标准由李·克隆巴赫在 1951 年提出，是现在问卷调查常用的信度测量参考标准。Cronbach’s alpha 的取值在 0 到 1 之间，越接近 1 代表问卷的信度越高，反之则代表信度低。一般来说 0.7 以上的取值就会认为问卷的信度可以接受。

【例题 2.4】关于研究者为了分析高中生对动漫的态度收集了以下资料，如表 2-6 所示。使用 SPSS 计算这组数据的信度。

表 2-6　四个调研问题的回收结果

序号	问题 1	问题 2	问题 3	问题 4
1	5.00	5.00	5.00	4.00
2	5.00	4.00	5.00	4.00
3	3.00	3.00	2.00	3.00
4	4.00	3.00	3.00	4.00

续表

序号	问题 1	问题 2	问题 3	问题 4
5	1.00	2.00	1.00	1.00
6	2.00	2.00	2.00	3.00
7	3.00	4.00	4.00	3.00
8	5.00	5.00	5.00	5.00
9	3.00	3.00	3.00	3.00
10	4.00	5.00	4.00	5.00
11	5.00	4.00	4.00	5.00
12	3.00	2.00	2.00	2.00

解：Cronbach's alpha 可以通过公式计算得到，这里我们不对计算公式详细解释。最便捷的方式是通过软件直接计算得到结果。在 SPSS 中点击“分析 Analyze—量表 Scale—信度 Reliability”后得到图 2-6。

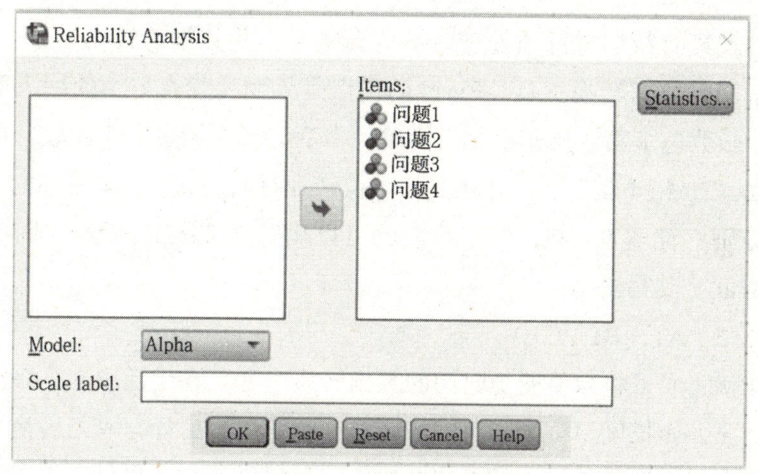

图 2-6 信度分析界面

按照图 2-6，将四个问题都选入 Items 问题栏中，Model 分析模型选择 Alpha，再点击 OK 确定。SPSS 就会在运算结果报告中显示 Cronbach's alpha 是 0.956，这说明这组数据的信度非常好。我们观察表 2-5 也能看出这组数据信度较高，所有的十二位回答者对四个问题的打分比较一致，问题之间的分值差异很小。主要的差异来自不同人而不是因为不同的问题。Cronbach's alpha 值在 0～1 之间，从结果来看，一般认为小于 0.6 是不能接受的，在 0.6～0.7 之间信度可以接受，0.8～0.9代表信度比较好，0.9以上代表信度非常好。具体取值多少是好，多少是不好也需要根据实际问题具体分析。例题2.4的Cronbach's alpha达到了0.956，代表了信度非常好，这意味着这组问题可以比较准确地测量出高中生对动漫的喜好程度。如果将每个人回答的四个问题求平均，得到的分值就是比较精准的喜好程度，具有代表性。比如在表2-5中，第一位同学的平均分就是4.75分，这位同学应该很喜欢动漫，第十二位同学的平均分是2.25分，他应该对动漫没什么兴趣。因此，信度是一个非常重要的衡量一致性和稳定性的工具，在问卷调研中被广泛使用。

对于问卷收集的数据除了做信度分析以外，有些数据还需要做效度（validity）分析，效度分析主要用于检验比较复杂的结构模型，使用的方法有许多，这里我们不做深入解释。有兴趣的同学可以参考因子分析的书籍，信效度分析在因子分析中将详细说明。

四、数据的转化及软件实现

在对收集的数据进行预处理时不免会碰到一些数据的转化工作。Excel是人们最常用大数据转换工具。Excel的优点是界面比较友好，使用人群多、便于传播、函数包丰富、操作也相对简单。本章已经介绍过一个比较常用的数据转换函数"TIME（）"，其作用是将数值转为时间格式。比如在A1，B1，C1单元格分别存储着9，45，56。我们就可以用这个TIME函数生成9点45分56秒的时间。其写法是：

=TIME（A1，B1，C1）

这样就完成了将数值变为时间的数据转换过程。在生活中有许多需要转化数据的情况，如长度单位米与英寸的转换，重量单位公斤与磅的转换，温度单位摄氏度和华氏度的转换。数据转换的作用是提供研究者更易于使用和分析的数据形式，数据转换只是改变了数据的格式或者呈现的方式，并不对数值进行任何修改。

【例题2.5】某个基金产品收取交易的4%作为佣金，并且买进和卖出都需要收取，现在研究者为了计算出佣金的费用，收集了该基金产品的所有交易数据，节选了一部分如表2-7所示。A列中记录了实际交割金额，正数代表买进，负数代表卖出。

表 2-7 Excel 中数据转化的方法

序号	A	B	C	D	E	F
1	实际交割金额	绝对值		佣金		
2	-328507.20	328507.2	=ABS（A2）	12634.89	=B2-B2/1.04	
3	-301603.52	301603.5		11600.14		
4	322090.41	322090.4		12388.09		
5	-170779.72	170779.7		6568.451		
6	199270.48	199270.5		7664.249		
7	134058.59	134058.6		5156.1		
8	-55208.54	55208.54		2123.405		
9	65266.77	65266.77		2510.26		
10	-146342.20	146342.2		5628.546		
11	322155.00	322155		12390.58		
12	-449433.36	449433.4		17285.9		
13	-374128.83	374128.8		14389.57		
14	-402208.39	402208.4		15469.55		
15	340391.15	340391.2		13091.97		
16	-156405.68	156405.7		6015.603		
17	271247.17	271247.2		10432.58		
18	449181.26	449181.3		17276.2		
19	-431703.92	431703.9		16604		

解：这个问题是一个非常简单的代数题目，只需根据佣金费率计算出每笔佣金即可。但实际数据交易频繁，数据量大，反复计算效率太低。在 Excel 中，常用的方式是计算出第一行的数值，再向下拖拽或填充即可。对于表 2-7 中的数据，我们可以在 B 列中建立一组数据，用“ABS（）”求绝对值函数抵消 A 列的因为买进卖出所产生的正负。具体做法是在 B2 单元格输入“=ABS（A2）”按回车后，将鼠标移至单元格右下角出现黑色“十”字符号后双击，或者拖拽到最后一行。然后再建立一列用于计算每笔交易的佣金，佣金除以 1.04 得到除佣金以外的交易金额，再用总交割金额减去该数值就可以得到佣金的费用。根据这个逻辑可以在 D2 单元格内输入“=B2-B2/1.04”，用同样的方法向下拖拽就可以得到每笔交易的佣金金额。

这种计算也可以在 SPSS 中实现，可以通过 Transform（转换）–Compute Variable（计算变量）的命令处理。比如，例题 2.5 中的数据导入 SPSS 中，用 Compute Variable 的命令进行处理，如图 2–7 所示。

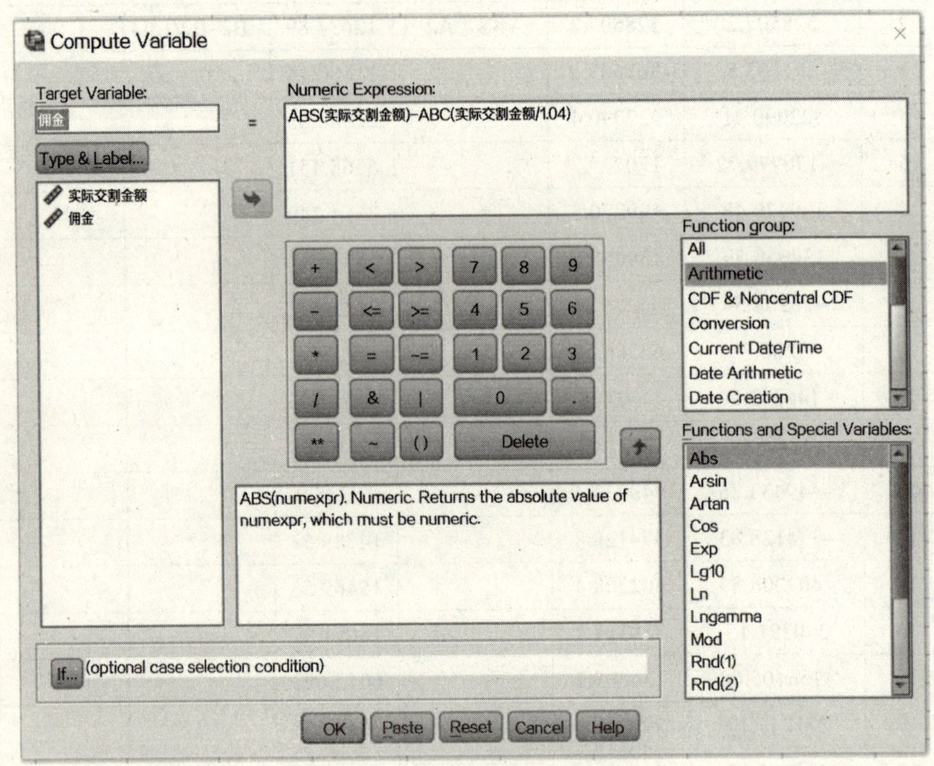

图 2–7 SPSS 变量计算窗口

如图 2–7，在 Target Variable 中数据要计算产生的变量，在此处输入“佣金”，那么该变量计算公式就是交割金额减去不含佣金的部分。因此在 Numeric Expression 数值表达式中输入“ABS（实际交割金额）–ABS（实际交割金额 /1.04）”点击“OK”后 SPSS 执行命令。完成后在原先的数据表中就可以看到多了一列“佣金”数据。

无论在 SPSS 中还是在 Excel 中，都有着非常丰富的函数库，在实际使用过程中不可能对每一个函数都熟悉。遇到不熟悉的函数要巧妙应用软件自身的帮助功能。比如，在 SPSS 中（图 2–7），右侧有“Function Group”功能组，每选择一个功能组时下方的“Functionand Special Variables”就会出现该功能的函数。选定一个函数，中间框内就会出现该函数的使用方法和具体说明。在 Excel 中函数的搜索与帮助也很简单。只要点击编辑栏左边的函数“*fx*”按钮，就会出现插入函数的对话框，可以根据自己的需要在对话框中搜索函数。选定要使用的函数后，单击左下角的“有关该函数的帮助”后就可以得到详细的说明和举例。还有一些用户喜欢在贴吧、论坛等互联网社区中探讨函数使用方法和寻求帮助，当遇到复杂的函数公式时这也不失为一个好办法。

五、数据的编码和录入

为了使收集的数据方便计算和统计，我们会对数据进行编码。数据编码就是指用不同的数据数值记录相应的现象特征。我们收集的数据一般分为两种类型，一种是数值型数据（numerical data）。数值型数据指的是可以通过测量获得的精确数值，比如身高、考试成绩、跑1000米所需时间、股票价格等。另一种数据叫分类型数据（attribute data或categorical data）这类数据记录的是一种特征，比如记录性别的男女、奥运会中参赛队员的国别、医院中的科室等。这些分类数据经常需要对收集到的数据进行编码转换。

以性别为例，其存在的值为“男”或者“女”，非常简洁，这种情况下，可以不做编码，直接记录“男”或者“女”。也有习惯于对数据编码的研究者，会将男的值编为1，女编为0。这里要指出的是，在编码中，0和1并没有什么数值关系，也就是说并不代表男的1值比女的0值大，只是为了区分开而已。有一些统计软件比如MiniTab并不需要对数据进行编码，就可以直接处理。SPSS则倾向与将分类数据用数值来编码取代。

【例题2.6】研究者想了解某个地区人们喜欢音乐的风格和倾向，他设计了图2-8的问卷在网上发布，并收集了若干数据。如何将数据进行正确的数据编码并导入SPSS中？

您的性别是？ ________

您的出生年月是？ ________

您的最高学历是？（请勾选相应选项）

□研究生及以上　□专科
□本科　□专科以下

您喜欢以下哪种音乐类型？（可多选）

□古典　□流行　□爵士　□影视剧
□摇滚　□动漫　□电子　□舞曲
□说唱　□蓝调　□轻音乐　□乡村
□金属　□朋克　□拉丁　□民谣

图2-8　数据编码前的问卷

解：首先来看一下这份问卷回答后所产生的数据类型。第一个问题是性别，所以回答可以用编码 0 和 1 分别代表女和男。第二个问题是关于出生年月，那么这个问题的回答是日期型数据。日期型数据的缺点是后期不便于计算，通常可以将其转变为年龄这种数值型数据。第三个问题是学历，是一个单选型问题。这种问题最适合进行数据编码，我们可以将 0 代表“专科以下”，1 代表“专科”，2 代表“本科”，3 代表“研究生及以上”。最后一个问题是多选题，我们可以将其拆分为多个小问题再用 0 和 1 代表勾选和没有勾选。

根据回答分类和编码的设置，就可以在 SPSS 中建立如图 2-9 的变量类型。

	Name	Type	Width	Decimals	Label	Values
1	性别	Numeric	1	0	填写的性别信息	{0，女}...
2	出生年月	Date	10	0	填写的出生日期	None
3	最高学历	Numeric	1	0	勾选的最高学历	{0，专科以下}...
4	古典	Numeric	1	0	是否勾选	{0，未勾选}...
5	流行	Numeric	1	0	是否勾选	{0，未勾选}...
6	爵士	Numeric	1	0	是否勾选	{0，未勾选}...
7	影视剧	Numeric	1	0	是否勾选	{0，未勾选}...
8	摇滚	Numeric	1	0	是否勾选	{0，未勾选}...
9	动漫	Numeric	1	0	是否勾选	{0，未勾选}...
10	电子	Numeric	1	0	是否勾选	{0，未勾选}...
11	舞曲	Numeric	1	0	是否勾选	{0，未勾选}...
12	说唱	Numeric	1	0	是否勾选	{0，未勾选}...
13	蓝调	Numeric	1	0	是否勾选	{0，未勾选}...
14	轻音乐	Numeric	1	0	是否勾选	{0，未勾选}...
15	乡村	Numeric	1	0	是否勾选	{0，未勾选}...
16	金属	Numeric	1	0	是否勾选	{0，未勾选}...
17	朋克	Numeric	1	0	是否勾选	{0，未勾选}...
18	拉丁	Numeric	1	0	是否勾选	{0，未勾选}...
19	民谣	Numeric	1	0	是否勾选	{0，未勾选}...

图 2-9 变量试图中的数据类型设置

先前已经介绍过 SPSS 中数值型数据的处理方法，比如计算具体收入（例题 2.3），1 ~ 5 分的评价（例题 2.4）。这些处理方法非常直观，但例题 2.6 中的主要数据是分类型数据，接下来将介绍 SPSS 中如何处理这种类型的数据。根据图 2-9 可以看出第一列变量名称和原问卷的最大区别在于将问题四拆分成多个小问题，其作用是方便地处理多项选择。第二列变量类型中，并不以 String 字符串类型为主要的存储格式，而是依然使用 Numeric 数值型，其原因是 String 字符串很难在后期对其加工和计算。第三列和第四列分别代表了长度和小数点位数。第五列标签记录了比变量名称更详细的信息。第六列 Value 值记录了相应值所对应的意义。

根据问卷的设计，可以看出“学历”是一个单选项，该数值类型应该是分类型数据。在 SPSS 中处理这种单项选择的分类型数据最常用方法是用数值代替选择的项目。比如，0 代表专科以下，1 代表专科，2 代表本科，3 代表研究生及以上。这样，用 0，1，2，3 这四个数字就涵盖了所有的学历范围，无论回答的人是何种学历，都应该被这 4 个数字中的一个表现出。这里要注意的是，数值本身没有数学含义，“本科”是 2，“专科”是 1，这并不代表本科就是专科的两倍。这里的数值只是一个标签，你也可以将数值定义成 100，101，102 等，本身没有任何数学意义。点击“最高学历”的 Value 栏后可以看到并修改具体值的意义。在这个问题中，性别也是一个单项问题，也可以用同样的方法处理。

还有一种情况是多选题。第四个问题“您喜欢以下哪种音乐类型？”就是典型的多选题，参与者可以在下列复选框内选择自己喜欢的类型，那么对于每一个复选框来说只有两种情况，勾选和没有勾选。因此我们可以将每一个复选框单独设立成一个问题，其值有两种表现形式，0 代表没有勾选，1 代表勾选。这种方法的优点在于可以直接汇总结果。比如，参与回答的 180 人中有 23 人勾选了古典。那么“古典”变量加总求和的值就是 23，用 23 除以总数 180，就能算出喜欢古典的人占 12.78%。

这种计算方法也适用于单项选择题，比如要计算“本科”所占的比例，一般的做法是将“本科”值加总，由于“本科”的值是 2，那么加总的和就要除以 2。比如 180 人中 65 人是本科学历，那么加总后就得到 130，再除以 2，就是 65 人，再除以 180 得到了 36.11%。这种方法没有任何错误，但 SPSS 中更推荐使用另一种方法。就是再生成一个“是否本科”的新变量，将本科赋值 1，其余的非本科选项都赋值 0，再加总其人数和百分比。这种方法的优点在于将“本科”设置成了实验变量，“非本科”设置成控制变量，可以用来比较两组的差异。以次逻辑，如果我们要研究“专科以下”与其他人的音乐爱好差异，就将“专科以下”设置为1，其余设置为0，比较1组和0组的音乐爱好差异。具体比较方法后续章节会仔细介绍。如图2-10所示，左边体现了单选题的值设置，右边代表了多选题。

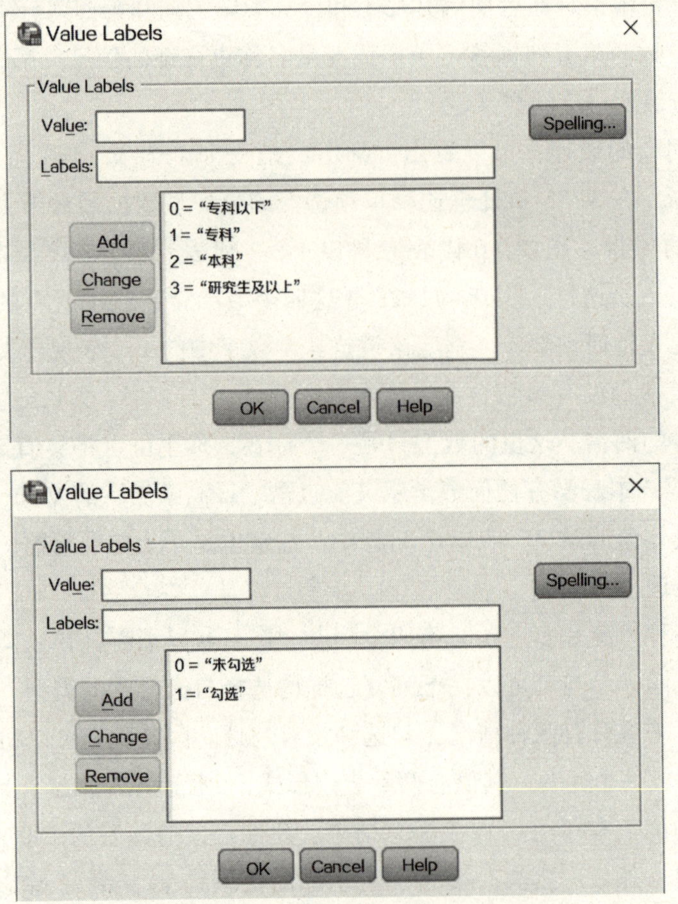

图 2-10　最高学历和喜好类型的具体值标签

在这个问题中还有一种数据需要转化处理，就是“出生年月”，这是一个日期型数据。虽然日期型数据也可以进行计算，但意义并不大。我们可以利用学过的 Transform 转换功能，将日期型数据转换为数值型数据“年龄”。具体的操作就是选中 Transform 中的 Compute Variable 计算变量命令，输入新的“年龄”变量，在计算框内输入“=2017-XDATE.YEAR（出生年月）”。在这个计算表达式中“2017”可以被替换为具体年份，XDATE.YEAR 函数的作用是抽取变量中年份的值。这样，就可以生成数值型变量“年龄”。这种数值型数据的易用性显然好于日期型数据，便于后期比较大小、加减、分类等操作。相比出生年月，年龄也是研究者需要获得的数据，这样研究者就可以比较不同年龄段对音乐喜好的不同。

【本章小结】

本章学习内容主旨是通过初步整理筛选，得到更有效更可信的数据。第一节中介绍了多种数据测量和收集的方法，每一种方法都有其优势和劣势。还介绍了如何借助于信息化的工具实现大规模数据采集和数据质量提升。可见，控制和减少人为的主观介入是未来数据采集的一个趋势。

第二节介绍了用SPSS和Excel等工具对数据进行审查和筛选的具体操作方法。重点介绍的手段是：信度分析、缺失值的填补、数据转换和数据编码等。在例题中还涉及了更复杂的一些函数，比如 SPSS 中年份截取等。

对本章的学习要领并不是掌握多少 SPSS 函数，或者熟练使用数据信效度分析方法，而是要让大家意识到：①数据收集前要做好充分的准备工作，确保收集数据的方法和手段有效并可靠；②通过适合的手段在问卷收集过程中标识出无效数据（比如本章中介绍了陷阱问题选项）；③用统计软件对数据进行预处理。

【本章习题】

1. 思考图 2–1 中的外卖研究，有更好的方法收集数据吗？相比现在的问卷调查，其优点和缺点是什么？

2. SPSS 中 String 函数的作用是什么？如何使用这个函数？举一个使用该函数的例子。

3. 在 Excel 中条件函数 IF 如何使用？在 SPSS 中如何实现 IF 条件语句？

4. 在 Excel 中逻辑判断 and 和 or 如何使用？在例题 2.3 中如何用函数筛选出月收入大于 5000 且年龄小于 30 的记录？

5. 在例题 2.6 的图 2–9 中，如果将数值型数据按照默认长度 8 位、小数点后保留 2 位进行设置，是否可以继续进行计算？结果有什么差异？

6. 跳水比赛的成绩是由多个裁判打分决定的，满分一般为 10 分。A 和 B 两位跳水运动员在某一轮比赛中都得到 8.5 分的平均分。裁判们给 A 的评分比较接近，都是 8.5 左右，但对 B 选手的打分差异较大，9.2 分的也有 7.8 分的。从信度来考虑，哪个选手的信度大？信度的差异说明了什么？跳水、花样游泳这样主观评分体系，是否需要考虑裁判评分的信度？如何提高信度？

7. 在对数据编码处理时候为什么用 0 和 1，这样的处理优点是什么？能不能将选题中的选项拆分成多个小问题，如例题 2.6 中的第三个问题“您的最高学历是？”拆分后的优点和缺点是什么？

8. 某同学是 NBA 波士顿凯尔特人队的忠实球迷，但他总觉得凯尔特人的打法不精彩，总是要到赛程近半甚至过半以后才能打出进攻高潮（短时间内连续得分）。为了验证这个观点，他收集了凯尔特人队的整个赛季得分情况。数据如下（部分）：

球员	得分	进球	时间
埃弗里—布拉德利	2	罚球	0：45
埃文—特纳	2	投篮	1：11
马库斯—斯玛特	3	3 分球	1：21
贾伊—克劳德	2	投篮	3：14

考虑编码和数据转换方法，如何让计算机帮助他找出球队进攻高潮，从而验证他的想法？

第三章　数据探索和特征描述

【本章学习目标】

1. 理解不同数据类型的特征

2. 熟悉不同数据的图形表现方法

3. 集中趋势和离散趋势各测度值的计算方法

4. 集中趋势和离散趋势各测度值的特点及应用场合

5. 偏度和峰度

【引导案例】

表 3-1 中收集了美国各州自 2000～2009 年的统计数据，数据包括：州、平均每人收入、交通事故次数、交通事故死亡率、教师平均收入和区域。在未整理的情况下，这些数据杂乱无章，很难从中获取有价值的信息。那么我们应该如何对这些数据进行整理和描述呢？我们可以思考以下几个问题：

1. 东部和西部，哪个区域的人均收入高？

2. 东部和西部，哪个区域的教师收入高？

3. 哪个州交通事故最多？

4. 死亡率最高和最低的 5 个州是哪些？

5. 哪三个州教师收入 / 人均收入的比率最高？

6. 哪些州教师收入高于平均值，且死亡率低于平均值？

可见，这些问题并不难，其实我们用最简单的四则运算就可以解出这些问题，但逐个计算实在非常麻烦，而且得到的结果并不能让我们对数据有更深的理解。那么我们用统计学的方法怎么处理呢？

表 3-1　美国各州统计数据

州	平均每人收入（美元）	交通事故次数	交通事故死亡率	教师平均收入（美元）	区域
Alabama	33516	848	14.86%	46879	East
Alaska	44205	64	39.62%	58395	West

续表

州	平均每人收入（美元）	交通事故次数	交通事故死亡率	教师平均收入（美元）	区域
Arizona	34553	807	22.10%	46358	West
Arkansas	32678	585	10.28%	47472	West
California	42578	3081	17.91%	68093	West
Colorado	42226	465	31.72%	48487	West
Connecticut	54877	223	34.60%	63152	East
Delaware	39664	116	5.69%	56667	East
District of Columbia	70044	29	39.58%	62557	East
Florida	38222	2558	14.70%	46921	East
Georgia	34800	1284	16.68%	52879	East
Hawaii	41661	109	17.42%	55733	West
Idaho	31986	226	18.12%	45178	West
Illinois	42057	911	35.75%	61344	East
Indiana	34042	693	21.78%	49569	East
Iowa	38084	372	16.40%	48638	West
Kansas	39005	386	16.27%	46401	West
Kentucky	32376	791	3.54%	47875	East
Louisiana	37021	821	12.47%	48627	West
Maine	36717	159	5.92%	44731	East
Maryland	49070	547	6.97%	62849	East
Massachusetts	51302	334	22.86%	66712	East
Michigan	34691	871	36.98%	57327	East
Minnesota	42847	421	32.64%	51938	West
Mississippi	31046	700	26.24%	44498	East
Missouri	36965	878	24.11%	44249	West
Montana	35068	221	6.75%	44426	West
Nebraska	39674	223	19.20%	44957	West
Nevada	36919	243	24.77%	50067	West
New Hampshire	43586	110	12.70%	49872	East
New Jersey	51167	583	20.25%	63111	East

续表

州	平均每人收入（美元）	交通事故次数	交通事故死亡率	教师平均收入（美元）	区域
New Mexico	33368	361	16.44%	45752	West
New York	48450	1156	20.82%	69118	East
North Carolina	34977	1314	15.61%	48648	East
North Dakota	42764	140	−62.79%	41654	West
Ohio	36180	1021	25.26%	54656	East
Oklahoma	35396	738	−13.54%	43846	West
Oregon	36427	377	16.41%	54085	West
Pennsylvania	40599	1256	17.37%	57237	East
Rhode Island	42095	83	−3.75%	58407	East
South Carolina	32460	894	16.06%	47421	East
South Dakota	39593	131	24.28%	35070	West
Tennessee	34955	989	24.33%	45549	East
Texas	37706	3071	18.74%	47157	West
Utah	32473	244	34.58%	42335	West
Vermont	40098	74	2.63%	47884	East
Virginia	44246	757	18.51%	48365	East
Washington	42570	492	22.03%	52567	West
West Virginia	31999	356	13.38%	44701	East
Wisconsin	38177	561	29.79%	51121	East
Wyoming	44861	134	11.84%	54602	West

第一节　集中趋势统计量及软件操作

一、数据类型描述

在之前的章节中已经涉及数据种类的问题。实际上，定义数据的种类对数据分析来说十分重要。比如在表 3-1 中，州和区域，就是文本型数据，其储存的值是一些文字信息。在 SPSS 中，这种变量的类型叫作“字符串”，英文叫“String”。我们可以对字符串的长度进行编辑，让它足以容纳其中最长的州名“District of Columbia”，20个字符。除了州和区域以外，其他变量都是以数值形式出现，也就是“数值型 Numerical”。那么，该数据表的类型就如同表3-2所示。

表3-2 统计数据的两种类型

	名称	类型	宽度	小数	标签	值	缺失	列	对齐	测量	角色
1	州	字符串	20	0		无	无	8	左	名义(N)	输入
2	平均每人收入	数值	8	2		无	无	8	右	名义(N)	输入
3	交通事故次数	数值	8	2		无	无	8	右	名义(N)	输入
4	交通事故死亡率	数值	8	2		无	无	8	右	名义(N)	输入
5	教师平均收入	数值	8	2		无	无	8	右	名义(N)	输入
6	区域	字符串	20	0		无	无	8	左	名义(N)	输入

（一）分类型数据

表3-2可以看出，区域显然是一种分类型数据，其值只有两种，“East”和“West”。无论哪个州，都会被分入东部或者是西部，不可能出现一个既是东部也是西部的州，也不能出现一个既不是东部也不是西部的州。这就是分类数据，我们理解了分类数据后，可以发现生活中大量存在分类数据。比如，性别，分为“男”和“女”，一般情况下，一个人的性别只会存在一种形式。又如，婚姻状况分为“单身”“结婚”“离异”和“丧偶”。当然，如果你是进行一些婚姻问题的社会学研究，那么这四种分类可能还不够精细，你还可以把婚姻状况再细分出“再婚”“重婚”“单身但有领养孩子”，等等。

可见分类数据可以按照时间的某种特性分为几个组，组与组之间特性互相独立，其存储的值一般是文字。当然也可以将这些值编号，比如，我们把所有东部的州编号为1，西部的州编号为2。编码时需要理解，编码的数值只是标签，没有数学意义，并不代表西部的州在某种特性上是东部的两倍。

数据分类后，对后期的分析有很大的帮助。比如，我们要比较东部教师的收入是否与西部教师收入存在差异，可以在数据分类的基础上进行t检验（以后章节将详细叙述），从而得出有信服力的结论。

（二）数值型数据

在表3-1中，“平均每人收入”“交通事故次数”“交通事故死亡率”和

“教师平均收入”都是数值型数据。数值型数据一般是统计中的主要数据。数值型数据储存着这个事件某种可以度量的特性。举一个简单的例子，身高和体重都是可以测量的数据，我们对高矮重轻特性的描述都可以用一个测量得到的精确数值表述。例如，比较阿拉斯加州和阿拉巴马州的教师收入，就能得到结论，阿拉斯加州的教师收入比较高。与分类数据相比，数值型的数据具有很强的可操作性，典型的操作方法就是排序和计算。

1. 排序

排序一般分为两种，升序和降序。所谓升序就是将数值从小到大排列，降序则相反，从大到小排列。排序是一个非常实用的功能，比如想在京东商城买一盏台灯，搜查出台灯结果后，按降序排列，就会将最贵的台灯列在第一页。按升序排列就会将最便宜的列在前面。如果关注的不是价格，而是口碑，那么按“评论数”排列就可以看到最受欢迎的和最不受欢迎的台灯。

这里就回答引导案例中的一个问题，死亡率最高的州是哪五个。如果一个一个比较，然后取前五个最大值，这种方法显然比较麻烦。我们在 SPSS 中，利用“数据—排序个案”这个功能，可以很快完成任务，如图 3-1 所示。

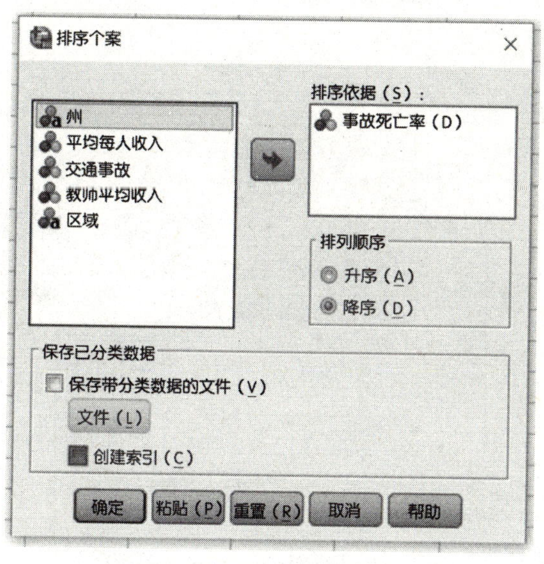

图 3-1 排序个案

在排序个案的操作窗口中，勾选“保存分类数据的文件后”，可以将排序的结果生成一个新文件并保存。当然在这个操作界面也可以对其他变量进行升序或降序排列。如果将这组数据导入 Excel 中，可以直接在“交通事故死亡率”列点击“数据”—“降序”实现排序的功能。Excel 的操作非常人性化，在实际应用中“排序和筛选”功能可以更直接地对各列数据进行排序、条件筛选等操作。

2. 计算

对于数值型数据，SPSS 一个强大的功能就是对数据进行再加工计算。例如，要回答导引案例中的第五个问题，哪三个州教师收入 / 人均收入的比率最高？我们需要计算一个比值。SPSS 计算逻辑与通常的计算器计算和 Excel 计算不同，SPSS 包含了大量复杂的统计计算，所以需要一个庞大的计算器对几组数据进行计算，功能比计算器和一般的 Excel 计算强大很多。

利用 SPSS 中“转换—变量计算”，我们将相应的公式输入操作窗口，如图 3-2 所示。在操作窗口中定义新的目标变量——比率。我们也可以事先在变量定义的窗口中设置好这个变量。我们希望计算的值是：

比率 = 教师平均收入 / 平均每人收入

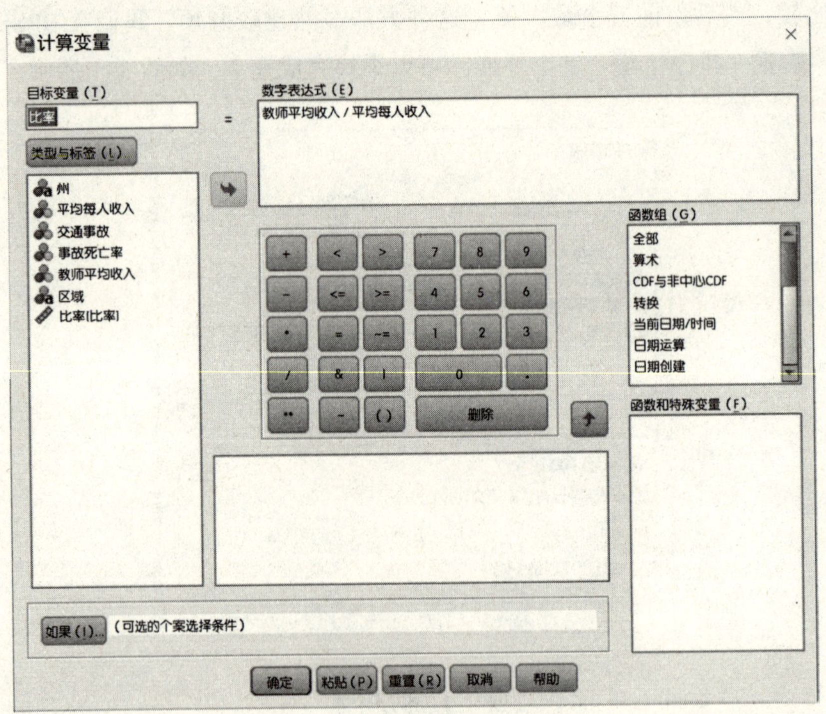

图 3-2 计算变量操作窗口

在该操作窗口中，目标变量栏中输入“比率”，数字表达式中输入“教师平均收入 / 平均每人收入”。这样就完成了一个完整的计算命令。下方的“如果”按钮可以对计算附加限定条件，比如只计算西部的比率，或者只计算交通事故次数超过 200 的州。右边的“函数组”窗口可以利用函数进行更复杂的计算。点击确定后，我们注意到原先的数据中多了一个变量叫作“比率”，这个变量就是通过计算得出的。我们再将这个“比率”按照降序排列，就可以得到比率最高的三个州是 Michigan、California 和 Georgia 州。

二、集中趋势（数据的中心）的描述

数据通常是用来描述某个事物的特征。比如，我们用长度单位描述某人的身高，用重量单位描述某人的体重等。在描述个体时，这个概念非常直观。比如，某人 193cm，90kg。但是我们除了对个体的描述外，更希望对多个个体甚至总体有一个全面的了解。比如，我们不仅关注某个班级个人的身高或者体重，更关心这个班级全体同学的身高体重等。在团体体育比赛中（篮球和足球），我们除了关注单个运动员的水平和发挥，更会注意球队的表现。又如你在某个餐厅品尝了一道非常好吃的菜肴，但不代表这个餐厅的每道菜都这么好吃，也不能代表下次你来这个餐厅点这个菜时厨师仍然可以保持这个水准。可见从统计学的意义来看，个体的意义并不大，并没有什么普遍的代表性。因此为了准确表述出一组个体，我们必须引入“集中趋势”这个概念。

集中趋势指的是一组数据，向一个值靠拢的程度。这个值可以较好地反映出这一组值的特征。比如，在表 3-1 美国各州统计数据中，需要对美国的教师收入做一个综述，那么应该如何表达？这时，逐个列出每个州的数据显然不合适，最理想的是有一个值，可以对所有 51 个州（包括直辖特区，后文相同）的数据进行准确表述，这个值就是集中趋势。

常用的集中趋势的度量主要有三种指标，分别是：众数、中位数和平均数。也就是说，一组样本的某项特质可以同时用众数、中位数和平均数表述出。这三种指标各有利弊，适用于不同的情况，我们逐个来学习。

（一）众数

众数就是在一组数据中出现频次最多的那个数值。众数的英文是 mode，在许多统计软件中，mode 也是求众数的函数写法。比如在我们熟悉的 Excel 中，求众数函数的语法就是 mode（number1，number2，...）。

【例题 3.1】求以下数列的众数：

5.6，4，4，3，2，4

解：数值 4 出现了 3 次，频次最多的 4 就是众数。

那么如果这组数列变成：

5.6，4，4，3，2，4，3，3

这时，数值 3 和 4 出现的次数都是 3 次，这时就产生了多个众数。在新版本的 Excel 中，也对 mode 函数进行了加强，从而可以处理更复杂的众数问题。mode.sngl 函数的作用就是返回在某一数组或数据区域中出现频率最多的数值，功能也就相当于函数 mode（ ）。而 mode.mult 函数则可以返回一组数据或数据区域中出现频率最高或重复出现的数值的垂直数组，如果有多个众数，则将返回多个结果。

众数的另一个特点是可以对分类数据进行处理。比如，参加校运会的同学有 50 人，其中，12 位大一同学，18 位大二同学，10 位大三同学，7 位大四同学和 3 位研究生同学。那么其中大二同学出现的频次最多，“大二”就是众数组。

从以上例子可以看出，众数作为集中趋势有一个非常突出的缺点，就是在很多情况下可能统计不出众数。居民用电量就是一个例子，夏天的某个月，一栋住了 33 户的楼房中每户居民用电量非常接近，都是 400~500 度，每一家的电费也差不多，都是 300 元左右。可见这个月的集中趋势相当明显，但是由于用电量抄表记录到小数点后 2 位，电费又精确到分。结果就是这 33 户居民用电量和电费都不相同，虽然非常接近，但是无众数出现。可见众数在这种情况下就不适用。可以考虑采取的方法是，将电费按每 10 元一个档次分组，这样分组之后就容易出现众数了。所以，一般情况下众数对于分类型数据具有一定的意义，但对于精确的数值型数据，使用的范围很有限。

（二）分位数

1. 中位数

中位数 median，指的是将一组数据排序（无论是升序或者降序），列在中间位置上的那个数值就是中位数。与 mode 一样，median 也是统计软件中常用的函数命令，比如 Excel 的中位数命令就是 median（number1，number2，...）。

在数列 1，2，3，4，5 中，排在中间的 3 就是中位数。在数列 1，2，3，4，9 中，3 仍然排中间，还是中位数。这里值得一提的是，当一个数列有奇数个数值的时候，那么中位数就是排在中间位置的那个。但当一个数列有偶数个数值时，中位数就是最靠近中间的两个值的平均数。如果用数学表达就是：

$$M_e=\begin{cases}x_{\left(\frac{n+1}{2}\right)}, & n\text{为奇数}\\ \frac{1}{2}\left\{x_{\left(\frac{n}{2}\right)}+x_{\left(\frac{n}{2}+1\right)}\right\}, & n\text{为偶数}\end{cases} \quad (3.1)$$

也就是说，在数列 2，3，4，5，6，7 中，中位数就是排在中间的两个数 4 和 5 的平均数 4.5。那么如果是数列 –9，2，4，5，89，900，其中位数仍然是 4 和 5 的平均 4.5。事实上，如果用统计软件计算，不必担心到底数列中数值的个数是奇数还是偶数。比如 median 函数会自动判别数据个数并进行相应的输出。

中位数的特点就是排序后找出排在中间的那个数，以它为代表描述整个样本。为了体会中位数的缺点，我们可以考虑这样的情况：研究者在某个城市中对是否允许同性恋婚姻进行调查，选项有三个，依次是“同意”“弃权”“反对”。可见这是一个非常极端的问题，选择“同意”的人一定认为同性恋应该获得婚姻这样的基本权利，不应该加以限制，否则就是歧视和践踏人权。相反，选择“反对”的人则认为同性恋是不道德的，是反人类和反进化论的，会导致人类走向灭亡。对这样的问题大部分人都有一定的主见，不太会选择“弃权”。研究者收集了数据，结果“同意”343 票，“弃权”21 票，“反对”366 票。这时中位数是排在第 365 的人，也就是表示反对。这时用“反对”代表大部分人的意志显然不合理，毕竟还有许多人选择了同意。如果再出现 2 票选择“同意”，那么中位数就成了弃权，那更无法代表这个城市的人们对于这个话题呈现出的两种不同想法。可见，在这种分歧较大的问题上使用中位数非常危险，其结果会违背其中相当一部分人的意志。

2. 四分位数

了解中位数后，四分位数就很好理解了。四分位数的英文是 quartile，与之前相似，也是大部分软件的一个函数命令，因此在 Excel 中，四分位的函数就是“QUARTILE（ ）”。其语法是 QUARTILE（array，quart），其中的 array 指的就是选取的数列，quart 可以取不同的值。0 代表最小值，1 代表第一个四分位数（第 25 个百分点值），2 代表中分位数（第 50 个百分点值），3 代表第三个四分位数（第 75 个百分点值），4 代表最大值。在新版本的 Excel 中，这个函数被细化为“QUARTILE.INC（ ）”和“QUARTILE.EXC（ ）”。两者的区别在于前者根据 0 到 1 之间的百分点值（包含 0 和 1）返回数据集的四分位数，而后者不包含 0 和 1。

四分位数一般分为中下四分位 lowerquartile 和上四分位 upperquartile。下四分位也叫第一四分位，通常用 QL 或者 Q1 表示；那么对应的上四分位就称为第三四分位，用 QU 或者 Q3 表示。下四分位可以理解为中位数和最小值之间再一次取中位数（就是第 25% 位置的值），上四分位则是最大值和中位数之间再取中位数（75% 位置）。也就是说，对于一组数值来说，下四分位、中位数、上四分位将这组数等分成了四段。

下四分位数位置　Quartile Low=1/4 × n

上四分位数位置　Quartile Upper=3/4 × n

$$\begin{cases} Q_L\text{位置} = \dfrac{n}{4} \\ Q_U\text{位置} = \dfrac{3n}{4} \end{cases} \tag{3.2}$$

回到我们的表 3–1 美国各州统计数据，如果要求得美国各州交通事故次数的四分位值，我们首先可以求出这组数的中位数。一种办法是将交通事故次数排序，然后找到排名第 26 位的值。另一种方法是直接用“median（）”函数求得中位数是 492。这时还可能出现一种情况，就是不止一个州的交通事故次数是 492，那么哪个州是中位数呢？这个问题其实不会影响中位数的值，换言之，无论哪个州是中位数，都不会影响 492 这个值是中位数的结果。

此外，还可以利用 QUARTILE 函数求出下四分位 233 和上四分位 859.5。在 SPSS 中，如果我们想有比较直观的描述，可以用“分析—描述统计—频率”命令。将“交通事故次数”输入变量列表，然后点“统计”按钮，就得到了如图 3–3 的窗口。

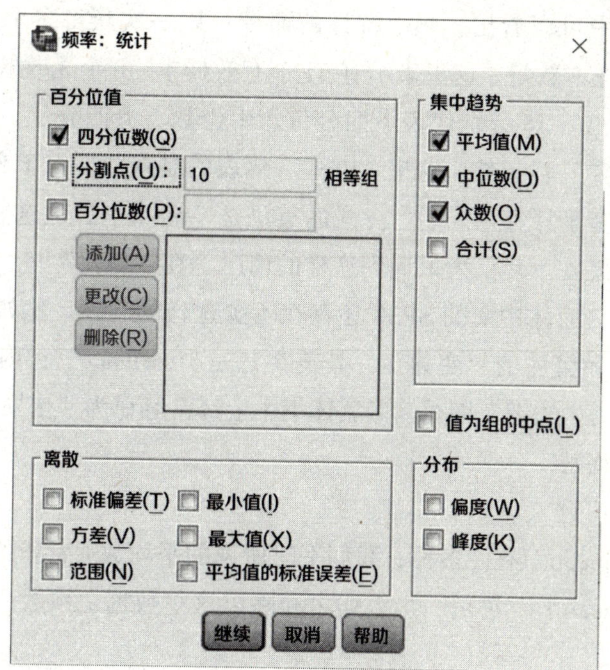

图 3-3 频率统计窗口

在这个窗口中，勾选所需要的四分位数和集中趋势就会得到对应的报告。如果我们想将数据平分成 5 组，而不是 4 组时，我们可以勾选分割点，然后输入 5 等分组。那么系统会统计出五分位数（以 20% 为一段）。又如，你想对这组数进行黄金分割，那么可以勾选百分位数，输入 61.8%，那么系统会报告出黄金分割点的数值。可见，SPSS 对数据的可操作性非常强。在 Excel 中调节分位数位置的功能也可以通过 PERCENTILE 函数实现。回到图 3-3 的设置，点击“继续”后会得到以下结果报告（见表 3-3）。

表 3-3 频率统计量

N	有效	51
	缺失	0
平均值		662.9020
中位数		492.0000
方式		223.00
百分位数（P）	25	223.0000
	50	492.0000
	75	871.0000

从表 3–3 中可以看出，频率统计的命令可以一次获得多个集中趋势的结果。N 代表了样本数量，这里表示有 51 个有效样本，0 个无效缺失样本。百分位数中的 25、50、75 分别代表下四分位、中位数、上四分位。这样的结果呈现方式简明扼要一目了然。这里“方式”代表的是众数，由于 SPSS 提供了多语言版本，许多翻译存在问题。方式的英语是“mode”，但这里将 mode 译为“方式”显然欠妥。建议大家遇到这样的情况，在“编辑”—“选项”中将语言调整为英文。简体中文的 SPSS 还存在不少这样的问题。比如，经常看到简体的“方差”和繁体的“变异”，其英文都是“variance”，内地的课程和书本上一般翻译为“方差”而台湾版繁体书本上经常翻译为“变异”。

（三）平均数

1. 算数平均数

平均数（mean）有许多种，我们平时所说的平均数通常指的是算数平均数（arithmetic mean）。它是一组数据之和除以这组数据之项数。其公式是我们熟悉的：

$$\bar{x}=\frac{x_1+x_2+\cdots+x_n}{n}=\frac{\sum_{i=1}^{n}x_i}{n} \tag{3.3}$$

在统计学中算数平均数可能存在两种，一种是对于抽样样本来说的样本平均数，如公式 3.3。另一种是对于总体来说的总体平均数，如公式 3.4。

$$\mu=\frac{x_1+x_2+\cdots+x_N}{N}=\frac{\sum_{i=1}^{N}x_i}{N} \tag{3.4}$$

这两组公式除了样本数量的表达之外没有任何差别，但是实际上却有本质上的不同。公式 3.4 是计算总体的均值，也就是知道总体中的每一个个体后求出的均值，这个结果真实准确没有误差。而样本均值只知道总体中的一部分，通过公式 3.3 求出的均值很难确定其准确性。在很多情况下（个体数量巨大），我们也只能通过公式 3.3 求出的并不完美的均值去估算总体的均值。以后在对于样本的学习中，还会引入“自由度”这个概念。

有时，我们会对 x 的值加上不同的权重 w，那么算数平均数就可以进一步转为加权平均数（weighted mean）。同样加权平均数也会有两种，样本加权平均数和总体加权平均数如公式 3.5 和公式 3.6。

$$\bar{x}=\frac{M_1f_1+M_2f_2+\cdots+M_kf_k}{f_1+f_2+\cdots+f_k}=\frac{\sum_{i=1}^{k}M_if_i}{n} \tag{3.5}$$

$$\mu=\frac{M_1f_1+M_2f_2+\cdots+M_kf_k}{f_1+f_2+\cdots+f_k}=\frac{\sum_{i=1}^{k}M_if_i}{N} \tag{3.6}$$

与前几个中间趋势不同，平均数 mean 在 Excel 中的函数是 AVERAGE。该函数的语法与以前的函数基本相同。

【例题 3.2】给出一个学校的两个班级，一班有 20 名学生，二班有 30 名学生，在一次测验中两个班级的成绩分别为：

一班：62，67，71，74，76，77，78，79，79，80，80，81，81，82，83，84，86，89，93，98

二班：81，82，83，84，85，86，87，87，88，88，89，89，89，90，90，90，90，91，91，91，92，92，93，93，94，95，96，97，98，99

计算一班平均分，二班平均分和总平均分。

解：从以上数据可以得出，一班的平均数是 80，二班的平均数是 90。而用 80 和 90 直接求平均数是 85，这是两个班级均值的均值。然而，这样的计算并没有考虑到每个班级学生的不同数量，85 这个平均值并没有完整反映出这两个班级整体的平均成绩（与班级无关），平均学生成绩可以通过计算所有学生成绩的平均数来获得，或者通过以班级人数作为权重来计算两个班级均值的加权平均数获得：

$$\bar{x}=\frac{4300}{50}=86$$

或者，用班级均值的加权平均数计算：

$$\bar{x}=\frac{(20)80+(30)90}{20+30}=86$$

加权平均数使得仅知道各个班级平均成绩和学生数量而求出整体学生的平均成绩成为可能。在日常生活中，加权的方法也有很多。比如大学生选修课程时，有些课程是 3 个学分，有些是 2 个学分。在计算综合成绩（绩点）时所占的比重就不相同。又如在股票市场中，一只大盘股涨 1 元和一只中小股票涨 1 元对股指的影响完全不一样。

加权平均数在分组式数据中广泛应用。所谓分组式数据，就是对复杂的具体数值根据数值大小分类，使其简单化并容易计算和操作。比如，研究者想了解大学生每周去校外吃饭的次数，他收集了以下 20 个数据：

11	10	3	8	9	3	9	4	13	6	3	7	8	10	6	7	1	5	4	11

研究者将这些数据分为四组，通过整理这些数据得到以下结果：

很少出去	0~3 次	4
比较少出去吃	4~7 次	7
比较多出去吃	8~11 次	8
经常出去吃	12~15 次	1

对于这样的分组数据，计算其均值的方式就需要用到权重。具体方法是以每一组的频次作为比重，用每组的组中值乘以每组的频次，再除以频次总和。在这里组中值的计算方法是每组上限和下限的和除以 2。那么第一组的组中值（0+3）/2，就是 1.5，第二组是 5.5，第三组是 9.5，第四组是 13.5。计算得出平均每周外出用餐次数是 5.9 次。

这里需要注意 5.9 次是依据权重计算出来的，并不是一个精确的平均数。我们将原始的 20 个数据求均值后得到的算数平均数是 6.9。其差异产生的原因是在用权重计算时，组中值是衡量该组的唯一的标准，比如 4~7 次的这组中有 7 个同学，组中值的计算方式是假设他们都是每周外出吃饭 5.5 次，显然这种方法不够精确。分组的方法可能对原始数值造成一定的更改。虽然这种方法可以直观呈现数据，但在计算均值时尽量避免用组中值估算。

2. 几何平均数

几何平均数（geometric mean），是求一组数值的平均数的方法中的一种。适用于对比率数据的平均，并主要用于计算数据平均增长（变化）率。其计算公式为：

$$G_m = \sqrt[n]{x_1 \times x_2 \times \cdots \times x_n} = \sqrt[n]{\prod_{i=1}^{n} x_i} \tag{3.7}$$

也就是 n 个数连乘积的 n 次方根。在计算平均发展速度时，x_1，$x_2 \cdots x_n$ 不是实际观察值，而是实际观察值两两相除所得的比率。几何平均数一般用于计算投资利率等问题。

【例题 3.3】假定某地储蓄年利率（按复利计算）：5% 持续 1.5 年，3% 持续 2.5 年，2.2% 持续 1 年。请问此 5 年内该地平均储蓄年利率。求该地平均储蓄年利率。

解：

$$G=\sqrt[1.5+2.5+1]{1.05^{1.5}\times1.03^{2.5}\times1.022^{1}}\times100\%$$

得到平均利率是3.43%。

判断何种情况使用几何平均数的一种简单方法是看在其计算过程中是否有连乘的使用，通常有连乘就需要用几何平均数来计算器平均值，典型的问题是存款、投资、借贷、价格浮动、指数计算等。

3. 调和平均数

调和平均数（harmonic mean）的计算公式：调和平均数是给定数据的倒数之算术平均数的倒数，其公式分为两种。

$$H=\frac{1}{\frac{\sum\frac{1}{x}}{n}}=\frac{n}{\sum\frac{1}{x}} \quad \text{（简单平均式）（3.8）}$$

$$H=\frac{1}{\frac{\sum\frac{1}{x}f}{\sum f}}=\frac{\sum f}{\sum\frac{1}{x}f} \quad \text{（加权平均式）（3.9）}$$

调和平均数的特点：第一，调和平均数易受极端值的影响，且受极小值的影响比受极大值的影响更大。第二，只要有一个变量值为零，就不能计算调和平均数。第三，当组距数列有开口组时，其组中值即使按相邻组距计算，假定性也很大，这时，调和平均数的代表性就很不可靠。第四，调和平均数应用的范围较小。

从同一组数计算得到的数值来讲，调和平均数≤几何平均数≤算术平均数。但是这样的比较并没有太大实质意义，因为三种平均数使用的场合完全不同。

（四）众数、中位数、平均数的比较

作为三种最为重要的集中趋势，众数、中位数、平均数各有利弊。总体来说平均数的数学性质最好，最具有代表性，也最常用，但是容易受到极端值影响（极大值或者极小值）。大家可以试想一下，体育比赛已经采取了“切尾均值”的方法，但如果裁判要袒护某位选手，仍然会对其打出极端高分，从而避免第二高分被“切尾”剔除。因此只有在符合对称分布的情况下，平均值的优良品性才能显示出来并发挥作用。

中位数的特点是不受极端值影响，在数据分布偏斜程度较大时代表性较好。可以试想这样的情况，如果你选取10个人测量这些人平均每周开车时间。得到前九个人的数据是10，8，6，7，4，9，3，5，6。然后第十个人是一位出租车司机，并且经常加夜班，他的数值是43。这时整体的平均数会因为这个人的极大值而变大，如果再用平均数显然不能反映实际的情况。这时中位数就更具有代表性。

众数的特点是可以对分类数据进行处理，也不受极端值影响，但是具有不唯一性。其数据分布偏斜程度较大且有明显峰值时代表性较好。

因此，实际生活中，我们一般会遵循这样的规律，如果条件允许，首先选择使用平均数，如果数据分布有偏斜，只能退而求其次，用中位数。只有在实在不理想的情况下，我们才会使用众数。如果数据比较精确，难以产生众数时可以考虑将数据分组，用众数所在组的特征来说明中间趋势的特征。

第二节　偏离程度的描述和计算

一、离散程度的描述

前文学习了集中趋势，就是用集中的统计数值对一个群体进行描述。比如，可以用某个班级英语成绩的平均值，对该班级英语情况进行一个概述。那么，这个班级中学生的成绩一定是有好有坏，在相同英语平均成绩的情况下，个体的差异也会不同。也就是说，对于不同的两组数列，就算集中趋势均值相等，其离散程度也可能不同。比如以下两组数列：

A列	9	11	13	15	17	19	21
B列	0	5	10	15	20	15	30

这两组数列的平均值都是15，但A列的差异显然比B列小。也可以看作A数列要比B数列集中。在统计学中，我们称这种差异为离散。为了更加准确地描述一组样本群，除了表述出这组样本的集中趋势以外，还需要说明其离散程度。我们选取了几个常用的离散描述指标，这些指标逐步深入，它们分别是极差、四分位差、异众比率、平均差、标准差和方差。

（一）极差

极差又称为全距（range），是用来表示一组统计数据中的变异量数，即最大值与最小值之间的差距，也就是最大值减去最小值后所得的差。通常用 ω（读作 omega）来表示。其公式为：

$$\omega=X_H-X_L \tag{3.10}$$

其中，H 代表 highest 最高值，L 代表 lowest 最低值。

比如在表 3-1 的美国各州统计数据中，如果想知道教师收入的极差，就是最大值 69118 减去最小值 35070，得到其极差 range 是 34048。

极差描述离散程度的方法过于简单化，容易受到极端值的影响。极差只考虑到了样本中最大和最小两个值的距离，并没有考虑其他样本值的离散情况。比如在一场期末考试后，要了解班级同学的差异程度，选择使用极差为指标。那么其测量的结果就是班级考试成绩的最高分和最低分的差异。大部分同学的差异和分布无法从中体现出来。这个值并不能说明什么问题，显然这种方法并不合适。

（二）四分位差

为了避免刚才所说的极小值或者极大值给整体数据带来的影响，四分位差（interquartile range，IQR）采取的办法是将整体数据的最小的 1/4 样本和最大的 1/4 样本剔除，只采用中间的 1/2 样本，再测量这 1/2 样本极差值。这个办法相当于用上四分位值减去下四分位值。其公式为：

$$IQR=Q_3-Q_1 \tag{3.11}$$

比如，在表 3-1 美国各州统计数据中，如果想知道教师收入的四分位差，就是上四分位 56200 减去下四分位 46055，得到其四分位差是 10145。

四分位差基本上可以去除极值的影响，但是代价是牺牲一半的数据样本，试想一下，如果你正在收集难获取的数据，比如罪犯的心理，跨国企业的高层等，本来获取样本就非常困难，为了得到集中趋势的指标去除一半的样本，这样做非常不合理。此外，四分位差只考虑了中间的 1/2 样本离散程度，完全不考虑另外 1/2 偏高和偏低样本的特性。因此，四分位差虽然比极差性质好，但在实际应用中会损失过多的样本数量，只能作为衡量离散的一种参考指标。

（三）异众比率

异众比率（variation ratio）指的是总体中非众数次数与总体全部次数之比。这个比值通常用于分类数据。其公式为：

$$v_r = \frac{\sum f_i - f_m}{\sum f_i} = 1 - \frac{f_m}{\sum f_i} \tag{3.12}$$

比如，100 位大学生中，18 位已经考取了驾照，9 位同学正在学习开车，其余的 73 位同学没有驾照。那么无驾照同学最多，这组就是众数组，其出现的频次最多。因此异众比率就是：

1–73/100=27%

可以看出使用异众比率对数值型数据进行处理是很困难的，因为该公式的计算基础是众数，当众数出现的频次较少，那么所计算出的异众比率一定是一个非常大的值，意义不大。不过，异众比率有一个非常突出的优点，就是在选举中可以非常直观地获得支持比率。比如两个不同的学生社团，舞蹈社 23 位同学和网球社 16 位同学，每一个同学都具有当选社长的资格。通过选举后，舞蹈社的某位同学以 13 票当选社长（异众比率为 43.48%，支持率就是 56.52%），网球社的社长以 13 票当选（异众比率为 18.75%，支持率就是 81.25%），可见舞蹈社社长人选的分歧比网球社大。

（四）平均差

平均差（meanabsolute deviation）是指各个变量值同平均数的离差绝对值的算术平均数。平均差是一种平均离差。离差是总体各单位的标志值与算术平均数之差。平均差反映了一组数据中，每个值离算数平均数的差异，将这些差异求和再除以数据个数，就可以得出平均每个值离开算数平均数的差异。因此，平均差越大就代表数据离平均数越远，越离散，差异越小就代表数据离开平均数越近，越集中。平均差公式为：

$$M_d = \frac{\sum_{i=1}^{n} \left| x_i - \bar{x} \right|}{n} \tag{3.13}$$

这个公式的核心思想是在保留每一个样本数值的情况下，计算出离散的程度。也就是说，极端值不被剔除或者取代。比如，计算表 3–1 中的教师收入平均差，我们需要先计算出其算数平均数 $\bar{x}$=51296.8，再用每一个州的教师收入减去平均值取绝对值再求和，得到 362282.6。然后再除以 51 个州，得到平均差 7103.6。这个数据表明，平均每个州的教师收入离开均值 51296.8 的差距是 7103.6。与先前的四分位差和极差不同，平均差衡量了每一个数据，在这个问题上可以体现为任何一个州的数值有了一点变化，那么平均差也会随之变化。

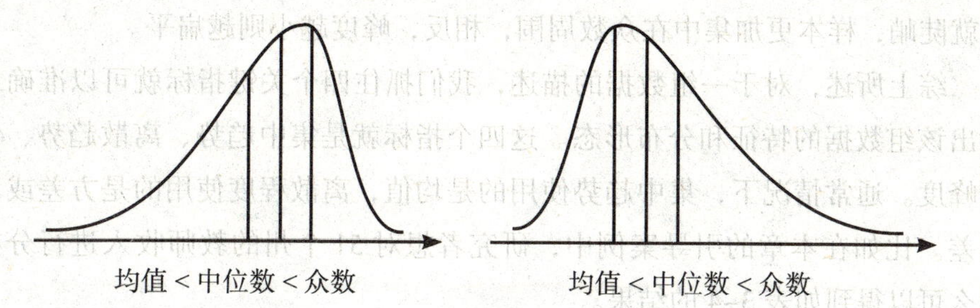

图 3-4　左偏和右偏分布

为了描述分布左右偏向和程度的指标，我们需要一个具体量化的指标。

偏度（skewness）就是描述其偏离方向和偏离程度的指标。对称分布的偏度为 0，两侧尾部长度对称相等。当偏度 <0 分布呈现左偏态，此时数据位于均值左边的比位于右边的少，直观表现为左边的尾部相对于右边的尾部要长。相反当偏度 >0 分布呈现右偏态。偏度偏离 0 的程度越大，其分布的偏离程度也就越大。在 Excel 中，SKEW（number1，[number2]，…）就是偏度计算的函数。偏度的计算公式是：

$$SK=\frac{n\sum\left(x_i-\bar{x}\right)^3}{(n-1)(n-2)s^3} \tag{3.18}$$

结合集中趋势中平均数和中位数的指标来考虑偏度。当 *SK* 趋向于 0 时，可以使用均值来表述样本群体的集中趋势，而当 *SK* 偏离于 0 时，说明样本分布有偏，均值受到影响，应该用中位数。

（二）峰度

峰度（kurtosis）是衡量实数随机变量概率分布的峰态。峰度高就意味着方差增大是由低频度的大于或小于平均值的极端差值引起的，换言之就是低频与高频的差距大。峰度的计算公式是：

$$K=\frac{n(n+1)\sum(x_i-\bar{x})^4-3\left[\sum(x_i-\bar{x})^2\right]^2(n-1)}{(n-1)(n-2)(n-3)s^4} \tag{3.19}$$

这样的公式非常复杂，在 Excel 中可以直接用函数 KURT 进行计算。其语法非常简单，KURT（number1，[number2]，…）。在其他统计软件中，比如 SPSS 实习峰度和偏度计算就更简单，只需要点选峰度，系统就能输出相应的结果。

标准正态分布的峰度是 3。在相同的标准差下，峰度系数越大，分布的图形就陡峭，样本更加集中在众数周围，相反，峰度越小则越扁平。

综上所述，对于一组数据的描述，我们抓住四个关键指标就可以准确地勾勒出该组数据的特征和分布形态。这四个指标就是集中趋势、离散趋势、偏度和峰度。通常情况下，集中趋势使用的是均值，离散程度使用的是方差或者标准差。比如在本章的引导案例中，研究者想对51个州的教师收入进行分析，那么可以得到如表3-4的结果。

表3-4 教师收入的描述统计

	N	Minimum	Maximum	Mean	Variance	Skewness		Kurtosis	
	Statistic	Statistic	Statistic	Statistic	Statistic	Statistic	Std. Error	Statistic	Std. Error
教师平均收入	51	35070.00	69118.00	51296.8039	55979041.64	0.664	0.333	–0.053	0.656
Valid N (listwise)	51								

在该表中可以看出教师平均收入是51296.8，其方差是55979041.64。方差的值一般都会是一个较大的数值，对其取平方根后可知标准差是7481.9。偏度是0.664，说明分布呈右偏形态；峰度值–0.053，说明分布偏扁平。

三、离散程度的软件操作

用统计软件找出一组数据的集中趋势和离散趋势指数非常便捷。以SPSS为例，我们已经知道用“分析—描述—频率”或者“分析—描述—描述”都可以很快计算出均值、中位数等指标。此外，还可以更进一步分别找出东部和西部教师收入各多少并比较其差异。

第一种方法是将所有州按照“州”进行排序，然后将所有EAST或者WEST的样本放在另一个文件。接下来我们可以分别对EAST和WEST两张表用“分析—描述—描述”的方式来分析。

这里，我们介绍一种不用拆分原有表的方法。在SPSS中，“分析—比较平均值—平均值”的功能可以为我们提供集中趋势和离散趋势的指标，如图3-5所示。

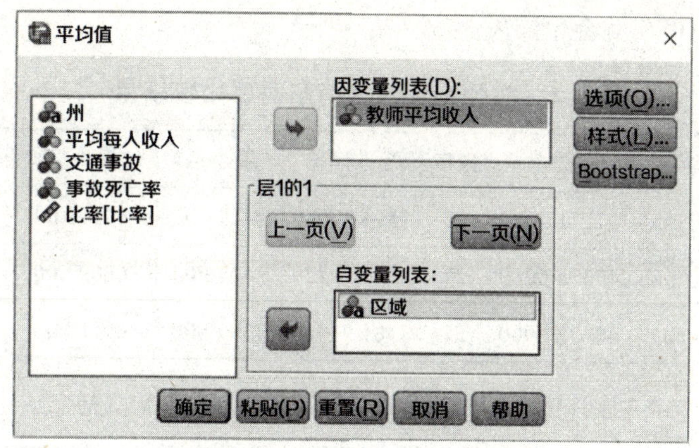

图 3-5 比较平均值窗口

按照图 3-5，我们将“教师平均收入”放入因变量列表，再将“区域”作为自变量放入自变量列表。点击选项后，可以得到图 3-6。

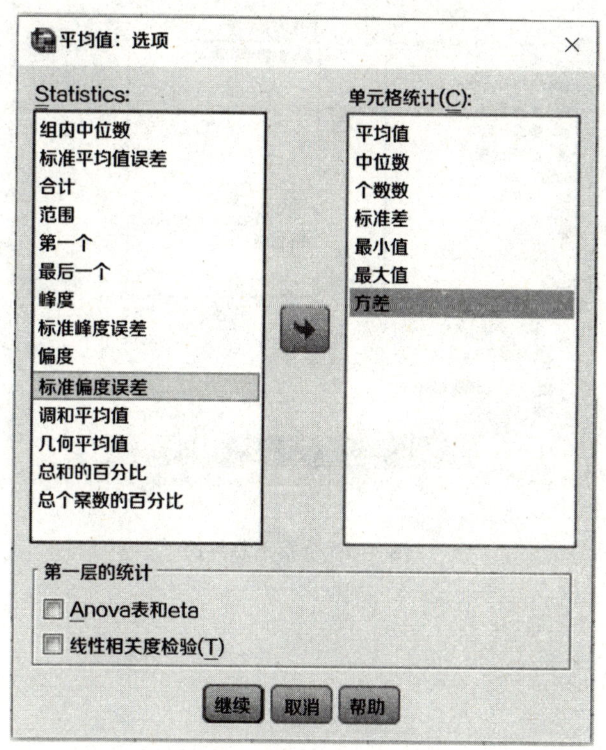

图 3-6 比较平均值选项

我们再将需要的统计量如中位数、平均值等放入右侧的单元格统计后，再点击确定。SPSS 就会生成表 3-5。

表 3-5 教师平均收入的东西部比较结果 （单位：美元）

区域	平均值	中位数	数字	标准偏差	最小值	最大值	方差
East	53705.5556	51121.0000	27	7514.82060	44498.00	69118.00	56472528.641
West	48586.9583	47314.5000	24	6586.45429	35070.00	68093.00	43381380.129
总计	51296.8039	48638.0000	51	7481.91430	35070.00	69118.00	55979041.641

可见在这个表中已经列出了先前选择的参考统计量。无论从中位数还是平均数来看，东部地区的教师平均收入都要比西部地区高。在 SPSS 中，还有一个命令与“平均数比较”非常相似，就是“分析—报告—个案汇总”。其分析界面和汇总结果如图 3-7、图 3-8 和表 3-6 所示。

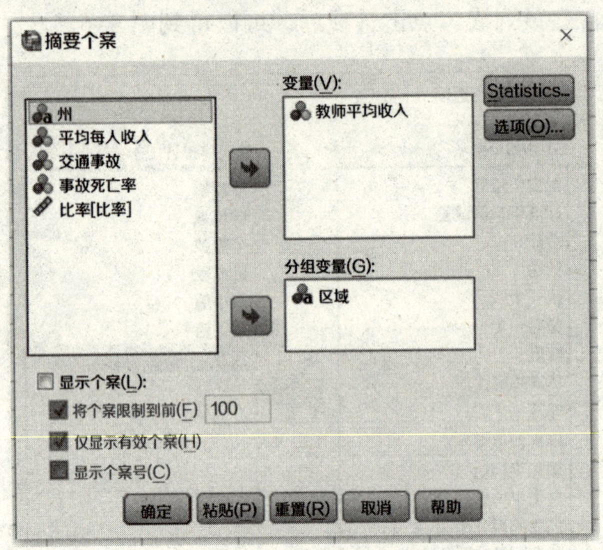

图 3-7 个案汇总界面

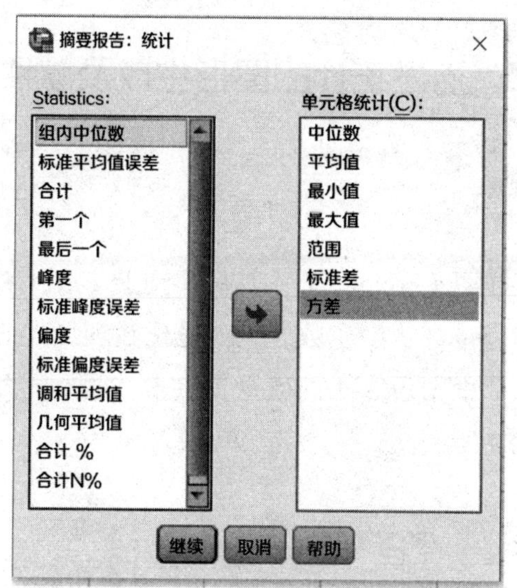

图 3-8　个案汇总统计量选择

表 3-6　个案汇总的输出结果

区域	中位数	平均值	最小值	最大值	范围	标准偏差	方差
East	51121.0000	53705.5556	44498.00	69118.00	24620.00	7514.82060	56472528.641
West	47314.5000	48586.9583	35070.00	68093.00	33023.00	6586.45429	43381380.129
总计	48638.0000	51296.8039	35070.00	69118.00	34048.00	7481.91430	55979041.641

比较表 3–5 和表 3–6 可以发现，虽然采用了不同的分析手段，但是得到的结果可以是非常相似的。这也是 SPSS 统计软件的一个特色，就是相同的结果可以采用不同的命令得到。许多 SPSS 的分析人员都有几种惯用的分析手段和命令。在这个问题中，研究的目的是获得描述统计的结果，在 SPSS 中，描述统计结果可以由“频次 frequency”“探索 explore”和“描述 descriptive”三个主要命令来获得，三个命令针对的数据类型、报表样式略微有所不同，但都是报告集中趋势指标、离散程度指标、偏度和峰度。

第三节 描述统计的图形生成及软件操作

一、箱体图

箱体图，也叫箱线图（boxplot），其从下到上（或从做到右）的五条线分别表示最小值、下四分位数、中位数、上四分位数和最大值。箱体图可以分析直观的数据描述。比如根据表 3-1 的数据，点击“图形—图形构建器”，就出现以下窗口，如图 3-9 所示。

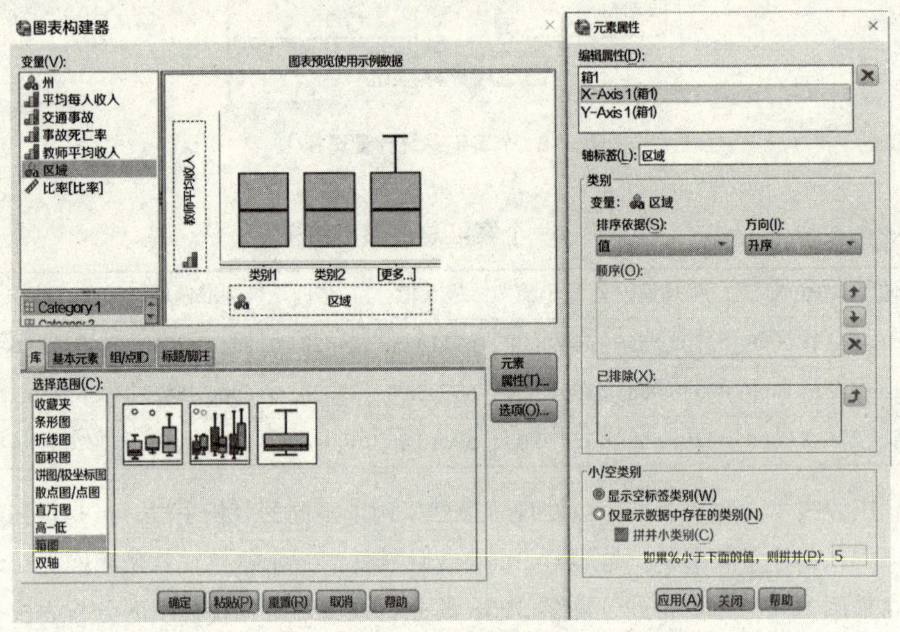

图 3-9 图形构建器界面

在图形构建器中，首先在左下角的库选项卡中选择“箱图”，然后再双击第一种，分组箱体图。以东西部教师收入问题为例，将左上角的“区域”拖拽到 x 坐标，再将“教师收入”拖拽到 y 坐标。在右边的元素属性栏，可以对坐标显示样式进行调节。点击确定后，系统会生成一张东西部地区教师收入比较的箱体图，如图 3-10 所示。

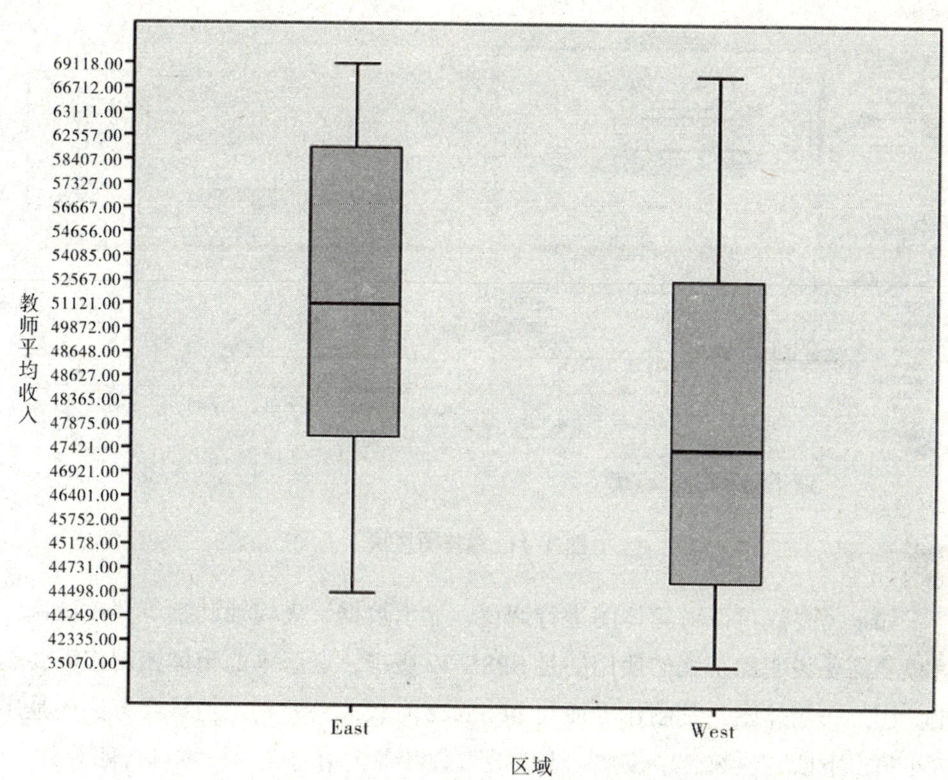

图 3-10 东西部教师收入箱体图比较

箱体图用更加直观的方式呈现了先前描述统计中的主要数据，根据箱体的形态，可以对收入的分布有更深刻的理解。每一个箱体从上到下（横向放置时从左到右）分别是最小值、下四分位、中位数、上四分位、最大值。其中上下四分位数之间用箱体表示，最小值到下四分位和最大值到上四分位之间用线表示。根据四分位的计算方法，每一段距离（最小值到下四分位，下四分位到中位数等）包含 25% 的样本数量。比如观察图 3-10 中西部教师的收入，可以发现，较高的 25% 教师其收入差异比较大，大致是 53000 ~ 70000，相比之下，收入较低的 25% 教师其收入比较集中，大致是 35000 ~ 44000。

箱体图不只可以表述“收入”这样具体的数值型数据，还可以用来呈现“比率”这样的百分比数据。比如，要计算数据中美国 51 个州的教师收入与人均收入的比率，并建立一个简单的箱体图，可以按照图 3-11 选择简单箱体图生成。然后，我们可以再双击箱体图对其进一步分析。

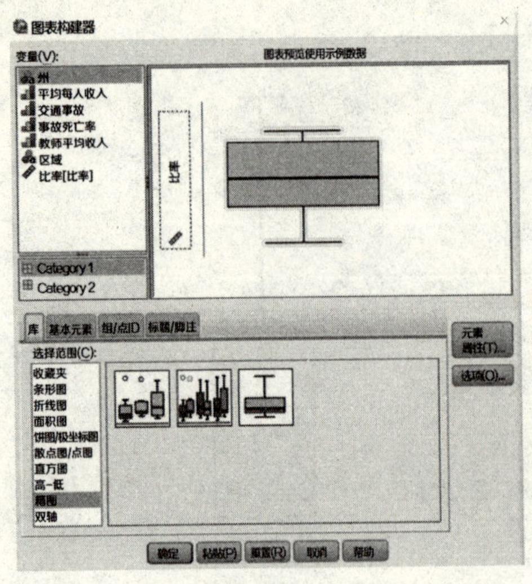

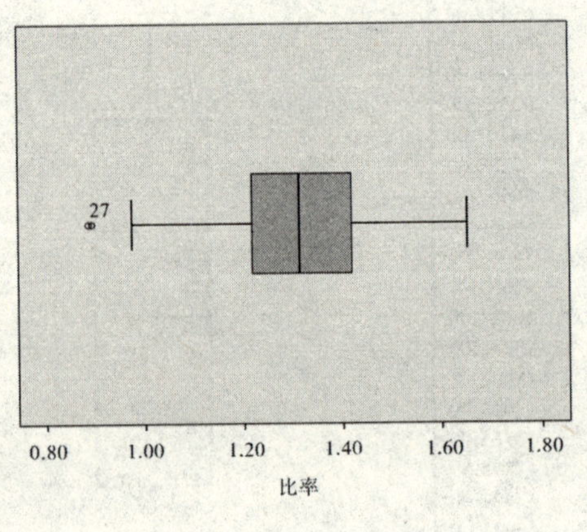

图 3–11 箱体图比较

如果需要还可以对箱体图进行调色、显示数据、坐标轴调整等多项微调。这里要需要说明的是我们使用的是 SPSS 22 版本，老版本的箱体图制作需要点击“图形—箱体图”其制作界面与 SPSS 22 有较大的差别。但核心方法还是用最小值、下四分位数、中位数、上四分位数和最大值将全部样本进行四等分。

在图 3–11 右侧的箱体图中，出现了小于最小值的点，并标有“27”。这种独立于箱体图以外的点被称为“离群点”，英文叫作“outlier”，可能出现在箱体左右两侧。如图 3–11 中，数值 27 代表了在数据中，第 27 条记录出现了非常小的值，小到与大部分数据有着显著的差距。这意味着这些点离整体数据太远，它们可能是极端情况下产生的极大值，或者极小值，这些值与大部分数据之间存在明显的差异。使用这些数据前研究者需要核实离群数据的真实性和可靠性。在箱线图的表示中，一般会将偏离三个标准差外的点列为离群值（标准化后 Z<–3 或者 Z>3）。

二、直方图

直方图是另一种对分析者非常有帮助，且非常直观的图形工具。同样在 SPSS 中可以通过图标生成器来生成直方图。这里，介绍 SPSS 中生成直方图的另一种方法。在分析命令中同步加载直方图。在 SPSS 菜单中点击“分析—描述统计—频率”。在“频率”命令窗口中点击“图表”按钮出现要求同步加载的图表，点击“直方图”并勾选“在直方图上显示正态曲线”，如图

3–12 所示。

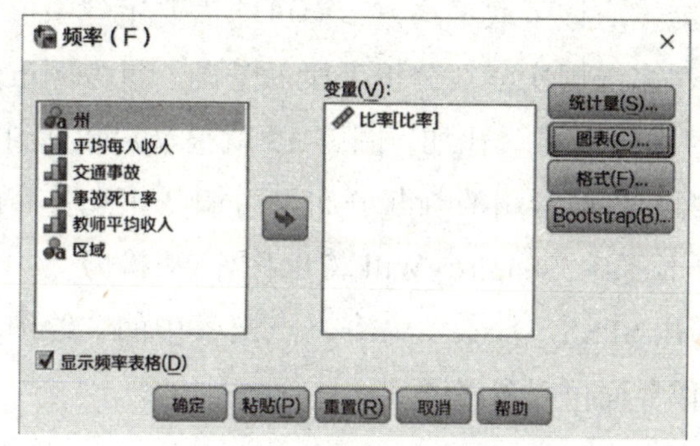

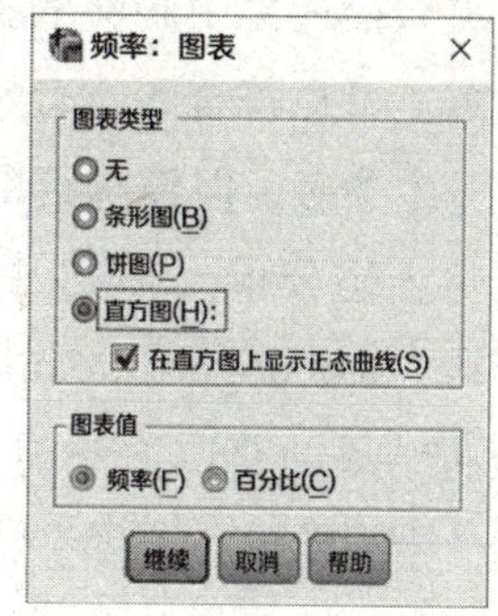

图 3–12 用频率功能生成直方图

以分析教师收入与平均收入的比率为例，首先将“比率”放入变量栏中，然后点击图标，在图标窗口中点选直方图。继续确定后，SPSS 会在结果中生成频率报告的同时做出比率变量的直方图，如图 3–13 所示。

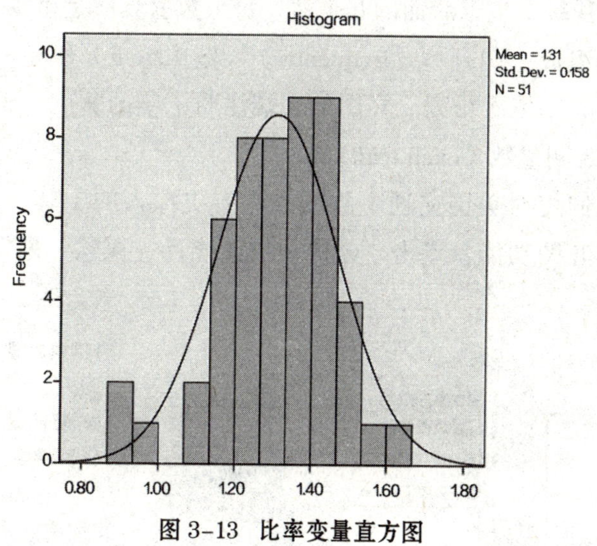

图 3–13 比率变量直方图

在直方图上，我们可以清楚地看到大部分比率集中在 1.2 ~ 1.4，说明大部分教师的收入要比平均收入略高一些。直方图上的正态分布曲线也能提供参考，当直方图的柱状与曲线分布相似时就代表了该分布基本符合正态分布。如图 3–13，虽然不完全符合正态分布，但也比较接近（1.4 左右的频次略高，1.1 左右的频次略低）。

直方图配合正态分布曲线是一个简便直观的工具，可以用来判断分布是否符合正态分布。这是非常重要的，因为先前已经学习过，如果分布是有偏分布，那么描述集中趋势的指标就不应该采取平均值，而可能需要用到中位数或者众数。可见符合正态分布是许多深层次复杂分析手段的基础。直方图虽然提供了一个参考，但没有给出一个绝对标准。比如，图 3-13 就很难判断其到底是否服从正态分布。SPSS 中提供了两种常用的判断分布是否服从正态分布的验证手段，Kolmogorov-Smirnov 检验和 Shapiro-Wilk（也称作 W 检验）。这两种检验结果的获取方法需要调用 SPSS“探索”命令，点击其中的“绘图”并勾选“带检验的正态图”，操作界面可以参考图 3-14。

三、茎叶图

茎叶图（stem-and-leaf）又称“枝叶图”，其本质就是直方图，它的思路是将数组中的数按位数进行比较，将数的大小基本不变或变化不大的位作为一个主干（茎），将变化大的位的数作为分枝（叶），列在主干的后面，这样就可以清楚地看到每个主干后面的几个数，每个数值具体是多少。所以茎叶图主要由 3 个部分组成，即频率（frequency）、茎（stem）和叶（leaf），在图中按从左到右的顺序依次排列，在图的底端注明了茎的宽度（stem width）和每一叶所代表的观测量数（each leaf）。

比如，我们想对美国交通事故的数据有更深入的了解。在 SPSS 中，可以利用绘制茎叶图功能，点击“分析—描述统计—探索”来实现，如图 3-14 所示。

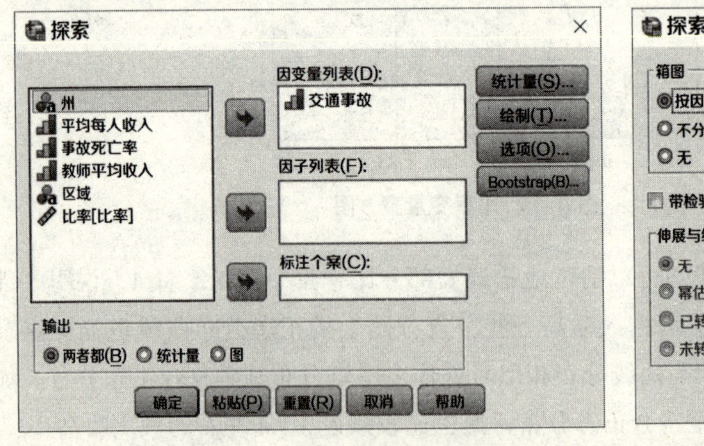

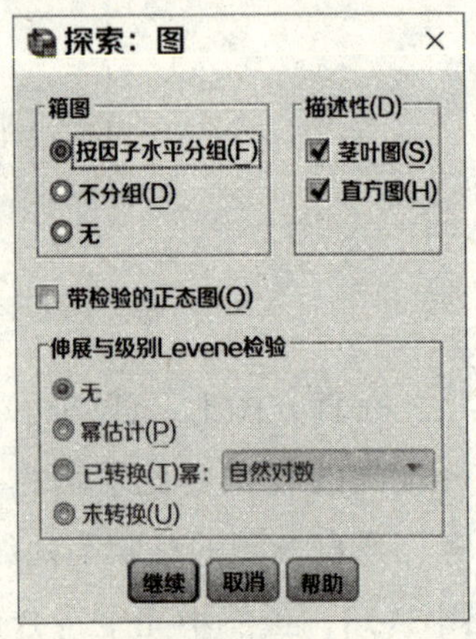

图 3-14　直方图生成

可以看到，在“探索”命令中也同样可以生成先前介绍的直方图。其主要区别在于这里生成的直方图不能同时加载正态分布的曲线。如图 3-14 所示，在探索窗口中将“交通事故”变量放入因变量列表，然后单击“绘制”按钮，勾选茎叶图，继续确定后就会得到如图 3-15 的输出结果。

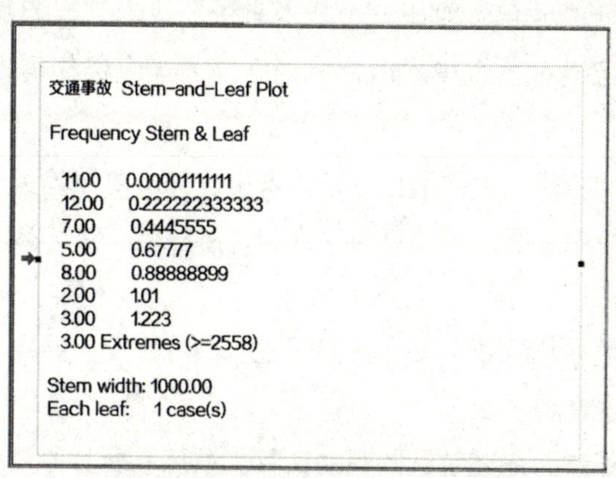

图 3-15 交通事故茎叶图

观察图 3-15，茎叶图被分为三列，第一列 Frequency 代表了出现的次数；第二列 Stem 代表了茎；第三列 Leaf 代表了叶。图中 Stem width：1000 代表了如果茎上的数值是 1 则代表 1000，2 代表 2000，以此类推。Each leaf：1case（s）的意思是叶上的每一个数值代表了一个样本。比如第四行的数据，Frequency 是 5，代表了这类值（600 多和 700 多次交通事故的州）出现了 5 次，分别是 600 多起交通事故的有一个州，700 多起交通事故的有四个州。再如第六行 Frequency 是 2，茎是 1，叶是 0 和 1，那么就代表 1000 多次和 1100 多次交通事故的州有两个。一个是 1000 多次［Ohio（俄亥俄州）1021 起事故］，另一个是 1100 多次［New York（纽约州）1156 起事故］。

茎叶图的另一个优点就是可以直接看作是直方图。试想，将图 3-15 中 Stem and Leaf 部分以 90 度逆时针旋转，其图形和直方图是非常相似的。可见茎叶图的本质还是直方图，只是在原有的基础上能够显示更具体的数据。

【本章小结】

本章内容虽然是统计学中基础的问题，但却在整个统计体系内有着至关重要的作用。从逻辑上来看，描述统计是对现有数据的描述和呈现，并采用适当的指标对其进行量化。描述统中所使用的方法和手段并没有对未知进行推测或者判断。这也是为什么广义来说统计学被分为了描述统计（descriptivestatistics）和推断统计（inferentialstatistics）。虽然统计学中先进的方法都集中于推断统计，但其还是依据现有的数据进行描述统计，然后基于现有数据的基础上做出推断，从而帮助人们预测未知。

本章介绍的知识点主要有以下几项：

第一，描述统计的作用。对于一个样本来说，我们可以用数值对其某种特性进行描述和说明。但当有多个样本时，准确地描述这个群体样本就需要用到描述统计。

第二，描述统计的四个关键指标分别是集中趋势、离散趋势、峰度和偏度。

第三，集中趋势的主要三种统计量，众数、中位数、平均数。了解各统计量的计算逻辑和适用性。

第四，了解离散趋势的统计量，比如极差、四分位差、平均差、方差和标准差等，并知道其计算逻辑。

第五，使用图标作为描述统计的辅助工具。重点掌握直方图和箱体图的表述方法及含义。

【本章重要公式】

（1）中位数的计算公式：

$$M_e=\begin{cases} x_{\left(\frac{n+1}{2}\right)} & n\text{为奇数} \\ \dfrac{1}{2}\left\{x_{\left(\frac{n}{2}\right)}+x_{\left(\frac{n}{2}+1\right)}\right\} & n\text{为偶数} \end{cases}$$

（2）四分位数计算公式：

$$\begin{cases} Q_L\text{位置}=\dfrac{n}{4} \\ Q_U\text{位置}=\dfrac{3n}{4} \end{cases}$$

（3）算数平均数计算公式（样本）：

$$\bar{x}=\frac{x_1+x_2+\cdots+x_n}{n}=\frac{\sum_{i=1}^{n}x_i}{n}$$

（4）算数平均数计算公式（总体）：

$$\mu=\frac{x_1+x_2+\cdots+x_N}{N}=\frac{\sum_{i=1}^{N}x_i}{N}$$

（5）有权重的算数平均值计算公式（样本）：

$$\bar{x}=\frac{M_1f_1+M_2f_2+\cdots+M_kf_k}{f_1+f_2+\cdots+f_k}=\frac{\sum_{i=1}^{k}M_if_i}{n}$$

（6）有权重的算数平均值计算公式（总体）：

$$\mu=\frac{M_1f_1+M_2f_2+\cdots+M_kf_k}{f_1+f_2+\cdots+f_k}=\frac{\sum_{i=1}^{k}M_if_i}{N}$$

（7）几何平均值计算公式：

$$G_m=\sqrt[n]{x_1\times x_2\times\cdots\times x_n}=\sqrt[n]{\cdot\prod_{i=1}^{n}x_i}$$

（8）极差：

$$\omega=X_H-X_L$$

（9）四分位差：

$$IQR=Q_3-Q_1$$

（10）异众比率：

$$v_r=\frac{\sum f_i-f_m}{\sum f_i}=1-\frac{f_m}{\sum f_i}$$

（11）平均差：

$$M_d=\frac{\sum_{i=1}^{n}\left|x_i-\bar{x}\right|}{n}$$

（12）方差（总体）：

$$\sigma^2=\frac{\sum_{i=1}^{N}(x_i-\mu)^2}{N}$$

（13）标准差（总体）：

$$\sigma=\sqrt{\frac{\sum_{i=1}^{N}(x_i-\mu)^2}{N}}$$

（14）方差（样本）：

$$s^2=\frac{\sum_{i=1}^{n}(x_i-\bar{x})^2}{n-1}$$

（15）标准差（样本）：

$$s=\sqrt{\frac{\sum_{i=1}^{n}(x_i-\bar{x})^2}{n-1}}$$

（16）偏度：

$$SK=\frac{n\sum\left(x_i-\bar{x}\right)^3}{(n-1)(n-2)s^3}$$

（17）峰度：

$$K=\frac{n(n+1)\sum(x_i-\bar{x})^4-3\left[\sum(x_i-\bar{x})^2\right]^2(n-1)}{(n-1)(n-2)(n-3)s^4}$$

【本章习题】

1. 有一组数据，记录了某托福培训中心同学考试的成绩。

79，80，81，79，89，91，102，99，93，72，68，67，85，88，102

（1）用 Excel 计算这组数据的众数、中位数、均值。

（2）用 Excel 计算这组数据的极值、分位数、均差、方差、标准差。

（3）用统计软件生成直方图和箱体图。

（4）用 Excel 计算偏度和峰度。

2. 方差和标准差是度量离散程度的一个重要标志，有一组值如下：

34，25，56，21，18，33，38，41，57，37，40

（1）用 Excel 计算这组数的总体方差和总体标准差。

（2）用 Excel 计算这组数据样本方差和样本标准差。

（3）讨论并比较使用总体计算和用样本计算的差别。

（4）如果这 11 个数据代表了某一个总体，从总体中抽取前 10 个数值计算样本方差。

（5）从总体中抽取后 10 个数值计算样本方差。

（6）讨论和比较（d）（e）的结果和（a）的结果。

3. 参照引导案例中表 3-1 的结构，设计一个统计实验，收集数据并用本章中介绍的集中趋势、离散趋势、偏度和峰度等指标对收集数据的特征进行描述统计。利用统计软件结合第二章中的内容对数据进一步实施图标处理，使数据更加清晰易懂。（参考实验：大学生视频网站喜好程度调查、图书馆满意度调

查、学校篮球队技术指标统计等）

4.“切尾均值”（trimmed mean）也是一种常用的测量集中趋势的指标。比如我们看到跳水、花样游泳等主观评分的体育比赛项目。选手的比分是由多个裁判取平均值（或是总分）得到的。那么为了避免裁判对本国选手给出不合实际高分从而拉高整体的平均得分，比赛通常取用“切尾均值”而不是“算数平均数”，也就是我们常常听到的“去掉一个最高分，去掉一个最低分，最后该选手的平均分是……”在 Excel 中“TRIMMEAN（ ）”函数可以计算切尾均值。以下数据是在一个华尔兹舞蹈比赛中 10 位裁判对某一对选手的打分，用 Excel 中的“TRIMMEAN（ ）”函数，计算该组选手 20% 和 40% 的切尾均值。

裁判 1	裁判 2	裁判 3	裁判 4	裁判 5	裁判 6	裁判 7	裁判 8	裁判 9	裁判 10
8	9	9	8	8.5	9	9.5	10	8	9.5

5. 以引导案例中的数据为例，用 SPSS 制作“人均收入”的箱体图、直方图和茎叶图，并根据图形比较东西部人均收入的差异。

第四章　参数估计

【本章学习目标】

1. 估计量与估计值的概念
2. 点估计与区间估计的区别
3. 评价估计量优良性的标准
4. 一个总体参数的区间估计方法
5. 两个总体参数的区间估计方法

【引导案例】

一家快餐店想知道客户在高峰时段购餐的等待时间，就是从进店的时刻开始直到拿到食物所需要的时间。他们在店内的高峰时间随机抽取了30个客户并进行记录，如表4–1所示。

表4–1　快餐店客户等待时间

时间（mins）			
0.9	2.3	5.2	4.0
1.0	2.7	1.8	7.2
1.2	5.7	2.1	9.1
2.2	4.8	6.8	2.8
1.9	3.5	1.3	3.6
3.6	2.6	3.0	7.3
2.8	3.3	4.5	
2.8	9.0	5.0	

对于这样的数据，我们已经掌握了许多描述统计的方法。比如，可以给出一个平均值，或者是中位数用来表述等待时间的集中趋势，然后再用方差和标准差分析出这组数据的离散程度，甚至可以再用偏度和峰度配合直方图对其分布形态进一步说明。但问题是，无论怎么描述这些数据，这些描述统计量只

能用来代表这30位顾客的等待时间。对于快餐店老板来说，之前顾客的描述统计和分布固然重要，但是老板更期望知道的是未来的顾客会需要等多久。那么，我们如何根据现有的数据进行推断呢？

第一节 参数估计及软件实现

一、参数估计原理

统计学有许多具体分析和操作方法，但一般可以被分为两类。一类叫作描述统计（descriptive statistics），另一类叫作推理统计（inferential statistics）。两类统计的根本区别在于，描述统计对已知的数据进行描述，而推理统计需要推测未知的数据或者预测未发生的事件。当然推理统计一定离不开描述统计的基础，因为只有获得了足够多的数据后才能对未来和未知进行合理的推论。

推理统计的另一个特点，也是现代统计学的核心思想之一，就是以样本推测总体。许多情况下我们没有办法对总体进行研究。比如，某人决定买一台笔记本电脑，经过一番比较后选中了某个品牌和型号，可还是有些担心这个型号笔记本的性能和质量。所以他就在论坛发帖询问购买此款笔记本用户的使用感受。显然，在论坛上回复的人很可能只占全体用户中非常小的比例。这个行为就是典型的用样本推断总体，也就是说他期望通过几个已购买用户样本的反馈推测整个用户群体对这款电脑的使用感受。这个过程是依据仅有的一些信息，对总体进行推论。在现实生活中大量存在这样的样本推断总体的推测方法，这种简单地根据样本推论总体的方法也是最常用的一种估计手段。

参数估计（parameter estimation）就是用样本指标（称为统计量）估计总体指标（称为参数）的方法。参数估计有点估计和区间估计两种。可见在参数估计中，根据样本或是总体将统计的指标分成两种类型。

对于总体来说，统计指标称为“参数”（parameter）。比如总体均值的参数就是 μ，总体标准差是 σ，总体方差是 σ^2。

对于样本来说，统计指标称为“统计量”（statistic）。比如样本均值的统计量是 $\bar{x}$，样本标准差是 S，样本方差是 S^2。

根据这样的规则定义，可以看出参数估计方法的根本逻辑就是“参数”无法或者很难获知，可以用过“统计量”对其进行估算，从而推测出总体的“参数”。在先前笔记本电脑选购的例子中，所有用户的使用感受显然无法获取（参数），因此只能通过小部分的用户反馈（统计量）进行推测，从而更准确地猜测总体。

（一）点估计

点估计（point estimate）也称定值估计，它是以抽样得到的样本指标作为总体指标的估计量，并以样本指标的实际值直接作为总体未知参数的估计值的一种推断方法。也就是说，用样本的 $\hat{\theta}$ 直接拿来估计总体的 θ 值，就好像取样本均值 $\bar{x}$ 直接当作总体均值 μ 用，或是拿样本标准差 s 直接当作总体标准差 σ 用。

你一定觉得这在统计学上这是一件不可思议的事情，这种方法必定存在许多偏差。的确如此，这种方法精确度非常低，但是当数据非常有限时，人们通常没有其他更好的选择，只能采用这样的点估计。在实际生活中，到处都是点估计，和点估计造成的误差。比如，你想去某家昂贵的高档餐厅吃一餐，但犹豫不决到底值不值，刚好你的一位朋友不久前去吃过。你去问他用餐的感受，结果朋友用夸张的表情生动地向你描述了菜品精美的口味，并大力向你推荐。然后你就去了，可是昂贵的一餐根本没有想象中的好吃。这种误差就是由于点估计造成的，因为你只问了该餐厅的一位食客，就以这位食客的用餐感受当作全体用户的用餐感受，从而产生了很大的误差。可能这位向你推荐的朋友，是所有用户群中为数不多的满意客户，或是口味奇特的人。

以餐厅用餐为例，还可以试想另外一种情况，为了得到一个比较客观和全面的认识，应该采取什么改进措施？显然，在这个问题上最实际的方法是再多问几个人，即扩大 n 样本的个数。问的人越多，必定更接近于实际，那么当你问的人接近于所有人的时候就出现了 $E(\hat{\theta})=\theta$ 这样的情况，也就得到了最精确的全体食客体验。这在实际操作中很难做到，可是从 n 的不断增大所得到的结果应该越来越接近于真实的结果。这就意味着当获取一定数量的 n 以后就可以估算出一个用餐真实感受的范围，并且你对这个范围有一定的自信。

（二）区间估计

区间估计（interval estimation）就是以一定的概率保证估计包含总体参数的一个值域，即根据样本指标和抽样平均误差推断总体指标的可能范围。你可以认为它是在点估计的基础上，增加了一定的区间范围，从而大大增强了结果的可信度。

因此，区间估计可以被认为是点估计的一种升级方法，通过增加 n 和给出范围大幅度增加了估计的精准度。区间估计的核心内容有三个部分：第一，点的位置是哪里；第二，基于点的可能范围的大小；第三，总体指标落在这个可能范围内的概率。区间估计既表达了估计结果的准确程度，又同时表明这个估计结果的可靠程度，所以相较于点估计，区间估计更科学更准确。

根据表 4–1 顾客等待时间的数据，可以通过学习过的 SPSS 描述统计功能很快报告出该组数据基本描述统计量，如表 4–2 所示。

表 4–2 基本描述统计量

	N	极小值	极大值	均值	标准差
时间	30	0.90	9.10	3.8000	2.25725
有效的 N（列表状态）	30				

可以看出如果取均值 3.8 分钟直接估算下一批顾客的平均等待时间显然不合适。因为 3.8 分是一个精确的数值，下一组顾客的等待时间是正好 3.8 分钟的可能性太小了。但无疑 3.8 给了我们一个很好的点估计值，如图 4–1 所示。

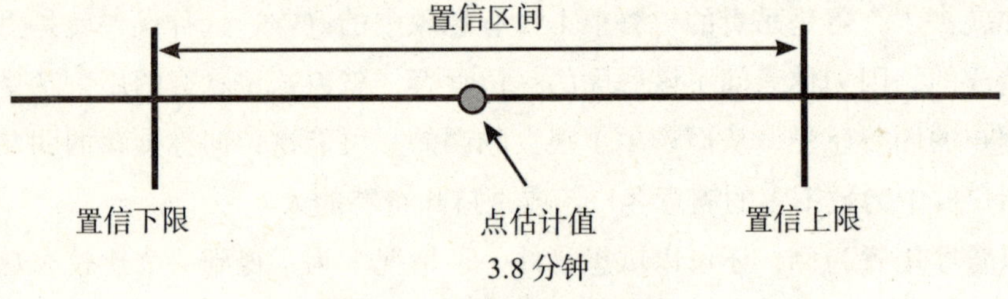

图 4–1 等待时间的区间估计

根据图 4–1，可以预计出下一组顾客的平均等待时间并不是 3.8 分钟，而是以 3.8 分钟为中心的一个置信区间，也就是通常所说的 3.8 分钟左右。那么到底这个区间（左右）有多大呢？这个问题就涉及了另一个概念——置信水平（confidence level），也叫作置信度，通常用 α 表示，其中，α 被称为显著性水平（level of significance）。可以试想这样一个情况，如果以 3.8 为中心，仅仅开一个很小的区间，比如 0.1。那么置信区间就是 3.7～3.9 分钟。这么小的区间，下一组顾客的平均等待时间落入其中的可能性很小。如果将这个区间开大到 3 分钟，那么置信区间就是 0.8～6.8 分钟。虽然下一组顾客的平均时间落在这个区间的可能性非常高，但是这个结论没有什么实际意义。因此置信区间或是置信度的选择直接关系到区间范围的大小和落入其中的可能性。比较常用的置信水平如表 4–3 所示。

表 4–3 常用的置信区间和显著性比较

置信区间 1– α	显著性 α	α/2
90%	0.1	0.05
95%	0.05	0.025
99%	0.01	0.005

可见，通常人们会选择三种置信区间，分别是 90%，95% 和 99%。在这个顾客等待时间的案例里可以理解为重复同样的抽样，结果落在区间的可能性。此时就可以根据这个置信区间求解出置信上下限的具体数值。

总而言之，比起点估计，区间估计更科学合理。使用区间估计方法时会涉及这样一个问题，就是要更大的可能性取到真值，那么取值范围扩大，相反如果要比较精准的取值范围，但取到真值的可能性减小。可见这种区间估计的方法是基于总体呈现正态对称的分布，随着取值范围的变大显著性减小。

二、总体均值的估计

研究一个总体时总是希望可以知道总体的平均值 μ、比例 π，或者标准差 σ。但是很多情况下，我们无法知道总体，需要依靠区间估计的方法来推测总体。这里就介绍如何使用统计软件快捷地计算出结果。

（一）总体均值的估计

在总体均值的估计中存在几种不同的情况。无论哪种情况，都希望总体服从正态分布，这是前提条件，否则结果就会出现偏差。可以发现，总体对称无偏移作为前提条件确实是很难做到的，因为之所以要估计总体的均值，是因为无法测得总体的每一个值。如果无法测得总体，又怎么能知道总体是否服从正态分布呢？可见用样本推导总体，总是存在限制，而且很难被克服。因此我们只能假设总体服从于正态分布。这听上去非常不可思议，但也是无可奈何之举。

对于总体均值的估计根据样本数量和总体方差分为几种情况，第一种是总体方差已知，从总体中抽取了足够多的样本；第二种是总体方差未知，样本数量大；第三种是总体方差未知，样本数量小。

第一种情况：方差已知，样本数量大（大于 30）。

为了估算总体的均值，需要用到正态分布的计算方法。换言之，估算均值的基础就是先前讨论的总体服从正态分布的假设。所以有：

$$z=\frac{\bar{x}-\mu}{\sigma/\sqrt{n}}\sim N(0,1)$$

根据这个公式，我们可以推导出总体均值的置信区间为：

$$\bar{x}\pm z_{\alpha/2}\frac{\sigma}{\sqrt{n}} \qquad (4.1)$$

在这个公式中，$\pm z_{\alpha/2}$ 是决定上限和下限的关键。对于一个置信水平，以 95% 置信水平为例，通过查表我们可以取得两个有绝对值关系的数。比如 $z_{0.025}=-1.96$，$z_{0.975}=1.96$。其关系可以参看图 4-2。

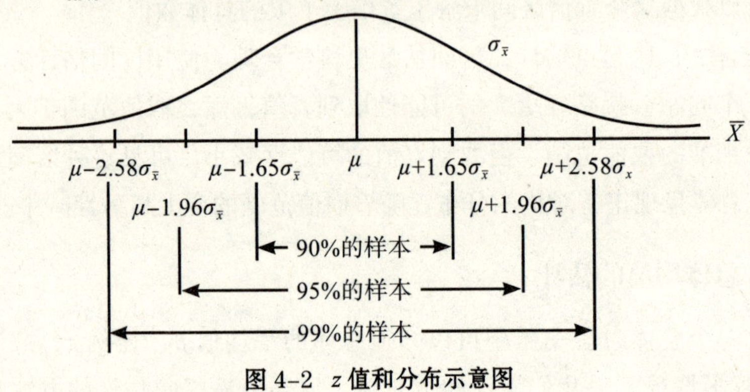

图 4-2 *z* 值和分布示意图

因此，这个公式会计算出由 $\bar{x}$ 为中心划分的一个区间，这个区间的大小是两个 $z_{\alpha/2}\frac{\sigma}{\sqrt{n}}$。

第二种情况：方差未知，样本数量大（大于 30）。

根据这个公式，我们可以推导出总体均值的置信区间为：

$$\bar{x}\pm z_{\alpha/2}\frac{s}{\sqrt{n}}(\sigma\text{ 未知}) \qquad (4.2)$$

这里需要注意的是，这个公式和先前的公式没有本质差别，唯一的不同是我们用样本的标准差 s 代替了总体的标准差 σ。这也是无奈之举，因为在绝大部分情况下我们无法知道总体均值，更无法知道总体的标准差，只好用点估计的方法，用样本标准差 s 取代。

第三种情况：方差未知，样本数量小（小于 30）。

在这种情况下，总体服从的是 t 分布。我们介绍过 t 分布，它是一种类似正态分布的对称分布。

$$t = \frac{\bar{x} - \mu}{s/\sqrt{n}} \sim t(n-1)$$

t 分布是一种类似于正态分布的对称分布。与正态分布不同，t 分布受到自由度（degree of freedom，df）的影响。随着自由度的不断增大，t 分布由原来趋于平坦慢慢向中心集中，无限接近于正态分布。我们之所以认为 30 就是大样本的原因也是当自由度达到 30 后，t 分布与正态分布已经比较接近，如图 4–3。

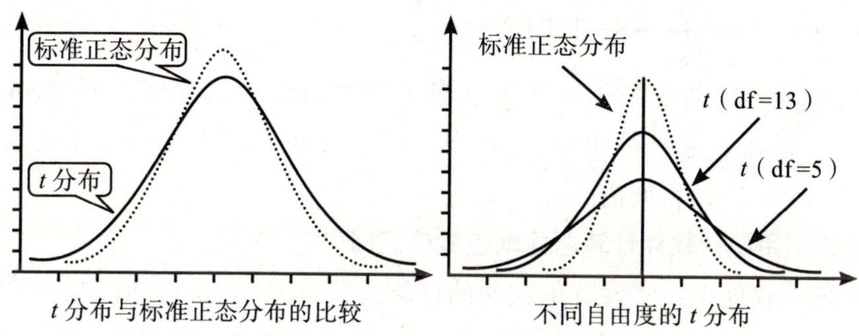

图 4–3　t 分布与正态分布比较

由于 t 分布与正态分布非常接近，很多时候人们只用 t 分布，很少用 z 分布，原因是，当样本量大的时候 z 值与 t 值近似，而当样本量小的时候只能用 t。那么用 t 分布就可以处理绝大部分情况。实际上许多统计软件中只有基于 t 分布的估算而并不采用 z 分布的估算。

根据 t 分布的公式可以推导出总体均值的置信区间为：

$$\bar{x} \pm t_{\alpha/2} \frac{s}{\sqrt{n}} \tag{4.3}$$

【例题 4.1】已知某种灯泡的寿命服从正态分布，现从一批灯泡中随机抽取 16 只，测得其使用寿命（单位：h）如下。建立该批灯泡平均使用寿命 95% 的置信区间。灯泡使用寿命如表 4–4 所示。

表 4–4　灯泡的使用寿命

16 只灯泡使用寿命的数据			
1510	1520	1480	1500
1450	1480	1510	1520
1480	1490	1530	1510
1460	1460	1470	1470

解：显然这个问题中只抽出了 16 个样本，是个小样本的情况，需要使用基于 t 分布的计算公式。那么假设总体服从于正态分布则有 $X\sim N(\mu,\sigma^2)$，n=16，1–a=95%，$t_{a/2}$=2.131。

通过计算得到 s=24.77，

$$\bar{x}\pm t_{\alpha/2}\frac{s}{\sqrt{n}}=1490\pm2.131\times\frac{24.77}{\sqrt{16}}$$
$$=1490\pm13.2$$
$$=(1476.8,\ 1503.2)$$

在 95% 的置信水平下，该种灯泡平均使用寿命的置信区间为 1476.8 ~ 1503.2h。那么如果再抽出 16 只灯泡，其平均寿命应该有 95% 的可能性在 1476.8 ~ 1503.2h 的区间内。

（二）用统计软件计算总体均值置信区间

在统计软件中，实现置信区间的计算是非常容易的。大部分统计软件会使用 t 分布计算其结果，如果使用 z 分布需要手动调整。就本章引导案例中的表 4–1 数据，如果需要建立 95% 置信区间，可以用 SPSS 中的“分析—描述统计—探索”功能，如图 4–4 所示。

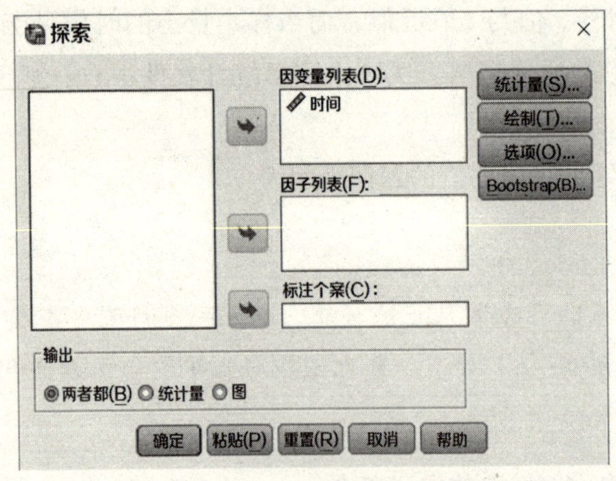

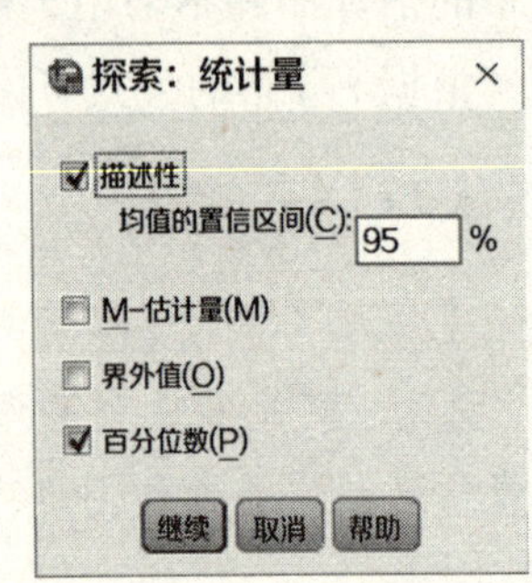

图 4–4 探索功能计算区间估计

图 4–4 在探索功能窗口中，单击“统计量”后在“描述性”中勾选均值的置信区间，然后可以根据自己的需要输入相应的区间大小。比如，这里输入的是 95% 置信水平。然后按继续确定，SPSS 就会输出如表 4–5 的结果。

表 4-5 探索功能输出结果

			统计量	标准误
时间	均值		3.8000	0.41212
	均值的 95% 置信区间	下限	2.9571	
		上限	4.6429	
	5% 修整均值		3.6667	
	中值		3.1500	
	方差		5.095	
	标准差		2.25725	
	极小值		0.90	
	极大值		9.10	
	范围		8.20	
	四分位距		2.87	
	偏度		0.957	0.427
	峰度		0.222	0.833

从上表中可以看出，第一行告诉了我们样本均值 $\overline{X}$，然后是 95% 置信区间的上限和下限。表中的“5% 修整均值”意思就是“切尾均值”，将最大的 2.5% 样本和最小的 2.5% 样本去除后算出的均值，这样可以减小极值对均值的影响。此外表 4-5 还提供了许多描述统计量，比如偏度、峰度、方差等。此时 95% 置信区间（2.9571，4.6429）就要比先前的 3.8 分钟的点估计值有更好的参考价值。

【例题 4.2】表 4 6 中是 20 个调查样本的年啤酒消耗量，试用 SPSS 生成置信区间（90%，95% 和 99%）。

表 4-6 年消耗啤酒数据

年消耗啤酒（升）			
266	102	174	222
170	0	130	0
164	199	171	93
93	115	110	130
82	113	97	169

这组数据中有两个“0”，这里介绍两个不同的处理方法。一种认为调查的 20 个样本中的确有两个人从来不喝啤酒，那么他们的啤酒消耗量就真实的，

这种情况 SPSS 中需要将数值保留为 0。另一种情况就是出现了缺失值（missing value），这意味着因为种种原因，调查结果把两个人的值遗漏了，或者两人不愿意提供数据。这时可以采取的补救措施是用平均数或者中位数替代这两个缺失的值。如果不想替代，那么就在 SPSS 中将两个值设定为空白，这样软件就会将他们记录为确实值。如果我们认为这两个值是 0 的话，就有以下结果。

90% 置信区间为 104.7～155.3L。

95% 置信区间为 99.4～160.6L。

99% 置信区间为 88.2～171.8L。

可见随着置信度的不断增大，对应的置信区间也不断增大。以 99% 的置信区间为例，如果再抽取 20 个样本进行调查，其年消耗啤酒的均值有 99% 的可能性落在 88.2～171.8L 之间。但由于这个区间范围实在太大，这样的结果显然没有实际意义。

（三）两个总体均值差的估计

了解了一个总体的区间估计方法后，可以将其推广到两个总体。假设有两个服从正态分布的总体，总体 1 和总体 2。为了对它们均值的差值进行参数估计，需要对总体 1 和总体 2 分别抽样，抽出 n_1 和 n_2 个。目标是找出 $\mu_1-\mu_2$ 的置信区间，换言之，就是根据 $\bar{x}_1-\bar{x}_2$ 的值进行推断。其基本的原理与单个总体并没有差别。这种方法在生活中也很常见，比如，我们要检测口服药物和注射药物的差别，或是比较司机酒后和清醒时的反应速度，就需要根据实际情况，将样本分为两个总体。这种方法在先前章节中也有提到，就是“实验组”和“对照组”的控制方法，比较两组的差异。

与一个总体的均值估计一样，这里也会出现多种情况。但估算均值的原理依旧是基于两个总体都服从正态分布的基础上。

第一种情况：方差未知，样本数量大（大于 30），这种情况 z 分布就可以表述为以下公式：

$$z=\frac{(\bar{x}_1-\bar{x}_2)-(\mu_1-\mu_2)}{\sqrt{\frac{\sigma_1^2}{n_1}+\frac{\sigma_2^2}{n_2}}}\sim N(0,1) \tag{4.4}$$

根据 z 分布的公式，利用区间估计的逻辑推算出 $\mu_1-\mu_2$ 的置信区间。

$$(\bar{x}_1-\bar{x}_2)\pm z_{\alpha/2}\sqrt{\frac{\sigma_1^2}{n_1}+\frac{\sigma_2^2}{n_2}s^2} \tag{4.5}$$

第二种情况：总体方差未知，样本数量大（大于 30），这种情况下用样本方差 s 替代了总体方差 σ，z 分布就可以表述为以下公式：

$$z=\frac{(\bar{x}_1-\bar{x}_2)-(\mu_1-\mu_2)}{\sqrt{\frac{s_1^2}{n_1}+\frac{s_2^2}{n_2}}}\sim N(0,1) \tag{4.6}$$

这个 z 分布公式与先前的 z 分布公式几乎一样，只是由于总体方差未知，用样本方差取代了总体方差。根据这个 z 分布，我们就可以推算出 $\mu_1-\mu_2$ 的置信区间是：

$$(\bar{x}_1-\bar{x}_2)\pm z_{\alpha/2}\sqrt{\frac{s_1^2}{n_1}+\frac{s_2^2}{n_2}} \tag{4.7}$$

由于本身 z 分布的公式差异不大，所以公式 4.7 和公式 4.5 也非常相似，只是用样本方差取代了总体方差。

第三种情况：总体方差未知，样本数量小（小于 30），并且两个样本群的方差无显著差异。那么这种情况下，就服从以下 t 分布：

$$t=\frac{(\bar{x}_1-\bar{x}_2)-(\mu_1-\mu_2)}{s_p\sqrt{\frac{1}{n_1}+\frac{1}{n_2}}}\sim t(n_1+n_2-2) \tag{4.8}$$

在 t 分布中，由于两个分布的方差可能不同，就又产生等方差和异方差两种计算方法。在等方差的计算中如公式 4.8，其中有一个 s_p，它代表了总体方差的合并估计量。其计算公式为：

$$s_p^2=\frac{(n_1-1)s_1^2+(n_2-1)s_2^2}{n_1+n_2-2} \tag{4.9}$$

根据等方差 t 分布（公式 4.8）和总体方差计算（公式 4.9），可以推算出 $\mu_1-\mu_2$ 的置信区间是：

$$(\bar{x}_1-\bar{x}_2)\pm t_{\alpha/2}(n_1+n_2-2)\sqrt{s_p^2\left(\frac{1}{n_1}+\frac{1}{n_2}\right)} \tag{4.10}$$

公式 4.10 中，$t_{\alpha/2}$（n_1+n_2-2）的意思是查表得到的 t 值。自由度（n_1+n_2-2）是自由度，其计算方法是将两个分布的自由度相加，即（n_1-1）+（n_2-1）。

第四种情况：总体方差未知，样本数量小（小于 30），并且两个样本群的方差存在显著差异。那么这种情况下，就服从以下 t 分布：

$$t=\frac{(\bar{x}_1-\bar{x}_2)-(\mu_1-\mu_2)}{\sqrt{\frac{s_1^2}{n_1}+\frac{s_2^2}{n_2}}}\sim t(v) \tag{4.11}$$

公式 4.11 中，v 代表了自由度，其计算公式是：

$$v=\frac{\left(\frac{s_1^2}{n_1}+\frac{s_2^2}{n_2}\right)^2}{\frac{\left(s_1^2/n_1\right)^2}{n_1-1}+\frac{\left(s_2^2/n_2\right)^2}{n_2-1}} \tag{4.12}$$

由此，我们可以推导出均值 $\mu_1-\mu_2$ 的置信区间是：

$$(\bar{x}_1-\bar{x}_2)\pm t_{\alpha/2}(v)\sqrt{\frac{s_1^2}{n_1}+\frac{s_2^2}{n_2}} \tag{4.13}$$

需要指出的是，我们在日常的统计使用中，很少会手工计算这些数值，因为当样本的容量较大时，手工计算容易出错并耗费大量时间。对这样复杂的公式进行手工计算也难免会产生计算错误，而用统计软件可以很方便地实现这些计算功能。

【例题 4.3】为了估计两种方法组装产品所需时间的差异，分别对两种不同的组装方法各随机安排 12 名工人，每个工人组装一件产品所需的时间（单位：min）如表 4-7。假定两种方法组装产品的时间服从正态分布，且方差相等。试以 95% 的置信水平建立两种方法组装产品所需平均时间差值的置信区间。

表 4-7 组装产品时间数据

两个方法组装产品所需的时间			
方法 1		方法 2	
28.3	36.0	27.6	31.7
30.1	37.2	22.2	26.0
29.0	38.5	31.0	32.0
37.6	34.4	33.8	31.2
32.1	28.0	20.0	33.4
28.8	30.0	30.2	26.5

解：根据样本数据计算得：

$\bar{x}_1=32.5$，$s_1^2=15.996$，$\bar{x}_2=28.8$，$s_2^2=19.358$，

$$s_p^2=\frac{(12-1)\times 15.996+(12-1)\times 19.358}{12+12-2}=17.677,$$

$$(32.5-28.8)\pm 2.0739\times\sqrt{17.677\times\left(\frac{1}{12}+\frac{1}{12}\right)}=3.7\pm 3.56。$$

两种方法组装产品所需平均时间之差的置信区间为 0.14 ~ 7.26min。

这个问题的解决方法中存在一个疑问。那就是“方法一”和“方法二”的方差是否相等。先前的解题过程是基于方差相等而得到的结论。到底如何才能测得两个总体的方差是否相等呢？这个问题本书不展开讨论，但是在大部分统计软件中提供了 levene 等方法对方差进行检验。

这个问题涉及两个比较烦琐的公式，一个公式用来计算合并方差，另一个公式计算置信区间。其原理和单样本一样。样本数量够多时，用 Z 分布，数量少用 t 分布。这些计算比较复杂，一般不会用手工计算，本书的目的也不是让大家掌握这些公式。本书更加侧重软件操作和应用，因为用统计软件生成这些数据是非常简单的过程。

同样的问题，用 SPSS 可以很快得出样本差的置信区间。通过“分析—比较均值—独立样本 T 检验”功能我们就可以获得置信区间。T 检验的命令主要适用于假定检验的方法，本书在以后章节会讲到。

首先，我们将数据导入 SPSS，如图 4–5 所示。

	名称	类型	宽度	小数	标签	值	缺失	列	对齐	度量标准	角色
1	时间	数值（N）	8	2		无	无	8	右	度量（S）	输入
2	方法	字符串	8	0		无	无	8	左	名义 (N)	输入

图 4–5　数据导入 SPSS 中

然后，我们可以用“分析—比较均值—独立样本 T 检验”命令调出窗口，如图 4–6 所示。

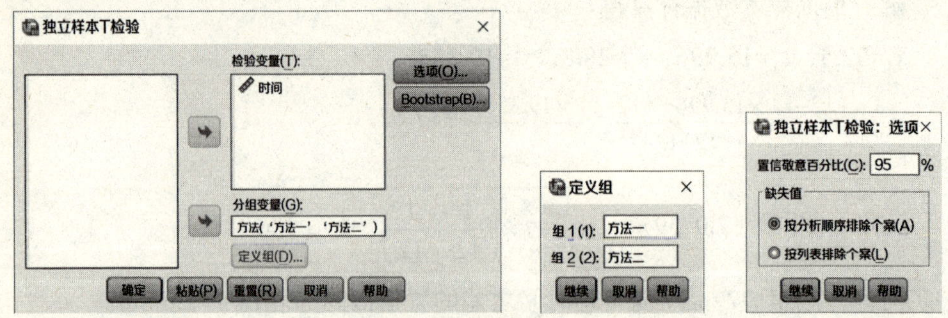

图 4-6 独立样本 T 检验

图 4-6 中首先将“时间”放入检验变量栏，然后将“方法”放入分组变量。再点击“定义组”，将组 1 定义为“方法一”，组 2 定义为“方法二”。点击“继续”。然后再点击“选项”，将置信区间百分比设置为 95%。点击“继续”，“确定”。SPSS 会给出如表 4-8 的结果报告。

表 4-8 独立样本 T 检验输出结果

		方差方程的 Levene 检验		均值方程的 t 检验						
		F	Sig.	t	dt	sig.（双侧）	均值差值	标准误差值	差分的 95% 置信区间	
									下限	上限
时间	假设方差相等	0.011	0.917	2.156	22	0.042	3.70000	1.71645	0.14029	7.25971
	假设方差不相等			2.156	21.803	0.042	3.70000	1.71645	0.13843	7.26157

如以上的输出结果，最右边的“差分的 95% 置信区间”就是我们要求得的值，这里其实 SPSS 已经为我们根据不同情况分了两类，等方差和异方差。所以，在实际生活中很少有人会去记那些烦琐的公式，直接可以用软件实现置信区间的计算。从结果上来看，等方差和异方差的置信区间相差也并不大。以本例题来看，差异主要是由自由度造成的，等方差自由度是 22，异方差的自由度略小一点，为 21.8。

（四）两个匹配样本的总体均值差区间估计

在样本差值的区间估计中还有一种特殊情况，就是匹配样本。一个总体中的某个样本和另一个总体中的某一个样本是对应的关系。比如，一组 10 位同学，每一位同学的期中和期末考试成绩是一一对应的，不能改变值在样本中的位置。

【例题 4.4】由 10 名学生组成一个随机样本，让他们分别采用 A 和 B 两套试卷进行测试，结果如表 4-9 所示。试建立两种试卷分数之差 $\mu_d=\mu_1-\mu_2$95% 的置信区间。

表 4-9　10 名学生两套试卷的得分

学生编号	试卷 A	试卷 B	差值 d
1	78	71	7
2	63	44	19
3	72	61	11
4	89	84	5
6	91	74	17
5	49	51	–2
7	68	55	13
8	76	60	16
9	85	77	8
10	55	39	16

解这个例题，我们需要用到配对差值的公式，同样根据样本数量分为两种，z 分布和 t 分布，如公式 4.14 与公式 4.15 所示：

$$\bar{d} \pm z_{\alpha/2}\frac{\sigma_d}{\sqrt{n}} \tag{4.14}$$

$$\bar{d} \pm t_{\alpha/2}(n-1)\frac{s_d}{\sqrt{n}} \tag{4.15}$$

这个例题中一共只有 10 位学生，所以是小样本，因此我们需要使用 t 分布，即公式 4.15。

根据样本数据计算得：

$$\bar{d}=\frac{\sum_{i=1}^{n}d_i}{n_d}=\frac{110}{10}=1\text{，}\quad s_d=\sqrt{\frac{\sum_{i=1}^{n}(d_i-\bar{d})^2}{n_d-1}}=6.53\text{，}$$

$$\begin{aligned}\bar{d}\pm t_{\alpha/2}(n-1)\frac{s_d}{\sqrt{n}}&=11\pm 2.2622\times\frac{6.53}{\sqrt{10}}\\&=11\pm 4.67\text{。}\end{aligned}$$

两种试卷所产生的分数之差的置信区间为 6.33～15.67 分。

可以看到，这种配对样本的计算方法本质是计算一个总体，在这个例题中，计算的内容其实就是“差值 d”。在公式中体现为以差值 d 的均值 $\bar{d}$ 为中心，根据 t 分布左右开出一个对称区间，从而得到置信区间结果。

同样的问题用 SPSS 来计算这个区间就方便很多。首先将数据导入 SPSS，如图 4-7 所示。

	名称	类型	宽度	小数	标签	值	缺失	列	对齐	度量标准	角色
1	学生编号	数值（N）	8	2		无	无	8	右	名义 (N)	输入
2	试卷 A	数值（N）	8	2		无	无	8	右	度量（S）	输入
3	试卷 B	数值（N）	8	2		无	无	8	右	度量（S）	输入
4	差值	数值（N）	8	2		无	无	8	右	度量（S）	输入

	学生编号	试卷 A	试卷 B	差值
1	1.00	78.00	71.00	7.00
2	2.00	63.00	44.00	19.00
3	3.00	72.00	61.00	11.00
4	4.00	89.00	84.00	5.00
5	5.00	91.00	74.00	17.00
6	5.00	49.00	51.00	–2.00
7	7.00	68.00	55.00	13.00
8	8.00	76.00	60.00	16.00
9	9.00	85.00	77.00	8.00
10	10.00	55.00	39.00	16.00

图 4-7 SPSS 数据呈现

然后通过"分析—比较均值—配对样本 T 检验"命令调出窗口，如图 4-8 所示。

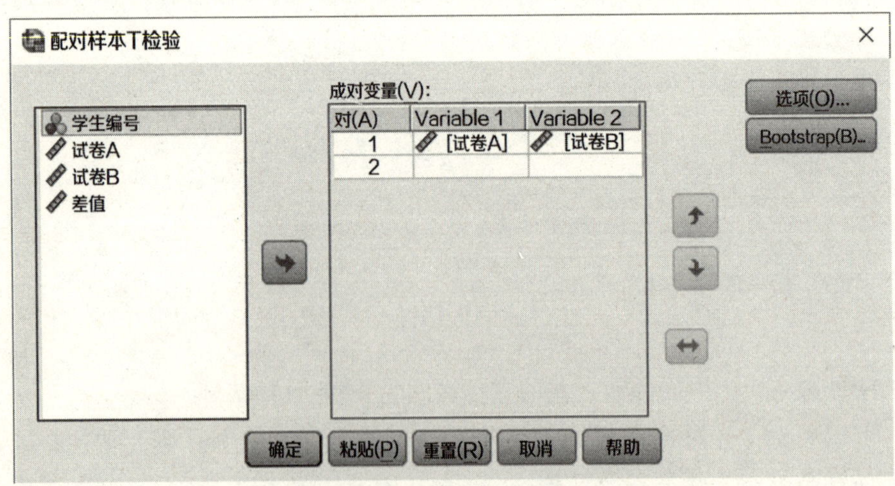

图 4-8 配对样本 T 检验

如上图，将“试卷 A”拖入变量 1，“试卷 B”拖入变量 2。然后点击选项，输入置信区间 95%。点击“继续”，“确定”。SPSS 产生如下结果报告（表 4-10）。

表 4-10 配对样本 T 检验输出结果

	成对差分					t	df	Sig.（双侧）
	均值	标准差	均值的标准误	差分的 95% 置信区间				
				下限	上限			
对 1 试卷 A- 试卷 B	11.00000	6.53197	2.06559	6.32731	15.67269	5.325	9	0.000

该结果中“差分的 95% 置信区间”代表了我们要求的置信区间。可以看到输出结果的表头是“成对样本检验”。显然，即使是这样一一对应的配对样本计算，用 SPSS 处理起来也非常简单。

第二节 总体比例和方差的区间估计

一、总体比例的参数估计

（一）一个总体比例的参数估计

由于数据的类型不同，在参数估计中常常估计的不是数值型的平均值，而是一个某种特质的事物所占总体的比例。比如，估计老年人口所占总体人口的比例是老龄化社会的一个重要课题。这类估计还有很多，如考研学生中女生占的比例；离异家庭占的比例等。比例的参数估计和均值的参数估计一样，其基础是总体需要服从二项式分布，但由于总体通常很大，我们也只能假设它服从二项式分布。这样的话，比例 p 的抽样分布就可以用正态分布近似，对其标准化后就有：

$$z=\frac{p-\pi}{\sqrt{\frac{\pi(1-\pi)}{n}}}\sim N(0,1) \tag{4.16}$$

那么根据该 z 分布，总体比例 p 在 $1-\alpha$ 置信水平下的置信区间就是：

$$p\pm z_{\alpha/2}\sqrt{\frac{p(1-p)}{n}} \tag{4.17}$$

【例题 4.5】某城市想要估计下岗职工中女性所占的比例，随机地抽取了

100 名下岗职工，其中 65 人为女性职工。试以 95% 的置信水平估计该城市下岗职工中女性比例的置信区间。

解：已知 n=100，p = 65%，1-a=95%，$z_{a/2}$=1.96。

$$p \pm z_{\alpha/2}\sqrt{\frac{p(1-p)}{n}}$$

$$=65\%\pm1.96\times\sqrt{\frac{65\%(1-65\%)}{100}}$$

$$=65\%\pm9.35\%$$

$$=(55.65\%，74.35\%)$$

该城市下岗职工中女性比例的置信区间为 55.65% ~ 74.35%。

用 SPSS 解决计算总体的百分比的参数估计需要进行一些技巧。我们需要对待检测事件特征进行编码。比如，在例题 4.5 中，要将所有下岗女性编码为 1，其余编码为 0。其意义是将其从文本格式转为 0 和 1 的二项式分布，如图 4-9 所示。

	名称	类型	宽度	小数	标签	值
1	下岗女性	数值	2	0		{0，非下岗 }

图 4-9 将文本转为数值类型

SPSS 中，0 和 1 的二项式分布也被定义为数值型。因此为了避免除 0 和 1 以外的数值出现，我们需要对 0 和 1 加以定义。点开“值”单元格，我们得到图 4-10。

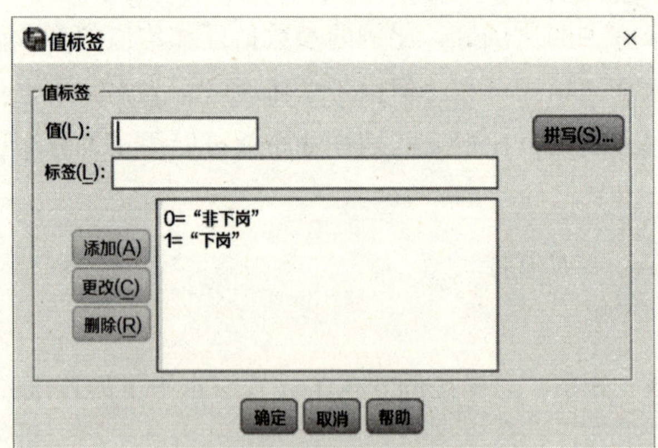

图 4-10 定义二项式的值

在图 4-10 中，我们可以将 0 定义为非下岗，1 则是下岗。这样，在 100 个样本数据中，有65个值是“1”，另外的35个值是“0”。我们可以再通过“分析—描述统计—探索”命令将变量“下岗女性”放入因变量列表，再按照95%置信区间执行分析。结果报告与均值区间估计的输出相同，取95%上限和下限值。

这样的操作看似更加烦琐，其实有其优势。当数据中出现了分类数据，而且这种分类不是二项式分布，出现的值多于两个。比如我们在体育中将选手分为“田径组”“游泳组”“球类组”“射击组”。这时如果我们只想估计某一个组的区间，比如只估计“游泳组”，我们可以将“游泳组”的值赋1（实验组），其他所有的组赋值0（对照组）。通过这种手段我们就可以将数据转换成我们所需的二项式分布了。

【例题4.6】某校初一年级的一个班级的班主任想知道学生的升学途径的情况，对学生进行了调查，35位学生中，14人来自A小学，11人来自B小学，7人来自C小学，还有3人是其他地区借读来的。本届初一年级共有4个班级，每个班级的学生情况都非常接近，以95%显著性水平估计其他班级的A小学百分比。

解：将14位A小学毕业的学生赋值1，其余都赋值0。用SPSS计算，得到结果如下：

平均值的95%置信区间，下限值0.2293，上限0.5707。

因此A小学的生源百分比95%置信区间为23%~57%。

（二）两个总体比例差的参数估计

对于两个总体比例差的参数估计也需要建立在一些假设前提下，否则结果的偏差就比较大。首先，两个总体要互相独立，这代表了A总体不会因为B总体的变化而变化。其次，两个总体的参数类型是分类数据，而且服从二项式分布。为了估计$\pi_1-\pi_2$差的置信区间，可以根据二项式分布的公式推导出以下置信区间的公式：

$$(p_1-p_2)\pm z_{\alpha/2}\sqrt{\frac{p_1(1-p_1)}{n_1}+\frac{p_2(1-p_2)}{n_2}} \tag{4.18}$$

在SPSS中，我们处理这类问题的逻辑是先将数据按照二项式分布赋值，将待检测的属性赋值1，其余赋值0。然后对数据进行整理，导入SPSS。再用“分析—比较平均值—独立样本T检验”命令进行处理。这里你可以注意到，公式中我们采用了z分布，而在软件中却用了T分布。这就是之前提及的，T

分布的应用范围远远大于 z 分布，当 n 小时只能采用 T 分布，而当 n 大时，T 分布和 z 分布又非常接近，所以还可以用 T 分布。

【例题 4.7】为了了解法国和中国吸烟人群占比差异，研究者从法国抽样了 21 人作为样本，其中 5 人吸烟。又从中国抽取了 46 人，其中 12 人吸烟。试分析中国和法国吸烟人口的差距，做出 95% 区间估计。

要处理这样的问题，我们首先需要对数据进行更改整理。数据会被分为两栏，国家和吸烟，如图 4–11 所示。

	名称	类型	宽度	小数	标签	值
1	国家	字符串	8	0		无
2	吸烟	数值	8	2		{0，不吸烟…

图 4–11 数据整理

然后在“国家”一栏中，存储“法国”或者“中国”，再对吸烟一栏进行赋值。0 为不吸烟的人，1 则为吸烟人。然后使用“分析—比较均值—独立样本的 T 检验”命令，按照图 4–12 操作。

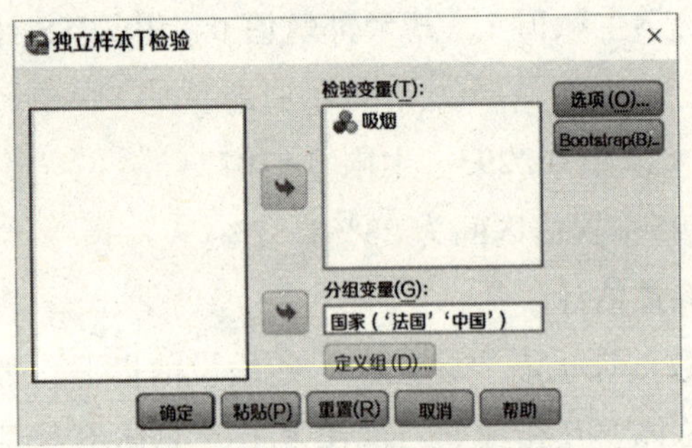

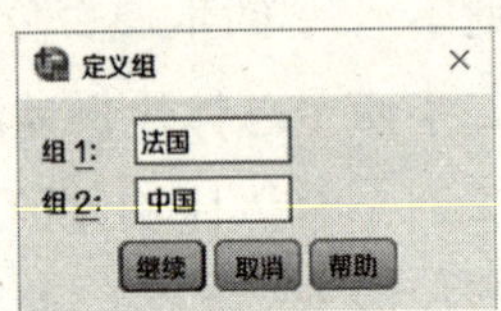

图 4–12 独立样本 T 检验

按照图 4–12 将“吸烟”放入检验变量，再将“国家”放入分组变量，点击“定义组”，将法国和中国分别定义为组 1 和组 2，点击“继续”。点击选项按钮如果需要调整置信度。确定后 SPSS 将生成置信区间，如表 4–11 所示。

表 4-11 置信区间输出结果

		平均值相等性的 t 检验					
	t	自由度	显著性（双尾）	平均差	标准误差差值	差值的 95% 置信区间	
						下限	上限
吸烟 已假设方差齐性 未假设方差齐性	-0.196	65	0.845	-0.02277	0.11632	-0.25507	0.20952

如表 4-11，其中“差值的 95% 置信区间”有两种，一种是基于等方差的情况，另一种则是未假设等方差的情况。在这个问题上，两个国家人口众多，我们根本无法知道他们的方差。因此我们更倾向于选择后者，“未假设方差对齐性”，所以我们认为两个国家吸烟的差异范围，就是 -25% 到 +21% 之间，其实也代表两个国家差不多，说不出哪个国家的烟民更多。从数据上看也是这样，中国为 26%，法国为 24%。我们以后还会学习如何对这两个数值进行比较，而不仅仅局限于估计他们的差异。

二、总体方差的参数估计

（一）一个总体的方差估计

一个总体的方差估计其根本原理就是总体方差未知，需要通过样本方差估计总体的方差区间。通过从总体中抽取 n 个样本，对样本方差 s^2 分析，推测总体方差 σ^2。对于一个总体来说，如果服从正态分布，那么就有：

$$\frac{(n-1)s^2}{\sigma^2} \sim x^2(n-1) \tag{4.19}$$

也就是说，对于方差为 σ^2 的总体来说，n–1 为自由度的样本方差 s^2 与总体方差 σ^2 的比值服从自由度为 n–1 的卡方分布。那么我们就可以在 1–a 置信水平下的算出其总体方差 σ^2 的置信区间为

$$\frac{(n-1)s^2}{x^2_{\alpha/2(n-1)}} \leqslant \sigma^2 \leqslant \frac{(n-1)s^2}{x^2_{1-\alpha/2(n-1)}} \tag{4.20}$$

其中分母中下标的（n–1）代表其查表 $x^2_{1-\alpha/2}$ 的自由度。方差的置信区间如图 4-13 所示。

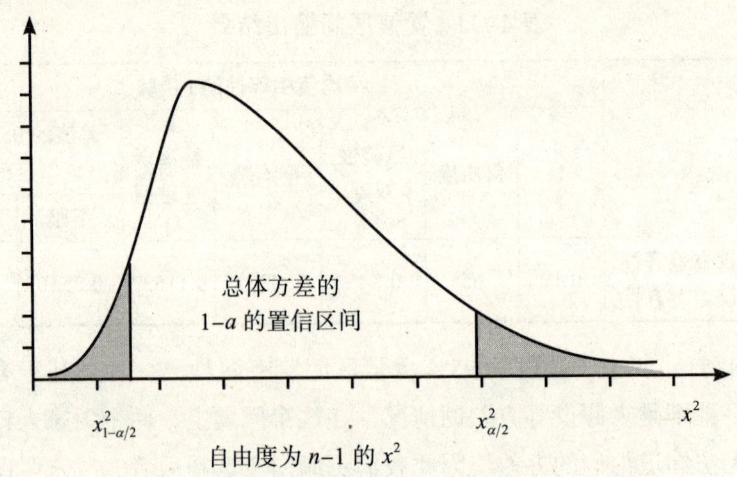

图 4-13 方差的置信区间取值

方差置信区间计算通过软件实现也很简单。后面章节我们会具体介绍 SPSS 方差分析的应用。我们这里介绍另一个非常直观的常用统计软件 MiniTab，在方差的检验功能上比 SPSS 更直观更简单。

【例题 4.8】一家食品生产企业以生产袋装食品为主，现从某天生产的一批食品中随机抽取了 25 袋，测得每袋重量如表 4-12 所示。已知产品重量的分布服从正态分布。以 95% 的置信水平建立该种食品重量方差的置信区间。

表 4-12 25 袋食品的数据 （单位：g）

112.5	101	103	102	100.5
102.6	107.5	95	108.8	115.6
100	123.5	102	101.6	102.2
116.6	95.4	97.8	108.6	105
136.8	102.8	101.5	98.4	93.3

对于这样的数据，我们可以直接输入 MiniTab 中，然后再用“统计—基本统计—1 个总体方差”的命令，如图 4-14 所示。

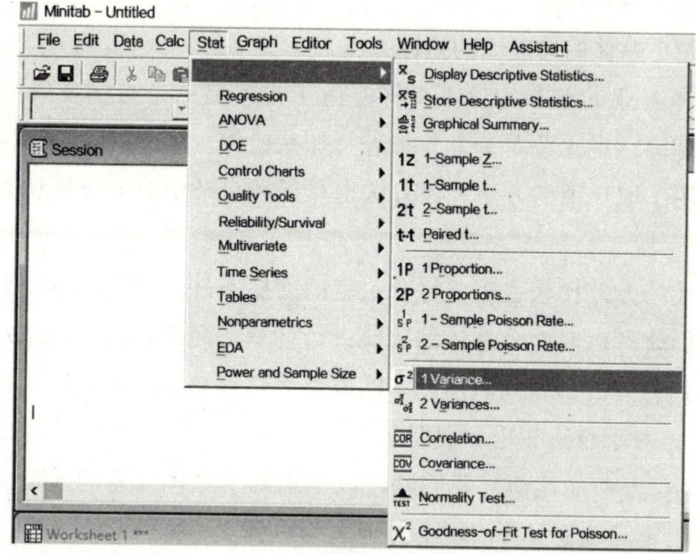

图 4-14　方差的基本统计命令

这个命令窗口非常简单，我们只需要将变量“重量”放入 Columns 栏，然后点击“确定”，我们就可以得到方差的置信区间，如图 4-15 所示。

Statistios

Variable	N	StDew	Variance
重量	25	9.65	93.2

95% Confidence Intervals

Variable	Method	CI for StDev	CI for Variance
重量	Chi-Square	(7.54，13.43)	(56.8，180.4)
	Bonett	(5.89，17.18)	(34.7，295.0)

图 4-15　方差的基本统计结果输出

从图 4-15 中，我们可以看到重量的方差是 93.2，根据这个方差，我们有两种方法计算置信区间，一种是根据卡方（Chi-Square）计算得到，另一种是根据 Bonett 测试得到。在这里，由于先前的公式是卡方计算，因此这里可以取卡方的结果。因此该产品重量的方差置信区间是 56.8 ~ 180.4，那么其标准差的置信区间就是 7.54～13.43。

（二）两个总体的方差比的估计

两个总体方差的差和均值不一样，由于方差是一个被平方后的结果，其正负已经被抵消，也无法对卡方分布进行加减操作。因此，为了比较卡方的差异，我们采用了取比值的方法，该方法也是后续章节中方差分析和回归分析的基础。

两个总体的方差比较也需要符合一定的前提条件。两个总体要服从正态分布。然后我们就可以对两个总体的比值进行计算。同样，由于总体太大，我们通常无法得到总体的方差只能用样本的方差来估计总体。那么对于总体 1 我们用 s_1^2 估计 σ_1^2，对于总体 2 用 s_2^2 估计 σ_2^2。

通过 σ_1^2/σ_2^2 方差的比值，我们就可以知道两个总体方差的差距。通常把方差较大的一组定义为总体 1，较小的定义为总体 2，我们可以试想这样一个情况，当 σ_1^2/σ_2^2 的比值结果比较大时（或者非常小，如果将方差大的定义为总体 2，方差小的定义为总体 1），说明总体 1 的方差要比总体 2 的方差大许多，因此两者方差存在差异。而当 σ_1^2/σ_2^2 比值接近于 1 时，说明总体 1 和总体 2 的方差非常相似。这样，我们就可以有以下公式：

$$\frac{s_1^2/s_2^2}{F_{\alpha/2}} \leqslant \frac{\sigma_1^2}{\sigma_2^2} \leqslant \frac{s_1^2/s_2^2}{F_{1-\alpha/2}} \tag{4.21}$$

需要注意的是，F 分布如图 4-16 所示，F 分布的自由度来自两个样本群，因此 F 的自由度是（n_1-1，n_2-1）。

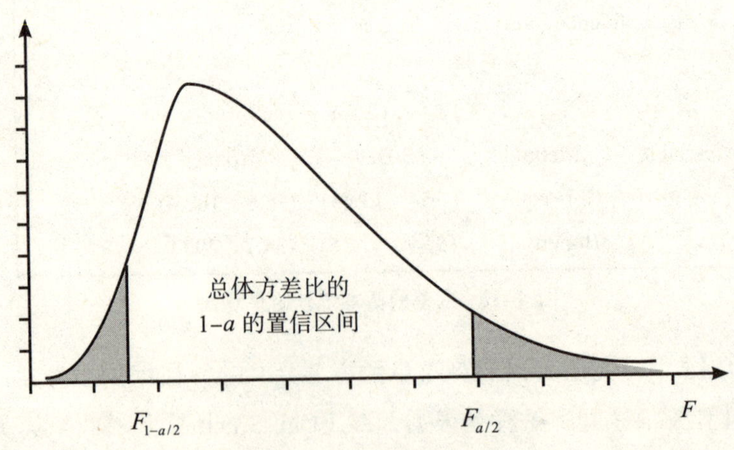

图 4-16 F 分布的置信区间

【例题 4.9】为了研究两个不同的小学两年级小朋友的识字数量，研究者从每个学校各抽取了 30 位同学进行测试，小学 A 的小朋友识字数量的方差是 234，小学 B 的小朋友方差是 274，那么以 95% 置信水平估计两个小学同学识字的方差比的置信区间。

这类题目我们用先前的公式可以很快算出结果，但由于没有完整的数据，似乎无法通过统计软件中的命令功能实现，比如，老版本的 SPSS 就无法处理这样的情况。这里我们再介绍一下 MiniTab 中方差比较功能，如图 4–17 所示。

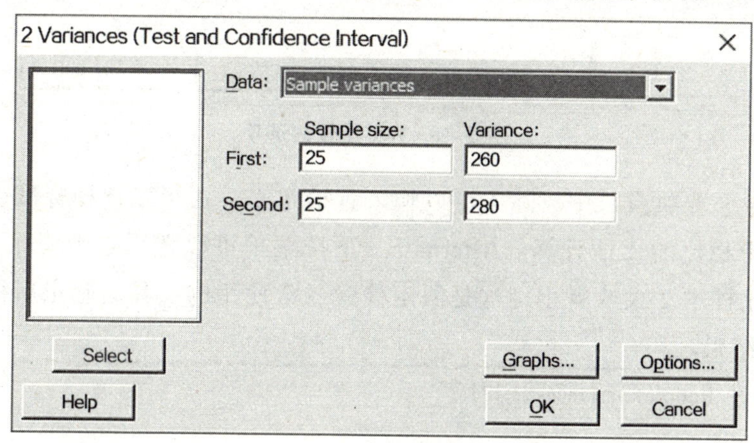

图 4–17　方差比较

在 MiniTab 中，可以点击“统计—基本统计—2 个总体方差”的命令进入上图窗口。在 Data 下拉菜单中，选择“Sample variances”样本方差，然后在下面的四个输入框中输入相应样本 1 和样本 2 的样本容量和方差。这里值得一提的是，如果只得到了标准差，直接可以在 Data 下拉菜单中点选“Sample standard deviation”标准差进行输入。通常会将方差较大的组放到组 1，方差较小的组放到组 2。这样的好处是两组如果方差差异大，那么计算结果就会呈现在 F 分布的右侧尾部，比较好观察。相反，如果方差小的组定义为组 1，即使两个组方差差异大，但 F 值的结果只会在 0 到 1 的左侧尾部，差异越大则更靠近 0。相较于 1 至无穷大，0 至 1 的范围太小，不易观察。

然后我们点击 Options 按键，得到图 4–18。

2 Variances - Options
Confidence level: 95
Hypothesized ratio: Variance 1 / Variance 2
Value: 1
StDev 1 / StDev 2
Variance 1 / Variance 2
Alternative: not equal
Help
OK
Cancel

图 4-18 方差比较的选项

在这个选项窗口中，除了可以输入置信水平，还可以选择标准差相比，或者方差相比的比值计算。Alternative 下拉菜单可以选择是否要比较样本 1 的方差比样本 2 大或者小，这是假定检验经常使用的工具。确定后得到如图 4-19 的结果。

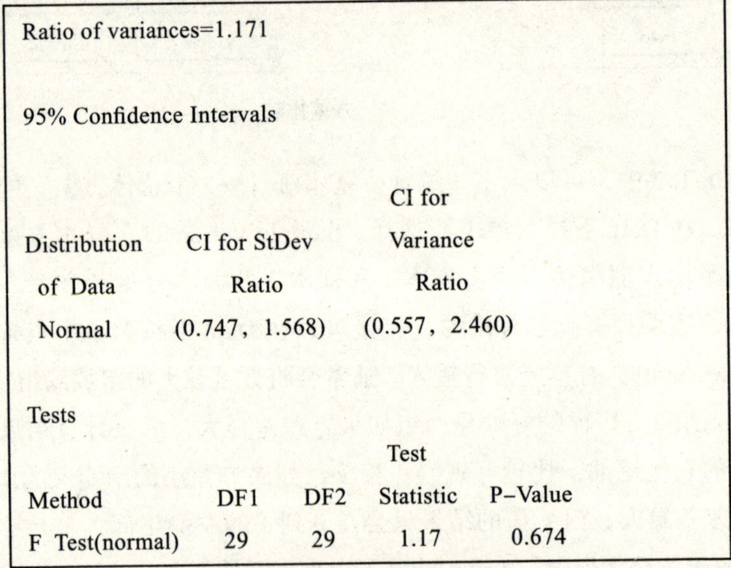

Ratio of variances=1.171

95% Confidence Intervals

Distribution of Data	CI for StDev Ratio	CI for Variance Ratio
Normal	(0.747，1.568)	(0.557，2.460)

Tests

Method	DF1	DF2	Test Statistic	P-Value
F Test(normal)	29	29	1.17	0.674

图 4-19 方差比较的结果

结果表明，方差的比值 95% 置信区间为 0.557～2.46。用 MiniTab 的好处在于即使我们无法获取完整数据，我们依然可以用方差比较功能作为计算器使用。

【本章小结】

本章的核心内容是如何对位置参数进行估计。逻辑是使用一个由抽样样本得到的样本统计量（比如样本平均值）作为基准点，然后根据总体分布，以样本统计量为中心，在置信度左右各取一段从而形成了置信区间。最常见的有三种情况：

（1）根据样本平均值 $\bar{x}$ 估计总体平均值 μ 的置信区间；

（2）根据样本标准差 s 估计总体标准差 σ 的置信区间；

（3）根据样本比例 p 估计总体比例 π 的置信区间。

这三种基本情况可以衍生出两个样本均值差 $\mu_1-\mu_2$ 的置信区间估算，两个样本方差比 σ_1^2/σ_2^2 的置信区间估算，以及两个比例差 $\pi_1-\pi_2$ 的置信区间估算。

【本章重要公式】

本章节的公式比较多，但是本书一再强调，这些公式都可以由统计软件轻松实现，重在理解而非死记硬背公式。为了厘清这些公式的作用和适用环境，以下对本章中的重要公式进行了梳理。

（1）$\bar{x} \pm z_{\alpha/2}\dfrac{\sigma}{\sqrt{n}}$，适用于对一个总体 μ 的估算。适用条件，σ 已知，样本量大。

（2）$\bar{x} \pm z_{\alpha/2}\dfrac{s}{\sqrt{n}}$，适用于对一个总体 μ 的估算。适用条件，σ 未知，样本量大。

（3）$\bar{x} \pm t_{\alpha/2}\dfrac{s}{\sqrt{n}}$，适用于对一个总体 μ 的估算。适用条件，σ 未知，样本量小。

（4）$(\bar{x}_1-\bar{x}_2) \pm z_{\alpha/2}\sqrt{\dfrac{\sigma_1^2}{n_1}+\dfrac{\sigma_2^2}{n_2}s^2}$，适用于对两个总体 $\mu_1-\mu_2$ 差值的估算。适用条件，σ 已知，样本量大。

（5）$(\bar{x}_1-\bar{x}_2) \pm z_{\alpha/2}\sqrt{\dfrac{s_1^2}{n_1}+\dfrac{s_2^2}{n_2}}$，适用于对两个总体 $\mu_1-\mu_2$ 差值的估算。适用条件，σ 未知，样本量大。

（6）$(\bar{x}_1-\bar{x}_2) \pm t_{\alpha/2}(n_1+n_2-2)\sqrt{s_p^2\left(\dfrac{1}{n_1}+\dfrac{1}{n_2}\right)}$，适用于对两个总体 $\mu_1-\mu_2$ 差值的估算。适用条件，σ 未知，样本量小，且两个样本群方差无显著差异。

（7）$s_p^2=\dfrac{(n_1-1)s_1^2+(n_2-1)s_2^2}{n_1+n_2-2}$，计算（6）中的总体方差合并估计量。

（8）$v=\dfrac{\left(\dfrac{s_1^2}{n_1}+\dfrac{s_2^2}{n_2}\right)^2}{\dfrac{\left(s_1^2/n_1\right)^2}{n_1-1}+\dfrac{\left(s_2^2/n_2\right)^2}{n_2-1}}$，计算（9）中自由度。

（9）$(\bar{x}_1-\bar{x}_2)\pm t_{\alpha/2}(v)\sqrt{\dfrac{s_1^2}{n_1}+\dfrac{s_2^2}{n_2}}$，适用于对两个总体 $\mu_1-\mu_2$ 差值的估算。适用条件，σ 未知，样本量小，且两个样本群方差有显著差异。

（10）$\bar{d}\pm z_{\alpha/2}\dfrac{\sigma_d}{\sqrt{n}}$，适用于在配对数据中计算两个总体 $\mu_1-\mu_2$ 差值的估算。适用条件，σ 已知，样本量大。

（11）$\bar{d}\pm t_{\alpha/2}(n-1)\dfrac{s_d}{\sqrt{n}}$，适用于在配对数据中计算两个总体 $\mu_1-\mu_2$ 差值的估算。适用条件，σ 未知，样本量小。

（12）$p\pm z_{\alpha/2}\sqrt{\dfrac{p(1-p)}{n}}$，适用于对一个总体 π 的估算。适用条件，总体呈现二项式分布，样本量大。

（13）$(p_1-p_2)\pm z_{\alpha/2}\sqrt{\dfrac{p_1(1-p_1)}{n_1}+\dfrac{p_2(1-p_2)}{n_2}}$，适用于对两个总体 $\pi_1-\pi_2$ 的估算。适用条件，总体呈现二项式分布，样本量大。

（14）$\dfrac{(n-1)s^2}{x^2_{\alpha/2(n-1)}}\leqslant\sigma^2\leqslant\dfrac{(n-1)s^2}{x^2_{1-\alpha/2(n-1)}}$，适用于对一个总体方差 σ^2 的估算。适用条件，总体呈现正态分布。

（15）$\dfrac{s_1^2/s_2^2}{F_{\alpha/2}}\leqslant\dfrac{\sigma_1^2}{\sigma_2^2}\leqslant\dfrac{s_1^2/s_2^2}{F_{1-\alpha/2}}$，适用于对两个总体方差比值 σ_1^2/σ_2^2 的估算。适用条件，两个总体都呈现正态分布。

【本章习题】

1. 学校篮球队在上个赛季进行了 20 场比赛，结果如下表所示，得分栏记录了比赛最终得分，胜败栏记录了输赢，W 代表赢、L 代表输。假设比分服从正态分布。

得分	胜败	得分	胜败	得分	胜败	得分	胜败
65	W	89	W	78	L	52	L
53	L	63	L	73	L	61	L
67	W	104	W	58	W	52	W
43	W	77	W	59	W	48	L
53	W	69	L	49	L	68	W

那么，试计算并回答：

（1）篮球队平均每场得分的 90% 置信区间是多少？

（2）篮球队平均每场得分的 95% 置信区间是多少？

（3）篮球队胜率的 95% 置信区间是多少？

（4）篮球队败率的 95% 置信区间是多少？

（5）应该怎么解释胜率和败率的置信区间？

2. “心率”指的是每分钟心跳频次，多种智能设备都能测得心率值，是指导运动强度的重要指标。下表中有 10 位同学慢跑 20 分钟前后的心率对照。心率 1 代表运动前测得的心率，心率 2 代表运动后测得的心率。假设心率 1 和心率 2 的总体都服从正态分布。

同学	心率 1	心率 2
A	68	142
B	75	149
C	74	138
D	69	146
E	85	128
F	90	143
G	75	129
H	69	123
I	88	118
J	92	151

（1）用计算机软件分析心率1/心率2的方差比值的95%置信区间。

（2）用计算机软件分析心率2/心率1的方差比值的95%置信区间。

（3）结合F分布的特性，分析这个结果说明了什么？

（4）用配对样本分析心率2与心率1均值差的95%置信区间。

3. 置信区间大小由置信度决定，同样的数据在置信度不变的情况下，如果增加抽样样本n的数量，会影响置信区间的大小吗？如果会影响，那为什么会产生怎样的变化？

第五章　假设检验

【本章学习目标】

1. 理解假设检验的基本思想和原理
2. 掌握假设检验的步骤
3. 掌握一个总体参数的检验方法
4. 掌握两个总体参数的检验方法
5. 掌握 p 值的计算与应用
6. 用 SPSS 软件进行假设检验的操作方法

【引导案例】

山东烟台喜旺集团主要从事畜、禽肉的原料生产及熟肉食品加工，是世界肉类组织成员单位、中国名牌企业、中国肉类行业 50 强企业、全国“三绿”工程示范单位、中国首批食品卫生 A 级单位、中国营养学会会员单位，拥有自营进出口权。

喜旺集团是全国酱卤肉制品生产卓越企业，喜旺集团的酱卤肉制品一直广受欢迎，特别是在山东区域，其市场占有率多年以来一直稳居第一位。但是近几年来，它的几个强劲对手如龙大肉食、雨润肉食品等都发展得很快，在产品质量、口感、服务等方面与喜旺集团的酱卤肉制品差距越来越小。以往在山东地区，喜旺集团的酱卤肉制品市场占有率保持在 50% 以上，现在调查其市场占有率是否有下降趋势？为了回答这个问题，研究员设定了两个假设：

H_0：$\pi \geqslant 0.5$　　　H_1：$p<0.5$

原假设 H_0 表示，偏爱喜旺集团的酱卤肉制品的总体比例大于或等于 50%，如果样本数据拒绝 H_0，接受备择假设 H_1，则喜旺集团的酱卤肉制品市场占有率有下降趋势。

为了检验上述假设，某独立咨询公司在山东区域随机调查了 224 名消费者，其中 150 名消费者偏爱喜旺集团的酱卤肉制品。总体比率的点估计 $p=150/224=0.67$。

本章将介绍如何提出假设，如何用样本数据进行检验，如何确定是否拒绝某一个假设。

第一节 假设检验概述

假设检验是统计推断的另一种方式，它与区间估计的差别主要在于：区间估计是以大概率为标准，推断出总体参数的取值范围；而假设检验是以小概率为标准，对总体参数（或总体分布形式等）的假设进行推断。

假设检验分为两类：一类是参数检验；另一类是非参数检验，或称“自由分布”假设检验。参数假设检验是在总体分布类型已知的前提下，对总体的某个参数的取值进行假设检验；非参数假设检验是在总体分布类型未知的前提下，对总体的某个参数、总体分布，或者两个变量的独立性等进行假设检验。

在假设检验中，需要针对检验的内容，同时建立两个假设，一个称为“原假设”（也叫“零假设”，null hypothesis），用 H_0 表示；另一个称为“备择假设”（也叫“对立假设”，alternative hypothesis），用 H_1 表示。两个假设相互对立，非此即彼。然后就可以利用抽样信息，对统计假设进行检验。

一、假设检验的基本思想

假设检验的依据是“小概率原理”。所谓“小概率原理”指的是统计上认为，概率很小的事件（小概率事件）在一次试验中通常是不可能出现的。

小概率原理是应用统计学中最基本的理念。“小概率原理”告诉我们，在一般情况下，我们只考虑大概率结果就够了，小概率的结果可以忽略不计。

具体对“小概率原理”应该怎样正确理解呢？首先，一个事件的概率小到何种程度才能称为小概率事件，这是由研究者根据研究的目的和要求决定的，小概率通常可以取 0.01、0.05，甚至 0.1。这也就是前一个章节中所涉及的显著性水平 α（$1-\alpha$ 就是置信区间）。其次，小概率事件在一次试验中通常不会出现，但多次试验就很可能出现。最后，小概率事件在一次试验中通常不会出现，说明“小概率原理”只考虑大概率的结果，小概率的结果忽略不计，这与统计的基本思想是一致的，也是这个原理的核心思想。

换言之，在区间估计时研究目标是 $1-\alpha$，研究的目标是估算这个置信区间有多大，而假设检验研究的目标是 α，显著性水平是多少。前者只能给出实际的数值结果，而后者可以根据 α 做出是非判断。从引导案例中可以看出在假定检验的原假设和备择假设所涵盖的概率是 100%。由置信区间和显著性水平一起组成了事件发生的所有可能性（$1-\alpha+\alpha=100\%$）。也就是说，无论检验后得到什么结果，要么支持原假设，要么支持备择假设，绝对不会出现同时支持两种假设和同时两种假设都不支持的情况。

假设检验的逻辑是“概率意义上的反证法”。即在假设检验中，先假定原假设成立，在原假设成立的前提下，如果在一次观察（即一次抽样）中小概率事件发生了，根据小概率原理，这是（几乎）不可能的，因此对于原假设应予以否定。

二、假设检验中两种类型的错误

事实上，小概率事件在一次观察中也有可能发生，但在统计假设检验过程中，依据小概率原理进行检验，并没有考虑小概率事件在一次观察中也可能发生的这种小概率结果。因此，这种统计假设检验过程有可能导致四种结果，其中两种结果是错误的，这两种错误分别被称为犯了两种类型的错误即 α 错误（Ⅰ类错误）和 β 错误（Ⅱ类错误）。

为了更加清晰地诠释这两类错误，可以想象这样一个场景。法院正在审理一起恶性犯罪案件，经过犯罪嫌疑人陈述和律师的辩护后，陪审团要对该嫌疑人是否犯罪做出裁决。这时就会出现四种情况。

第一，嫌疑人是罪犯，陪审团裁决其有罪。

第二，嫌疑人是罪犯，但经过辩护和陈述后迷惑了陪审团，被裁决无罪。

第三，嫌疑人不是罪犯，陪审团裁决其无罪。

第四，嫌疑人不是罪犯，但无效的辩护和陈述无法说服陪审团，被裁决有罪。

对于这四种情况，可以用实际有罪无罪和被裁决有罪无罪做出一个 2×2 的矩阵。这样的四种情况就可以诠释在假设检验中的情况。以图 5-1 为例，左边是陪审团裁决嫌疑人的情况，对应的右边就是假设检验的情况。

陪审团审判		
裁决	实际情况	
	无罪	有罪
无罪	正确	错误
有罪	错误	正确

假设检验		
决策	实际情况	
	H_0 为真	H_0 为假
未拒绝 H_0	正确决策（$1-\alpha$）	第Ⅱ类错误（β）
拒绝 H_0	第Ⅰ类错误（α）	正确决策（$1-\beta$）

图 5-1 陪审团裁决和假设检验情况对比

当原假设为真，检验结果却拒绝了原假设，称为犯第Ⅰ类错误（左下角的错误），也称为弃真错误，其概率通常用 α 表示；当原假设为假，检验结果却没能拒绝原假设，称为第Ⅱ类错误（右上角的错误），也称为取伪错误，其概率通常用 β 表示。

在检验之前，先要规定好检验的显著性水平，用来控制犯第Ⅰ类错误的概率。检验的显著性水平，或者称为统计显著性（statistical significance）水平，是指零假设为真的情况下拒绝零假设所要承担的风险水平。由假设检验的原理可知，它就是在此次检验中的小概率事件的概率 α，事实上，在原假设成立时，小概率事件发生，我们拒绝原假设，因此，α 是弃真错误的概率。

在同样的样本量下，利用样本信息进行检验，犯第Ⅰ类错误的概率 α 越小，犯第Ⅱ类错误的概率 β 就越大，因此，显著水平 α 并不是设定成越小越好，见图 5-2。在图中，μ_0 是假定的总体均值的取值，μ_1 是总体均值的实际取值。

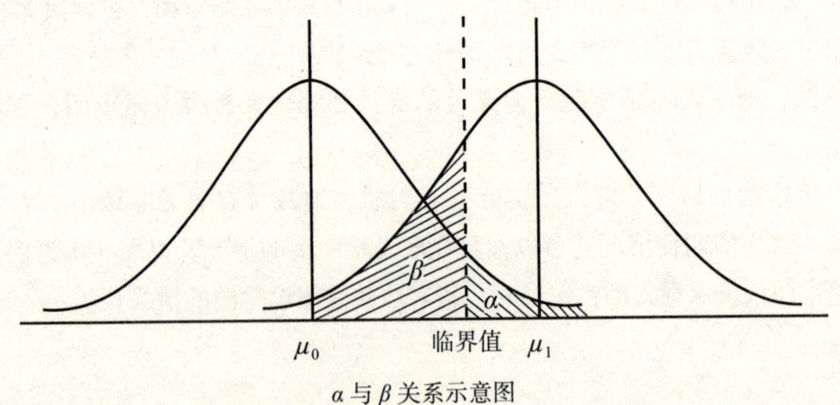

图 5-2 第Ⅰ类错误与第Ⅱ类错误的比较

可见在假设检验的验证过程中其实可以有两种不同的方法，一种是针对 α 进行检验，另一种就是对 β 进行检验。事实上也的确存在两种不同的建议逻辑和方法。但是一般来说，哪类错误所带来的后果越严重，危害越大，在假设检验中就应该作为首要的控制目标。所以现在绝大部分假设检验都控制 α 错误，只有非常少量的假设检验是以控制 β 错误为主的。其主要原因是从研究者的角度出发，原假设是什么一般都比较明确，用 100% 事件概率减去原假设的概率就是备择假设的概率。H_0 和 H_1 非常容易确定，而且逻辑清晰。但如果控制 β，那么首要控制的就是备择假设，而备择假设常常是模糊的，因此相比控制 α 更烦琐。

三、假设检验的步骤

在假设检验中，可以依据检验统计量（test statistic）进行决策。其根本的计算逻辑和前一个章节中所讲述的区间估计非常相似，都是在基于总体分布（z 分布，t 分布，F 分布，卡方分布等）的情况下，判断 α 的范围和取值。具体步骤如下：

（一）提出原假设与备择假设

根据假设检验的目的，假设检验可以分为质疑性检验和验证性检验。因研究目的不同，对同一问题可能提出不同的假设，也可能得出不同的检验结论。由于检验前规定的显著水平 α，只保证了犯第Ⅰ类错误的概率不超过 α，犯第Ⅱ类错误的概率不作为首要因素去控制，因此，在建立假设的时候，是希望原假设能够被拒绝的。因为如果原假设被拒绝，只可能犯第Ⅰ类错误，而犯第Ⅰ类错误的概率已经被实现规定的检验显著性水平 α 所控制。在假设检验中，一般将希望推翻的假设作为原假设。建立假设时应该遵循以下规则：

• 等于“=”、大于等于“⩾”、小于等于“⩽”放在原假设，不等于“≠”、大于“>”、小于“<”放在备择假设；

• 应将希望推翻的假设作为原假设，希望验证成立的作为备择假设；

• 不能拒绝原假设时，不说接受原假设，只能说根据样本信息没能拒绝原假设（证据不足）。

遵循这样的逻辑，再回到图 5-1 这个嫌疑犯的问题上。这个嫌疑犯在判决生效前要假设他没有犯罪（原假设），除非找到他犯罪的证据才能推翻原假设（采取备择假设）。这就是法律中的“无罪推定”原则，就是除非找到犯罪证据，否则只能认定嫌疑人无罪。根据这样的推理逻辑，我们可以做出各种有趣的假设，比如原假设是“张三同学是全校 1000 米长跑最快的人”，那么这个原假设永远成立（但不一定是事实），直到有人找到了证据，也就是用备择假设推翻了原假设，如李四某次 1000 米跑的比张三快。

这种用备择推翻原假设的方法看似非常简单，但实际上在人类文明的进程中扮演着重要的角色。比如用“日心说”推翻了“地心说”，可见“日心说”不见得就是真理，但它的角色是备择假设，推翻了原来的原假设“地心说”，从而使得人类的天文认知前进一大步。再好比“相对论”比“牛顿经典力学”更精确。人类通过提出假设，推翻假设，再提出假设，再推翻的方法，不断推进科技的发展和社会的前行。

统计学中的假设一般都可以被量化为等式或者不等式，从总体分布的数学公式出发，对原假设和备择假设进行求证。

【例题 5.1】一种纺织纤维的生产标准是直径应为 0.1mm，为对生产过程进行控制，质量监测人员定期对一台纺织机械检查，确定这台纺织机械生产的纤维是否符合标准要求。如果纤维的平均直径大于或小于 0.1mm，则表明生产过程不正常，必须进行调整。试陈述用来检验生产过程是否正常的原假设和备择假设。

解：质量检验中，质检员想收集证据予以证明的假设应该是“生产过程不正常”。建立的原假设和备择假设为

H_0：$\mu=0.1$mm（表示直径是 0.1mm，合格）

H_1：$\mu \neq 0.1$mm（表示直径不是 0.1mm，不合格）

【例题 5.2】某品牌纺织机械润滑油在它的产品说明书中声称：每瓶平均净含量不少于 500 克。在进货时，有关人员要通过抽检其中的一批产品来验证该产品制造商的说明是否属实。试陈述用于检验的原假设与备择假设。

解：仍然是质量检验，研究者抽检的意图是倾向于证实这种润滑油的平均净含量并不符合说明书中的陈述。建立的原假设和备择假设为：

H_0：$\mu \geqslant 500$

H_1：$\mu<500$

【例题 5.3】一家化纤厂估计，某批产品次品比例超过 0.3%。为验证这一估计是否正确，该厂随机抽取了一个样本进行检验。试陈述用于检验的原假设与备择假设。

解：该厂想收集证据予以支持的假设是“该批产品次品比例超过 0.3%”。

建立的原假设和备择假设为：

H_0：$\pi \leqslant 0.3\%$

H_1：$\pi > 0.3\%$

（二）根据假设的形式不同分为双侧检验与单侧检验

如果备择假设没有特定的方向性，形式为“≠”，这种假设检验，称为双侧检验或双尾检验（two-tailed test）。反之，备择假设具有特定的方向性，形式为“>”或“<”的假设检验，称为单侧检验或单尾检验（one-tailed test）。如果备择假设的方向为“<”，称为左侧检验，备择假设的方向为“>”，称为右侧检验，见表 5-1。

表 5-1 原假设和备择假设的设定

假设	研究的问题		
	双侧检验	左侧检验	右侧检验
H_0	$\mu=\mu_0$	$\mu \geqslant \mu_0$	$\mu \leqslant \mu_0$
H_1	$\mu \neq \mu_0$	$\mu<\mu_0$	$\mu>\mu_0$

无论是单尾还是双尾检验，从表 5-1 中可以看到，原假设和备择假设是一一对应的，每一组原假设的概率加上备择假设的概率都是 100%。这三种原假设可以覆盖比较是否相等和比较大小的逻辑判断。

（三）构造检验统计量

检验统计量要根据检验的参数和已知条件来构造。一般地，是在原假设 H_0 为真的前提下，根据被检验参数的点估计量的抽样分布，对点估计量进行标准化（或其他变形）得到检验统计量。

如果检验统计量服从标准正态分布，检验统计量一般用 Z 表示，也称为 Z 检验；如果检验统计量服从 t 分布，检验统计量一般用 t 表示，也称为 t 检验；其他还有 F 检验，x^2 检验等。统计量的具体计算公式在第二节将具体介绍。

（四）确定拒绝域

在原假设 H_0 为真的前提下，找到一个小概率事件，根据此小概率事件，确定拒绝域。拒绝域的判断与区间估计方法非常相似，区别在于区间估计得到的是“接受域”（$1-\alpha$）而非拒绝域（α）。

以均值比较为例，根据表 5-1 中可能出现的三种情况，就有三种拒绝域的划分方法，如图 5-3 所示。双侧检验拒绝域在两侧，因此称为双尾检验。图中的（a）左右两侧阴影部分就是拒绝域，两块阴影面积之和就是 α 显著性水平。

那么中间白色区域正好就是区间估计的 $1-\alpha$ 的置信区间。由此可见，双位的计算方法与区间估计完全相同。

单尾检验的目的是比较检验统计量是否大于或者小于某个常数，因此其检验的拒绝域就放置于单侧。右侧检验拒绝域在右侧，左侧检验拒绝域在左侧。单侧检验的拒绝域面积是 α，剩余的部分（不能拒绝的区间）就是 $1-\alpha$。

（五）计算检验统计量的样本观测值

与区间估计相似，统计量的计算牵涉自由度的大小。尤其在均值检验中，自由度的大小又能影响 t 分布和 z 分布的选择。一般来说样本数量 n 越大，得到的结果越准确。确定 n 以后就可以计算检验统计量的样本观测值。

统计量的计算，只需要将样本数据代入检验统计量即可下一节有更详细的介绍。和区间估计不同的是，区间估计只需要做出置信区间，并不需要判断，而假设检验需要依据计算的结果，判断是否可以拒绝原假设。这样就牵涉到一个判断的逻辑问题。

以图 5-3 中的双尾检验为例，总体是一个正态分布，因此我们可以根据置信水平比如取 0.05（代表两侧阴影部分面积和是 5%），由于对称分布，得知两侧阴影面积各占 2.5%。通过查 Z 表的 0.025，或者在 Excel 中使用“=norm.s.inv（2.5%）”得到左侧 $-Z_{\alpha/2}$ 的值是 -1.96。由于分布是对称的，因此也可以推断出右侧 $Z_{\alpha/2}$ 的值是 1.96。这个通过查表得到的值一般称为“临界值，criticalvalue”或者“查表值，tablevalue”。临界值的作用是在分布上清晰地划分出拒绝域和不能拒绝的域，也可以理解为将分布划分出了拒绝原假设的区域（H_1）和不拒绝原假设的区域（H_0）。判定的依据非常简单，只要看检验统计量落入什么范围就可以了。检验统计量一般被称为“计算值，calculatevalue”，比如图 5-3，就可以根据公式计算出 Z_{calc}，依据 Z_{calc} 的大小判断是否拒绝 H_0。也就是说如果检验统计量落入拒绝域则代表了我们找到证据可以拒绝原假设，反之，检验统计量落入 H_0 的区域就无法拒绝原假设。

（六）作出结论

检验统计量的值落入拒绝域，则拒绝原假设，否则，不拒绝原假设。双侧检验和单侧检验的拒绝域见图 5-3。

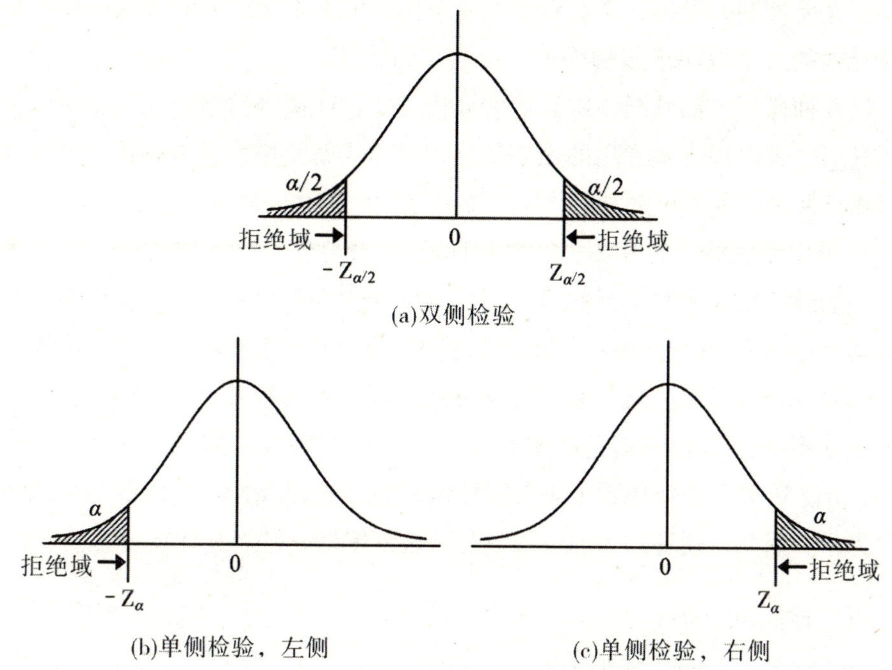

图 5-3　Z 分布单侧检验与双侧检验拒绝域的划分

从图 5-3 中可以看出，假设检验的思想就是将模糊不清的问题划分出一个鲜明的界限，从而可以判断能否拒绝原假设，这里是以 Z 为例的拒绝域划分示意图。比如在例题 5-2 中，标牌 500g 的润滑油，如果顾客测量后得到的是 499.99g，顾客不会有意见，如果是 499.98 呢？ 499.95 呢？直到降低到多少会裁定它不合格呢？在统计上，可以根据显著性水平划出一个拒绝域，一旦检验统计量落入这个拒绝域，就表示润滑油的容量不合格。假定检验的方法为我们提供了一个更科学更可靠的结果判定的方法。

四、检验功效

在犯弃真错误概率得到控制的条件下，犯取伪错误也应尽可能小，或者说，不取伪的概率 $1-\beta$ 应尽可能增大。$1-\beta$ 越大，意味着当原假设不真实时，检验判断出原假设不真实的概率越大，检验的判别能力就越好；$1-\beta$ 越小，检验的判别能力就越差。可见 $1-\beta$ 是反映统计检验判别能力大小的重要标志，我们称之为检验功效或检验力。

比如在一些生物学、医学等比较苛刻的调查设计方案中，对统计功效的要求也有控制要求，是不可缺少的内容。这也就意味着在统计推论中既要控制 α

错误，又要控制β错误，满足双重控制条件下的样本量才是更有效的样本量。统计功效的大小取决于多种因素，包括：检验的类型、样本容量、α显著性水平，以及抽样误差的状况。统计功效分析应是上面诸因素结合在一起的综合分析。其实，人们现在最常用的也是最有效的方式就是增加样本数量，这样可以同时降低两种错误的可能性。

一些统计软件，如 SAS、SPSS 等虽都有计算统计功效的功能，但由于它们不是功效分析的专用统计软件，因而在使用中有不少局限，如在使用范围、检验类型、文件切换、提供的使用说明等方面与专门的功效分析统计软件相比，都有一定的差距。且一般统计软件在计算统计功效时也不够简便，这使功效的应用受到了限制。而这并不会带来非常大的困扰，因为当n足够大的时候，β错误其实也已经得到了有效的控制，那么根据α错误判定的结果已经非常有力了。因此，现在的大部分假设判断还是依据α错误进行判别。

五、检验的 *p* 值

计算检验统计量，再查表得到临界值，进行比较，这个过程略显麻烦。在现代统计中，显著性检验问题一般不通过查表求得临界值，再进行判断；而是通过p值（p-value）来考察检验的显著性。这种方法在计算时候并没有对这个过程简化，但是如果使用计算机计算时可以一次进行大量的验证计算。

p值的逻辑是当H_0成立时，检验统计量取其观测值以及更有利于备择假设H_1的值的概率。具体地说，设检验统计量为t（或者其他检验统计量），通过样本求得其观测值为t_0，若大的t值意味着拒绝H_0（或等价的有利于接受H_1），则其p值为$p(t \geqslant t_0)$；反之，若小的t值有利于接受H_1，则其p值为$p(t \leqslant t_0)$；若绝对值大的t值有利于接受H_1，则其p值为$p(|t| \geqslant t_0)$的概率。

有了p值后，对于给定的显著水平α，若$p<\alpha$，则等价于检验统计量落入拒绝域。因此，无论单侧检验还是双侧检验，决策准则均为：若$p<\alpha$，拒绝原假设H_0；相反，若$p>=\alpha$，就不拒绝原假H_0。双侧检验和单侧检验的 p 值见图 5-4、图 5-5 和图 5-6。

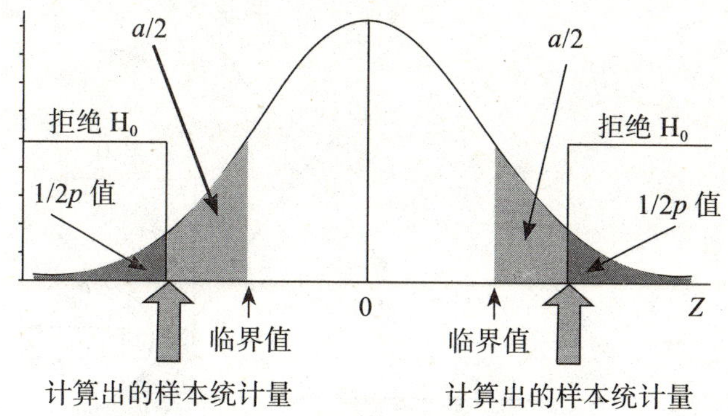

图 5-4 双侧检验的 p 值

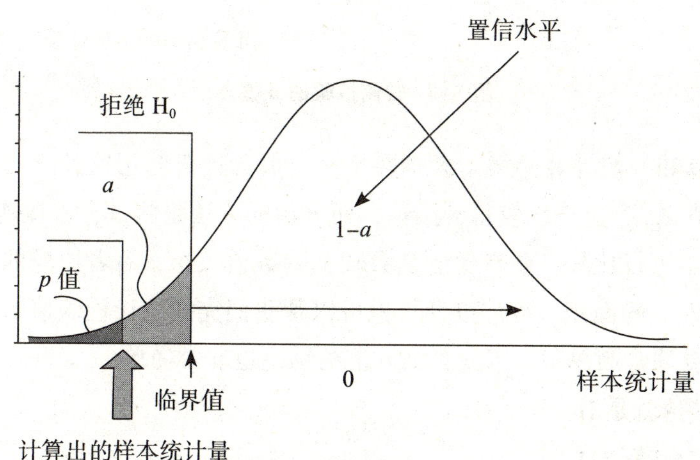

图 5-5 左侧检验的 p 值

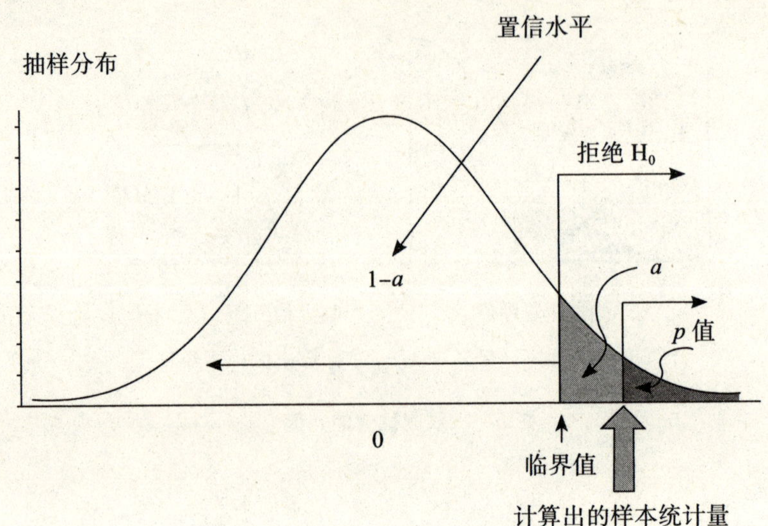

图 5-6 右侧检验的 p 值

p 值计算和一般计算的根本区别在于，一般的计算时用检验统计量，比如 Z_{calc} 与临界值 $Z_{critical}$ 进行比较得到结论，而 p 值的方法是将 Z_{calc} 直接转化成为 p 值，与 α 直接进行比较。前者比的是数轴上的数值大小，后者比较的是 p 值的面积和显著性 α 的面积。再加以计算机可以帮我们完成统计检验值的计算，那么判别过程就非常简单了。因此总结 p 值的结论也非常简单：

$p>\alpha$，结论就是 H_0。

$p<\alpha$，结论就是 H_1。

多个 p 值比较时候，p 值越小越显著。

从图 5-4，图 5-5 和图 5-6 这三张图中可以看到，其实 p 值就是从样本统计量转化而来，换言之，有 p 值也可以将其转换成 Z 值（统计量）。以图 5-5 为例，α 显著性水平设定为 0.05。那么通过查表或者 Excel 函数可以得到临界值 $Z_{critical}$ 是 −1.64。假定计算统计量得到 Z_{calc} 是 −2.12。一般的检验方法是，−2.12 落在拒绝域 − ∞ 到 −1.64 之间，所以得到 H_1 的结论，拒绝原假设。如果用 p 值的方法，就是将 −2.12 转化成 p 值，可以用函数“=NORM.S.DIST（−2.12，TRUE）”或是老版本的函数“=NORMSDIST（−2.12）”可以将 Z_{calc}−2.12 转换成 p 值 0.017。那么 0.017 显然小于 α0.05。所以结论就是 H_1。而其可以看出 p 值 0.017 非常小，也就是说这个检验的结论非常显著。

第二节 单个总体的参数假设检验

本节的主要内容是介绍统计量计算的公式。这些公式看似非常多，但其实只是区间估计章节公式的变形。其根本的原理和区间估计如出一辙，就是根据分布的数学公式对其进行转化，从而可以对 z，t，F，卡方等统计量进行计算。

一、总体均值的检验

均值检验是最常见也是最实用的假设检验，适用性非常广泛。比如，可以比较男生和女生餐饮消费额度，从而检验男女生餐饮消费行为的区别；对比某新型药物实验组人群和老款药物的实验组人群在疗效上的区别，从而判断新型药物是否优于老款药物；又或是可以比较参加托福培训和不参加托福培训的学生在托福考试上的区别，进而推论托福培训的效果。可见均值检验的适用度非常广，均值检验是统计学中必不可少的内容。

总体均值的区间估计已经学习过，均值检验的方法与区间估计方法非常类似，统计量的计算涉及几个问题。首先是总体方差是否已知，如果已知可以直接代入公式，如果未知那么就需要根据样本方差 S^2 来估算总体的方差。再者就是 n 样本数量多少影响了 DF 自由度的大小，进而影响 z 分布与 t 分布的选择。那么根据这些前置的条件就有以下这些不同情况。

（一）总体方差已知时

假设 H_0：$\mu=\mu_0$ 为真，根据抽样分布定理，如果总体服从正态分布，则样本平均数服从正态分布，即 $\bar{x} \sim N(\mu_0, \sigma^2)$。或者，根据中心极限定理，总体不服从正态分布，但只要样本容量充分大（一般要求大样本，即样本容量 $n \geqslant 30$）时，则样本平均数仍然近似服从上述正态分布，当总体标准差已知时，对样本均值进行标准化变换，可以得到服从标准正态分布的检验统计量 z：

$$z=\frac{\bar{x}-\mu_0}{\sigma/\sqrt{n}} \sim N(0,1) \tag{5.1}$$

式中，μ_0 为总体均值的假设值。这个公式就是区间估计公式 4.1 的推导基础。

对应于检验的显著性水平 α，查标准正态分布表，查得分位点，则知双侧

检验拒绝域为 $|z|>z_{\alpha/2}$，右侧检验拒绝域为 $z>z_{\alpha}$，左侧检验拒绝域为 $z<-z_{\alpha}$。

【例题 5.4】一种罐装饮料采用自动生产线生产，每罐的容量是 255ml，标准差为 5ml。为检验每罐容量是否符合要求，质检人员在某天生产的饮料中随机抽取了 40 罐进行检验，测得每罐平均容量为 255.8ml。取显著性水平 a=0.05，检验该天生产的饮料容量是否符合标准要求？

解：H_0: μ=255，H_1: $\mu \neq 255$。

$$z=\frac{\bar{x}-\mu_0}{\sigma/\sqrt{n}}=\frac{255.8-255}{5/\sqrt{40}}=1.012$$

由此可知检验统计量 z_{calc} 等于 1.012。查标准正态分布表，$z_{0.025}$=1.96。

根据图 5-3 中的双侧检验图，检验统计量落入 H_0 区域，$-1.96<z_{calc}<1.96$，所以结论就是 H_0 不能拒绝原假设，没有证据说明该天生产的饮料容量不符合标准。

如果用 p 值计算的话那就是将 1.012 转换为面积用 Excel 函数“=NORMSDIST（1.012）”得到 0.844。这里要意识到，这个值并不是实际 p 值，而是 x 轴从 $-\infty$ 到 z_{calc} 的面积。但我们要的 p 值是右侧（z_{calc} 到 $+\infty$）的面积，因此用 1-0.084 得到了右侧的面积 0.156（占总面积的 15.6%）。又因为本问题是个双尾检验的问题，至此只算出了右侧的面积，由于对称分布，左侧的面积和右侧一定相同，因此将 0.156 乘以 2 就得到了 p 值 0.312。那么 $p>\alpha$，所以结论就是 H_0 不能拒绝原假设，没有证据说明该天生产的饮料容量不符合标准。

同样的问题，这里介绍如何用计算机软件处理。SPSS 中并没有提供“单样本 Z 检验”的功能，只提供了“单样本 T 检验 one sample t-test”。t 分布和 z 分布都是对称分布，其区别在于 t 分布的形态受到了样本容量 n 的影响，n 越大，t 分布越接近于 z 分布。因此可能 SPSS 的设计者认为，当 n 小时只能用 t 分布检验，当 n 大时候 t 分布和 z 分布检验的结果接近，所以就只提供 t 检验。但是在统计软件 MiniTab 中提供了 z 分布的建议。如图 5-7 所示，通过 MiniTab 中“统计—基本统计—单样本 Z 检验”进入分析窗口。

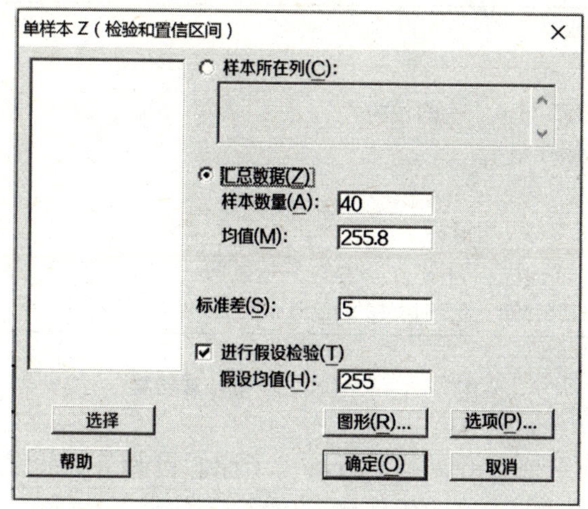

图 5-7 单样本 Z 检验窗口

可以看出，在这个单样本 Z 检验的窗口中可以通过两种方法输入待检测数据。第一种是点选样本所在列，然后将具体的数列选中。第二种方法如图，点选汇总数据，然后手动输入样本数量、样本均值、样本标准差和假设中的检验目标。再点击选项按钮，可以出现如图 5-8 的窗口。

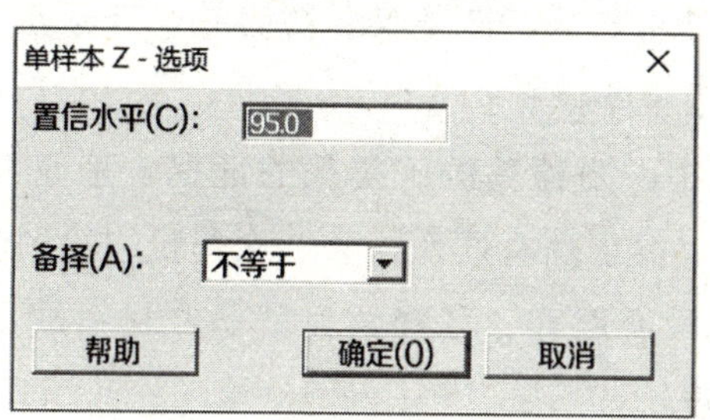

图 5-8 Z 检验具体选项控制

在选项中，首先输入相应的置信水平，这个值的默认是 95%。然后在“备择”中输入相应的备择假设检验判断。在这个问题中，备择假设是 H_1：$\mu \neq 255$。因此，备择栏应该选择“不等于”。点击“确定”后，MiniTab 会生成计算结果，如图 5-9 所示。

单样本 Z

mu=255 与≠ 255 的检验
假定标准差 =5

		均值标			
N	均值	准误	95% 置信区间	Z	p
40	255.800	0.791	（254.251，257.349）	1.01	0.312

图 5-9 单样本 Z 检验计算结果

从结果报告的呈现来看，第一行给出了原假设和备择假设，第二行规定了标准差，第三行开始给出了计算结果。比如 95% 置信区间范围，Z_{calc} 值和对应的 p 值。由于 p 值直接给出，我们不再需要比较 Z_{calc} 和 Z_{table} 的大小，直接可以用 p 大于 α 做出 H_0 的判断。

【例题 5.5】某纺织厂怀疑其订购的原材料重量不足。包装上标明的重量为 250 公斤，假设根据历史资料已知这种原料的各包重量标准差是 4 公斤。该厂随机抽取了 50 包，发现平均重量为 248 公斤，小于 250 公斤。2 公斤的差异是由于抽样的随机性引起的，还是供货商的有意行为呢？能否根据该样本数据，判定供货商欺骗了生产商呢？

解：在这个例题中，要检验的（要找的证据）是原料重量不足。也就是说，我们不能随意断定供货商有欺诈行为，除非我们找到证据。因此原假设就原材料正常，供货商没有欺诈；备择假设就是原材料缺斤短两，供货商有欺诈。因此可以做出假设：

H_0: $\mu \geqslant 250$，H_1: $\mu<250$。

然后就可以计算检验统计量 Z_{calc}。

$$Z=\frac{\overline{X}-250}{\sigma/\sqrt{n}}$$

在这个例题中，我们要找的证据是原材料有显著的缺斤短两，也就是均值明显小于常数 250，因此我们采用的是左侧检验。左侧检验的拒绝域可以参考图 5-5。通过查表或者 Excel 函数可以找出 Z 分布在 α 是 0.05 显著性水平上，左侧的临界值是 −1.645，那么拒绝域就是 $-\infty$ 到 −1.645。

将样本平均数 $\overline{X}$ =248，n=50，代入检验统计量得：

$$Z_0=\frac{248-250}{4/\sqrt{50}}=-3.54$$

$Z_{calc}=-3.54<-1.645$

检验统计量的样本观测值落入拒绝域，所以拒绝原假设，接受备择假设，认为有足够的证据说明供货商有欺骗行为。

MiniTab 的单样本 Z 检验功能也可以很快解出这个问题。这个问题是一个单侧检验，具体命令输入可以参照例题 5.4。设置窗口如图 5–10，需要注意的是在备择假设中选择的是“小于”，检验结果如图 5–11。

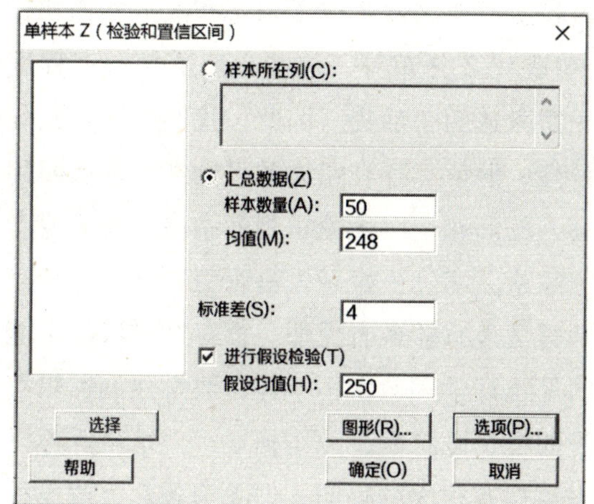

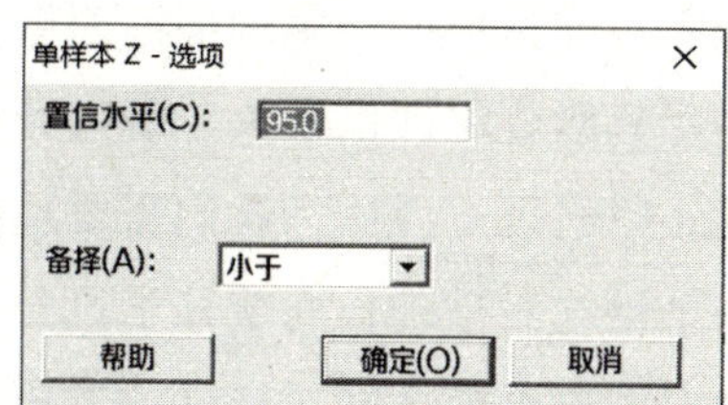

图 5–10　Z 单侧检验的设置

单样本 Z

mu=250 与 <255 的检验
假定标准差 =4

N	均值	均值标准误	95% 置信区间	Z	p
50	248.000	0.566	248.930	–3.54	0.000

图 5–11　Z 单侧检验的结果

从图 5–11 可以看出，Z 的计算值是 –3.54 小于 Z 查表的值，当然使用计算机可以用更便捷的方法进行判定，p 值的结果 0.00 小于显著性水平 α。因此判定的结果就是 H_1，供货商提供的原料显著得小于 250 公斤。

通过以上两个问题的解决方法可以发现假设检验有非常严格的前提，那就是首先总体要服从正态分布，因为我们解决问题使用的基础公式就是依据正态分布推导得来，如果总体本身有偏那么结果很可能不准确。另一个前提就是，总体方差已知。在实际情况中，要知道总体方差的唯一办法是测量总体中每一个个体的具体数值，然后得到总体方差。那么如果已经知道总体中每个个体的数值，那么就可以直接进行判断了，完全不需要做假设。仔细琢磨例题 5.3 中的"标准差是 5ml"和例题 5.4 中的"根据历史资料，标准差是 4kg"这两个陈述，在实际中根本不可能知道，或者本身就是一个猜测的值并不是真实的方差（或标准差）。本章节后续的学习内容虽然对公式进行了修正和改进，比如，用样本方差代替总体方差，用 T 分布取代 Z 分布等。这些方法虽然一定程度上增大了适用范围，但还是无法彻底摆脱这两个前提。因此，我们可以想象假设检验得到的结果虽然相对科学和精准，但依然存在错误的可能性。好比回到了本章第一节图 5–1 陪审团裁决嫌疑人的问题上。无论审判的结果是有罪或者无罪，都是根据获得的证据而做出的结论。实际上嫌疑人是否犯罪已经无从知晓，只能依靠证据推论。所以无论判嫌疑人有罪或者无罪，都存在错误的可能性。归纳以上说法，我们需要理解的是统计学和数学不一样，数学强调逻辑缜密结果绝对准确；而统计学以分布为前提，围绕概率原则拓展，但结果并不是绝对的。可能大家对统计学方法的可靠性有很大的疑问，但无论如何，假设检验是迄今为止比较合理和科学的方法，只要能确保总体分布和方差正确，其结果的可信度非常理想。

（二）总体方差未知

另一种更常见也更符合实际情况的是总体服从对称分布，但总体方差未知，此时对总体均值的检验不能用 Z 检验法，因为此时的 Z 检验统计量中包含了未知参数。为了得到一个不含未知参数的检验统计量，很自然会用总体方差的无偏估计量样本方差 s^2 来代替总体方差，根据数理统计中的抽样分布定理，这一新的统计量已经不服从标准正态分布，而是服从自由度为 $n-1$ 的 T 分布，于是得到 t 统计量：

$$t=\frac{\overline{X}-\mu_0}{S/\sqrt{n}}\sim t(n-1) \tag{5.2}$$

式中，μ_0 为总体均值的假设值。从公式 5.2 可以看出，当总体方差未知时，采取的方法其实就是点估计的方法，用样本方差代替了总体方差，并假设

其服从 t 分布。那么在使用这个公式的时候依然有一个很强的假设，就是总体要服从对称的 t 分布。而通常我们做 t 检验的原因就是总体未知，那又怎么知道它是否服从于 t 分布还是别的分布呢？所以，这是一个假设，人们只能假设总体服从于对称的分布。但是有时候，总体不服从正态分布（有偏）是非常显而易见的，这时就要避免使用 t 分布解析问题。比如，想了解全体中国篮球协会 CBA 注册球员的身高，抽取了 6 个球队测量了队员们的身高。且不论具体升高数值是什么，想象一下篮球运动员，身高都比较高，而且存在左偏性（高个子较多，矮个子较少）。这是因为球队中的位置所造成的，大小前锋、中锋都有一定的身高要求，很少有球队会主要靠几个后卫打比赛。可见，如果是这样的问题，用 T 分布或者 Z 分布都是会被质疑的。又如，比较上海 1~6 月每个月某冰激凌的销量和新加坡 1~6 月每个月的销量。上海一定有偏，新加坡可能无偏差，这是因为气温造成的。

检验的处理方法和 Z 检验非常类似，双侧检验拒绝域为 $|t|>t_{a/2}$，右侧检验拒绝域为 $t>t_a$，左侧检验拒绝域为 $t<-t_a$，拒绝域的划定可以参考图 5-3。相应的 $Z_{critical}$ 和 Z_{calc} 在 t 分布中就成了 $t_{crtitical}$ 和 t_{calc}。同样，还是可以根据图 5-4，图 5-5 和图 5-6 的 p 值处理方法采用 p 值对原假设和备择假设做判定。由于 p 值判定的显著性，因此判定的逻辑和 Z 检验部分完全一样。

$p>\alpha$，结论就是 H_0；

$p<\alpha$，结论就是 H_1。

由于 t 分布的分布形态受到自由度 $n-1$ 的影响，因此在使用 Excel 函数查表和转换 p 值的时候需要增加填写具体的自由度数值。

【例题 5.6】某公司人事部门在社会上招工，在文化考核结束后，公司经理问人事经理考核情况，回答是“平均成绩在 90 分”。经理随机从试卷中抽取 20 份，发现平均成绩为 83 分，标准差为 12 分。如果经理想在 0.01 的显著性水平下检验人事部门所做的推测的准确性，应该怎样处理？

解：H_0：$\mu=90$，H_1：$\mu \neq 90$。

总体服从正态分布，方差未知，适宜用 t 统计量检验。依题意：

$\bar{x}=83$，$s=12$，$n=20$，$\mu_0=90$，$\alpha=0.01$

$$t=\frac{\bar{x}-\mu_0}{\frac{s}{\sqrt{n}}}=\frac{83-90}{\frac{12}{\sqrt{20}}}=-2.61$$

t_{calc} 的结果就是 -2.61。再通过查表得到 $t_{critical}$ 的值，从而得出拒绝域。

$t_{0.005}(19)=2.86$

这个查表过程在 Excel 中可以用“=T.INV.2T（1%，19）”实现，函数中 INV 代表了由面积百分比转化为 x 轴上的数，2T 代表了双尾检验，1% 是本问题中 α 显著性水平，19 是自由度 n–1。显然 t_{calc} 还是落在 H_0。

$|t_{calc}|<t_{0.005}(19)$

那么结果就是不拒绝 H_0，没有证据认为人事经理的推测不准确。

相同的问题，如果用 p 值判定的话，就是先计算出 t_{calc} 是 –2.61，然后将 t_{calc} 转换成 p 值，再用 p 值和显著性水平 α 比较。

用函数“=T.DIST.2T（2.61，19）”可以得知，p 值是 0.017。在这个函数中，dist 代表 distribution 分布，功能是将 x 轴上的数转化为分布的面积。2T 代表双尾，因此输入的值是 2.61，而非 –2.61，其原因是 t 分布为对称分布，只要知道右边的面积就可以推算出左边的面积。为了确保准确，还可以用老版本的函数求出一侧“=TDIST（C20，19，1）”，其中最后的 1 代表单尾，结果是 0.0086，那么两倍的单侧就是 p 值 0.0172。

0.017>0.01，$p>\alpha$，结论就是 H_0。

这个问题用 MiniTab 中的单样本 t 检验可以很快得到结论。过程和单样本 Z 检验基本相似。通过菜单中“统计—基本统计—单样本 t”得到检验命令窗口，如图 5–12 所示。命令运行的结果如图 5–13。

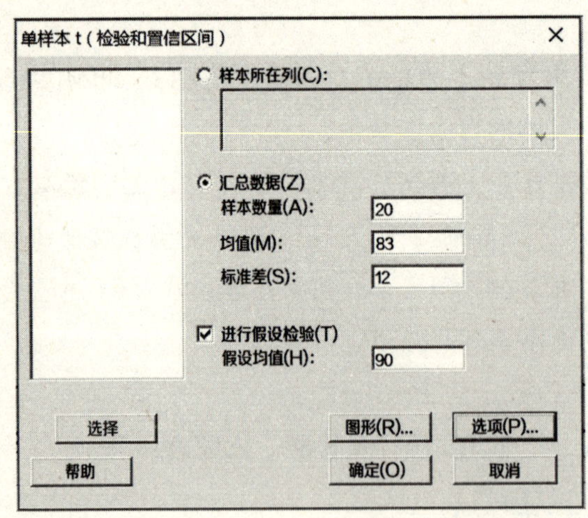

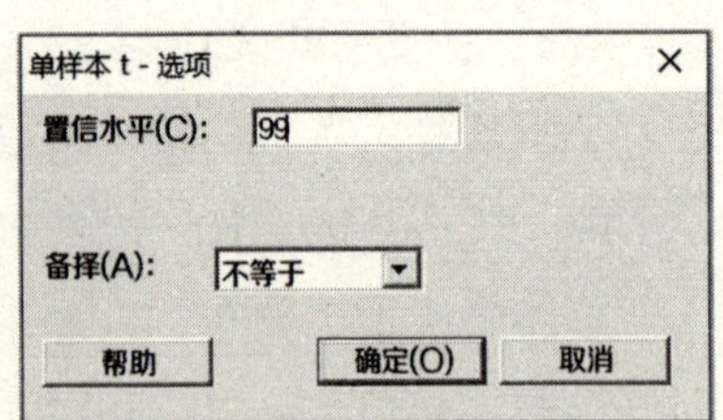

图 5–12 单样本 t 检验

单样本 Z
mu=90 与 ≠ 90 的检验

		均值标				
N	均值	标准差	准误	99% 置信区间	*T*	*P*
20	83.00	12.00	2.68	（75.32，90.68）	–2.61	0.017

图 5–13 单样本 t 检验结果

图 5–12 和图 5–13 的过程和结果都与单样本 *Z* 检验非常相似，不同之处就是需要输入样本数量 *n*，因为自由度 *n*–1 决定了 *t* 分布的形态。在 MiniTab 中会在结果中报告 t_{calc} 或者 Z_{calc} 值，但不报告查表的临界值。除了用 *p* 值判断显著性之外还有一个方式是看检验均值在置信区间中的位置（或离开置信区间的距离）比如在图 5–13 中，抽样结果平均分为 83 分，根据 83 分构建的 99% 置信区间是（75.32，90.68），那么总体平均分 90 分落在了这个区间内。虽然已经非常接近置信区间的边缘，但还是落在了这个 H_0 原假设的区间内。因此结论就是 H_0 支持原假设。又由于非常靠近置信区间的边缘，可以看出 *p* 值会比 *α* 大，但也不会大很多。结果 *p* 值是 0.017，*α* 是 0.01。

【例题 5.7】以往通过大规模调查已知某地新生儿出生体重为 3.30kg. 从该地难产儿中随机抽取 35 名新生儿作为研究样本，平均出生体重为 3.42kg，标准差为 0.40kg，问该地难产儿出生体重是否与一般新生儿体重不同？（a=0.05）

本例已知总体均数 μ_0=3.30kg，但总体标准差 *s* 未知，*n*=35 为小样本，*s*=0.40kg，故选用单样本 *t* 检验。

建立检验假设，确定检验假设：

H_0：$\mu=\mu_0$ 该地难产儿与一般新生儿平均出生体重相同；

H_1：$\mu \neq \mu_0$ 该地难产儿与一般新生儿平均出生体重不同。

计算检验统计量：

在 $\mu=\mu_0$ 成立的前提条件下，计算统计量为：

$$t=\frac{\bar{x}-\mu_0}{s_{\bar{x}}}=\frac{\bar{x}-\mu_0}{s/\sqrt{n}}=\frac{3.42-3.30}{0.40/\sqrt{35}}=1.77$$

做出推断结论：本例自由度 *v*=*n*–1=35–1=34，查表得 =2.032。

因为 $-t_{0.025}$（34）<*t*<$t_{0.025}$（34），故按 *a*=0.05 水准不拒绝 H_0，差异无统计学意义，根据现有样本信息，尚不能认为该地难产儿与一般新生儿平均出生体

重不同（不能拒绝原假设）。

图 5-14 和图 5-15 是 MiniTab 中单样本 t 检验的过程和结果。

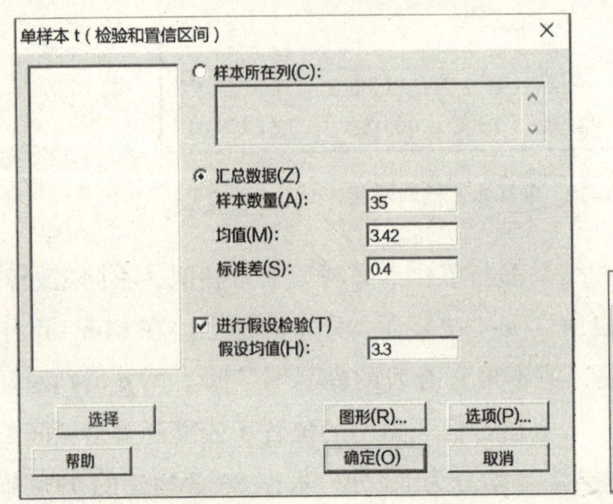

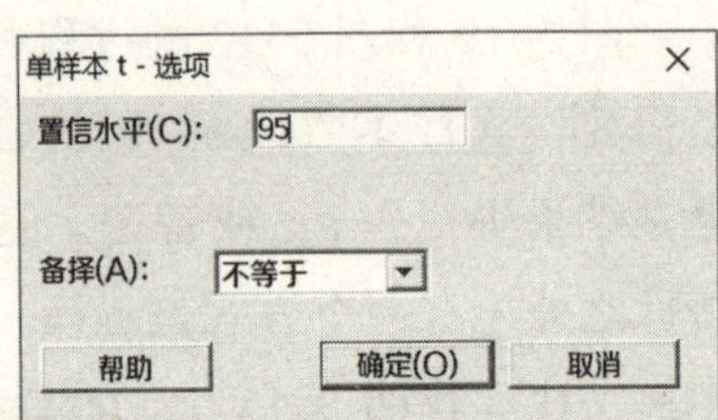

图 5-14 **单样本 t 检验输入**

单样本 T

mu=3.3 与≠ 3.3 的检验

N	均值	均值标 标准差	均值标准误	95% 置信区间	T	P
35	3.4200	0.4000	0.0676	（3.2826，3.5574）	1.77	0.085

图 5-15 **单样本 t 检验结果**

得到的 t 值和 p 值与计算的完全相符，根据 p 值可以判断出结论为支持原假设 H_0，该地难产儿与一般新生儿平均出生体重相同。

二、总体方差的假设检验

总体方差的检验同样符合先前章节区间估计的计算逻辑。其作用是当总体未知时，为了预计总体的分布情况，需要根据样本测得的方差 s^2 去估算总体的方差 σ^2。这里可以使用的公式也是根据正态分布得到的，因此通过样本方差估算总体方差就需要需建立在比较强的假设上，就是总体需要服从正态分布。这里虽然存在“总体分布未知”又要“总体服从正态分布”这样不太合理的前提，但也是无奈之举，否则很难估算总体的参数。

由于样本方差是总体方差的无偏估计量，自然可用此特点来构造检验统计量。

检验统计量及其分布为：

$$x^2 = \frac{(n-1)s^2}{\sigma_0^2} \sim x^2_{(n-1)} \qquad (5.3)$$

用上式为检验统计量的检验称为 x^2 检验，该统计量服从自由度为 n–1 的 x^2 分布。由于该分布是正态分布平方后的结果，那么原来正态分布的负数部分平方后成为正数。所以卡方分布是从 0 到正无穷大的不对称分布。其拒绝域的划定也有三种情况。

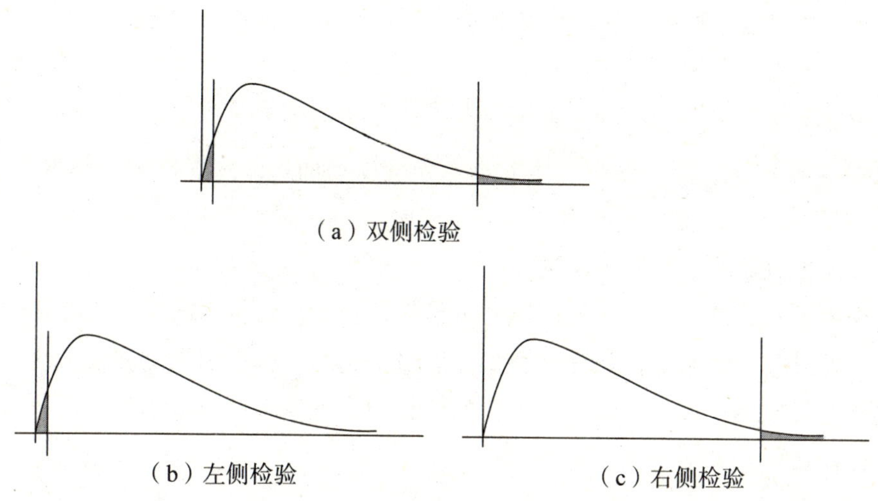

（a）双侧检验

（b）左侧检验

（c）右侧检验

图 5–16　卡方检验的三种拒绝域划分

图 5–16 中，阴影面积代表的是拒绝域，在卡方分布上划出阴影面积的直线就是临界值。这三种划分情况和先前的 t 分布和 Z 分布逻辑基本相似，只不过卡方分布是从 0 到正无穷大的右偏分布，而 t 和 Z 是正态的对称分布。从计算的公式中可以看出，卡方值是一个样本方差与总体方差的比值而得到。因此，比值小，说明总体方差大，样本方差小；相反，当比值大的时候说明样本方差大，总体方差小。最理想的情况是这个比值不大也不小，说明样本方差与总体方差非常接近。

卡方分布的形态受到样本数量的影响，其 Excel 查表函数也比 Z 分布略微复杂。以图 5–16 中的（a）双侧检验为例，假设在 DF 自由度是 50 的情况下，α=0.1，那么左右两侧的拒绝域需要通过两个函数分别求出。由于显著性是 0.1，所以左右两侧拒绝域的面积相等，各 0.05。

左侧的函数为“=CHISQ.INV（0.05，50）”，结果是34.76；右侧的函数为“=CHISQ.INV.RT（0.05，50）”，结果是67.50。右侧函数还可以用“=CHISQ.INV（0.95，50）”，得到的结果也是67.50；左侧的也可以用函数“=CHISQ.INV.RT（0.95，50）”得到。

p 值的判断逻辑在此处依然适用。

$p>\alpha$，结论就是 H_0；

$p<\alpha$，结论就是 H_1。

【例题5.8】生产企业采用自动生产线生产某种零件，零件的标准长度为640mm，但由于受某些不可控因素的影响，每个零件的长度会有差异。如果长度差异在合理范围内，是可以接受的。差异太大，则是质量问题。此时，零件长度的方差很重要。如果方差很大，会出现长度长短不一较严重的情况。假定生产标准规定每个零件长度的标准差不应超过4mm。企业质检部门抽取了10个零件进行检验，得到的样本标准差为S=3.8mm。试以0.10的显著性水平检验零件长度的标准差是否符合要求？

根据题意，这里要探究的问题并不是零件长度，而是不同零件长度之间的差异。差异越小说明零件长度越相似，质量就越好。相反如果差异大，说明各个零件的长度不一致，质量不好。我们要找的证据是零件质量不好，所以有以下假设：

H_0：$\sigma^2 \leqslant 4^2$；H_1：$\sigma^2>4^2$

$a=0.10$，$df=10-1=9$

$$x^2=\frac{(n-1)s^2}{4^2}=8.12$$

根据设定的假设，这是一个右侧检验情况，如图5-7（c），临界值查表“=CHISQ.INV.RT（0.1，9）”得到 $x^2_{0.1}$（9）=14.68，那么 $x^2_{calc}<14.68$，卡方计算值落到临界值左侧。所以不拒绝原假设，没有证据表明零件长度的标准差不符合要求。

用 p 值也可以得到一样的结果。计算得到的卡方值是8.12，将其转换为 p 值“=CHISQ.DIST.RT（8.12，9）”得到0.52。结果是 $p>\alpha$，结论就是 H_0。

和先前的 t 检验和 z 检验一样，可以用MiniTab等工具进行计算。以MiniTab为例，点选菜单中的“统计—基本统计量—单方差”调出命令窗口，如图5-17所示。

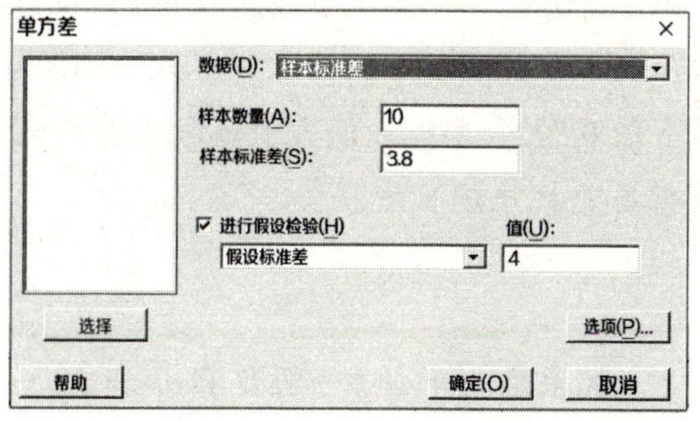

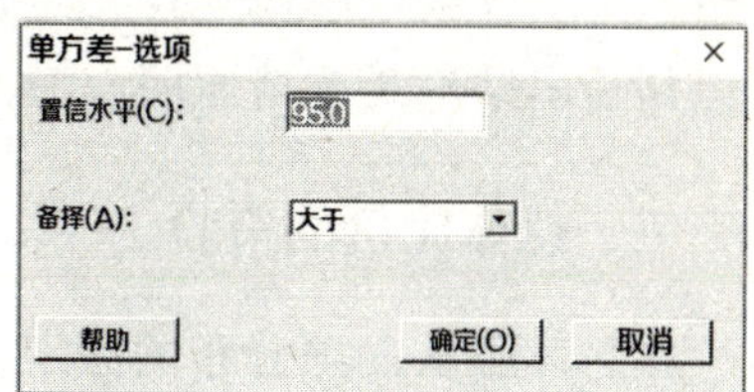

图 5-17　单样本方差检验命令窗口

这个窗口与 t 检验和 Z 检验逻辑基本相同，“数据”的下拉窗口中，可以选择原始数据所在的列，也可以手动输入方差或者标准差。这里我们选择的是手动输入标准差，因为原题所提供的数据就是标准差。在“进行假设检验”的下拉栏中也可以选择对标准差或者是方差进行检验，这里选择的是对标准差进行检验。点击选项可以输入置信水平和调整单侧检验或是双侧检验。MiniTab 单样本方差分析结果如图 5-18 所示。

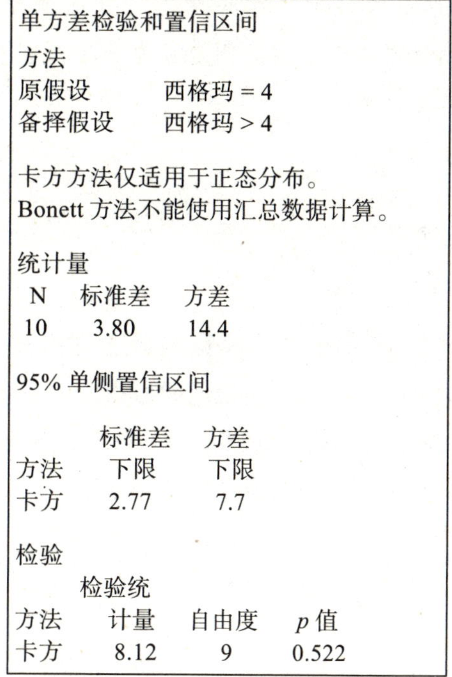
单方差检验和置信区间

方法

原假设　　西格玛 = 4

备择假设　　西格玛 > 4

卡方方法仅适用于正态分布。

Bonett 方法不能使用汇总数据计算。

统计量

N	标准差	方差
10	3.80	14.4

95% 单侧置信区间

方法	标准差下限	方差下限
卡方	2.77	7.7

检验

方法	检验统计量	自由度	p 值
卡方	8.12	9	0.522

图 5-18　单样本卡方检验的结果

图 5-18 结果报告基本可以分为四个部分，第一部分呈现了原假设和备择

假设，并提示了卡方分析的局限性；第二部分给出基本的样本统计量标准差和相应的方差；第三部分根据标准差和方差计算出相依的 95% 置信区间；第四部分给出了卡方统计量值 8.12 和对应的 p 值 0.522。根据 p 值大于显著性水平 α，可以判断出结论是支持原假设 H_0，零件方差差异并不大。

三、总体比例的检验

在总体服从二项分布的假定条件下，如果是大样本（一般要求 $np \geqslant 5$ 且 $n(1-p) \geqslant 5$），检验统计量 z 可用正态分布来近似，和先前一样有着非常严格的假设。

$$z=\frac{p-\pi_0}{\sqrt{\frac{\pi_0(1-\pi_0)}{n}}}\sim N(0,1) \qquad (5.4)$$

在上式中，p 是样本比例，π_0 是假定的总体比例，n 是样本容量。

【例题 5.9】一种以休闲和娱乐为主题的杂志，声称其读者群中有 80% 为女性。为验证这一说法是否属实，某研究部门抽取了由 200 人组成的一个随机样本，发现有 146 个女性经常阅读该杂志。分别取显著性水平 a=0.05 和 a=0.01，检验该杂志读者群中女性的比例是否为 80%？它们的 p 值各是多少？

H_0: $\pi = 80\%$；H_1：$\pi \neq 80\%$

a=0.05，n=200，p=0.73

检验统计量：$z=\frac{0.73-0.80}{\sqrt{\frac{0.80\times(1-0.80)}{200}}}=-2.475$。

将 z_{calc} 值转化为 p 值 =0.013328，在检验显著性水平 α=0.05 下，$p<\alpha$，拒绝原假设；而当 α=0.01 时，$p>\alpha$，不能拒绝原假设。

MiniTab 为这种单样本的比值也提供了检验方法，点选“统计—基本统计—单比率”可以调用出比率统计检验的窗口，如图 5-19 所示。

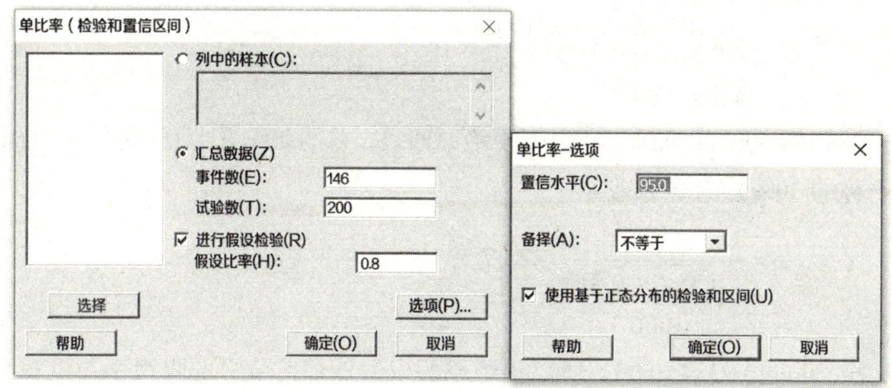

图 5-19 单样本比率检验

根据上图，只需要在汇总数据中输入相应的“事件数”和“实验数”；并在选项页中勾选“使用基于正态分布的检验和区间”就可以进行单样本比率的检验了。

单比率检验和置信区间

p=0.8 与 $p \neq 0.8$ 的检验

样本	X	N	样本 p	95% 置信区间	Z 值	p 值
1	146	200	0.730000	（0.668471，0.791529）	-2.47	0.013

图 5-20 单样本比率检验结果报告

单样本比率的检验结果和 Z 检验非常相似，给出了 z_{calc} 值和相应的 p 值，根据 p 值研究者可以直接得到检验结论。

【例题 5.10】某公司想调查某综艺节目的收视率以便投放广告，电视台声称该综艺节目的收视率为 30%，电话调查表明，在该综艺节目播出时，被访问的正在观看电视的人中有 27% 的正在观看这个节目，给定显著水平为 0.05，用 p 值检验法检验：

（1）如果 n=100，问该综艺节目的收视率是否与电视台声称的 30% 有显著不足？

（2）如果 n=1000，问该综艺节目的收视率是否与电视台声称的 30% 有显著不足？

解：H_0: π=30%；H_1: $\pi \neq 30\%$。

（1）$z=\dfrac{0.27-0.3}{\sqrt{\dfrac{0.3\times(1-0.3)}{100}}}=-0.02$

p-value=0.984>0.05，所以不拒绝原假设，认为该综艺节目的收视率与电视台声称的 30% 没有显著差异；

（2）$z=\dfrac{0.27-0.3}{\sqrt{\dfrac{0.3\times(1-0.3)}{1000}}}=-2.07$

p-value=0.0384<0.05，所以拒绝原假设，该综艺节目的收视率与电视台声称的 30% 有显著差异；这个问题也同样可以用 MiniTab 的单比率检验实现，具体方法可以参照前一个例题。

这里需要注意的是，许多统计软件并没有比率（也叫成数）检验的功能。主要原因是在实际生活中成数检验并不常用。而且，从比率检验的公式 5.4 可以发现比例检验的根本假设用的是标准 z 分布，因此只需要将检验的变量中某种特性设置为 1、另一种设置为 0 即可。比如在例题 5.9 中将样本中的女性设置为 1，男性为 0，那么在数据列中就有 173 个“1”和 27 个“0”，再对这个数列进行单样本 z 检验或者 t 检验就可以得到相应的结论了。同样，在例题 5.10 中将正在观看综艺节目的人设置为 1，没有观看的设置为 0。这样设置后，计算得到的 0 到 1 之间小数，就可以当作百分比成数使用。

第三节　两个总体的参数检验

一、两个总体均值之差的检验

第二节中的内容通常是以某一个固定的值或者常数作为参考进行检验。而在实际情况中可能出现的是某一个总体和另一个总体比较，比如男生的成绩和女生的成绩；口服的药效和打点滴的药效；航空公司 A 和航空公司 B 票价；运动前和运动后体能指标，等等。可见此时的原假设不再是一个总体和一个固定值的比较 $\mu=\mu_0$，而是验证两个总体之间是否存在差异 $\mu_1=\mu_2$。

两个总体比较的逻辑并不复杂，但涉及一些细节问题。比如，两个总体是否都服从正态分布？两个分布的分布形态、方差是否相同？这些问题都会涉及检验哪个指标（比如均值还是中位数）、用什么方法，等等。

（一）独立样本 Z 检验

当两个总体服从正态分布；两个总体都抽出了大样本（$n_1 \geqslant 30$ 和 $n_2 \geqslant 30$），此时的检验分为两种情况。

第一种情况，当两个总体方差已知时，检验统计量为：

$$z=\frac{(\bar{x}_1-\bar{x}_2)-(\mu_1-\mu_2)}{\sqrt{\frac{\sigma_1^2}{n_1}+\frac{\sigma_2^2}{n_2}}}\sim N(0,1) \quad (5.5)$$

公式 5.5 给出的是最理想情况的计算公式。所谓最理想的情况，就是已知两个总体都服从正态分布，那么利用正态分布的可加减性质就可以得到以上公式。与一个总体检验公式 5.1 相比，两个总体的公式结构上非常相似，用样本均值减去总体均值的差除以标准差。在两个总体的情况下，样本均值成为两个样本的均值差（$\bar{x}_1-\bar{x}_2$），而总体均值也相应成为总体均值的差（$\mu_1-\mu_2$），然后再除以新的分布的标准差，就得到了检验统计量 z。

可见，两个总体的均值检验逻辑是用两个分布相减形成新的分布，然后再对新的分布进行检验。明白这个逻辑后，后续的情况就可按照单个总体检验的方法和公式推理出来。

第二种情况，当两个总体方差未知时，在大样本下，可以近似用样本方差代替总体方差，得到检验统计量：

$$z=\frac{(\bar{x}_1-\bar{x}_2)-(\mu_1-\mu_2)}{\sqrt{\frac{s_1^2}{n_1}+\frac{s_2^2}{n_2}}}\sim N(0,1) \quad (5.6)$$

公式 5.6 几乎和公式 5.5 一样，唯一的区别是用两个样本方差 s 替代两个未知的总体方差 σ。两个总体的公式做法是在检验第一个总体的均值 μ_1 和第二个总体均值 μ_2 的差值。两个总体的差也可以理解为总体一减去总体二后得到的新的一个差值总体。那么对于正态分布的检验就可以依据根据 z 检验的方法得到三组两个总体差值检验的假设。用图表示可以完全参考图 5–3 中的三种情况。

第一组，两侧检验，参考图 5–3 中的情况（a），那么有以下假设：

H_0：总体一和总体二的均值相同，没有差异，即 $\mu_1-\mu_2=0$ 或 $\mu_1=\mu_2$；

H_1：总体一和总体二的均值不相同，有显著差异，即 $\mu_1-\mu_2\neq 0$ 或 $\mu_1\neq\mu_2$。

第二组，左侧检验，参考图 5–3 中的（b），那么有以下假设：

H_0：总体一的均值比总体二的大或相似，即 $\mu_1-\mu_2>=0$ 或 $\mu_1>=\mu_2$；

H_1：总体一的均值显著地小于总体二的均值，即 $\mu_1-\mu_2<=0$ 或 $\mu_1<=\mu_2$。

第三组，右侧检验，参考图 5-3 中的（c），那么有以下假设：

H_0：总体一的均值比总体二的小或相似，即 $\mu_1-\mu_2<=0$ 或 $\mu_1<=\mu_2$；

H_1：总体一的均值显著地大于总体二的均值，即 $\mu_1-\mu_2>0$ 或 $\mu_1>\mu_2$。

这三组假设的判断依据和一个总体的判断方法也完全相同，既可以用临界值 $z_{critical}$ 划分拒绝域，然后判断 z 计算统计量 z_{calc} 落入哪个区域，也可以用 p 值直接判断，p 大于显著性水平 α 那么就得到结果 H_0，不可拒绝原假设。相反如果用 p 小于 α，那么结果就是 H_1，拒绝原假设。

（二）独立样本 T 检验

先前的单个总体的检验部分中已经介绍过 t 分布的重要性和适用范围。在两个总体的情况下 t 分布检验的适用范围更大。试想在实际生活中很难找到两个服从正态分布而且方差相等的总体进行抽样比对，更多的情况是两个总体的方差不同，甚至未知。因此 t 分布更适合检验两个总体的均值差异。t 分布的检验原理与 z 分布一样，也分为双侧检验，左侧检验和右侧检验，检验方法与两个总体的 z 检验相同，只是计算的统计量是 t_{calc} 而不是 z_{calc}。由于 t 分布也是对称分布，因此也可以用图 5-3 的图形表述。t 分布的检验需要注意的是，由于 t 分布的形态受到样本数量 n 的影响，所以可能出现两种主要的情况，即方差相等和方差不相等。

假设方差相等的情况：如果两个总体服从正态分布，单抽样数量较小（$n<30$），两个总体的方差 σ_1^2、σ_2^2 未知，但假设它们相等，即 $\sigma_1^2=\sigma_2^2$，检验统计量为：

$$t=\frac{(\bar{x}_1-\bar{x}_2)-(\mu_1-\mu_2)}{s_p\sqrt{\dfrac{1}{n_1}+\dfrac{1}{n_2}}}\sim t(n_1+n_2-2) \tag{5.7}$$

其中，s_p^2 为两个样本的合并样本方差。其计算公式为：

$$s_p^2=\frac{(n_1-1)s_1^2+(n_2-1)s_2^2}{n_1+n_2-2} \tag{5.8}$$

这个假设里有一个矛盾，就是“两个总体的方差未知，但却两个总体方差相等”，这是一个假设。试想这样情况，学校要检验一次数学考试成绩男生和女生的差异。通过抽样后虽然男生和女生的方差未知，但应该两个总体的方差不会存在太大的差异。因此就方差未知的情况下假设了两个总体的方差相等。

又由于两个总体抽取的样本数量 n_1 和 n_2 各不相同，从而影响了 t 分布的形态，因此需要计算两个分布相减后得到的合并方差 S_p^2。

【例题 5.11】某商场欲购买 A、B 两种牌号的灯泡，B 牌号的灯泡的质量比 A 牌号的灯泡好一些，但价格也贵一些，商场经理希望知道两种牌号的灯泡的平均使用寿命的差别，以便制定相应的零售价格。现在随机选取 A 牌号的灯泡 8 只，B 牌号的灯泡 10 只，测得使用寿命如下（单位：小时）：

A 牌号：950，1000，1100，900，1200，1050，1150，980；

B 牌号：1200，1350，1450，1100，1500，1000，1400，1300，1250，1150；

给定显著性水平 0.05，用 p 值检验法检验：

（1）两种牌号灯泡的平均使用寿命是否相等？

（2）A 牌号灯泡平均使用寿命是否显著地长于 B 牌号灯泡平均使用寿命？

解：（1）H_0: $\mu_1-\mu_2=0$，牌号 A 和牌号 B 灯泡的使用寿命没有显著差异；H_1: $\mu_1-\mu_2 \neq 0$，牌号 A 和牌号 B 灯泡的使用寿命有显著差异。

利用前面两总体方差相等检验，检验结果为两总体方差是齐次的。接下来利用统计量：

$$t=\frac{(\bar{x}_1-\bar{x}_2)-(\mu_1-\mu_2)}{s_p\sqrt{\dfrac{1}{n_1}+\dfrac{1}{n_2}}}\sim t(n_1+n_2-2)$$

计算得出 $t=-3.4912$，$df=16$，p-value=0.003019，0.003019<0.05，所以拒绝原假设，认为两种牌号灯泡的平均使用寿命不相等。

（2）在做单侧检验时候，要注意所要寻求的证据。这个问题中要寻求的证据是“牌号 A”显著地大于“牌号 B”，因此就有以下假设：H_0: $\mu_1-\mu_2 \leqslant 0$；H_1: $\mu_1-\mu_2>0$。

这个假设划出的拒绝域位置在右侧，可以参考图 5-3 中的右侧检验，仍然有 $t=-3.4912$，$df=16$。

此时 p-value=0.9985，0.9985>0.05，所以不拒绝原假设，认为 A 牌号灯泡平均使用寿命比 B 牌号灯泡平均使用寿命短。

这样的检验逻辑虽然简单，但是计算烦琐。尤其是合并方差 S_p^2 的计算，需要先计算出 A 和 B 两个牌号的样本方差。当抽样数量较多时计算方差本身就变得非常烦琐。因此两个变量的均值检验一般都要依靠计算机辅助。这里介绍

SPSS 如何处理这样的假设。

SPSS 中先将 A 和 B 牌号的数据导入数据列表中。先前介绍过 SPSS 数据的构建结构，需要用变量呈现数据形式和值。在这个问题中有两个变量，一个变量是灯泡的“使用寿命”，另一个变量是“牌号”。其中“使用寿命”就是具体的数值，而“牌号”分为 A 和 B，可以用数值 0 和 1 进行标识。完成数据导入后就可以对两个总体的均值差进行检验。使用“分析 Analyse—比较均值 comparemean—独立样本 T 检验 independent-samplesttest”调出命令窗口。将待测变量“使用寿命”输入到 testvariable 中，然后在“definegroups 定义组”按钮中对 A 和 B 两个牌号的进行区分标注，如图 5-21 所示。

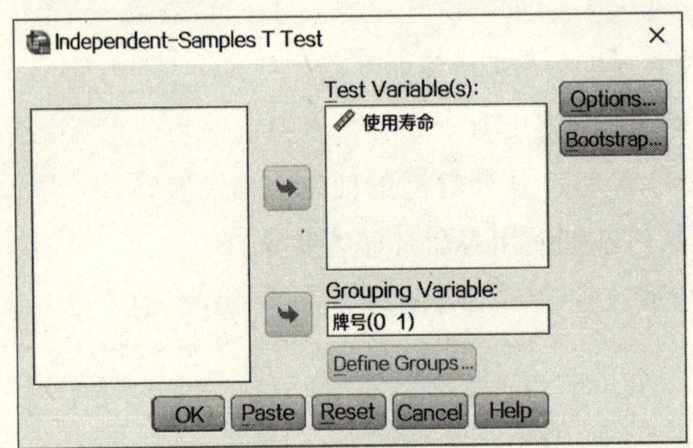

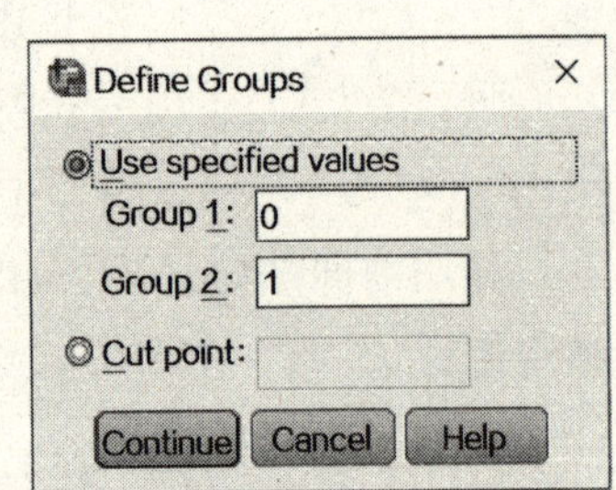

图 5-21 独立样本 T 检验

从上图右侧的“定义组”窗口中可以看出只能依据“数值 value”区分出两个组。这就是在导入数据时只能将“牌号”变量设置成数值型而不能用字符串格式的原因。执行命令后可以得到以下分析结果，如图 5-22 所示。

T-Test

Group Statistics

	牌号	N	Mean	Std. Deviation	Std. Error Mean
使用寿命	0.00	8	1041.2500	103.01699	36.42201
	1.00	10	1270.0000	160.20820	50.66228

Independent Samples Test

		Levene's Test for Equality of Variances		t-test for Equality of Means						
									95% Confidence Interval of the Difference	
		F	Sig.	t	df	Sig. (2-tailed)	Mean Difference	Std. Error Difference	Lower	Upper
使用寿命	Equal variances assumed	1.897	0.187	-3.491	16	0.003	-228.75000	65.52179	-367.65000	-89.85000
	Equal variances not assumed			-3.666	15.414	0.002	-228.75000	62.39575	-361.43328	-96.06672

图 5-22 独立样本 T 检验结果

结果分为两个部分，第一部分“Group Statistics”报告了 0 和 1 两组（牌号 A 和 B）的抽样数量 n，均值 mean，标准差 standard deviation 和平均差 mean standard error。这些结果相对于对 0 和 1 两组分别进行了一次描述统计报告。第二部分“Independent Samples Test”中分别用“假设两个总体等方差”和“假设两个总体异方差”的方法进行了统计分析，得到两种结果。

第一行“Equal variances assumed”就是假设了两个总体等方差。为了确保这样的假设可以成立（或者不成立），“Leven’s Testfor Equality of Variances”根据抽样的样本方差进行了方差差异的检验。方差的检验采用的是 F 分布，在后续的方差分析章节会详细讲解。方差检验的基本假设是，H_0：两个总体的方差相等，H_1：两个总体的方差不相等。F 的检验的结果可以转化得到 p 值（就是 Sig. 值，SPSS 中将 p 值都称作 Significance 显著性值）。那么这里得到的 p 值是 0.187，大于 α 值。因此可以判断根据抽样得到的结果，可以认为牌号 A 和牌号 B 的灯泡使用寿命方差相等。判断了用等方差之后可以看到 t_{calc} 值是 –3.491，也是先前根据公式 5.8 计算得到的值。双尾的 p 值（Sig.2-tailed）是 0.003。根据双样本均值检验的假设 H_0：$\mu_1-\mu_2=0$ 和 H_1：$\mu_1-\mu_2 \neq 0$，p 值小于 α，可以判断出牌号 A 和 B 的灯泡使用寿命存在显著差异。

第二行“Equal variances not assumed”代表没有两个总体方差不相同，也就是应该采用异方差的计算方法，那么根据 $t=-3.66$ 和 $p=0.002$ 也可以进行判断。可以看出这里如果采用了异方差的计算方法，得到的结论是一致的，t_{calc} 值的差异并不是非常大。其中，自由度 df 产生了一定的变化。

另一种是假设方差相等的情况：如果两个总体服从正态分布，单抽样数量较小（$n<30$），两个总体的方差 σ_1^2、σ_2^2 未知，但假设它们不相等，即 $\sigma_1^2 \neq \sigma_2^2$，检验统计量为：

$$t=\frac{(\bar{x}_1-\bar{x}_2)\quad(\mu_1-\mu_2)}{\sqrt{\frac{s_1^2}{n_1}+\frac{s_2^2}{n_2}}}\sim t(v) \qquad (5.9)$$

可以看出其中公式 5.9 和公式 5.8 基本相同，区别是对于总体标准差的计算处理不一样。这里当两个总体的方差不等时采用的是服从自由度 v 的 t 分布。因此在这种异方差的情况中，自由度的计算成了重点。那么就有自由度 v 的计算：

$$v=\frac{\left(\dfrac{s_1^2}{n_1}+\dfrac{s_2^2}{n_2}\right)^2}{\dfrac{\left(s_1^2/n_1\right)^2}{n_1-1}+\dfrac{\left(s_2^2/n_2\right)^2}{n_2-1}} \tag{5.10}$$

可见对于两个总体均值 t 检验会出现两种情况，两个总体方差相等和两个总体方差不等。虽然两种情况用的都是 t 分布作为检测依据，但 t 分布的形态略有不同。在假设等方差的情况下需要计算合并方差，适用公式 5.7 和公式 5.8；而假设异方差的情况下需要计算新的自由度 v，适用公式 5.9 和公式 5.10。

在图 5–20 的 SPSS 输出报告中就分别给出了等方差和异方差的两种情况。在假设异方差的情况下，自由度 v 是 15.414。一般自由度的计算就是 n–1，在两个总体情况下自由度是 n_1-1+n_2-1，结果都是整数。显然，这个自由度 15.414 就是通过公式 5.10 计算后得到的结果。

在例题 5.11 中，第二个问题“A 牌号灯泡平均使用寿命是否比 B 牌号灯泡平均使用寿命短？”这是一个单侧检验问题，虽然解法非常简单，用 t_{calc} 计算值转化为 p 值进行判断，但在刚才介绍的 SPSS 中没有单侧检验的功能，只能获得 t 值再手动转化比较。这里再介绍 MiniTab 中的检验方法，可以更快更便捷地解决单侧检验的问题。

首先将数据导入 MiniTab 中，这里要指出的是 MiniTab 中数据不是必须转为变量的方式，也就是说可以将“牌号 A”的数据存放再 C1 列，再将“牌号 B”存放再 C2 列，这种排列方式与 Excel 相似，不但更容易被理解而且可以直接从 Excel 复制到 MiniTab 中。再由“统计—基本统计—双样本 t（2）”进入命令窗口，如图 5–23 所示。

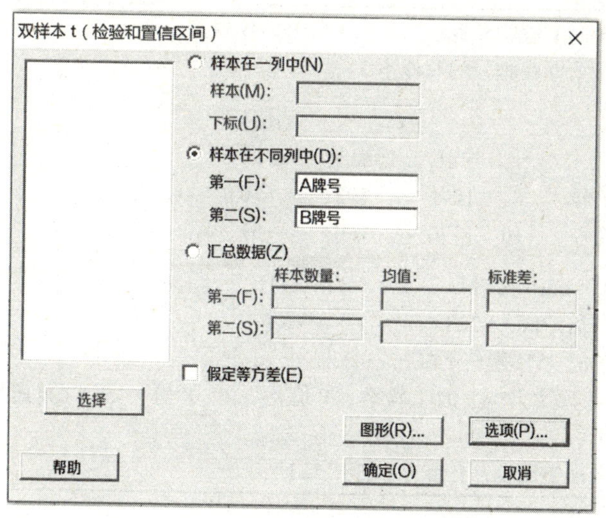

图 5-23 MiniTab 两个总体 t 检验

由于两个牌号的数据被存放在不同的两列中，因此在窗口中需要选择“样本在不同列中”，如果数据的存放形式和 SPSS 相同，那就要选择“样本在一列中”。命令窗口中“假定等方差”如果勾选就会采用等方差的计算方式计算得到 t_{calc} 结果，反之如果不勾选就会用异方差的计算方法执行分析。点击选项后可以得到如图 5-24 所示窗口。

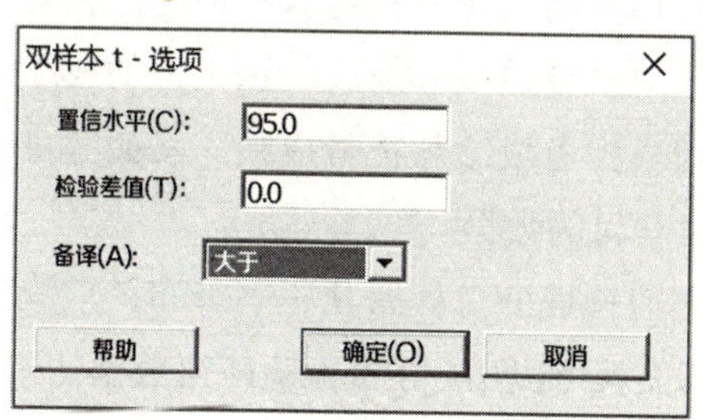

图 5-24 两个总体 t 检验的选项

在图 5-24 中不仅可以输入置信水平和检验的差值，在“备择”中的下拉栏中可以选择“等于”“小于”和“大于”。比如在这个问题中，备择假设 H_1 是 $\mu_1-\mu_2>0$，那么就选择“大于”从而让 MiniTab 进行一次右侧检验，得到的结果如图 5-25 所示。

双样本 T 检验和置信区间：A 牌号，B 牌号

A 牌号与 B 牌号的双样本 T

	N	均值	标准差	均值标准误
A 牌号	8	1041	103	36
B 牌号	10	1270	160	51

差值 =mu（A 牌号）–mu（B 牌号）

差值估计值：–228.8

差值的 95% 置信下限：–343.1

差值 =0（与 >）的 T 检验：T 值 =–3.49　P 值 =0.998　自由度 =16

两者都使用合并标准差 =138.1321

图 5–25　MiniTab 两个总体 t 检验的结果

从结果中可以得到 t_{calc} 值是 –3.49，合并标准差是 Sp 是 138.13，p 值是 0.998 大于显著性水平 α，因此结论是 H_0，并没有找到 A 牌号比 B 牌号使用寿命长的证据。与双侧检验结果相比在结果报告中有“差值的 95% 置信下限：–343.1”，可见在单侧检验中置信区间是一侧的，只有一个上限或者下限。

（三）匹配样本

在两个总体检验时还可能出现一种特殊的情况，就是所抽取的样本具有成对的天然属性，比如某个班级模拟考的成绩和正考的成绩。抽样的同学必定会有成对的两个数值，即模拟考成绩和正考成绩。又如健身中心会员减肥前和减肥后的体重，也是成对获得的数据。

在两个总体配对差值构成的总体服从正态分布的前提下，配对差是由差值总体中随机抽取的，那么就可以用 t 分布检验两组数据的差值（每对数据是前、后重复测量得到的）：

$$t = \frac{\overline{d} - d_0}{s_d / \sqrt{n}} \sim t(n-1) \qquad (5.11)$$

公式中 $\overline{d}$ 是样本差值的均值，其公式为：

$$\overline{d} = \frac{\sum_{i=1}^{n} d_i}{n_d} \qquad (5.12)$$

公式中 s_d 代表样本差值标准差，其公式为：

$$s_d=\sqrt{\frac{\sum_{i=1}^{n}(d_i-\overline{d})^2}{n_d-1}} \quad (5.13)$$

【例题 5.12】由 10 名学生组成一个随机样本，让他们分别采用 A 和 B 两套试卷进行测试，结果如下表。试检验两种试卷难度是否有显著差异？（a=0.05）

10 名学生两套试卷的得分

学生编号	试卷 A	试卷 B	差值 d
1	78	71	7
2	63	44	19
3	72	61	11
4	89	84	5
5	49	51	–2
6	91	74	17
7	68	55	13
8	76	60	16
9	85	77	8
10	55	39	16

解：这就是一个典型的配对检验问题，抽取的 10 个学生得到 20 个成对的数据（“试卷 A”和“试卷 B”），再通过“试卷 A”–“试卷 B”获得其差值 d。在成对的双边检验中，也可以适用“试卷 B”–“试卷 A”的差值进行计算，结果没有任何差异。那么就可以写出以下假设：

H_0：$\mu_1-\mu_2=0$ 两组试卷的成绩没有差异

H_1：$\mu_1-\mu_2\neq 0$ 两组试卷的成绩又显著差异

这种假设的方法与先前的两个总体检验逻辑非常相似，但其实根据在配对差值的检验中实际并没有检验两个总体的均值 μ_1 和 μ_2，而是检验差值 d。配对检验的本质是单个总体检验，仔细比较公式 5.11 和先前单个总体的公式 5.2 非常相似。因此对于原假设和备择假设可以直接写成单个总体检验的模式。

H_0：$d_0=0$ 两组试卷的成绩没有差异

H_1：$d_0\neq 0$ 两组试卷的成绩有显著差异

将数据代入公式中就有：

$$\bar{d}=\frac{\sum_{i=1}^{n}d_i}{n_d}=\frac{110}{10}=11，\quad s_d=\sqrt{\frac{\sum_{i=1}^{n}(d_i-\bar{d})^2}{n_d-1}}=6.53，$$

$$t=\frac{\bar{d}-d_0}{s_d/\sqrt{n}}=\frac{11}{6.53/\sqrt{10}}=5.33\ ,$$

$t_{a/2}(n-1)=t_{0.025}(9)=2.262$，

$t_{calc}>t_{critical}$，因此，拒绝原假设，两套试卷难度有显著差异。可以看出整个解题的过程也是与单个总体检验几乎一样。用计算机软件可以更便捷地比较配对样本检验和单个总体检验的结果。

这用 MiniTab 作为检验的工具，其原因是例题中原始数据的排列方式用 MiniTab 更容易处理，适用 SPSS 需要对试卷 A 和试卷 B 进行变量标注。将数据导入 MiniTab 中，用“统计—基本统计量—配对样本”进入配对检验的命令窗口如图 5-26 所示。

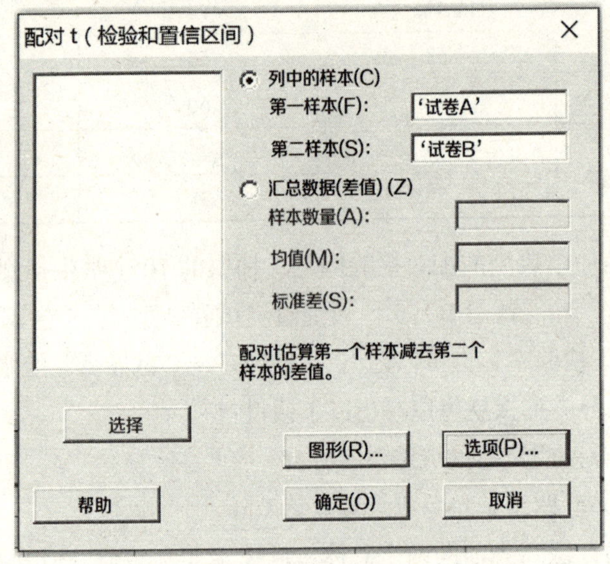

图 5-26 配对检验窗口

将试卷 A 和试卷 B 数据分别放入“第一样本”和“第二样本”中，选项中的 95% 置信区间和双侧检验保持默认不变，单击“确定”就可以执行配对检验，得到检验结果如图 5-27 所示。

配对 T 检验和置信区间：试卷 A，试卷 B
试卷 A—试卷 B 的配对 T

	N	均值	标准差	均值标准误
试卷 A	10	72.60	14.07	4.45
试卷 B	10	61.00	14.76	4.67
差值	10	11.00	6.53	2.07

平均差的 95% 置信区间：（6.33，15.67）
平均差 =0（与≠ 0）的 T 检验：t 值 =5.33 p 值 =0.000

图 5-27 配对检验结果

从结果中可以看出 t_{calc} 值是 5.33，p 值是 0.00，那么结果就是接受 H_1，AB 两套试卷得分有显著的差异。那么用先前介绍的单个总体检验的方法再对差值 d 列进行双侧检验，可以得到如图 5-28 的结果。

单样本 T：差值 d
mu=0 与≠ 0 的检验

变量	N	均值	标准差	均值标准误	95% 置信区间	T	P
差值 d	10	11.00	6.53	2.07	（6.33，15.67）	5.33	0.000

图 5-28 单样本 t 检验结果

可见图 5-28 的结果与图 5-27 中均值、标准差、置信区间、t 值和 p 值的结果是完全一致的。因此可见配对检验的本质就是对差值的单样本检验，也可以使用公式 5.2 进行计算和验证。

二、两个总体比率之差的检验

比率检验也叫成数检验，在先前的一个总体检验中比率检验可以将数值转化为 0 和 1 并采用 z 分布进行检验。两个总体的比率检验依然可以采用这样的方法。

假定两个总体都服从二项分布，大样本，此时可以用正态分布来近似。

检验 H_0：$p_1-p_2=0$，检验统计量为：

$$z=\frac{p_1-p_2}{\sqrt{p(1-p)\left(\frac{1}{n_1}+\frac{1}{n_2}\right)}} \tag{5.14}$$

其中 p 是两个样本合并后的样本比例，其公式为：

$$p=\frac{x_1+x_2}{n_1+n_2}=\frac{p_1n_1+p_2n_2}{n_1+n_2} \tag{5.15}$$

若要检验配对的比率，就有 H_0：$p_1-p_2=d_0$，检验统计量为：

$$z=\frac{(p_1-p_2)-d_0}{\sqrt{\frac{p_1(1-p_1)}{n_1}+\frac{p_2(1-p_2)}{n_2}}} \tag{5.16}$$

比率配对检验的根本也就是对于差值比率 d 的单个总体检验。

三、两个总体方差比的检验

方差检验是统计学中重要的思想，后续章节的方差分析会具体讲解。当要比较两个总体方差是否存在差异时需要采用 F 分布进行检验。其原因是方差本身不具有可加减性需要用到方差除服从 F 分布的逻辑进行检验。那么当 σ_1^2/σ_2^2 方差相除比值接近于 1 代表两个方差的值相似，如果比值偏小则代表 $\sigma_1^2<\sigma_2^2$，如果比值较大则说明 $\sigma_1^2>\sigma_2^2$。因此根据 F 值的大小就可以判断方差的差异。

方差检验的检验假设一般设定为

H_0：$\sigma_1^2=\sigma_2^2$

H_1：$\sigma_1^2\neq\sigma_2^2$

假定条件是两个总体都服从正态分布，独立样本，即样本 1 和样本 2 互相不影响。

检验统计量为：

$$F=\frac{s_1^2}{s_2^2}\sim F(n_1-1,n_2-1) \tag{5.17}$$

【例题 5.13】一家房地产开发公司准备购进一批灯泡，公司打算在两个供货商之间选择一家购买。这两家供货商生产的灯泡平均使用寿命差别不大，价格也很相近，考虑的主要因素就是灯泡使用寿命的稳定性。如果方差相同，就选择距离较近的一家供货商进货。为此，公司管理人员对两家供货商提供的样品进行了检测。第一家抽取 10 个灯泡，寿命方差为 490，第二家抽取 20 个灯泡，寿命方差为 850，检验两家供货商灯泡使用寿命的方差是否有显著差异？（a=0.1）

解：H_0：$\sigma_1^2=\sigma_2^2$；H_1：$\sigma_1^2\neq\sigma_2^2$

$$F=\frac{s_1^2}{s_2^2}\sim F(9,\ 19)$$

$$F=\frac{490}{850}=0.5764$$

$F_{0.95}(9, 19)=2.423$，$F_{0.05}(9, 19)=0.3392$

$F_{0.05}(9, 19)<F<F_{0.95}(9, 19)$，不拒绝原假设，两家供货商灯泡寿命的方差不显著。方差比较的计算机软件操作不作详细讲解，后续的方差分析章节有更深入的介绍。

【本章小结】

假设检验是一种统计方法，本章主要讲述参数假设检验。参数假设检验是利用样本数据来确定是否拒绝关于总体参数值的说法。假设是关于总体参数值的两种对立的说法，原假设（H_0）和备择假设（H_1）。在本章第一节中给出了通常情况下建立假设的规则。

对于单个总体参数的假设检验：当根据历史数据或者其他信息可以假定总体标准差 S 已知时，总体均值的假设检验过程以正态分布为依据；当 S 未知时，用样本标准差 S 估计 σ，假设检验过程以 t 分布为依据。在这两种情形下，假设检验结果的质量依赖于总体分布的形式以及样本容量。如果总体服从正态分布，则即使在小样本情形下，这两种假设检验的方法仍是适用的。但是，如果总体不服从正态分布，则需要较大的样本容量，一般要求是大样本。对总体比率检验时，在大样本下，利用的检验统计量也是以标准正态分布为依据，而对总体方差进行假设检验时，利用的是卡方统计量进行检验。对于两个总体参数的假设检验，检验过程完全类似。

在所有上述情形下，都可以利用检验统计量的值来计算检验的 p 值。p 值是用于确定原假设是否被拒绝的概率。当 p 值小于或等于显著性水平 a 时，拒绝原假设。

也可以将检验统计量的值与临界值相比较后得出假设检验的结论。对于左侧检验，如果检验统计量的值小于或等于临界值，拒绝原假设。对于右侧检验，如果检验统计量的值大于或等于临界值，拒绝原假设。双侧检验包括两个临界值，分别位于抽样分布的上、下侧，当检验统计量的值小于或等于下侧临界值，或者检验统计量的值大于或等于上侧临界值，则拒绝原假设。

【讨论案例】

案例 1

全球经济衰退的 2008 年和 2009 年，有许多针对华尔街管理人员、财务经理和其他公司经理人员职业道德的控告。当时，有一篇文章认为不道德商业行为的根源，部分在于欺诈行为在商科学生中盛行（Chronicle of Higher Education，February10，2009）。文中称，有 56% 的商科学生承认他们在学校期间有过欺瞒行为，而在非商科学生中，这一比率为 47%。

近年来，欺骗行为一直是 Bayview 大学商学院教务主任关注的一个问题。一些大学教学人员认为，Bayview 大学的欺骗行为比其他大学更为普遍；另一些大学教学人员认为，欺骗行为并不是学院的一个主要问题。为回复这些说法，教务主任要求相关机构对目前Bayview大学商科学生的欺骗行为进行评估研究。作为研究的一部分，由 90 名本年即将毕业的商科学生组成一个样本，向他们分发匿名的调查问卷并回答以下问题，用于得到三类欺骗行为有关的数据。

在 Bayview 大学就读期间，你是否曾将互联网上的内容拷贝作为自己的工作成果?

是　　否

在 Bayview 大学就读期间，你是否曾经在考试中抄袭他人答案?

是　　否

在 Bayview 大学就读期间，你是否曾经将与他人合作的项目当作是自己独立完成的?

是　　否

如果对这些问题的回答中有一项或者多项为“是”，则认为学生具有欺骗行为。下面是收集到的部分数据。

学生	从互联网抄袭	考试中抄袭	将合作项目当成个人独立完成	性别
1	否	否	否	女
2	否	否	否	男
3	是	否	是	男
4	是	是	否	男
5	否	否	是	男
6	是	否	否	女
…	…	…	…	…
88	否	否	否	男
89	否	是	是	男
90	否	否	否	女

请向教务主任提交一份报告，总结评估 Bayview 大学商科学生的欺骗行为，在报告中，请确保包括以下内容：

利用描述统计量对数据进行汇总并评论你的发现。

（a）分别求在全体学生、男学生和女学生中，有某种类型的欺骗行为的学生所占比率的 95% 置信区间。

（b）进行假设检验，确定是否 Bayview 大学商科学生中发生欺骗行为的比率低于报道的其他大学商科学生？

（c）进行假设检验，确定是否 Bayview 大学商科学生中发生欺骗行为的比率低于报道的其他大学非商科学生？

（d）根据你对数据的分析，你对教务主任有哪些建议？

案例 2

Quality Associates 公司是一家为客户提供抽样和统计程序建议的咨询公司，这些建议可以用来监控客户的制造工艺流程。在一个应用项目中，一名客户向 Quality Associates 公司提供了一个样本，该样本由工艺流程正常运行时的 800 个观测值组成。这些数据的样本标准差为 0.21，因此可假设总体标准差为 0.21。然后，Quality Associates 公司建议，持续不断地定期抽取容量为 30 的随机样本，以对工艺流程进行监测。通过对这些新样本的分析，客户可以迅速知道工艺流程运行状况是否令人满意。当工艺流程运行状况不能令人满意时，可以采用纠正措施来解决这个问题。设计规格要求工艺流程的均值为 12，Quality Associates 建议采用如下形式的假设检验：

H_0：$\mu=12$；H_1：$\mu \neq 12$。

只要 H_0 被拒绝，就应采取纠正措施。下表为第一天运行这种新的工艺流程的统计控制程序时，每隔一小时收集的样本数据。

样本 1	样本 2	样本 3	样本 4
11.55	11.62	11.91	12.02
11.52	11.59	11.75	12.05
11.75	11.82	11.95	12.18
…	…	…	…
11.85	11.92	11.89	11.97
12.3	12.37	11.88	12.23
12.15	12.22	11.93	12.25

（a）对每个样本在 0.01 的显著性水平下进行假设检验，并且确定，如果需要的话，应该采取什么措施？给出每一检验的统计量和 p 值。

（b）计算每一样本的标准差。假设总体的标准差为 0.21，这样做是否合理？

（c）计算一下样本均值 x 在 m=12 附近的一个范围，使得只要样本均值在这个范围内，则认为工艺流程的运行状况是令人满意的。如果 x 超过上限或者低于下限，则需要采取纠正措施。

（d）当显著性水平增大时，这意味着什么？如果增大显著性水平，哪种错误或误差会增大？

（以上两个案例引自 Thomas A. Williams，Dennis J. Sweeney，David R.Anderson 所著《商务与经济统计学》（精编第 5 版），张建华、王健等译，中国人民大学出版社）

【本章习题】

1. 由于改变生产方法所需的时间和成本很大，所以在一种新方法实施之前，制造负责人必须使管理人员确信，他所推荐的方法能降低陈本。目前生产方法的平均操作成本是 220 元每小时。一项调研工作是在样本生产期间，测量新方法的成本。

a. 在该项研究中，建立最为合适的原假设和备择假设。

b. 当 H_0 不能被拒绝时，对所做的结论进行评述。

c. 当 H_0 能被拒绝时，对所做的结论进行评述。

2. 在上题中，如果假设检验支持我们做出新的生产方法能够降低每小时操作成本的结论，则认为应该实施这种新的生产方法。

a. 第一类错误是什么？犯这类错误的后果是什么？

b. 第二类错误是什么？犯这类错误的后果是什么？

3. 考虑下面的假设检验：H_0：$\mu=15$；H_1：$\mu \neq 15$。

有一个容量为 50 的样本，样本均值为 14.15，总体标准差为 3。计算检验统计量的值。p 值是多少？ $\alpha=0.05$ 时，你的检验结论是什么？临界值法的拒绝法则是什么？你得到怎样的结论？

4. 考虑下面的假设检验：H_0：$\mu \leqslant 25$；H_1：$\mu>25$。

有一个容量为 40 的样本，样本均值为 26.4，总体标准差为 6。

a. 计算检验统计量的值。

b. p 值是多少？

c. a=0.01 时，你的检验结论是什么？

d. 临界值法的拒绝法则是什么？你得到怎样的结论？

5. 考虑下面的假设检验：H_0：$\mu=18$；H_1：$\mu \neq 18$。

有一个容量为 48 的样本，样本均值为 17，样本标准差为 4.5。

a. 计算检验统计量的值。

b. p 值是多少？

c. a=0.05 时，你的检验结论是什么？

d. 临界值法的拒绝法则是什么？你得到怎样的结论？

6. 根据某物流管理中心的研究，在全国范围内售出的商品中有 6% 退货。一月，在某百货公司抽取 80 件售出商品组成样本，发现其中 12 件被退货。

a. 求百货公司售出商品中退货的总体比率的点估计。

b. 建立该百货公司售出商品退货率的 95% 置信区间。

c. 该百货公司的退货率与全国的退货比率存在显著差异吗？为你的答案提供统计上的支持。

7. 考虑下面的假设检验：H_0：$\mu_1-\mu_2 \leqslant 0$；H_1：$\mu_1-\mu_2>0$。

样本 1	样本 2
$n_1=40$	$n_2=50$
$\bar{x}_1=25.2$	$\bar{x}_2=25.2$
$\sigma_1=5.2$	$\sigma_2=6.0$

检验统计量的值是多少？p 值是多少？对 a=0.05，假设检验有何结论？

8. 美国汽车协会（AAA）的一项研究调查了是男性还是女性可能停车问路的问题。调查“如果你和你的配偶一起驾车出行迷路了，你会停下车问路吗？”AAA 采用的一份具有代表性的样本数据显示，811 名女性中有 300 名回答她们会停车问路，而 750 名男性中有 255 名回答他们会停车问路。

a. AAA 研究的假设是：女性更可能会停车问路。建立这一研究的原假设和备择假设。

b. 愿意停车问路的女性比例是多少？

c. 愿意停车问路的男性比例是多少？

d. 在 a=0.05 下，检验假设。p 值是多少？你预计 AAA 会从这项研究中得出什么结论？

9.《消费者报告》评估了价格中等和价格便宜的家用房车各 15 辆。下面是 30 辆汽车实地测试的分数。

价格中等的家用房车	价格便宜的家用房车
89	85
88	79
87	78
86	77
84	76
77	75
77	74
75	69
70	69
69	69
64	64
58	62
56	59
48	49
46	44

10. 某市场研究机构使用一个由个人组成的样本来给某特定商品的潜在购买力打分，打分是在看一个新的电视广告之前和之后分别进行的。潜在购买力的分值为 0–10 分，分值越高表示潜在购买力越高。原假设是："看过之后"的平均得分小于或等于"看之前"的平均得分。拒绝该假设就表明广告提高了潜在购买力的平均得分。在 a=0.05 下，用下列数据检验假设，并对广告的价值给予评价。

个人	购买力得分		个人	购买力得分	
	之后	之前		之后	之前
1	6	5	5	3	5
2	6	4	6	9	8
3	7	7	7	7	5
4	4	3	8	6	6

11. 在假设检验中，由于抽样的偶然性，拒绝了实际上成立的 H_0 假设，则（　　）。

A. 犯第 I 类错误　　B. 犯第 II 类错误

C. 推断正确　　D. A，B 都有可能

12. 备择假设为 H_1：$\mu<\mu_0$，是（　　）。

A. 双侧检验　B. 左侧检验　C. 右侧检验　D. 不能确定

13. 假设检验时，若增大样本容量，则犯两类错误的概率（　　）。

A. 都增大　　B. 都减小

C. 都不变　　D. 一个增大一个减小

14. 检验的显著性水平是（　　）。

A. 第一类错误概率　　B. 第一类错误概率的上界

C. 第二类错误概率　　D. 第二类错误概率的上界

15. 设样本是来自正态总体 N（μ, σ^2），其中 σ^2 未知，那么检验假设 H_0：$\mu=\mu_0$ 时，用的是（　　）。

A. Z 检验法　B. t 检验法　C. x^2 检验法　D. F 检验法

16. 在假设检验中，若要减少 β，则（　　）。

A. $\alpha\uparrow$　B. $1-\beta\uparrow$　C. $\alpha\downarrow$　D. A，B

17. 从一批零件中抽出 100 个测量其直径，测得平均直径为 5.2cm，标准差为 1.6cm，想知道这批零件的直径是否为标准直径 5cm，因此采用 t 检验法，那么在显著性水平 α 下，接受域为（　　）。

A. $|t|<t_{a/2}$（99）　　B. $|t|<t_{a/2}$（100）

C. $|t|\geqslant t_{a/2}$（99）　　D. $|t|\leqslant t_{a/2}$（99）

18. 矿砂的 5 个样品，测得其含铜量均值为 $\bar{x}$。设含铜量服从正态分布，方差 σ^2 未知，在 a=0.01 下检验 $\mu=\mu_0$，则取统计量（　　）。

A. $z=\sqrt{5}（\bar{x}-\mu_0）/\sigma$　　B. $t=\sqrt{5}（\bar{x}-\mu_0）/S$

C. $t=\sqrt{4}（\bar{x}-\mu_0）/S$　　D. $z=（\bar{x}-\mu_0）/\sigma$

19. 自动包装机装出的每包重量服从正态分布，规定每包重量的方差不超过 A，为了检查包装机的工作是否正常，对它生产的产品进行抽样检验，取零假设为 $\sigma^2\leqslant$ A，检验水平为 0.05，则下列陈述中，正确的是（　　）。

A. 如果生产正常，则检验结果也认为正常的概率为 95%

B. 如果生产不正常，则检验结果也认为不正常的概率为 95%

C. 如果检验的结果认为正常，则生产确实正常的概率为 95%

D. 如果检验的结果认为不正常，则生产确实不正常的概率为 95%

20. 对某批产品的合格率进行假设检验，如果在显著性水平 a=0.05 下接受了零假设，则在显著性水平 a=0.01 下（　　）。

A. 必接受零假设　　B. 必拒绝零假设

C. 可能接受也可能拒绝零假设　　D. 不接受也不拒绝零假设

第六章　方差分析

【本章学习目标】

1. 了解方差分析的基本思想和原理
2. 掌握单因素方差分析的方法
3. 使用统计软件处理单因素方差分析问题
4. 掌握双因素方法分析的方法
5. 使用统计软件处理双因素方差分析问题

【引导案例】

研究者想了解人们使用移动支付的情况。从三个城市中，各抽取了20个样本，并记录了这些人每周使用移动支付的次数，如表6-1所示。收集完数据后，研究者发现，三地用户使用移动支付的频率似乎不太一样，在95%置信水平上，三地用户使用频率是否有显著差异？

表6-1　三地移动支付次数

上海	北京	广州
13	14	10
12	9	12
17	15	15
17	12	18
20	16	12
21	24	14
16	18	17
14	14	8
13	15	14
17	17	16
12	20	18

续表

上海	北京	广州
9	11	17
12	23	19
15	19	15
16	17	13
15	14	14
13	9	11
10	14	12
11	13	13
17	11	11

对于这样的数据，我们已经掌握了许多描述方法。比如可以对每一个地区给出一个平均值或者中位数，然后用方差和标准差描述这组数据的离散程度，还可以用偏度和峰度对其分布形态进行进一步的说明，最后比较这些分布是否有差异。在这个问题中只有三个地区，勉强还可以两两对比，但如果地区不止三个，比如有五个城市或更多时候两两对比非常耗时。对于这种同时比较多个总体的情况，我们需要一种更简洁的方法。

第一节　方差分析的原理和单因素方差分析

一、方差分析的原理

与前一个章节的假定检验相比，方差分析的最大优点是可同时处理多组数据的均值比较。也就是说，假定检验处理的是 μ_1 和 μ_2 两个总体的均值。其中最典型就是比较两者是否存在差异，即 $\mu_1-\mu_2=0$。但是如果遇到多个总体均值比较的问题，μ_1、μ_2、μ_3。假定检验无法一次完成，必须两两对比，μ_1 和 μ_2，μ_1 和 μ_3，μ_2 和 μ_3。两两对比的最大问题是如果每次显著性 a=0.05，其犯 I 类错误的可能性是 5%，多次检验后，I 类错误可能性将增加，导致最后结果有一定的偏差。

而方差分析，就可以将多个总体 μ_1、μ_2、μ_3、…、μ_k 在一次分析中全部完成。通过方差比值的方法，将多组的差异用 F 分布分析出结果。其中双因素方差分析还可以将两个变量在一次分析中完成，并呈现出清晰简洁的结果报告。这也是方差分析被人们普遍欢迎的原因，它被大量应用到多个领域的调查研究中去，如市场调查、行为研究，等等。

（一）方差分析术语

方差分析（Analysis of Variance，ANOVA），是 R.A.Fisher 提出的一种检验方法，被广泛应用于两个以上样本均数差别的显著性检验。方差分析方法是通过观察方差的差异来源判断均值是否相等。在方差分析中差异分为两类，一类是随机的波动因素，不可控。另一类是可控的，由研究中施加的（比如三个地区移动支付使用的差异）。方差分析是从观测变量的差异源头入手，研究诸多控制变量中哪些变量是对观测变量有显著影响的变量。

方差分析中的主要术语有：因素（factor）、处理（treatment）和观测值（observation）三种。一般所检验的对象叫作因素，比如在表 6-1 中，地区就是因素。处理指的是在该因素下的不同表现，也叫作水平，比如“上海”“北京”和“广州”就是处理。观测值当然指的就是不同地区的人，每周使用移动支付的次数。

这里需要注意的是，方差分析需要在同一个因素的前提下比较不同处理水平的差异。也就是说，μ_1、μ_2、μ_3、…、μ_k 是某个因素下不同处理水平的均值。比如表 6-1 中，地区就是因素，“北京”“上海”“广州”是不同的处理水平；研究的目的是比较不同地区移动支付使用平均次数的差异，也就是比较不同处理水平的 μ。如果在不同的因素下比较 μ 无论得到什么结果，都没有意义。比如在表 6-1 中增加一列移动支付金额，可见“金额”和“地区”显然不是一个因素，比较这两种均值没有意义。

（二）方差分析原理

方差分析的本质是从数据的方差入手，分析其差异来源的情况。为了更好解释方差分析的原理，我们先将表 6-1 用散点图的方式呈现出来，得到图 6-1。

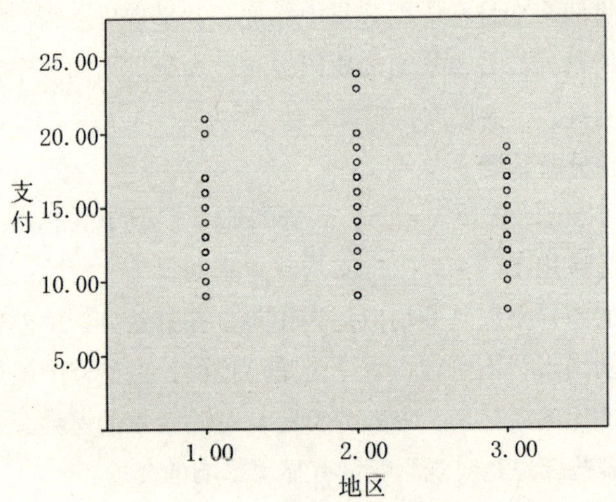

图 6-1 数据散点图

在 SPSS 中需要对数据进行预先处理，定义好两个变量，如图 6-2 所示。可以用散点图得到图 6-1。观察图 6-1，在不使用统计检验的前提下很难获得三个地区使用均值是否相等的结论。

	名称	类型	宽度	小数
1	支付	数值	8	2
2	地区	数值	8	2

图 6-2 变量的结构

如图 6-2，我们将所有支付的数值导入第一个变量“支付”，再将第二个变量地区即“上海”“北京”和“广州”分别赋值 1，2，3。因此如图 6-2，把地区设置为数值类型，与先前的情况相似，在 SPSS 中必须将分类变量进行数值编码才可以分析，而在 MiniTab 中，可以以字符串形式直接进行分析。如果 MiniTab 生成散点图，那么图 6-1 中横坐标的标签将会显示为“上海”“北京”和“广州”，而不再是数值型的“1”“2”和“3”。

对数据进行基本整理后，可以通过散点图生成如图 6-1，这里介绍 SPSS 22 版本中的新功能——“图表构建器”功能。点击“图表——图表构建器”后可以出现如图 6-3 所示的界面。

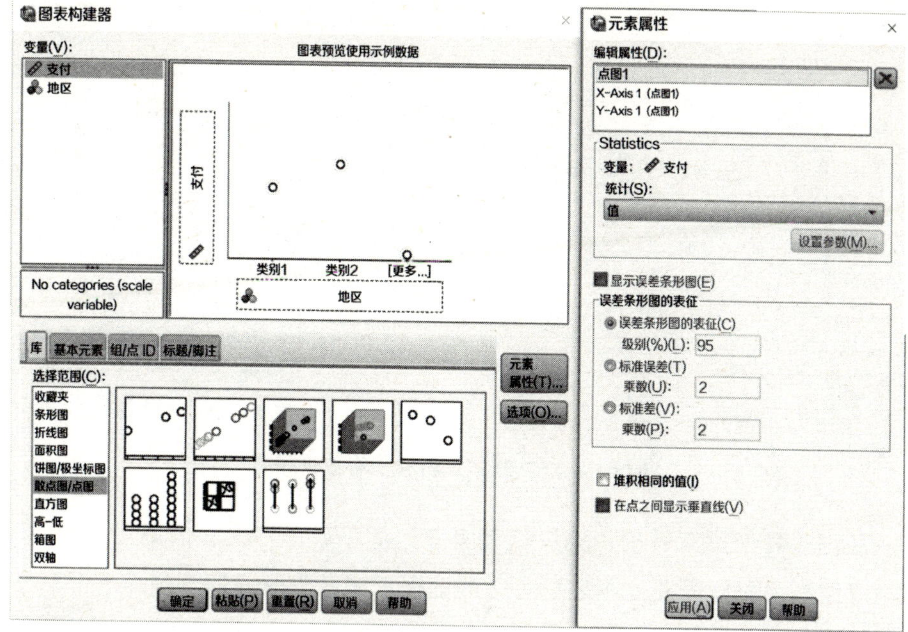

图 6-3 图表构建器界面

新版本的 SPSS 中间图表生成融入到一个命令中，不再像先前版本一样，通过点击不同类型的图标，生成结果。在图表构建器窗口中，选择图标类型为散点图，然后点击第一行的简单散点图。再将“支付”拖拽到 y 轴，将“地区”拖拽到 x 轴。最后点击确定就生成了图 6-1 中的图形。观察图 6-1 散点图结果，三个地区都存在一些差异，地区和地区之间似乎并不相同。

由于在这个问题中需要比较的对象是均值，而不是每一个单独的数据。因此直接输出平均数的散点图更便于观察结果。再次进入图表生成器，在右侧的“元素属性中”将值改为平均数，这样 SPSS 就生成出只有平均数的清晰散点图，如图 6-4 左侧。

在平均数散点图的基础上如果增加辅助线将更便于观测均值的差异。在图表生成器中选择“折线图”，然后点击简单折线图，同样将“支付”和“地区”拖拽到 y 和 x 轴，在元素属性中选择平均数，点击“确定”，出现图 6-4 右侧的图形。折线图越趋近于平直，就说明不同处理水平的均值越接近；相反折线图越陡峭或者起伏大，则说明处理水平的均值差异大。

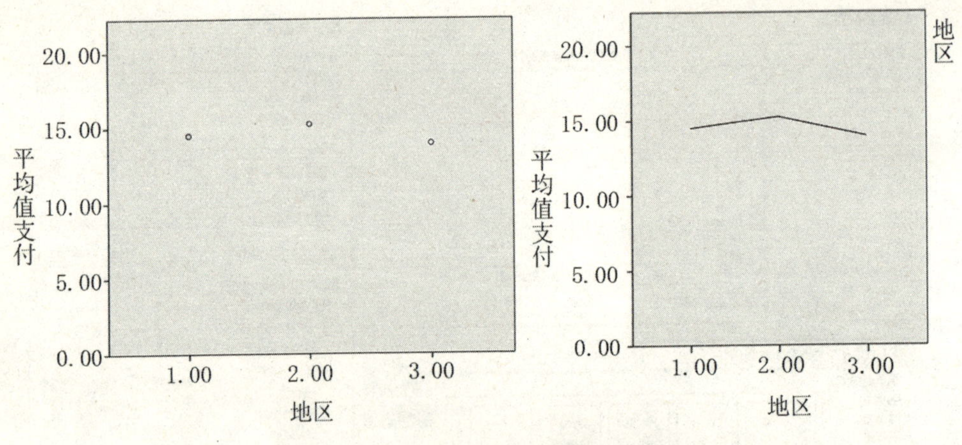

图 6-4 平均数散点图和平均数折线图

从图 6-4 中可以看出，第一组和第三组似乎差异不大，但第二组比第一组和第三组高。我们需要比图表更有力的证据才能做出最后的判定。

（三）误差分解

散点图或者折线图只能为判断提供一些参考，判断结果需要进行正式的统计分析。因此就要建立正式的假设，然后判断假设是否成立。方差分析问题假设一般可以写成：

H_0：所有处理水平的均值相等，$\mu_1=\mu_2=\mu_3=\cdots=\mu_k$。

H_1：各处理水平的均值并不完全相等。

假设制定的规则在后续检验过程环节有深入的讲解。这里引入假设是为了解析方差分析的核心逻辑。可以看出方差分析的假设表面上是对“均值”的比较，但是采用的方法与先前两个总体均值对比完全不同。方差分析和假定检验的根本差异是方差分析通过不同方差来源的比值进行判断，而假定检验是根据总体服从 Z 分布或者 t 分布的统计量进行判断。可见，方差分析中误差的来源是方法的根本。

第一类误差称为“总平方和 SST”（sum of squares total），它指的是所有观测值误差大小平方和的加总。在表 6–1 中，一共有 60 个观测值，每个值都与总均值之间都存在一定的差异，这些差异的总和就是 SST。这里的总均值指的是 60 个观测样本的均值。

第二类误差叫作“组内残差平方和 SSE”（sum of squares errors），对于每一个组来说，其中的观测数据互相之间也不同，SSE 测量的是组内的每个值到组均值的误差平方总和，它反映的是组内差异的大小。这里的组均值是每个处理水平上得到的均值，比如表 6-1 中第一列“上海”的均值。

第三类是“组间因素平方和 SSTR”（sum of squares treatments），它测量的是每组均值之间的误差平方总和。SSTR 反映的是组与组之间存在的差异。这里测量的是每个处理水平的“组均值”与所有样本形成的“总均值”的差异。比如表 6-1 中“上海”“北京”“广州”三地均值与 60 个样本总体均值的差异。

分清楚三种误差后就可以得到这样一个结论。对于样本中任何一个观测值来说，或大或小它与总均值存在一定的差异。方差分析的方法将这种差异分为两个部分，组间误差 SSTR 和组内误差 SSE。可以理解为，每个样本的值之所以与总均值不同可能是因为组内随机差异造成，也可能是因为所处的不同组的组间差异造成。这两种差异的和就可以解释该样本值与总均值的不同。

因此根据组内差异和组间差异的分类就有了以下公式：

$$SST=SSTR+SSE \tag{6.1}$$

根据这个公式，也可以得到组间和组内自由度的关系，公式如下：

$$DF_{SST}=DF_{SSTR}+DF_{SSE} \tag{6.2}$$

从以上两个公式可以总结出这样的结论：残差平方和与因素平方和的总和就是总平方和。残差平方和的自由度与因素平方和的自由度相加就是总自由度。

二、单因素方差分析过程

分解差异的目的是对假设检验提供科学的依据。为了理清方差分析的过程，这里通过计算一步一步展示出来。整个流程虽然涉及的计算量比较大，但是过程单一，因此方差分析的统计量运算现在基本靠计算机软件解决。相比计算，学习的重点应该是如何解释和分析计算机生成的结果报告。

（一）提出假设

对于表 6-1 中的问题，可以提出以下假设：

H_0：上海、北京和广州三地的移动支付使用率相同，即 $\mu_1=\mu_2=\mu_3$。

H_1：三地使用率不全等，即至少一个 μ 与其他不等。

这里需要注意的是备选假设的提出，备选假设应该是除原假设外的一切情况。只有这样原假设的概率和备选假设概率相加才等于 1（100%）。因此备选假设不是三者互不相等 $\mu_1 \neq \mu_2 \neq \mu_3$，而是至少一个 μ 与其他不等。这种备择假设包含的情况有好几种：$\mu_1=\mu_2 \neq \mu_3$，$\mu_1 \neq \mu_2=\mu_3$，$\mu_1 \neq \mu_2 \neq \mu_3$，$\mu_1=\mu_2 \neq \mu_3$ 和 $\mu_1 \neq \mu_2 \neq \mu_3$。也就是说，备择假设包含了除原假设以外的所有情况。所以方差分析的假设一般设成：原假设 μ 全相等，备择假设 μ 不全等。

这种假设的情况下，如果结果是拒绝原假设，那么就表明各处理水平上均值不同，也就意味着因素对观测结果有影响。比如，在引导案例中，不同地区的观察均值不同，那么地区就对移动支付有一定影响。相反，如果不拒绝原假设，那么因素则不影响观测值，三个地区移动支付使用频次接近，那么“地区”就不影响“移动支付”的使用率。

（二）检验量的构造与计算

当假设确定之后，就可以构造检验量，从而决策是否拒绝原假设。这些检验量计算虽然简单，但计算量巨大，传统的方差分析统计量计算中，大概包括以下一些步骤。

1. 计算全部观测值的总均值

$$\bar{\bar{x}} = \frac{\sum_{i=1}^{k}\sum_{j=1}^{n_i} x_{ij}}{n} = \frac{\sum_{i=1}^{k} n_i \bar{x}_i}{n} \tag{6.3}$$

式中，$n=n_1+n_2+\cdots+n_k$。

这里所说的“总均值”是所有样本的计算得到“样本均值”，并不是“总体均值”。从计算公式中也可以看出，这里计算的是样本均值 $\bar{x}$，不是总体均值 μ。

2. 计算每一组（处理水平）的组均值

$$\bar{x}_i = \frac{\sum_{j=1}^{n_i} x_{ij}}{n_i} \quad (i=1,\ 2,\ \cdots,\ k) \tag{6.4}$$

式中，n_i 为第 i 个总体的样本观察值个数，x_{ij} 为第 i 个总体的第 j 个观察值。

3. 计算总平方和 SST

$$SST = \sum_{i=1}^{k}\sum_{j=1}^{n_i}\left(x_{ij} - \bar{\bar{x}}\right)^2 \tag{6.5}$$

该公式的意义是计算每一个单独的样本数据离总均值的差异。

4. 计算组间因素平方和 $SSTR$

$$SSTR=\sum_{i=1}^{k}\sum_{j=1}^{n_i}\left(\bar{x}_i-\bar{\bar{x}}\right)^2=\sum_{i=1}^{k}n_i\left(\bar{x}_i-\bar{\bar{x}}\right)^2 \tag{6.6}$$

该公式的作用是计算每组均值和总均值的差异。

5. 计算组间因素平均平方和 $MSTR$（mean of squared treatment）

$$MSTR=\frac{SSTR}{k-1} \tag{6.7}$$

将组间因素平方和除以自由度就得到了因素平均平方和。其中 k–1 代表了自由度，k 代表了处理数，即有多少组。

6. 计算组内残差平方和 SSE

$$SSE=\sum_{i=1}^{k}\sum_{j=1}^{n_i}\left(x_{ij}-\bar{x}_i\right)^2 \tag{6.8}$$

7. 计算残差平均平方和 MSE（mean of squared errors）

$$MSE=\frac{SSE}{n-k} \tag{6.9}$$

这里需要注意的是自由度，其中 k 是组数，n 代表所有观察值的个数。

8. 计算 F 检验量

$$F=\frac{MSTR}{MSE}\sim F(k-1,n-k) \tag{6.10}$$

最后通过 F 统计量对假设和备择假设做出决策。

为了方便记忆，在这些公式中需要理解的是“SS”代表“Sum Squared”，即平方的总和，“MS”代表“Mean Squared”，即均方，也就是平方的总和除以自由度。

这些公式的最终目的是计算出 F 统计量。F 统计量的本质是组间均方与组内均方的比值，F 值越大说明组间均方大，那么就意味着差异的主要来源是由于组与组的不同（处理水平的不同）而造成的，换言之就是因素中不同处理水平对观测结果有影响。相反，如果 F 比值小，说明组内的均方 MSE 比较大，那么就说明差异的主要来源并不是处理水平上的不同，而是组内随机变化的结果，不同的组之间其实并没有太大差异，因此也就可以判断因素对观测结果并没有显著的影响。

【例题 6.1】冰激凌店老板开发了四种口味的冰激凌，奥利奥味、杧果味、朗姆味和蓝莓味。老板想知道哪个口味更受欢迎或者哪个口味不受欢迎，以便调整配方，做出更好吃的味道。为了知道这四种口味是否存在差异，老板收集了10天的销售数据，如表6-2所示。

表6-2 冰激凌销售数据 （单位：份）

冰激凌口味			
奥利奥味	杧果味	朗姆味	蓝莓味
57	68	31	44
66	39	49	51
49	29	21	65
32	45	30	77
53	56	32	70
52	51	22	35
40	55	35	32
42	35	40	56
56	32	32	52
43	40	58	58

要解决这个问题，就需要先设定假设。根据方差分析的假设原则，将研究问题假设为：

H_0：四种口味的冰激凌销量相等，即 $\mu_1=\mu_2=\mu_3=\mu_4$。

H_1：四种口味的冰激凌销量不全相等，即至少一个 μ 与其他的 μ 不等。

判断依据是 F 分布的检验结果。为计算出 F_{calc} 值，我们首先要计算出总评价值和每组的平均值。

$$\bar{\bar{x}}=\frac{\sum_{i=1}^{k}\sum_{j=1}^{n_i}x_{ij}}{n}=\frac{\sum_{i=1}^{k}n_i\bar{x}_i}{n}=45.75$$

当 $i=1$ 时，$\bar{x}_i=\dfrac{\sum_{j=1}^{n_i}x_{ij}}{n_i}=49$

根据计算，第一组奥利奥口味销售的平均值是49，第二组杧果口味是45，第三组朗姆口味是35，第四组蓝莓口味是54。

然后根据公式计算总平方和 SST。SST 测量的是每个值与总均值的差异平方和。

$$SST = \sum_{i=1}^{k}\sum_{j=1}^{n_i}\left(x_{ij} - \bar{\bar{x}}\right)^2 = (57-45.75)^2+\cdots+(58-45.75)^2$$

$$=7259.5$$

再计算出组间平方和 *SSTR*。*SSTR* 是测量每种口味的均值与总均值的差异的平方和。

$$SSTR = \sum_{i=1}^{k}\sum_{j=1}^{n_i}\left(\bar{x}_i - \bar{\bar{x}}\right)^2 = \sum_{i=1}^{k} n_i\left(\bar{x}_i - \bar{\bar{x}}\right)^2$$

$$=10\times(49-45.75)^2+10\times(45-45.75)^2+10\times(35-45.75)^2+10\times(54-45.75)^2$$

$$=1947.5$$

然后再计算组内平方和 *SSE*。*SSE* 测量的是每组中的数据离开组平均值的差异的平方和，再将所有组内的平方和加总，得到 *SSE*。

$$SSE = \sum_{i=1}^{k}\sum_{j=1}^{n_i}\left(x_{ij} - \bar{x}_i\right)^2$$

对于奥利奥口味，就有：

$$\sum_{j=1}^{n_i}\left(x_{ij} - \bar{x}_i\right)^2 = (57-49)^2+\cdots+(43-49)^2=882$$

对于杧果口味，就有：

$$\sum_{j=1}^{n_i}\left(x_{ij} - \bar{x}_i\right)^2 = (68-45)^2+\cdots+(40-45)^2=1372$$

对于朗姆口味，就有：

$$\sum_{j=1}^{n_i}\left(x_{ij} - \bar{x}_i\right)^2 = (31-35)^2+\cdots+(58-35)^2=1174$$

对于蓝莓口味，就有：

$$\sum_{j=1}^{n_i}\left(x_{ij} - \bar{x}_i\right)^2 = (44-54)^2+\cdots+(58-54)^2=1884$$

将各组的组内随机差异相加得到 *SSE*。

$$SSE = \sum_{i=1}^{k}\sum_{j=1}^{n_i}\left(x_{ij} - \bar{x}_i\right)^2$$

$$=882+1372+1174+1884$$

$$=5312$$

还有一种方法可以通过已知的 *SST* 和 *SSTR* 倒推计算出 *SSE*。

SST=*SSTR*+*SSE*，

SSE=*SST*−*SSTR*=7259.5−1947.5−5312。

接着可以根据 *SSTR* 计算出 *MSTR*，根据 *SSE* 计算 *MSE*。

那么对于 *MSTR* 处理水平的均方，就有可以用 *SSTR* 除以 $k-1$。这里 $k-1$ 是自由度，k 代表了组数，在这个问题中，一共有四种口味，$k=4$，那么自由度就是 3。

$$MSTR = \frac{SSTR}{k-1} = \frac{1947.5}{4-1} = 649.1667$$

组内均方 *MSE* 就是总平方和 *SSE* 除以自由度 $n-k$，n 代表了总样本数量 40，k 代表了组数 4。

$$MSE = \frac{SSE}{n-k} = \frac{5312}{40-4} = 147.5556$$

有了 *MSTR* 和 *MSE* 我们可以代入 F 统计量的计算公式

$$F = \frac{MSTR}{MSE} = \frac{649.1667}{147.5556} = 4.399473$$

我们根据 F 的自由度（3，36）查表得到 $F_{critical}$（临界值）是 2.866266。而 F_{calc} 计算值是 4.39，显然大于 F 临界值，如图 6–5 所示。所以我们得到结论是 H_1，四种口味的冰激凌销量不全相等。

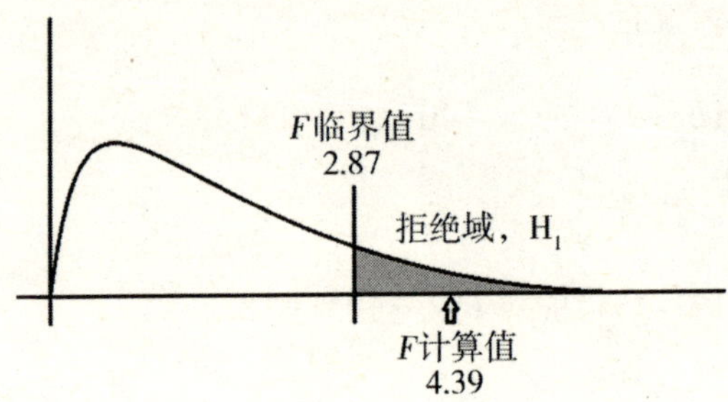

图 6–5 *F* 临界值和 *F* 计算值比较

另一种方法是将计算得到的 F_{calc} 值 4.399473 转换为 p 值。可以查表转换，也可以通过 Excel 中的函数 =F.DIST.RT（4.39947，3，36）进行转换。得到的 p 值 0.009772452，显然小于显著性水平 α，也能得到备择假设 H_1 的结论。

F 统计量的 p 值判断方法与先前介绍 t 分布检验和 z 分布检验原理相同。当 p 值大于显著性水平 α 值时，结论就是原假设 H_0；相反，当 p 小于 α 时，结论就是 H_1。需要注意的是在方差分析中 F 检验是一个单边检验，如图 6–5。拒绝域在右侧，不存在双边检验。

（三）F 检验的性质

基本统计量构建完成后，用 F 检验得出我们需要的决策数据。方差分析中

F 检验的逻辑是将 $MSTR$ 除以 MSE 得出比值，如式 6.10。

$$F = \frac{MSTR}{MSE} \sim F(k-1, n-k)$$

在这个公式中，可以这样思考，当比值是一个很大的数字时代表组间的差异远大于组内的差异，也就意味着在这组数据中，大部分的差异是由于处理水平的不同也就是组的不同所造成的，组与组之间存在显著差异。因此因素对组均值产生较大的影响。相反，如果比值 F 很小，则说明组间的差异比组内的差异小，也就意味着大部分差异来自随机的不可控差异。无论在哪组都没有什么区别。F 值很小原假设就不能被拒绝。

那么，如何判断 F 值大或者 F 值小呢？这里遵循的方法与假定检验一样，需要通过与关键值的比较进行决策。我们可以看到，$MSTR/MSE$ 是一个方差比值的计算，因此需要用 F 分布，如图 6–6 所示。

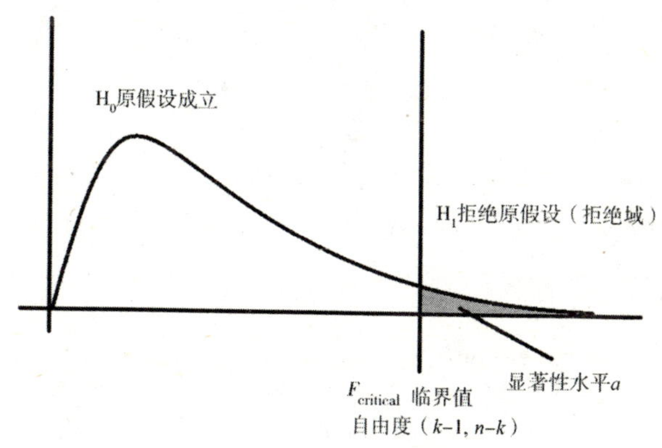

图 6–6 F 分布

如图 6–6 所示，如果我们计算得到的 F_{calc} 值（也叫作 $F_{计算值}$）大于查表得到的 $F_{critical}$ 值（也叫作 $F_{关键值}$）那么就落入拒绝原假设区域。相反如果 $F_{计算值}$ 小于 $F_{关键值}$，那么就不拒绝原假设。如此，只需要根据自由度，查出 F 关键值就可以作为判断的依据了。在 Excel 2010 以后的版本可以用函数 F.INV.RT（probability，deg_freedom1，deg_freedom2）快速查出结果，旧版 Excel 查表函数是“FINV（ ）”。这个函数中 probability 指的就是显著性值，deg_freedom1 是第一个自由度，即 k–1，而 deg_freedom2 就是第二个自由度，n–k。比如，引导案例中，n=30，k=3，查置信区间 95%，那么值 =0.05，所以 $F_{关键值}$ 就是 3.16。另外 F.INV.RT 这个函数和我们之前介绍的转换 p 值函数 F.DIST.RT

是一组相反的函数，一个是通过百分比 p 或者 α 转换 F 值，另一个是用 F 值转换成 p 或者 α 值。

三、SPSS 实现单因素方差分析

以本章的引导案例为例，在 SPSS 中为了生成折线图和散点图，已经对数据进行了整理。整理后的数据我们可以直接用 SPSS 生成单因素方差分析的结果。操作命令是"分析—比较均值—单因素方差分析"得到如图 6-7 的窗口。

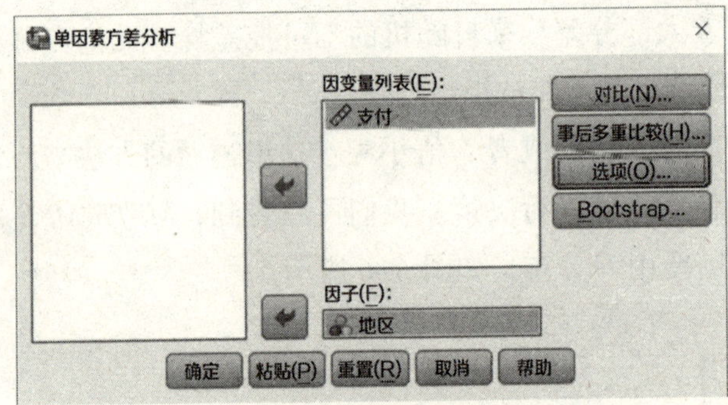

图 6-7 单因素方差分析窗口

在命令窗口中将"地区"放入"因子"，将"支付"放入"因素变量表"。这样 SPSS 就会按照地区分组，并分析支付的平均值。然后我们需要点击"事后多重分析比较"输入所需要的显著性值，如图 6-8 所示。

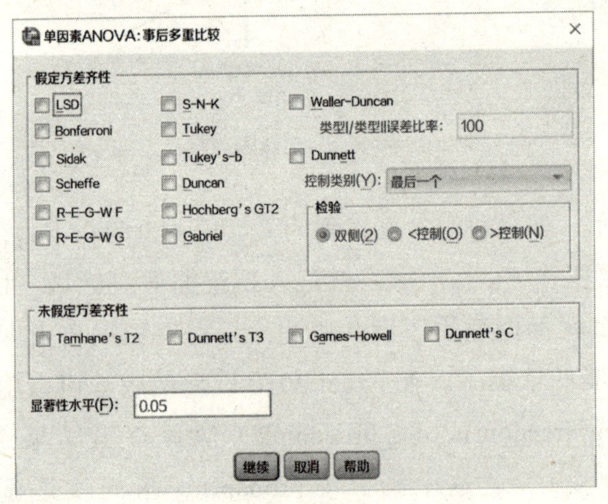

图 6-8 输入显著性水平值

在图 6-8 窗口中不仅可以输入显著性水平，更提供了所谓的"事后多重分析比较”的分析工具。这种工具的作用就是完成方差分析检验以后进一步对数据进行分析和处理。可以想象，如果方差分析最后得出的结论是 H_0 不拒绝原假设，那么就意味着 $\mu_1=\mu_2=\mu_3$，均值全等。这种情况说明检验的这个因素各处理水平的不同不影响观测值，那么也就不需要进一步分析。但如果结果是 H_1 则代表其中 μ 不全等，这时就会出现这样的疑问，μ 不全等，那么究竟是哪个（或哪些）μ 不同，差异又是多少。为了解决这样的问题，就必须采用进一步对比的方法。图 6–8 中的 Tukey 和 LSD 测试就是常用的进一步两两对比的分析方法。

点击“继续”按钮后，我们再打开“选项”窗口，如图 6–9 所示。

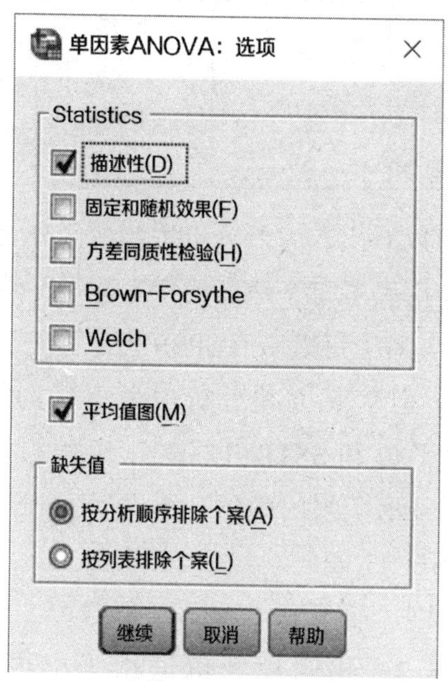

图 6–9　方差分析选项窗口

勾选不同的统计量可以得到更深层次的数据结果，这里可以勾选“描述性”和“平均值图”。结果就可以产生针对每一个组的描述统计和均值折线图。这样的话，单因素方差分析的结果就分为三个部分，描述统计（表 6–3）、方差分析结果（表 6–4）和相应勾选的图表。

表 6-3 方差分析的描述性统计

	N	平均值	标准偏差	标准错误	平均值 95% 置信区间		最小值	最大值
					下限值	上限		
1.00	20	14.5000	3.17059	0.70897	13.0161	15.9839	9.00	21.00
2.00	20	15.2500	4.12789	0.92302	13.3181	17.1819	9.00	24.00
3.00	20	13.9500	2.94645	0.65885	12.5710	15.3290	8.00	19.00
总计	60	14.5667	3.43643	0.44364	13.6789	15.4544	8.00	24.00

表 6-4 方差分析的 F 检验结果

	平方和	df	均方	F	显著性
组之间	17.033	2	8.517	0.714	0.494
组内	679.700	57	11.925		
总计	696.733	59			

从表 6-3 中我们可以看出，方差分析按照地区分为四行，每行代表了每个地区，用编码表示。N 代表了每个地区的样本数量，然后列出了平均值、标准偏差等重要数据。此外，对于每组均值 SPSS 还计算出了相应的 95% 置信区间。

表 6-4 非常简洁，但却是方差分析中最重要的部分。第一行显示了组间的值，比如，组间平方和 SSTR=17.033，组间自由度 DF1=2，组间均方 MSTR=8.517。第二行显示了组内的值，组内平方和 SSE=679.7，组内自由度 DF2=57，组内均方 MSE=11.925。

仔细观察可以得到它的计算逻辑关系，MSTR=8.517 就等于 SSTR=17.033 除以组间自由度 DF1=2。相同规则也适用于组内平方和 SSE=679.7。而 MSTR=8.517 与组内平方和 SSE=679.7 的总和就是总计平方和 SST=696.733。同样，总自由度 59 也是组间自由度 DF1=2 与组内自由度 DF2=57 的总和。其中组间自由度 DF1=2 就是因为有 3 组，k=3，所以 $k-1$=2，组内自由度 DF2=57 就是 $n-k$，n=60，所以 $n-k$=57。然后用组间均方 MSTR=8.517 除以组内均方 MSE=11.925 就得到了 $F_{计算值}$=0.714。显然这个值并不大，很接近 1，所以我们得到的 p 值是 0.494。显然这个 p 值要大于显著性水平 =0.05，所以我们不拒绝原假设。我们认为地区对移动支付的使用率没有显著影响。

总结表 6-4，可以归纳出如表 6-5 的计算关系。

表 6-5 单因素方差分析表内计算关系

误差来源	平方和（SS）	自由度（df）	均方（MS）	F 值	P 值
组间	SSTR	$k-1$	MSTR	MSTR/MSE	
组内	SSE	$n-k$	MSE		
总和	SST	$n-1$			

其中，SST=SSTR+SSE；

$n-1=k-1+n-k$；

MSTR=SSTR/$k-1$；

MSE=SSE/$n-k$；

F=MSTR/MSE。

【例题 6.2】某工厂三台设备 A，B 和 C 都对同一个产品进行装配。为了确定三台设备的装配时间一致，工程师对三台设备各测量了 10 个数据，如表 6-6 所示。假设三台机器的加工时间总体服从正态分布。试用 SPSS 在 95% 置信区间判断是否这三台设备处理时间相等。

表 6-6 三台设备装配时间（单位：秒）

A	B	C
97	93	99
73	100	94
93	93	87
100	55	66
73	77	59
91	91	75
100	85	84
86	73	72
92	90	88
95	83	86

将数据导入 SPSS，将机器 A、机器 B 和机器 C 分别编号为 1，2 和 3。然后使用“分析—比较均值—单因素方差分析”生成表 6-7。

表 6-7 三台设备的 F 测试结果

	平方和	df	均方	F	显著性
组之间	420.000	2	210.000	1.478	0.246
组内	3836.000	27	142.074		
总计	4256.000	29			

从上表可以看出，P 值等于 0.246，大于显著性水平 0.05，所以不能拒绝原假设 H_0。三台设备加工时间没有显著差异。

可见用计算机处理方差分析就非常简单，一般直接比较 P 值（SPSS 中称为显著性 sig.）和 α 就可以得到 H_0 或者 H_1 的结论。由于方差分析结果非常简单易用，导致许多研究者常常忽视了方差分析的前提，直接使用方差分析的结果。事实上方差分析适用的条件还是比较严苛的。第一，要求每个处理水平上的总体数据服从对称分布；第二，每组的离散情况要相似，就是每个处理水平的方差相等。比如对于例题 6.2，适用方差分析的前提是 A、B 和 C 三台机器装配时都需要服从正态分布，另外三台机器的加工时间差异（方差）需要相等。

第二节 双因素方差分析

一、双因素方差分析的软件操作

双因素方差分析，顾名思义是可以同时处理两个因素的方差分析方法，通常 Excel 采用的方式是将横坐标作为一个因素，再将纵坐标作为第二个因素。比如，某电视生产商想了解电视机销售数量在不同品牌和不同地区的差异，如表 6-8 所示。

表 6-8 地区和品牌对电视机销售数量的影响数据

		地区因素				
		地区 1	地区 2	地区 3	地区 4	地区 5
品牌因素	品牌 1	365	350	343	340	323
	品牌 2	345	368	363	330	333
	品牌 3	358	323	353	343	308
	品牌 4	288	280	298	260	298

在这个表格中，以“行”数据进行分析就能体现“品牌”因素，以“列”数据进行分析则能体现“地区”因素。这样在一个二维的表格中就可以同时保留两个因素变量。因此双因素分析就能同时检验“地区”和“品牌”两个因素是否影响电视机销售。

又如某城市的交管部门为了研究不同时段和不同路段对行驶时间的影响，收集了以下数据，如表 6–9，路段 1 和路段 2 各收集了 10 个数据，高峰和非高峰时段也各 10 个数据。

表 6–9　不同时段和不同路段的行驶时间

	路段 1	路段 2
高峰时段	26	19
	24	20
	27	23
	25	22
	25	21
非高峰时段	20	18
	17	17
	22	13
	21	16
	17	12

在上表中，行是“路段”因素，列是“时段”因素。但与表 6–8 不同，表 6–8 行和列相交的处理水平上只有一个值，比如“地区 2”的“品牌 3”销售数量是 323。也就是说在这个处理水平上，只收集到一个样本数据。而相比表 6–9 中无论是行因素还是列因素，每个处理水平中记录着多个数值，比如“路段 1”的“高峰时段”有 5 个记录值。显然收集个样本数据会好于只有一个样本数据。

这种由行和列两个因素组成的二维表格可以在 Excel 中进行双因素分析。其分析逻辑与单因素方差分析相似，就是以“行”为因素进行方差分析，再以“列”为因素进行分析。但是，这种二维表格的数据排列方法有一个很大的缺点，就是每个处理水平上收集的数据数量必须相等。从表 6–9 中可以看出，无论时“路段 1”还是“路段 2”，也无论是“高峰时段”还是“非高峰时段”，每个行列相交的处理水平上都是 5 个数值。Excel 进行双因素分析时，必须要求相交处理水平上的样本个数相等。这种特意凑齐数量的方法在现实数据收集中很少使用，因为在实际数据收集的过程中主要考虑的是数据数量尽量大和数据有效性尽量高，很少会特意凑齐样本数量。数据个数无法对齐，Excel 也无法进行双因素分析。

将因素按照行列排列显然不是处理数据的最佳选择，因此专业的统计软件如 SPSS 和 MiniTab 不再使用“行”和“列”的方法限制因素。这些统计软件采取的方式是，将两个因素全部放入列，每一列代表了一个因素。这种数据的表现形式如表 6-10，该表收集的数据是为了分析不同行业不同性别的奖金数量是否存在差异。在这个表中，“行业”和“性别”就是两个因素，其排列方式类似于数据库字段的存储方法。

表 6-10 不同行业不同性别的奖金数量

奖金	行业	性别
872	金融业	男
859	金融业	男
1028	金融业	男
1117	金融业	男
1019	金融业	男
519	金融业	女
702	金融业	女
805	金融业	女
558	金融业	女
591	金融业	女
747	IT 业	男
766	IT 业	男
901	IT 业	男
690	IT 业	男
881	IT 业	男
884	IT 业	女
765	IT 业	女
685	IT 业	女
700	IT 业	女

续表

奖金	行业	性别
671	IT 业	女
1105	医药业	男
1144	医药业	男
1085	医药业	男
903	医药业	男
998	医药业	男
813	医药业	女
985	医药业	女
1006	医药业	女
1034	医药业	女
817	医药业	女

在上表中，行列因素不再是以之前二维表的形式排列了。两种因素都以列的形式排列，比如，“行业”因素中就存在三种处理水平：“金融业”“IT业”和“医药业”。“性别”因素中有“男”和“女”。这样排序最大的优点是数据表的扩展性大幅度加强，可以想象表 6–10 中可以在“性别”列后增加出如“年龄”“地区”“婚姻状况”等其他因素数据。像这样收集不同类型的数据样本，就可以对问题采取不同方法进行分析，从而更全面、更深入地分析和解释问题。因此，在 SPSS 中，双因素分析不再使用“均值比较”的命令组，而是采用了“分析——一般线性模型—单变量”进行实现。

（一）无交互作用的操作

以表 6–10 为例，为了调查是否性别和行业会对奖金产生影响，首先要提出假设。在双因素方差分析中，需要对每一个因素提出一种假设，因此对于表 6–8，可以提出两组假设：

第一组，关于“行业”因素的假设。

H_0：不同行业对奖金没有显著影响，即 $\mu_{金融业}=\mu_{IT业}=\mu_{医药业}$。

H_1：不同行业对奖金有显著影响，即 $\mu_{金融业}$、$\mu_{IT业}$、$\mu_{医药业}$不全等。

第二组，关于“性别”因素的假设。

H_0：不同性别对奖金没有显著影响，即 $\mu_{男}=\mu_{女}$。

H_1：不同性别对奖金有显著影响，即 $\mu_{男}\mu_{女}$不全等。

在第二组假设中，由于“性别”只有两个处理水平，“男”和“女”也可以写成$\mu_{男}\mu_{女}$。要注意的是虽然第二组假设和先前章节中的两个总体均值比较是一致的，但分析方法完全不同。在方差分析中检验的依据是比较组间均方差和组内均方差用 F 分布进行判断；而均值检验用的是以两组均值相减的差值 t 分布或者 Z 分布进行判断。两种检验方法有本质的区别。

设定假设后需要对数据进行处理，将字符串的数据转化为数值型数据。对“行业”因素中的“金融业”“IT 业”和“医药业”分别赋值“1”“2”“3”。在对“性别”因素中有“男”和“女”赋值“1”和“0”。将赋值后的数据导入 SPSS，调出“分析——一般线性模型—单变量”命令窗口，如图 6-10 所示。

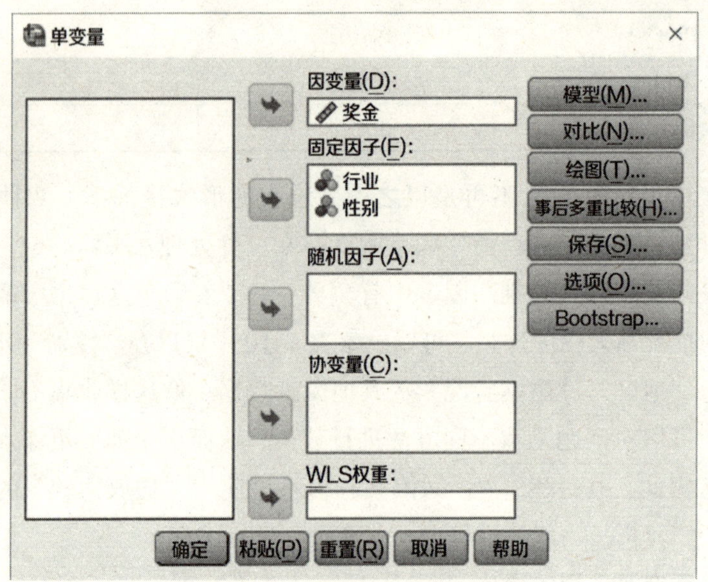

图 6-10 单变量的操作窗口

按照图 6-10，将“奖金”放入因变量，再将“行业”和“性别”放入固定因子栏，可以发现，固定因子栏可以不止放两个变量。我们可以将多个变量放在固定因子栏从而实现多因素的方差分析。然后点击模型，出现图 6-11。

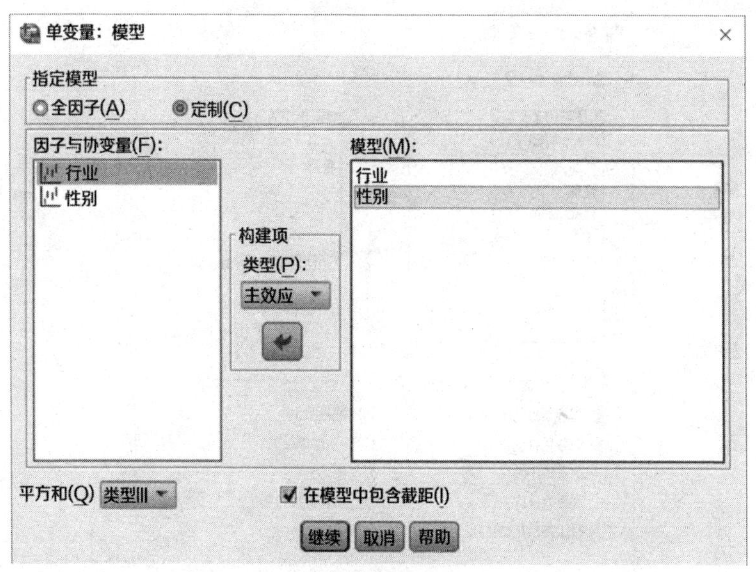

图 6-11 模型处理窗口

点击“定制”，然后将“行业”和“性别”放入右边的模型栏。在“构建项类型”中选择主效应。这样做的原因是 SPSS 的默认模型是因素与因素之间有交互作用，在此先假设“行业”和“性别”是互相独立的，所以需要去除他们之间的交互作用。然后点击“继续”。此外，还取消勾选底部的“在模型中包含截距”，然后点击继续。其原因是单因素分析是一个线性方程分析工具，可以用线性方程的方式生成截距。点击“选项”，调出选项的设置窗口，如图 6-12 所示。

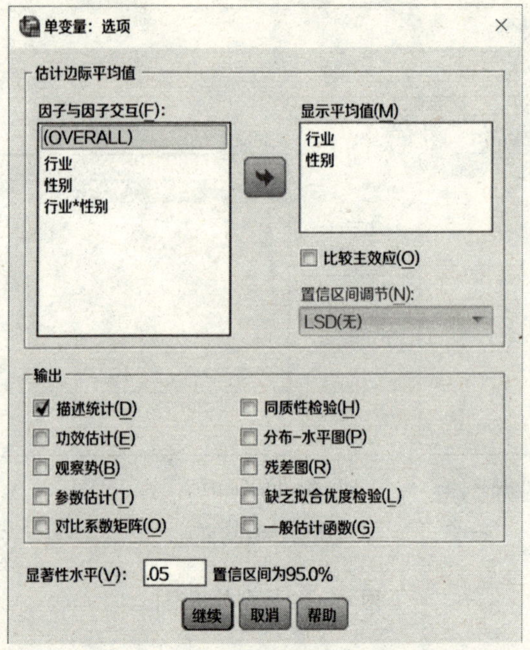

图 6-12　单变量选项操作窗口

按照图 6-12，将行业和性别放入显示均值栏。这一步不是必需的，如果只想得到 p 值，可以忽略。再勾选“描述统计”，并输入期望的置信度 α。点击“继续”“确定”后，SPSS 会生成表 6-11 和表 6-12。

表 6-11　单变量描述统计分析

行业	性别	平均值	标准偏差	数字
1.00	0.00	635.0000	116.95084	5
	1.00	979.0000	110.55994	5
	总计	807.0000	210.67194	10
2.00	0.00	741.0000	87.66698	5
	1.00	797.0000	90.52900	5
	总计	769.0000	89.04680	10
3.00	0.00	931.0000	107.31962	5
	1.00	1047.0000	96.63591	5
	总计	989.0000	114.04872	10
总计	0.00	769.0000	159.56235	15
	1.00	941.0000	142.95604	15
	总计	855.0000	172.64993	30

表 6-12 单变量主体间效应的检验结果

源	III 类平方和	自由度	均方	F	显著性
模型	22429190.000[a]	4	5607297.500	398.341	0.000
性别	221880.000	1	221880.000	15.762	0.001
行业	276560.000	2	138280.000	9.823	0.001
错误	365992.000	26	14076.615		
总计	22795182.000	30			

a. R 平方 =0.984（调整后的 R 平方 =0.981）

在表 6-11 中，SPSS 以行业作为主要的变量将三个行业分开，并在每个行业中细分出男性和女性。这样将整体数据的六个处理水平完整显示出来，并对每个处理水平给出了均值和标准差。如果我们希望得到的效果是以性别为主要变量，然后针对每个性别展开三个行业的处理水平，那么我们在表 6-10 中将“性别”变量排到“行业”之前。

表 6-12 中，主要看的是显著性水平，即“性别”的 p 值和“行业”的 p 值。比如“性别”的 p 值是 0.001，明显小于显著性水平 0.05，那么就可以得到 H_1 结论，性别对奖金数量有显著影响。“行业”的 p 值也是 0.001，小于显著性 0.05，那么行业也对奖金也有显著影响。需要注意的是，单变量命令本身是一种线性模型的分析方式，这样的输出结果与 Excel 等双因素分析的输出结果略有不同。SPSS 这样的处理方法好处是，无论有多少个因素，可以直接一次处理完成，其处理方法就是以后将要学习的多元回归模型。

（二）有交互作用的操作

学习有交互作用的双因素分析前，最重要的是理解什么是交互作用。许多英语教材上会用“correlation”“interaction”“colinearity”等复杂词汇描绘交互作用。在双因素方差分析中交互作用指的是两个因素之间的依赖关系。因变量 Y 受到第一个因素 X_1 的影响，Y 也受到第二个因素 X_2 的影响，同时 X_1 和 X_2 之间也会互相影响。这种两个因素之间的依赖关系就是交互作用。

可以考虑这样一种情况：某个幼儿园要考察小朋友的智力情况。研究者认为小朋友的“年级”和“身高”两个因素可能影响“智力”。因此将应变量 Y 设置为“智力”；自变量 X_1 设置为“年级”分为三个处理水平“小班”“中班”和“大班”；自变量 X_2 设置为身高也有三个处理水平“较矮”“中等”和“较高”。那么结果可想而知，“智力”在“年级”因素一定会表现出不同，大班的小朋友高于小班。在“身高”因素上也会体现出较高的小朋友智力要高于较矮的小朋友。其实这两个因素都和年龄高度相关，也就是说年龄大的小朋友应该在大班，而且身高也会高一些。相反，年龄小的小朋友应该在小班，身高也稍矮一些。在这个问题中如果用双因素方差分析就会得到交互作用的结果。无论是“年级”因素，还是“身高”因素，都会影响“智力”。而且可以判断“年级”和“身高”对“智力”的影响是基本相同的，这些影响主要是由年龄差异造成的。在这个情况中，两个因素就是交互作用。因“年级”所造成的“智力”差异和因“身高”所造成的智力差异基本是一样的，都是因年龄而带来的差异。两个因素解释的方差是同一类方差。以此类推，如果设计“体重”“胸围”“鞋码”等因素，研究其对智力的作用，结果就是因年龄产生的差异。

双因素方差分析在实际生活中的应用范围并不是太多，主要原因是很难保证样本的正态分布，每个处理水平方差相等，而且因素间不存在交互作用。因此 SPSS 中也没有双因素方差分析的功能，这里介绍 MiniTab 是如何处理双因素方差分析的。MiniTab 中有独立的双因素方差分析命令。通过点击菜单的“分析—方差分析—双因素”可以打开命令窗口，如图 6-13 所示。

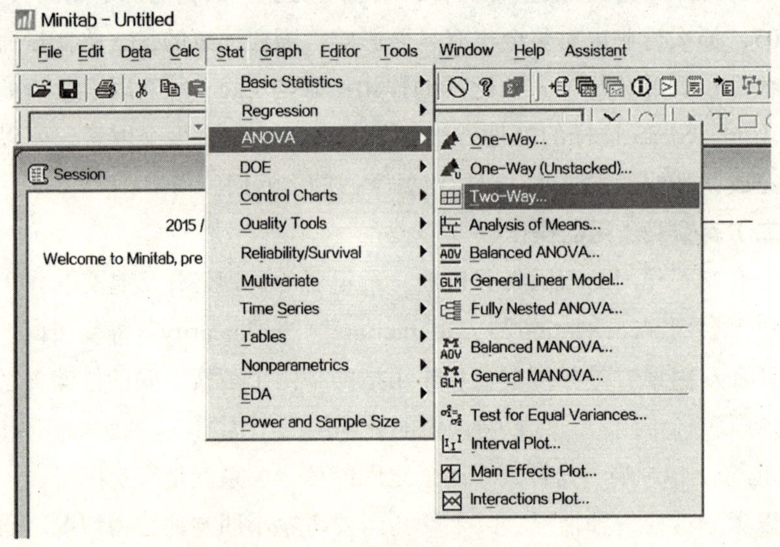

图 6-13 MiniTab 中的双因素方差分析

在 MiniTab 中，如果用双因素方差分析，则只能放入两个因素变量，如果使用线性模型可以和刚刚介绍的 SPSS 一样，放入多个因素变量。双因素方差分析的命令窗口如图 6-14 所示。

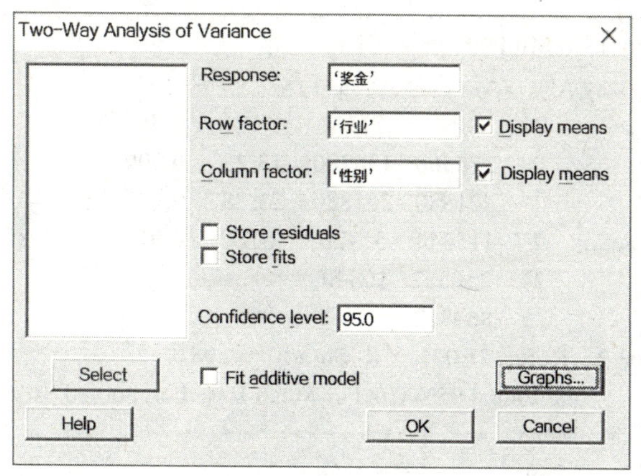

图 6-14 MiniTab 双因素方差分析的操作

与 SPSS 相似，将“奖金”放入因变量，然后将“行业”和“性别”分别放入自变量，再勾选右边的显示平均值。设置完置信区间后，可以点击“图标”按钮，对生成的图标进行设置，比如选择了箱体图作为参考，如图 6-15 所示。这里可以发现，MiniTab 相比 SPSS 有一个方便之处，就是不需要将字符串变量转化为数值型变量，可以直接进行分析操作。

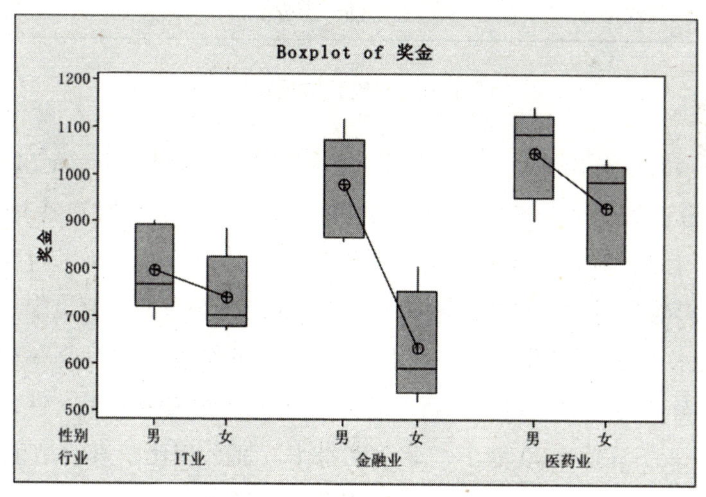

图 6-15 双因素方差分析的箱体图

图 6-15 就是以“行业”为主因素，在每个行业中细分“性别”的箱体图。可以清楚地看到不同处理水平上的差异，金融业中男女奖金差异较大，IT 行业性别差异最小。而整体来说医药业的奖金收入要高于另外两个行业。MiniTab 的输出结果如图 6-16 所示。

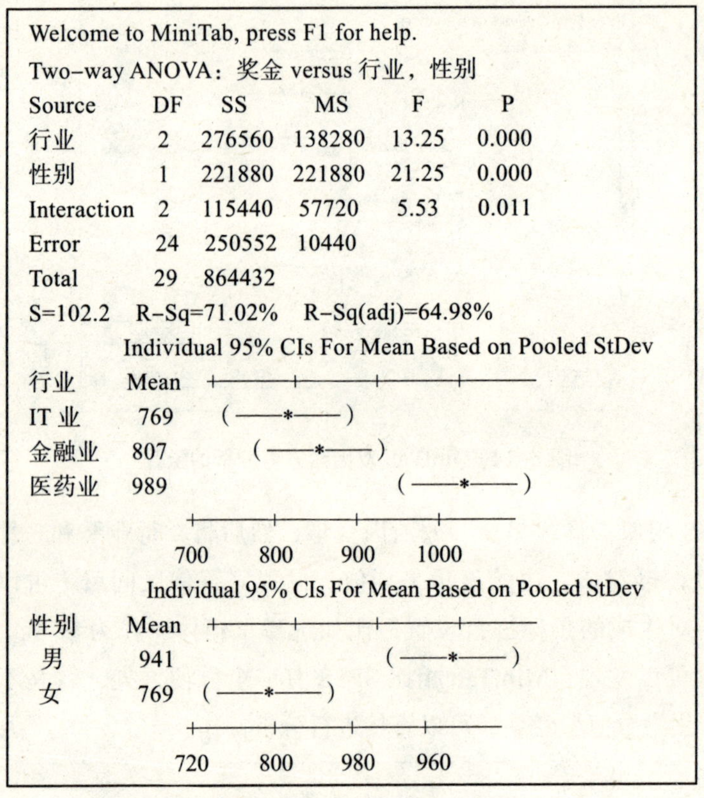

```
Welcome to MiniTab, press F1 for help.
Two-way ANOVA：奖金 versus 行业，性别
Source       DF   SS       MS       F      P
行业          2   276560   138280   13.25  0.000
性别          1   221880   221880   21.25  0.000
Interaction   2   115440   57720    5.53   0.011
Error        24   250552   10440
Total        29   864432
S=102.2   R-Sq=71.02%   R-Sq(adj)=64.98%
              Individual 95% CIs For Mean Based on Pooled StDev
行业      Mean  -+---------+---------+---------+---------
IT 业     769      (----*----)
金融业    807          (----*----)
医药业    989                        (----*----)
              -+---------+---------+---------+---------
              700       800       900       1000
              Individual 95% CIs For Mean Based on Pooled StDev
性别      Mean  -+---------+---------+---------+---------
 男       941                        (----*----)
 女       769    (----*----)
              -+---------+---------+---------+---------
              720       800       980       960
```

图 6-16　双因素结果输出

在图 6-16 的输出中，可以先看下半部分，“95% CIs for Mean”这里 MiniTab 用简单的“(——*——)”的方式分布表示了均值和其 95% 的置信区间。可以看到，对于行业来说医药业显然高于其他行业，所以行业会对奖金的多少产生影响。因此其行业因素的 F 值是 13.25，对应的 p 值也很小是 0.00，小于显著性水平 0.05。那么行业因素就得到 H_1 的结论，“行业”对“奖金”有显著的影响。再看“性别”因素，总体来说男性的奖金高于女性，“性别”因素 F 是 21.25，p 值 0.00 也小于显著性水平。那么相比因素的结论也是 H_1，“性别”显著影响“奖金”。除了行因素和列因素外，多了“interaction”交互作用，对于交互作用也有一组相应的假设。

H_0：行因素和列因素之间互相独立，没有交互作用。

H_1：行因素和列因素之间有显著依赖关系，有交互作用。

在图 6-16 的输出结果中，有交互作用的 p 值是 0.011，小于 0.05，因此可以判断结论是 H_1，“行业”和“性别”之间有交互作用。因此，之前得到的

“行业”与“性别”对“奖金”显著影响的结果可能并不十分理想。

对比表 6–12（SPSS 输出结果）和图 6–16（MiniTab 输出结果）还可以注意到，其计算结果略微不同，MiniTab 假设所有的双因素都可能存在交互作用。因此会增加一个交互作用的因子。而先前的 SPSS 用的是无交互作用检验。如果在 SPSS 中使用有交互作用的分析（图 6–11 中增加交互作用），将得到如表 6–13 所示结果。

表 6–13 SPSS 中有交互作用的分析

源	Ⅲ类平方和	自由度	均方	F	显著性
模型	22544630.000	6	3757438.333	359.919	0.000
行业	276560.000	2	138280.000	13.246	0.000
性别	221880.000	1	221880.000	21.254	0.000
行业 * 性别	115440.000	2	57720.000	5.529	0.011
错误	250552.000	24	10439.667		
总计	22795182.000	30			

a. R 平方 =0.989（调整后的 R 平方 =0.986）

可以看到，表 6–13 的结果就与 MiniTab 结果图 6–16 非常接近了。由于计算方法的不同，两者在总计的自由度上还略有差异，但结果已经一致了。可以看到 SPSS 的交互作用被称为“行业 * 性别”。对应的有一个 p 值 0.011，小于显著性水平 0.05。说明在这组数据中，两个因素之间不是互为独立的，相互之间有所影响。这与 MiniTab 的结果也是一致的。

二、双因素方差分析的计算逻辑

双因素方差分析的计算与单因素相似，但是其数据排列有其特定的方法，比如，表 6–8 和表 6–9 就是 Excel 典型的双因素数据排列方式。虽然统计软件并没有采用这样数据排列方法，但这样二维表格非常易于理解和操作。这种排列方式更易于计算时进行表述。典型的双因素分析数据结构如表 6–14 所示。

表 6-14　典型的双因素分析数据结构

	A	B	C	D	E	F	G
1			列因素（j）				平均值 $\bar{x}_i$
2			列 1	列 2	…	列 r	
3	行因素（i）	行 1	x_{11}	x_{12}	…	x_{1r}	$\bar{x}_1$
4		行 2	x_{21}	x_{22}	…	x_{2r}	$\bar{x}_2$
5		⋮	⋮	⋮	⋮	⋮	⋮
6		行 k	x_{k1}	x_{k2}	…	x_{kr}	$\bar{x}_k$
7	平均值 $\bar{x}_j$		$\bar{x}_1$	$\bar{x}_2$	…	$\bar{x}_r$	$\bar{\bar{x}}$
8							

（一）检验量的构建

根据上表，可以很方便地计算出行因素和列因素的处理水平平均值。

（1）$\bar{x}_i$ 是行因素的第 i 个水平下各观察值的平均值，所以对于每一个行因素的处理水平来说，平均值公式就是：

$$\bar{x}_{i.}=\frac{\sum_{j=1}^{r}x_{ij}}{r}\quad(i=1,\ 2,\ \cdots,\ k)\tag{6.11}$$

（2）$\bar{x}_j$ 是列因素的第 j 个水平下各观察值的平均值，所以对于每一个列因素的处理水平来说，平均值公式就是：

$$\bar{x}_{.j}=\frac{\sum_{i=1}^{k}x_{ij}}{k}\quad(j=1,\ 2,\ \cdots,\ r)\tag{6.12}$$

（3）$\bar{\bar{x}}$ 是全部 $k\times r$ 个样本数据的总平均值，有以下公式：

$$\bar{\bar{x}}=\frac{\sum_{i=1}^{k}\sum_{j=1}^{r}x_{ij}}{kr}\tag{6.13}$$

这里在求 $\bar{\bar{x}}$ 的公式中，k 代表列因素的处理水平个数，这与单因素方差分析一样，代表了数据有多少列。其中的 r 则代表了行因素的处理水平个数，就是有多少行。所以双因素方差分析的自由度会比单因素的更复杂一下。

与单因素相似，为了得到最后的 F 统计值，需要算出均方差。为了得到均方差必须先算出各总方差。

（4）随机误差项平方和公式如下：

$$SSE = \sum_{i=1}^{k}\sum_{j=1}^{r}\left(x_{ij} - \bar{x}_{i.} - \bar{x}_{.j} + \bar{\bar{x}}\right)^2 \quad (6.14)$$

从这个公式中可以看出，这个随机误差不仅包含了列因素的组内误差，还包含了行因素的组内误差，与单因素方差分析的 *SSE* 相比更深一步。

（5）列因素误差平方和公式如下：

$$SSC = \sum_{i=1}^{k}\sum_{j=1}^{r}\left(\bar{x}_{.j} - \bar{\bar{x}}\right)^2 \quad (6.15)$$

其中，*SSC* 代表 sum of squared columns，计算的是列因素的各处理水平。

（6）行因素误差平方和公式如下：

$$SSR = \sum_{i=1}^{k}\sum_{j=1}^{r}\left(\bar{x}_{i.} - \bar{\bar{x}}\right)^2 \quad (6.16)$$

其中，*SSR* 代表 sum of squared rows，计算的是行因素的各处理水平。

（7）总误差平方和公式如下：

$$SST = \sum_{i=1}^{k}\sum_{j=1}^{r}\left(x_{ij} - \bar{\bar{x}}\right)^2 \quad (6.17)$$

（二）检验量之间的关系

与单因素相同，各项误差的总和应当等于总误差。双因素中，误差不只包含了列处理水平的误差和随机误差，还包含了行因素各处理水平的误差，所以有：

$SST = SSR + SSC + SSE$

为了根据总方差 *SS* 计算均方差 *MS*，我们需要对各总方差的自由度进行梳理：

误差项平方和 *SSE* 的自由度为（k-1）×（r–1）；

列因素平方和 *SSC* 的自由度为 r–1；

行因素平方和 *SSR* 的自由度为 k–1；

总误差平方和 *SST* 的自由度为 kr–1。

然后我们可以根据总方差 *SS* 除以其自由度得到相应的均方差 *MS*，所以有：

（1）误差项的均方 *MSE*，其计算公式为：

$$MSE = \frac{SSE}{(k-1)(r-1)} \quad (6.18)$$

（2）列因素的均方 MSC，其计算公式为：

$$MSC=\frac{SSC}{r-1} \tag{6.19}$$

（3）行因素的均方 MSR，其计算公式为：

$$MSR=\frac{SSR}{k-1} \tag{6.20}$$

由此，可以计算出构建 F 统计量所需要的各均方 MS 的值。对于双因素方差分析来说，有两组最基本的假设，一组对于行因素进行假设，另一组则对于列因素进行假设。因此 F 统计量值会有两个，可以参考表 6-11 的 SPSS 处理结果。如此，就需要两个 $F_{计算值}$，$F_{计算值}$行通常记作 F_R、$F_{计算值}$列通常记作 F_C。

（4）检验列因素的 F 统计量，F_C 的计算公式：

$$F_C=\frac{MSC}{MSE}\sim F\left(r-1,\ (k-1)(r-1)\right) \tag{6.21}$$

（5）检验行因素的 F 统计量，F_R 的计算公式：

$$F_R=\frac{MSR}{MSE}\sim F\left(k-1,\ (k-1)(r-1)\right) \tag{6.22}$$

F 值的判断逻辑和单因素相同，如果 F 计算值大于 F 关键值，那么拒绝原假设；如果 F 计算值小于 F 关键值，则不拒绝原假设。这里需要注意的是，对于行因素和列因素来说，F 关键值的自由度是不同的。如以上公式，行因素的自由度是 $\left(k-1,\ (k-1)(r-1)\right)$，而列因素的自由度是 $\left(r-1,\ (k-1)(r-1)\right)$。表 6-15 总结双因素方差分析的计算和输出形式，这个输出形式和我们之前看到 MiniTab 的结果报告图 6-16 是一致的。但与 SPSS 的输出不同，其原因就是 SPSS 用的分析方法是线性模型的处理方法而非双因素方差分析的方法。

表 6-15　双因素方差分析表内计算关系

误差来源	平方和（SS）	自由度（df）	均方（MS）	F 值	P 值	F 关键值
行因素	SSR	$k-1$	MSR	MSR/MSE		
列因素	SSC	$r-1$	MSC	MSC/MSE		
误差	SSE	$(k-1)(r-1)$	MSE			
总和	SST	$kr-1$				

三、有交互作用的双因素方差分析的计算逻辑

在图 6-16 的计算结果中已经分析了交互作用的存在，那么交互作用又是怎

么计算的呢？它的计算逻辑基本和双因素一致，但是除了行因素和列因素的作用外，又多了一个交互作用因素。交互作用的方差分析表中计算关系如表 6-16 所示。

表 6-16 交互作用双因素方差分析表内计算关系

误差来源	平方和（SS）	自由度（df）	均方（MS）	F 值	P 值	F 关键值
行因素	SSR	$k-1$	MSR	F_R		
列因素	SSC	$r-1$	MSC	F_C		
交互作用	$SSRC$	$(k-1)(r-1)$	$MSRC$	F_{RC}		
误差	SSE	$Kr(m-1)$	MSE			
总和	SST	$n-1$				

（一）主要统计量和计算

为了考虑交互性，行因素乘列因素。我们就需要对原先的主要统计量进行再次梳理。比起一般的双因素，交互作用下的双因素分析多了 x_{ij1}，它表示为对应于行因素的第 i 个水平和列因素的第 j 个水平的第 1 行的观察值，其中 1 的取值一般从 1 至 m。那么就有以下统计量

（1）总平方和：

$$SST=\sum_{i=1}^{k}\sum_{j=1}^{r}\sum_{l=1}^{m}(x_{ijl}-\bar{\bar{x}})^2 \quad (6.23)$$

（2）行变量平方和：

$$SSR=m\sum_{i=1}^{k}(\bar{x}_{i.}-\bar{\bar{x}})^2 \quad (6.24)$$

（3）列变量平方和：

$$SSC=km\sum_{j=1}^{r}(\bar{x}_{.j}-\bar{\bar{x}})^2 \quad (6.25)$$

（4）行列交互平方和：

$$SSRC=m\sum_{i=1}^{k}\sum_{j=1}^{r}(\bar{x}_{ij}-\bar{x}_{i.}-\bar{x}_{.j}+\bar{\bar{x}})^2 \quad (6.26)$$

（5）误差项平方和：

$$SSE=SST-SSR-SC-SSRC \quad (6.27)$$

那么这些值相对应的均方 MS 就等于 SS 除以自由度，这里不再展开。

（二）交互作用的结果分析

以图 6-16 或者表 6-13 为例，这是一张 MiniTab 双因素分析的结果报告和

一张相同数据 SPSS 单变量命令的结果报告。在数据中，我们应该首先注意到其交互作用。现代的统计软件一般会直接给出 p 值，避免了逐个用 F 计算值和境界点比较大小的工作。因此可以直接使用 p 值进行判断。

这个问题中，交互作用 p 值 0.011 是小于置信度 0.05，因此根据交互作用假设：

H_0：行业因素与性别因素之间是互为独立的。

H_1：行业因素与性别因素之间不是互为独立的。

结论是拒绝交互作用原假设，“行业”与“性别”有交互作用。它表明性别与行业产生的联合作用会对“奖金”变量产生附加变化。再根据行因素的 p 值判断，结论是对于“行业”变量拒绝原假设，行业对奖金有显著影响。然后根据列因素的 p 值判断，结论是对于“性别”变量拒绝原假设，“性别”对奖金有显著影响。

至此已经得到了方差分析的结果。但是这个结果存在一定的局限性，因为单凭 p 值（或者 F 值）可以判断得到拒绝原假设的结果，比如图 6–16 中“行业”变量影响“奖金”。然而这个结果无法进一步解释“行业”如何影响“奖金”。如果需要更进一步的分析，可以参考图 6–16 的后半部分 95%Cis。比如 IT 业和金融业的奖金基本相似（因为 95%CI 基本重合），而医药业最高，均值达到了 989。

之前的图 6–8 被称为“事后分析”，其作用就是在完成方差分析后进一步用将不同处理水平的上样本进行两两对比进一步检验，是哪个组（或哪些组）产生了组间差异。常用事后分析方法有 LSD 方法和 Tukey 方法。前者 LSD 方法的原则就是利用 t 分布检验差异的显著性，与前章节中两个总体均值检验的方法十分类似。后者，Tukey 检验利用每一个处理水平为基准与其他处理水平作出比较，从而对总体误差进行控制。如果统计量区间含有 0，那么说明两个处理水平没有显著差异。反之，区间不包含 0，则代表相交的处理水平有显著差异。比如图 6–17 就是以“IT 业”为比较基准的结果分析。

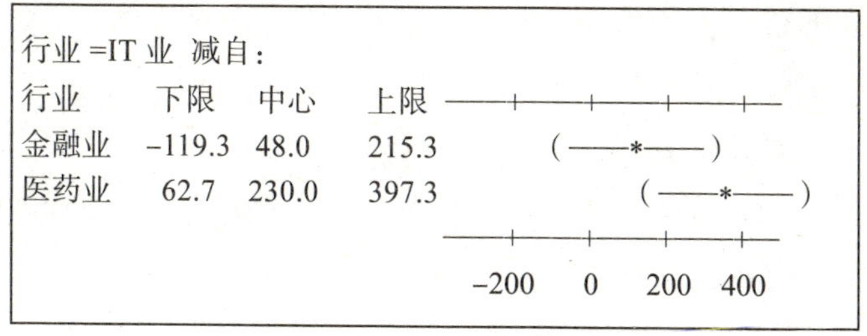

```
行业 =IT 业 减自:
行业      下限    中心    上限   ------+---------+---------+---------+---
金融业  -119.3   48.0   215.3            (------*------)
医药业    62.7  230.0   397.3                      (------*------)
                                 ------+---------+---------+---------+---
                                     -200        0       200     400
```

图 6-17 Tukey 分析结果

第一行说明，以“IT 业”为基准与“金融业”进行比较。0 在下限和上限之间，从而可以判断“IT 业”与“金融业”的奖金没有显著差异。第二行则说明“IT 业”与“医药业”的比较结果。0 不在区间内，从而可以判断“IT 业”与“医药业”的奖金有显著的差异。这里只截取了以“IT 业”为比较基准，完整的输出结果中以排列组合的方法展示出任何可能组合。

【本章小结】

本章中介绍的方差分析方法是双样本检验的提升和进步。方差分析可以一次处理多个组的均值比较，并且判断出组与组的均值之间是否存在显著的差异。方差分析的核心思想是将误差拆分成两个部分，组间差异和组内差异。通过检说明验组间差异所占比重的大小用 F 分布判断假设的成立与否。比值越大，说明主要的差异存在于组间，进而可以判断组与组之间均值不同；相反，比值小则说明主要的差异存在于组内随机差异，从而可以判断组与组之间的均值基本相同。

后续的双因素的方差分析是对单因素的进一步深入，但分析逻辑仍然延续，只是将原有的误差拆分成三个部分：行因素组间误差、列因素组间误差和随机误差。为了同时对行列因素进行检验，针对两个因素设定了两组假设。

考虑到当同时分析两个因素时，因素之间可能存在依赖关系，因此本章双因素分析中重点介绍了交互作用及分析方法。在实际应用中应当先验证因素之间的交互作用，然后再验证各因素在处理水平上的差异。如果因素之间存在严重的交互作用，那么无论因素验证得到的结果是什么其可信度将大大降低。

由于方差分析的计算逻辑是分析组间的误差比例，因而无法更进一步判断差异在哪里，有多少等。本章最后列举了两个常用的方差分析事后分析手段，LSD 和 Tukey。

【本章重要公式】

方差分析的核心处理方法是 F 值计算，其逻辑是用组间差异与组内差异进行比值计算。通过对 F 值大小的观察，判断主要差异的来源。本章节中出现的公式比较多，主要公式如下。

在单因素方差分析中：

（1）$SST=SSTR+SSE$，计算总平方和，或者理解为总平方和的组成。

（2）$DF_{SST}=DF_{SSTR}+DF_{SSE}$，平方和的自由度计算。

（3）$\bar{\bar{x}}=\dfrac{\sum_{i=1}^{k}\sum_{j=1}^{n_i}x_{ij}}{n}=\dfrac{\sum_{i=1}^{k}n_i\bar{x}_i}{n}$，所有的样本均值计算。

（4）$\bar{x}_i=\dfrac{\sum_{j=1}^{n_i}x_{ij}}{n_i}$，每个处理水平上均值的计算。

（5）$SST=\sum_{i=1}^{k}\sum_{j=1}^{n_i}\left(x_{ij}-\bar{\bar{x}}\right)^2$，总平方和计算。

（6）$SSTR=\sum_{i=1}^{k}\sum_{j=1}^{n_i}\left(\bar{x}_i-\bar{\bar{x}}\right)^2=\sum_{i=1}^{k}n_i\left(\bar{x}_i-\bar{\bar{x}}\right)^2$，组间平方和计算。

（7）$MSTR=\dfrac{SSTR}{k-1}$，组间均方计算。

（8）$SSE=\sum_{i=1}^{k}\sum_{j=1}^{n_i}\left(x_{ij}-\bar{x}_i\right)^2$，组内平方和计算。

（9）$MSE=\dfrac{SSE}{n-k}$，组内均方和计算。

（10）$F=\dfrac{MSTR}{MSE}\sim F(k-1,n-k)$，单因素方差分析 F 值计算。

在双因素方差分析中：

（11）$\bar{x}_{i.}=\dfrac{\sum_{j=1}^{r}x_{ij}}{r}$（$i$=1，2，…，$k$），每列处理水平上均值计算。

（12）$\bar{x}_{.j}=\dfrac{\sum_{i=1}^{k}x_{ij}}{k}$（$j$=1，2，…，$r$），每行处理水平上均值计算。

（13）$\bar{\bar{x}}=\dfrac{\sum_{i=1}^{k}\sum_{j=1}^{r}x_{ij}}{kr}$，所有的样本均值计算。

（14）$SSE=\sum_{i=1}^{k}\sum_{j=1}^{r}\left(x_{ij}-\bar{x}_{i.}-\bar{x}_{.j}+\bar{\bar{x}}\right)^2$，计算组内误差平方和。

（15）$SSC=\sum_{i=1}^{k}\sum_{j=1}^{r}\left(\bar{x}_{.j}-\bar{\bar{x}}\right)^2$，计算列处理水平上平方和。

（16）$SSR=\sum_{i=1}^{k}\sum_{j=1}^{r}\left(\bar{x}_{i.}-\bar{\bar{x}}\right)^2$，计算行处理水平上平方和。

（17）$SST=\sum_{i=1}^{k}\sum_{j=1}^{r}\left(x_{ij}-\bar{\bar{x}}\right)^2$，计算总平方和。

（18）$MSE=\dfrac{SSE}{(k-1)(r-1)}$，计算组内均方和。

（19）$MSC=\dfrac{SSC}{r-1}$，计算列处理水平均方和。

（20）$MSR=\dfrac{SSR}{k-1}$，计算行处理水平均方和。

（21）$F_{C}=\dfrac{MSC}{MSE}\sim F\left(r-1,\ (k-1)(r-1)\right)$，计算列处理水平 F 值。

（22）$F_{R}=\dfrac{MSR}{MSE}\sim F\left(k-1,\ (k-1)(r-1)\right)$，计算行处理水平 F 值。

（23）$SST=\sum_{i=1}^{k}\sum_{j=1}^{r}\sum_{l=1}^{m}(x_{ijl}-\bar{\bar{x}})^2$，计算总平方和。

（24）$SSR=m\sum_{i=1}^{k}(\bar{x}_{i.}-\bar{\bar{x}})^2$，计算交互作用下行处理水平上平方和。

（25）$SSC=km\sum_{j=1}^{r}(\bar{x}_{.j}-\bar{\bar{x}})^2$，计算交互作用下列处理水平上平方和。

（26）$SSRC=m\sum_{i=1}^{k}\sum_{j=1}^{r}(\bar{x}_{ij}-\bar{x}_{i.}-\bar{x}_{.j}+\bar{\bar{x}})^2$，计算交互作用强度。

（27）$SSE=SST-SSR-SC-SSRC$，计算交互作用下组内平方和。

【讨论案例】

一些高级酒店中早餐可以选择送餐服务，客人不用去餐厅用餐。前一晚，客人只需要将要点的早餐和期望送餐时间填写在预约卡里，将预约卡留在门口即可。早餐部门的负责人告诉经理，最近对送餐服务的员工加强了培训，送餐时间明显缩短。经理为了证实这个说法，将早餐的送餐时间分为两个时段，Ⅰ时段（6：30-8：00）和Ⅱ时段（8：00—9：30）。又将早餐类型分为了美式早餐和大陆式早餐两种。根据送餐时间和送餐类型，经理得到送餐时间的改进数据。如果数值是负值，说明没有改进，送餐反而变慢了。

	Ⅰ	Ⅱ
大陆式	1.2	–2.5
大陆式	2.1	3.0
大陆式	3.3	–0.2
大陆式	4.4	1.2
大陆式	3.4	1.2
大陆式	5.3	0.7
大陆式	2.2	–1.3
大陆式	1.0	0.2
大陆式	5.4	–0.5
大陆式	1.4	3.8
美式	4.4	6.0
美式	1.1	2.3
美式	4.8	4.2
美式	7.1	3.8
美式	6.7	5.5
美式	5.6	1.8
美式	9.5	5.1
美式	4.1	4.2
美式	7.9	4.9
美式	9.4	4.0

用 SPSS 分析生成结果，你认为早餐部的负责人说的对吗？为什么？$\alpha=0.05$

【本章习题】

1. 根据已有信息，完成以下的方差分析表中阴影缺失部分。如下：

差异源	SS	df	MS	F	P-value	F crit
组间	17.0333333	2				3.15884272
组内	679.7					
总计		59				

2. 测量三个行业：“IT 业”“建筑业”和“旅游业”的年加班时间（小时）研究者从每个行业中各抽取了八位从业人员。数据如下：

IT	建筑	旅游
94	55	75
90	53	70
63	77	88
84	60	77
73	41	89
75	54	85
94	51	96
77	64	105

用适当的方法分析，三个行业加班有差异吗？哪个行业最多？ $\alpha=0.05$

3. 三组不同学生去考 GMAT。分别有人选择自己复习，讲座听课，和参加 10 天的培训课程。考试后结果如下，$\alpha=0.05$。

	商科学生	工科学生	艺术类学生
自习	500	540	480
	580	460	400
听讲座	460	560	420
	540	620	480
10 周课程	560	600	480
	600	580	410

用因素分析生成结果。参加培训课程有用吗？艺术类学生考 GMAT 真的很弱吗？

第七章　线性回归分析方法及其软件实现

【本章学习目标】

1. 理解相关关系的分析方法
2. 理解回归直线的拟合优度
3. 掌握回归方程的显著性检验
4. 理解回归模型、回归方程、估计的回归方程
5. 用软件实现回归方程分析

【引导案例】

美国职业篮球联赛中记录了大量比赛数据。研究者抽取了某赛季，29 支球队的数据，想知道哪些关键因素会影响球队的胜率。NBA 的数据很多，如进攻时间、盖帽、篮板等，但该研究者认为，影响"胜率"的因素应该有三项"场均 2 分球命中率""场均 3 分球命中率"和"场均失误次数"。数据如表 7-1 所示。

表 7-1　美国职业篮球联赛数据

球队	胜率	2 分球 %	3 分球 %	失误
Atlanta	0.265	0.435	0.346	13.206
Boston	0.471	0.449	0.369	16.176
Chicago	0.313	0.417	0.372	15.031
Cleveland	0.303	0.438	0.345	12.515
Dallas	0.581	0.439	0.332	15
Denver	0.606	0.431	0.366	17.818
Detroit	0.606	0.423	0.262	15.788
Golden State	0.452	0.445	0.384	14.29
Houston	0.548	0.426	0.324	13.161
Indiana	0.706	0.428	0.317	15.647
L.A. Clippers	0.464	0.424	0.326	14.357

续表

球队	胜率	2 分球 %	3 分球 %	失误
L.A. Lakers	0.724	0.465	0.323	16
Memphis	0.485	0.432	0.358	17.848
Miami	0.424	0.41	0.369	14.97
Milwaukee	0.5	0.438	0.349	14.75
Minnesota	0.677	0.473	0.348	13.839
New Jersey	0.563	0.435	0.338	17.063
New Orleans	0.636	0.421	0.33	16.909
New York	0.412	0.442	0.33	13.588
Orlando	0.242	0.417	0.36	14.242
Philadelphia	0.438	0.428	0.364	16.938
Phoenix	0.364	0.438	0.326	16.515
Portland	0.484	0.447	0.367	12.548
Sacramento	0.724	0.466	0.327	15.207
San Antonio	0.688	0.429	0.293	15.344
Seattle	0.533	0.436	0.35	16.767
Toronto	0.516	0.424	0.314	14.129
Utah	0.531	0.456	0.368	15.469
Washington	0.3	0.411	0.341	16.133

比如在表 7-1 中，San Antonio 代表了圣安东尼奥马刺队，该队的确表现不俗，在该赛季胜率达到了 68.8%，每场平均 2 分球命中率是 42.9%，3 分球命中率是 29.3%，但失误却不少，每场平均有 15.34 次。那么，现在研究者想知道，到底什么才是影响胜率的关键因素呢？它又会对胜率有怎么样的影响呢？

第一节　一元线性回归

一、线性回归的含义

线性回归的作用就是利用数据之间的统计量，确定出变量之间存在的某种依赖关系。一元线性回归也叫作简单线性回归（simple linear regression），某作用是看一个自变量和一个因变量之间的依赖关系，也就是因变量 Y 是否会随着自变量 X 的变化而产生变化。我们所说的变化是指统计学意义上的变化，也就是说，这种变化是可能存在一些误差的，并不是完美的。用图形可以更好说明。

对于简单的线性回归我们并不陌生，其本质就是一元一次方程式：

$$Y=aX+b \tag{7.1}$$

在这个方程中，Y 称作因变量，X 称作自变量，也就是说 Y 会随着 X 的变化而变化。这种函数关系，也可以写成 $Y=f(X)$ 的形式，这种形式是 Excel 中最常用的。

在这个直线方程中，a 称作斜率（slope），b 称作截距（intercept）。如果斜率是 2，截距是 3，则可以生成如下函数图像（见图 7–1）。

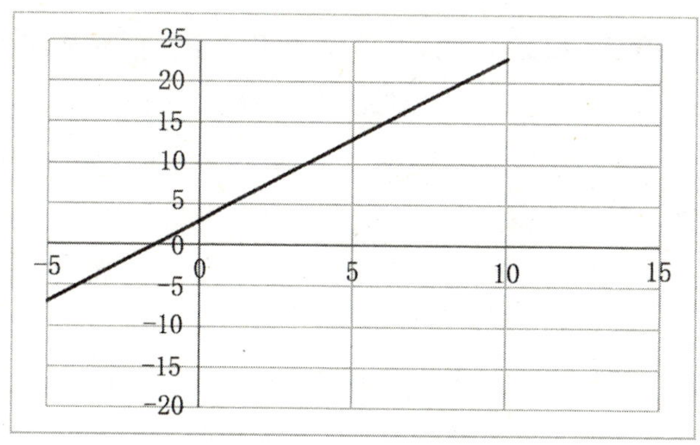

图 7–1　$Y=2X+3$ 的图像

图 7–1 就是最简单的一元一次直线函数。这是一个完美的直线函数，对应的每一个 X 点都会有唯一的对应的 Y 点，并精确地落在这条直线上。而在统计学中，一定会存在一些误差，统计学中产生的图形更类似于图 7–2。

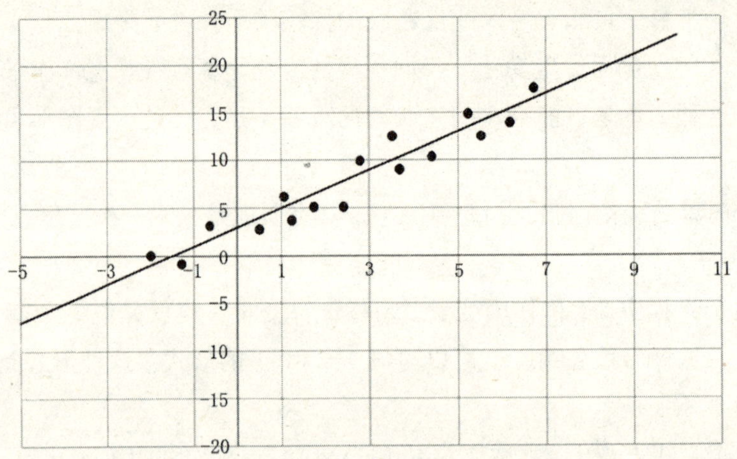

图 7-2 统计学中的函数关系

类似于图 7-2 的 X 和 Y 关系图在生活中很常用。比如某课程要了解同学们学习成绩和学习时间之间的关系，就可能非常类似上图。就是将学习成绩设定为因变量 Y，学习时间设定为自变量 X。那么一般来说学习时间长的同学成绩应该较好。这个关系不是完美的，所以绘制成图形后不可能如图 7-1 一样是完美的直线，而应该是像图 7-2 那样，点落在直线的周围，却能显示出一定的趋势。

统计学中的一元线性回归和数学中的一元一次方程的数学表达形式非常类似。其最主要的差异就在于，数学的一元一次直线没有误差，所有的点精确地落在直线上。而统计学中一元线性回归则可能产生误差，直线是样本 X 和 Y 关系趋势的表现。在统计学中，一元线性回归可以写成直线关系：

$$Y_i=\beta_0+\beta_1X_i+\varepsilon_i \tag{7.2}$$

其中，

β_0 为总体在 Y 轴上的截距（intercept）；

β_1 为总体的斜率，在这个方程中称作 X_i 的系数（coefficient）；

ε_i 就是 i 观察值与直线 Y 值的随机误差；

X_i 就是观测的第 i 个自变量（independentvariable 或 explanatoryvariable）；

Y_i 就是观测的第 i 个因变量（dependentvariable 或 responsevariable）。

比较公式 7.1 和公式 7.2，可以看到两个公式最主要的差异。第一，一元一次方程是一条直线，是连续的，其中包含了无数个点。而线性回归是离散的，样本（点）的数量有限。得到的回归直线是基于样本点的基础上拟合出来的。

第二，一元一次方程不可能有误差，X 对应唯一的 Y，精确落在直线上。回归方程中存在误差，因此无法确保 X 和 Y 一一对应，点和拟合直线之间也存在一定的距离。

二、回归的种类

根据公式中的直线关系，大致可以归纳出三种相关关系：正相关，就是 Y 随着 X 的增大而增大。比如青少年的身高和体重关系；负相关，Y 随着 X 的增加而减少。比如肺病发病率和抽烟数量；不相关，Y 随着 X 的变化不产生什么变化。比如 NBA 马刺队的胜率和英超利物浦队的胜率。

对于 ε 误差项来说也可以大致归纳出两种，强相关关系，数据在坐标中的点离直线近，误差普遍较小。比如汽车行驶距离与耗油量；弱相关关系，点离直线远，误差普遍较大。当关系非常弱时，也称它为不相关。比如，苹果公司股价和某同学的心率。将这些关系整理，就可以得到图 7–3 的总结。

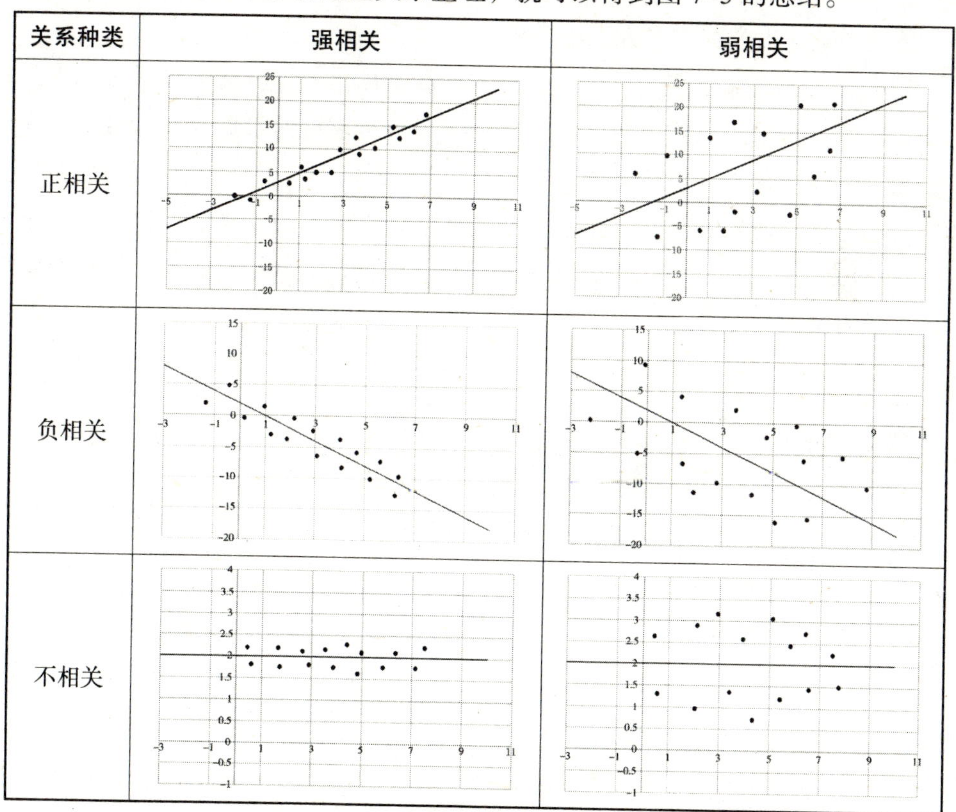

图 7–3 因变量与自变量关系的种类

在图 7–3 中总结的是线性的回归，也就是 X 和 Y 呈直线关系。实际生活中，一定还会存在更复杂的情况，比如，呈现出 U 形的非线性的回归；几何级数的递增或递减曲线回归；呈现三角函数的上下波动形状回归等。这些复杂的回归虽然可以进一步提高回归的准确性，但在应用广泛的程度上远不如直线回归。本章主要分析和学习线性的回归方程。

三、定义直线回归方程式

在引导案例中，样本数量是非常有限的。那么线性回归方程就需要从有限的样本数量通过计算后拟合得到直线预测方程。然后，就可以以这个预测方程为依据，估算位置的情况。这个逻辑本身和一元方程非常相似，相当于得到一条直线方程以后，可以根据 X 的值计算出相应 Y 点的值。在一元回归模型中 Y 的结果并不是确定的，会伴有误差。比如根据表 7–1 中的数据，可以总结得“2 分球进球率”（作为自变量 X）预测“胜率”（作为因变量 Y）的方程式。从这些数据中整理出方程式的方法最常用的就是“最小二乘法”。

最小二乘法也称作最小平方法，是一种数学优化技术。它通过最小化误差的平方和寻找数据的最佳函数匹配。它的逻辑就是求得的数据与实际数据之间误差的平方和为最小。也就是说，令坐标系中的每一个点，离拟合直线的距离的平方和最小，这样就求得了最贴近于这些数据点的直线。那么，对于样本来说，由于误差项 ε_i 是未知，或者说无法处理，所以我们期望它很小。因此为了预测 Y 就有了以下公式：

$$\hat{Y}_i=b_0+b_1X_i \tag{7.3}$$

其中，

$\hat{Y}_i$ 代表了根据 i 预测出的 Y 值；

X_i 代表了 X 的第 i 个观测值；

b_0 为样本 Y 轴的截距；

b_1 为样本的斜率。

那么根据最小二乘法的原则，要令预测数据与实际数据之间误差的平方和为最小，可以把这个方程写成：

$$\min\sum_{1}^{n}(Y_i-\hat{Y}_i)^2$$

又因为 $\hat{Y}_i=b_0+b_1X_i$

$$\sum_{1}^{n}(Y_i-\hat{Y}_i)^2 = \sum_{1}^{n}[Y_i-(b_0+b_1X_i)]^2$$

在这个方程式中，要求得的就是截距 b_0 和斜率 b_1。这里，斜率 b_1 就是：

$$b_1=\frac{SSXY}{SSX} \tag{7.4}$$

SS 的概念就是先前章节中方差分析中所提到的 Sum of Squares。那么，其中 *SSX* 就是横坐标平方和，*SSXY* 就是 *X* 与 *Y* 乘积的平方和。

$$SSXY=\sum_{1}^{n}(X_i-\overline{X})(Y_i-\overline{Y})=\sum_{1}^{n}X_iY_i-\frac{(\sum_{1}^{n}X_i)(\sum_{1}^{n}Y_i)}{n} \tag{7.5}$$

$$SSX=\sum_{1}^{n}(X_i-\overline{X})^2=\sum_{1}^{n}X_i^2-\frac{(\sum_{1}^{n}X_i)^2}{n} \tag{7.6}$$

有了斜率 b_1，那么即使截距 b_0 就非常简单了，只需要用均值代入就可以计算出结果：

$$b_0=\overline{Y}-b_1\overline{X} \tag{7.7}$$

这一系列的计算公式看似很麻烦，其实与计算样本的方差十分类似，只是多了通过斜率和截距值控制每个样本的 *Y* 值到拟合直线的距离最小。

【例题 7.1】某连锁礼品店想根据店面的面积预测销售额，其结果用于预测未来新开店面使用。该礼品店经理抽取了 14 家门店，获得以下数据，如表 7-2 的前三列。为了计算出斜率 b_1 和截距 b_0，我们分别计算了 X^2、Y^2 和 XY，如表 7-2 后三列。

表 7-2 连锁礼品店的计算

店面	平方英尺	年销售额	X^2	Y^2	XY
1	1.7	3.7	2.89	13.69	6.29
2	1.6	3.9	2.56	15.21	6.24
3	2.8	6.7	7.84	44.89	18.76
4	5.6	9.5	31.36	90.25	53.2
5	1.3	3.4	1.69	11.56	4.42
6	2.2	5.6	4.84	31.36	12.32
7	1.3	3.7	1.69	13.69	4.81
8	1.1	2.7	1.21	7.29	2.97

续表

店面	平方英尺	年销售额	X^2	Y^2	XY
9	3.2	5.5	10.24	30.25	17.6
10	1.5	2.9	2.25	8.41	4.35
11	5.2	10.7	27.04	114.49	55.64
12	4.6	7.6	21.16	57.76	34.96
13	5.8	11.8	33.64	139.24	68.44
14	3	4.1	9	16.81	12.3
Total	40.9	81.8	157.41	594.9	302.3

根据 *SSXY* 和 *SSX* 的计算公式，我们可以得到：

$$SSXY=\sum_{1}^{n}X_iY_i-\frac{(\sum_{1}^{n}X_i)(\sum_{1}^{n}Y_i)}{n}$$

$$SSXY=302.3-\frac{40.9\times 81.8}{14}=63.32715$$

$$SSX=\sum_{1}^{n}X_i^2-\frac{(\sum_{1}^{n}X_i)^2}{n}$$

$$SSX=157.41-\frac{(40.9)^2}{14}=37.92358$$

所以：

$$b_1=\frac{SSXY}{SSX}=\frac{63.32715}{37.92358}=1.6699$$

$$b_0=\overline{Y}-b_1\overline{X}=5.842857-1.6699\times 2.92143=0.9645$$

从而，可以得到结果：

销售额 =0.9645+1.6699 × 平方英尺

这个时候应该意识到一个问题，那就是根据最小二乘法的计算，无论什么样的数据都可以拟合出一条直线用来描述 *X* 和 *Y* 之间的关系。而统计学中这种相关关系无法与数学的 *XY* 一一对应完美的直线方差相比，在统计中人们虽然在意直线方差的表达式，但更在意表达式的质量如何，换言之，就是 *X* 和 *Y* 相关关系的强弱。而使用最小二乘法只是得到了直线，并没有对拟合直线的质量作进一步评判。为了解决这个问题，后续将会做更详细的介绍。

四、回归方程式的软件操作和参数解释

如果用 SPSS 等统计软件实现就更简单。事实上，例题 7.1 所得到的结果在 Excel 中散点图就可以实现，方法就是完成散点图构建后选择相应的布局（带有 f_x 的布局形式都可以）就可以在图表上直接生成结果，如图 7–4 所示。

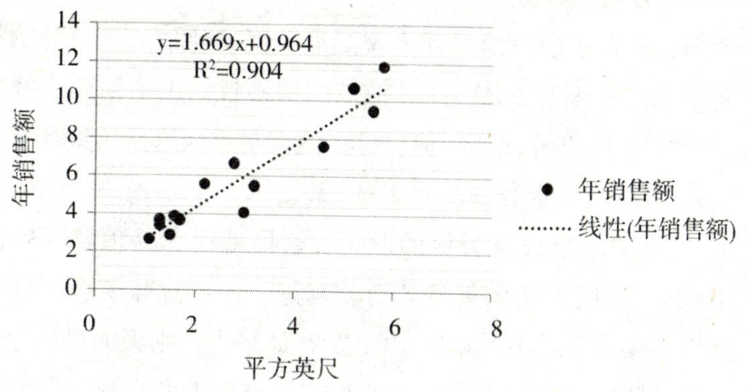

图 7–4 Excel 散点图生成的直线方差

用 SPSS 分析例题 7.1 的数据将会得到更详细的结果。点击“分析—回归—线性”就可以得到如图 7–5 的命令窗口。

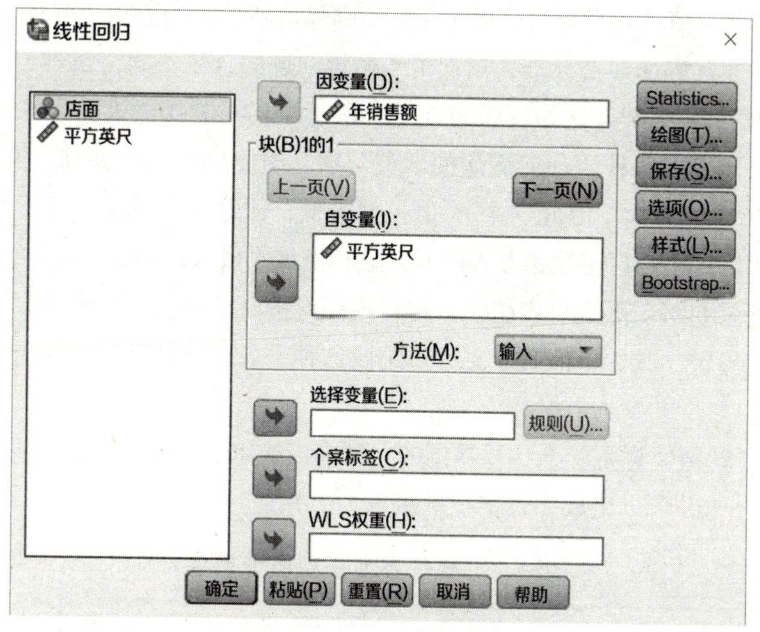

图 7–5 SPSS 线性回归命令窗口

在该命令窗口中，我们只需要将 Y“年销售额”放入因变量栏，再将“平方英尺”作为 X 放入自变量栏。在选项按钮中可以输入所需要的置信度，默认情况下，置信度 α 是 5%。点击“确定”后，我们可以得到如下输出结果报告。该报表总共分为三个部分。

（一）R 平方值的计算

第一个部分是对于模型质量或者说是准确度的评估。这部分的报告是回归模型的重要结果。仔细观察图 7–4，散点图中不仅给出了回归直线的公式，还提供了一个叫作 R^2 的百分比参考值。这个值就是反映这条直线所拥有的解释效力，或者说 R^2 值反映了直线的预测质量。

由于 R^2 已经被转换成百分比的形式，这样就很容易理解。R^2 的值越大，越接近于 100%，说明直线的解释效力就越好，也就意味着各个样本（散点图上的点）离开直线的距离小。相反，如果 R^2 值很小，则说明虽然已经拟合出最好的直线，但是其解释的效力并不是很好，散点图上的点离开回归直线的距离较大。比较图 7–3 中所谓的强关系和弱关系，强关系的 R^2 值一定较大，而弱关系的 R^2 值则较小。这样就可以对关系的强弱进行具体量化，作为参考。

R^2 值可以体现回归直线的解释效力，那么有没有一个绝对的判断标准比如大于某个临界值就是强相关，而小于某个临界值就是弱相关呢？事实上 R^2 值的确提供了非常好的参考标准，然而由于衡量问题的背景不同，很难定义出一个统一的 R^2 判断标准。比如，医药领域中科学家们不断挑战人类无法治愈的绝症，如果研发出一种治疗艾滋病的新型药物，即使只有 10% 的 R^2 值，那也能拯救 10% 绝症病人。因此这个 R^2 值虽然很低，但这样的效果已经十分令人满意了。相比，在处理犯罪嫌疑人时候，某种测谎手段被证明非常有效，其 R^2 值已经达到了 80%。那么可以想象，这样的测谎手段还是无法推广。原因就 20% 仍然无法确定，其中不但有罪犯可以逃脱这种手段更可能冤枉事实上无罪的嫌疑人。

那么 R^2 值究竟是怎么计算得到的，又应该如何理解这个百分比值呢？回到例题中，SPSS 可以生成如表 7–3 的报告。

表 7–3　R 平方和模型质量摘要

模型	R	R 平方	调整后的 R 平方	标准估算的错误
1	0.951[a]	0.904	0.896	0.96638

a. 预测变量：（常量），平方英尺

这个表中，主要判断的依据是“R 平方”值，这个值越高，说明模型的质量越好；相反，这个值低，就说明模型的预测质量不好。

在表 7–3 中，评估模型质量的基础就是相关系数，Y 与 X 相关度越高，模型质量就越高，反之亦然。主要参数有两个，R 值和 R 平方值。R 值也称为 Pearson 相关系数（Pearson's correlation coefficient），用来衡量两个数据集合是否在一条线上面，它用来衡量定距变量间的线性关系。其计算公式为：

$$r=\frac{\sum(x-\bar{x})(y-\bar{y})}{\sqrt{\sum(x-\bar{x})^2\cdot\sum(y-\bar{y})^2}} \tag{7.8}$$

经过简化后

$$r=\frac{n\sum xy-\sum x\sum y}{\sqrt{n\sum x^2-\left(\sum x\right)^2}\cdot\sqrt{n\sum y^2-\left(\sum y\right)^2}} \tag{7.9}$$

从公式 7.8 可以比较清楚地看出，R 值测量的方法是以 X 和 Y 的平均值为基础的，衡量每个样本点距离平均值的距离，方法和先前的方差计算十分类似。R 值的特点是取值范围在 –1 到 1 的区间内，如果 R 值趋向于 0，说明线性关系趋向于弱，也就意味着 Y 很少因为 X 而变化；R 值趋向于 –1，说明存在较强的负相关关系；R 值趋向于 1，说明存在较强的正相关关系。如果 R 值取绝对值，就可以认为，$|R|$ 越趋向于 1，说明线性相关关系越强，趋向于 0 则说明相关关系弱。一般来说我们会认为 0.3 以上的 R 值就是 X 和 Y 比较相关，0.5 以上就是较强相关，0.8 以上就是高度相关了。

另一个衡量模型质量的主要参数是 R 平方值。这个值可以理解为皮尔森系数的平方，但计算方法是通过类似方差分析的方法得到的。其计算公式如下：

$$SST=SSE+SSR \tag{7.10}$$

从公式 7.10 可以看出，这个计算的逻辑和方差分析几乎一样。在方差分析中最核心的思想是将总误差（SST）区分为组间误差（SSTR）和组内随机误差（SSE）。那么在线性回归中，累计总误差（SST）同样也被分为两个部分，回归平方和（SSR）与残差平方和（SSE）。在回归分析中，由于回归造成的误差称为回归平方和（Sum Squared of Regression），相比方差分析中将不同组的差异称为组间误差平方和（Sum Squared of Treatments），而回归无法解释的随机误差，与组间无法解释的组内随机误差都被称为（Sum Squared of Error）。因此，可以看出回归分析尤其是线性回归分析的逻辑和方差分析几乎一样。这样也是为什么在方差分析阶段就已经出现了 R 和 R^2 值。而因为方差分析有着 TukeyLSD 等更有效的手段，一般不会参考 R 值。而在回归分析中，必须依赖 R 值来判断回归的质量。回归计算的本质就是 SST、SSE、SSR 的计算，那么就有：

$$SSR=\sum_{i=1}^{n}(\hat{y}_i-\bar{y})^2 \tag{7.11}$$

$$SSE=\sum_{i=1}^{n}(y_i-\hat{y}_i)^2 \tag{7.12}$$

$$SST=\sum_{i=1}^{n}(y_i-\bar{y})^2 \tag{7.13}$$

从这个三个公式也可以看出，计算方法与方差分析十分相似，只是这里计算的是 Y 估计值和 Y 平均值的差异，而且将这些值都视为一组进行分析。与方差分析一样，知道 SSR 和 SST 后就可以计算 R^2 值，那么就有：

$$R^2=\frac{SSR}{SST}=\frac{\sum_{i=1}^{n}(\hat{y}_i-\bar{y})^2}{\sum_{i=1}^{n}(y_i-\bar{y})^2}=1-\frac{\sum_{i=1}^{n}(y_i-\hat{y})^2}{\sum_{i=1}^{n}(\hat{y}_i-\bar{y})^2} \tag{7.14}$$

可以看出，R 平方值就是计算在总体差异中回归方差所占的比重，比重越大说明回归方程质量越好，也就意味着大部分 Y 的差异可以被回归方程式的 X 变化所解释。相反，如果 R^2 值小，则说明只有少部分的 X 可以解释 Y 的变化。

（二）ANOVA 计算

第二部分是评估模型的整体误差（measure of variation）。这部分的计算方法就是方差分析中的方法，即查看被解释的误差占总误差的比重，比重越高说明被模型所解释的差异越多，模型越可靠。相反，比重小说明未能被解释的差异多，模型质量不好。表 7-4 的结果直接反映了模型拟合出的线性结果质量的优劣。

表 7-4　回归模型的 ANOVA 结果

模型		平方和	自由度	均方	F	显著性
1	回归	105.748	1	105.748	113.234	0.000[b]
	残差	11.207	12	0.934		
	总计	116.954	13			

a. 因变量：年销售额　b. 预测变量：（常量），平方英尺

由于 ANOVA 本质就是 SSE，SSR 和 SST 的计算，那么表 7-4 的计算逻辑和方差分析章节中就完全一样了。需要注意的是，与方差分析组间自由度为 $k-1$ 不同，这里的回归自由度是 1，这在公式 7.11、公式 7.12 和公式 7.13 中已经得到体现。斜率（回归项）的自由度是 1，残差项的自由度是 $n-2$，总计的自由度是 $n-1$。与方差分析结果一样，回归模型的结果包含了一个假设：

H_0：预测变量 X 与因变量 Y 不相关，预测变量可解释的方差小。

H_1：预测变量 X 与因变量 Y 相关，预测变量可解释的方差大。

相比在方差分析中，假设的提法是：

H_0：组间变量 X 与因变量 Y 不相关，组间的差异解释的方差小，各组均值基本相同。

H_1：组间变量 X 与因变量 Y 相关，组间的差异解释的方差大，各组均值存在显著差异。

在表 7-4 中，显然显著性 p 值小于置信度 α 值，因此，结论是拒绝原假设。这也以另一个方式证明了模型的可信度较高。

相比用 R 平方值判断模型的质量，用方差分析的方法进行判断时有一个非常显著的优势，那就是方差分析方法用的 F 分布可以通过设定置信度 α 从而判断 X 和 Y 的相关度显著与否，而 R 平方只能给出一个百分比参照值，无法通过检验进行判断。

（三）显著性检验

结果报告的第三个部分显示的是“系数”。所谓的“系数”就是斜率 b_1 和截距 b_0。在表 7-5 中，“常量”这一行代表了截距，B 列则代表了具体的截距值。“平方英尺”行就是因素行，B 列的 1.67 也就是 X 的具体斜率值。“标准误差”“标准系数”两列则是利用区间估计的方法得到的结果。

表 7–5　直线函数重点斜率和截距报告

模型 B		非标准化系数		标准系数	t	显著性
		标准错误	贝塔			
1	（常量）	0.964	0.526		1.833	0.092
	平方英尺	1.670	0.157	0.951	10.641	0.000

a. 因变量：年销售额

因此，由上表中可以得到，在这个模型中，斜率是 1.670，截距是 0.964，这个结果与我们先前计算的结果相符。至此，SPSS 总结出一元线性回归得到的回归结果就是：

Y=0.964+1.670 × X，也可以直接写成：

销售额 =0.964+1.67 × 平方英尺

通过这个公式，就可以比较清楚地看出，店面面积每增加（或减少）1 平方英尺，销售额将会增加（或减少）1.670。这个线性关系当然不是绝对的，因为其中可能有随机误差的存在。而且对于截距 0.964 和斜率 1.670 也都有一个置信的区间。因此，这里需要有一个比较清晰的认识，这个线性公式是拟合后得到的，它并没有绝对性。

此外，在表 7–5 中还能看到 t 检验和 t 检验所产生的显著性 p 值。这里的检验与先前的方差分析检验不同。方差分析的 F 检验是用回归均方除以回归无法解释的残差均方从而得到的比值。而在表 7–5 中，是将截距和斜率拆开，分别对其显著性进行 t 检验。比如，被标准化后的截距检验结果不显著，则代表截距接近于 0，那么截距的存在与否是不会影响线性模型的，那么最后结果可以完全不考虑截距直接写成 $Y=\beta_1 \times X$ 的形式。又如，当斜率的检验结果是不显著时说明标准化后的斜率接近于 0，Y 很少因为 X 的变化而变化，那么 X 和 Y 也就不相关了。这个结果似乎和方差分析得到的结果并没有什么区别，但当处理多元线性回归时就非常有用，因为对于多个自变量 X_i，需要考虑哪些因素是至关重要的，而哪些因素是无关的。这时方差分析 F 检验只能考虑整个模型的回归。而 t 检验就可以将 X_i 逐个拆分后进一步判断。

比如，在这个表 7–5 中，平方英尺 p 值小于 0.05，因此面积是一个显著的因素，而截距的 p 值大于 α 值 0.05，那么可能这个模型中，截距的作用是非常有限的。观察实际截距的数值，1 都不到。也就是说，在结果中如果忽略了截距的存在对模型的影响也不会很大。在一元线性回归中，模型已经非常精简了，因此我们还是可以选择保留截距。

以斜率为例，t 检验的假设下：

H_0：$\beta_1=0$（没有线性关系）

H_1：$\beta_1\neq0$（有线性关系）

检验的参数是 t，其公式：

$$t=\frac{b_1-\beta_1}{S_{b_1}} \tag{7.15}$$

其中，

$$S_{b_1}=\frac{Syx}{\sqrt{SSX}} \tag{7.16}$$

$$SSX=\sum(X_i-\overline{X})^2 \tag{7.17}$$

比如，在表 7–5 中斜率的计算就是：

$$t=\frac{b_1-\beta_1}{S_{b_1}}=\frac{1.670-0}{0.157}=10.641$$

有了 t 值，我们可以将它转换为 p 值进行判断。或者根据 t 值，在斜率的基础上根据 α 划出置信区间。这个过程一般不会刻意计算，原因是实际生活中大部分问题是多元回归，会出现多个斜率，逐一计算完全不可能。在这个结果中需要参考的是表 7–5 中 p 值的大小。

总结以上三个部分的 SPSS 结果输出，第一部分主要提供了模型质量的参考数值，主要依据是 R^2 值；第二部分用方差分析的方法对模型的回归质量进一步检验；第三部分将模型按照截距、斜率系数逐一拆分得到具体数值，并用 t 分布检验每一个参数的显著性。通过这三个部分的数值参考，不但可以给出拟合模型的公式，更能够深入了解拟合模型的质量及可信度。

【例题 7.2】根据本章开篇引导案例中表 7–1 的数据，在 5% 置信度的情况下，用 2 分球命中率预测胜率。

为了解这个问题，将 2 分球的命中率设定为自变量 X，胜率设定为因变量 Y。用 SPSS 做出如表 7–6 所示的分析结果。

表 7-6　命中率与胜率的分析结果

模型摘要

模型	R	R 平方	调整后的 R 平方	标准估算的错误
1	0.448[a]	0.201	0.171	0.12664

a. 预测变量：（常量），2 分球率

ANOVA[a]

模型		平方和	自由度	均方	F	显著性
1	回归	0.109	1	0.109	6.786	0.015[b]
	残差	0.433	27	0.016		
	总计	0.542	28			

a. 因变量：胜率　b. 预测变量：（常量），2 分球率

系数 [a]

模型		非标准化系数		标准系数	t	显著性
		B	标准错误	贝塔		
1	（常量）	-1.221	0.662		-1.845	0.076
	2 分球率	3.958	1.519	0.448	2.605	0.015

a. 因变量：胜率

根据上表的结果，可以写出拟合得到的直线方程式：

胜率 = 3.95 × 两分球率 - 1.221

这个模型的质量需要参考 R 平方值。R 平方等于 0.2，并不是特别理想。也就是说，20% 左右的胜率变化可以由两分球命中率解释。从方差分析结果和斜率的 t 检验结果来看，p 值 0.015 是小于 α0.05，说明斜率的作用显著，但截距未能通过测试，截距显著的结论被拒绝。

根据得到的拟合结果，可以推论两分球率每提高 1 个百分点，胜率可以提高 3.95 个百分点。说明 2 分球命中率对胜率至关重要，然而，只有 20% 左右的胜率差异可以被 2 分球率所解释，这个比率很低。因此模型虽然很显著，但由于解释的比率太低，这个模型并不理想。

熟悉体育的同学应该会产生一个疑问，那就是对于篮球这种运动来说影响胜率的因素实在太多，2 分球命中率只是其中的一个。其他的比如 3 分球命中率、犯规次数、主客场、球员伤病情况、球员状态、球队身高差异，甚至所用

篮球、裁判尺度等，都可能对某个球队的胜率有所影响。换言之，如果 2 分球命中率可以解释 20% 的变异，那已经非常不错了，因为剩下的 80% 的变异可以由其他因素来解释。这就是生活中最常见的回归问题，也是下一节的核心内容——多元线性回归的拟合。

第二节　多元线性回归

一、多元线性回归的概念

多元回归在生活中非常多见，它为人们认识新的事物提供了更加清晰的视角。相比一元回归，多元更全面，考虑更具体。对许多问题的解释虽然无法具体量化，但其本质也是一种多元回归的方法。比如，为什么《红楼梦》备受读者喜爱？回答这个问题的答案一定有许多，因为是“四大名著”、许多文化学者大力推荐、喜爱其中人物、当时社会的写照、喜欢其中的诗词，等等。这些都是人们喜爱这本书的原因。虽然这些因素很难用具体的数值测量但是本质是多元回归，由多个因素对一个因变量的解释，也就是多个 *X* 解释了一个 *Y*。这种多个 *X* 解释了一个 *Y* 的逻辑方法可以探究许多问题，如为什么这么多人用微信，为什么有些人爱跳舞，影响气温的因素是哪些，等等。多元回归似乎是一个包罗万象无所不能的解释工具。

然而，仔细研究《红楼梦》受欢迎这类问题又有可能走入另一个极端。那就是人们爱这本书的原因太多了，远远不止以上所罗列的几项原因。这时就出现这种情况，那就是解释自变量 *X* 趋向无穷多个，研究者很难搞清楚哪些因素是至关重要的，无法从众多因素中整理出头绪。多元回归很容易陷入这样的迷茫窘境，就是可以解释因变量 *Y* 的自变量 *X* 有许多个，研究者根本不可能穷尽这些 *X*，只能在有限的 *X* 中探索，然而得到的结果很有可能不能让人满意。还以喜爱《红楼梦》为例，可能某位研究者得出的结论是“诗词鉴赏”“故事情节”和“历史写照”是主要原因，而另一位研究者得出的结论是“人物品评”“影视剧翻拍”和“戏剧桥段”是主要原因。显然研究者采用了不同自变量 *X* 解释 *Y*，其得到的结果必然是截然不同的，而这种情况下很难说谁对谁错。

再来研究本章引导案例中的数据，对表 7-1 美国职业篮球联赛的胜率来说，影响球队胜率的因素其实很多，远远不止表中的三个，可能还有主客场、主力伤病、教练执教经验、替补球员人数、球队平均身高、球队广告收入等多个因素。其中不少因素如经验、广告收入等很难测量准确并收集。因此在表7-1中研究者只能列举有限的X用以对Y胜率进行解释。

因变量Y会受到许多自变量X的影响，将其写成方程式就有：

$$Y=\beta_0+\beta_1x_1+\beta_2x_2+\cdots+\beta_kx_k+\varepsilon \tag{7.18}$$

其中：

β_0是截距，这与一元线性回归一样。

β_1，β_2至β_k就是对于每一个因素X的斜率，与一元回归单个斜率相比，多元回归中每一个自变量X都有一个斜率。

ε代表了误差项，任何自变量X都无法解释的差异，也称为随机误差。与一元回归相似。

根据这个公式，因变量Y的就等于所有自变量X函数的结果加上误差项。与一元回归原理相同，对总体抽样得到样本的斜率和截距$\hat{\beta}_0,\hat{\beta}_1,\hat{\beta}_2,\cdots,\hat{\beta}_k$，用这些样本截距和斜率对总体的$\hat{\beta}_0,\hat{\beta}_1,\hat{\beta}_2,\cdots,\hat{\beta}_k$进行估计。这样，就可以再根据最小二乘法的原则得出：

$$\hat{y}=\hat{\beta}_0+\hat{\beta}_1x_1+\hat{\beta}_2x_2+\cdots+\hat{\beta}_kx_k \tag{7.19}$$

要使得估计量和观测量的差异平方和最小，即：

$$Q(\hat{\beta}_0,\hat{\beta}_1,\hat{\beta}_2,\cdots,\hat{\beta}_k)=\sum_{i=1}^{n}(y_i-\hat{y}_i)^2=\sum_{i=1}^{n}e_i^2=\text{最小}$$

对其求解后得到

$$\begin{cases}\left.\dfrac{\partial Q}{\partial\beta_0}\right|_{\beta_0=\hat{\beta}_0}=0\\ \left.\dfrac{\partial Q}{\partial\beta_i}\right|_{\beta_i=\hat{\beta}_i}=0 \qquad (i=1,2,\cdots,\ k)\end{cases} \tag{7.20}$$

从公式7.20可以看出，计算方法依旧沿用了一元回归中误差最小化的算法。而不同的是，一元回归只需要求解斜率和截距两个变量，而多元回归中斜率的数量有多个，需要反复多次求解。试想，如果模型的数据较大，因素有多个，这种情况下求解计算就会非常繁重，需要对每一个β_i求解，因此大多数情况下都会使用电脑软件求解。

二、多元线性回归的软件操作

在 SPSS 中，多元线性回归的命令和一元回归的命令一样，都是通过“分析—回归—线性”完成。从这个命令设置中也能看出，对于 SPSS 这样统计软件来说，一元或者多元的线性回归其计算本质都是一样的，使用的都是“最小二乘法”。

【例题 7.3】试用本章引导案例表 7-1 内数据，以 5% 为显著性水平，分析球队的“胜率”和“2 分球率”“3 分球率”和“失误”之间的关系。

首先将“胜率”确认为因变量 Y，那么“2 分球率”“3 分球率”“失误”分别定义为 X_1，X_2 和 X_3。再把数据导入 SPSS，用“分析—回归—线性”调出命令窗口，如图 7-6 所示。

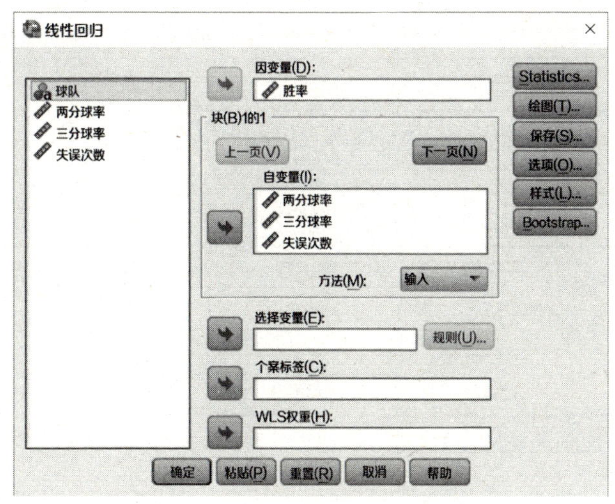

图 7-6 多元线性回归的操作窗口

在选项中确定显著性水平 α 为 5%。点击确定，生成结果，如表 7-7 所示。这里注意，在“方法”一栏中，选用默认的“输入”。多元回归的方法选择决定了最终模型的结果。

表 7-7 的结果和一元回归的结果报告格式几乎一样。主要区别在于：第一，ANOVA 报告的最下方表明了该 ANOVA 的结果使基于多个因变量 X 所得到，而在一元回归中对比表 7-6 就能看出只有一个因变量 X。第二，在系数结果中详细报告了每一个因变量 X 对应的斜率系数以及该系数的置信区间和 t 检验结果。

那么根据可以下结论。首先，模型的回归方程式是：

胜率 =−1.235+4.817× 两分球率 − 2.589× 三分球率 + 0.034× 失误次数

其次，根据方差分析的检验，在这个模型中累计因素的参数（或者可以认为是斜率）F 值是 10.77，p 值是 0.00，说明参数在模型中的作用显著。模型解释的回归平均方差在总平均误差中的比大。此处需要注意的是方差分析将所有的因素放在一起进行 F 检验，因此单凭借 p 值或 F 值只能得到整体显著的结论，至于是否其中混入的不显著的因素，在此阶段是无法获知的。

最后，模型的 R 平方值是 56.4%。因此，可以认为有超过一半的胜率变化可以被“2 分球率”“3 分球率”和“失误次数”所解释。该模型比较理想。

表 7–7 多元线性回归的结果

模型摘要

模型	R	R 平方	调整后的 R 平方	标准估算的错误
1	0.751[a]	0.564	0.511	0.09723

a. 预测变量：（常量），失误次数，3 分球率，2 分球率

ANOVA[a]

模型		平方和	自由度	均方	F	显著性
1	回归	0.305	3	0.102	10.770	0.000[b]
	残差	0.236	25	0.009		
	总计	0.542	28			

a. 因变量：胜率　b. 预测变量：（常量），失误次数，3 分球率，2 分球率

系数 [a]

模型		非标准化系数		标准系数	t	显著性
		B	标准错误	贝塔		
1	（常量）	−1.235	0.600		−2.057	0.050
	2 分球率	4.817	1.183	0.545	4.071	0.000
	3 分球率	−2.589	0.704	−0.488	−3.678	0.001
	失误次数	0.034	0.013	0.366	2.747	0.011

a. 因变量：胜率

虽然得到的结论已经比较令人满意，但只凭借多元线性模型进行分析有些问题是无法解释的。第一，无法具体解释因素与因素之间的相关。这个问题的根本缺陷体现在公式 7.19。虽然多个 X 可以作为自变量对 Y 进行解释，但是 X

与 X 之间本身可能存在相关性。以篮球胜率为例，试想球队中进攻仰仗于某位主力队员，那么如果这位球员发挥好，则“2 分球”和“3 分球”进球率都会很高。换言之，这两个变量实际测量了该球员的状态，也就是说如果 2 分球率高，那么 3 分球率也会提高；相反，如果状态不好，那么连因变量的值也会同时降低。此时这两个变量就有较高的相关性。第二，多元线性回归本身无法提供完美的因素筛选方案。在篮球胜率这个问题中，只涉及了 3 个自变量 X，不必精简模型。然而，如果模型中含有十几个甚至是几十个自变量，就必须对模型对自变量进行筛选，从而得到精简的模型结论。

另外，仔细观察这个结论方程式还会产生一些疑惑：“3 分球率”越高“胜率”反而越低；“失误”越多“胜率”越高。这和人们通常的认识并不符合，然而就结论方程式本身而言很难解释这种现象。研究者也只能猜测是因为“2 分球”和其他变量的相关导致这样的结果。又或者在比赛中，球队只有落后的时候才执行 3 分球战术，失误多是不是意味着球队进攻积极，所以导致了失误多胜率高的结果？不难看出，在多元线性回归中，太多的因素混杂在一起时很难进行客观判断，许多时候人们是为了迎合结论而去寻求解释。

那么这样究竟是好还是不好，是否可信呢？可见多元回归和一元回归的研究初衷其实并不完全相同。一元回归注重的是对 X 和 Y 的关系的检验，从而得出 X 是否会影响 Y 的结论。相比多元回归注重的是对某个问题的解释，也就是多个因素 X 影响了 Y。而在实际中，Y 可能和无穷多个 X 有着关联，多元回归的目的是将那些无关紧要的 X 剔除，只留下那些十分重要的自变量 X，进而拟合出精简的关于 Y 的数学模型。因此，多元模型的研究重点并不在于那个数学表达式，而是对 X 的不断筛选精益求精的过程。这个过程非常符合“奥卡姆剃刀原则”，即追求“简单”“有效”，如无必要，勿增实体。

三、自变量个数与模型质量的关系

表 7–7 中的主要参考统计参数已经在一元线性回归中讨论过。在一元回归模型中，衡量整个模型的质量主要的参考依据是“R^2 值”。这个值反映了有多少因变量 Y 的差异可以被自变量 X 所解释。结果报表中还有一个叫作“调整后的 R^2”的值，也叫“R 平方修正值”，英文是“Rsquareadjusted”。从字面意思来看，这个值的作用是对原有的 R 平方值的进一步修正。那么原有的 R 平方值已经可以反映模型质量了，这个修正值又能做出怎样的改变呢？带着这样的

问题，我们先来看以下例子。

某旅游公司为了分析客户购买旅游产品的偏好，对客户购买数据进行调查，主要收集了四个因素，如表 7-8 所示。

表 7-8 旅游公司收集的数据

Y	价格	该客户购买旅游产品的价格
X_1	家庭收入	该客户每年家庭可支配收入
X_2	小孩人数	16 岁以下小孩的数量
X_3	年龄	购买该产品的客户年龄
X_4	旅游次数	每年平均旅游次数

根据表 7-8 价格就是因变量 Y，其余的因素就是自变量 X。那么旅游公司的分析员用多元线性回归做了分析，并观测 R 平方值。

当分析员看到这个数据时，立刻根据自己的经验得出了主观的结果，那就是购买旅游产品的价格一定会和家庭收入有关。也就是说，富裕的家庭一定会购买价格较高的旅游产品，相反收入少的家庭应该更可能购买廉价的旅游产品。他用 Y 和 X_1 做了一元线性回归，得到的 R 平方是 83%。这个结果令他非常满意。

分析员再次用 Y 和 X_2 做了一元线性回归，R 平方值只有 12%。说明小孩的数量对购买旅游产品的价格并没有很大的影响。

但当分析员用 Y 和 X_1，X_2 一起做多元线性回归时，R 平方值是 84%。这意味着当一个模型增加一个因素时，哪怕没有显著作用的因素，R 平方值只会升高不会降低。也就是说在现有模型中加入无用的自变量 X 并不会使得这个模型的 R 平方值更差。根据这个性质可以得到这样的结论：R 平方值只能判断模型的解释力度，但无法对 X 个数的筛选提供参考。

分析人员对 X_3 和 X_4 都做了一元线性回归，其结果也都不理想，分别是 9% 和 11%。最后，分析人员用 Y 和 X_1，X_2，X_3，X_4 做了所有因素的多元线性回归，得到最后的 R 平均值是 86%。那么分析人员就要判断以下两个模型哪个更好。

模型一：$Y=f(X_1)$ 并有 $R^2=83\%$。

模型二：$Y=f(X_1, X_2, X_3, X_4)$ 并有 $R^2=86\%$。

在这两个模型中，显然模型一更好。虽然模型一的 R 平方值比模型二小，但模型一只用了一个因素就解释了客户的购买旅游产品 83% 的差异。而另外三个因素加起来也只不过可以提高 3% 的解释力度。可以想象这三个因素对因变量 Y 并没有什么实际的贡献。

可见，此时如果使用 R 平方值为判断模型质量的标准，就很容易得到模型二更好的结论。因为 R^2 值计算了差异的相关量，并没有将自变量 X 的数量纳入考虑，所以用 R 平方值判断的话，就会出现不断增加自变量 X 的循环中。此时 R 平方修正值就起着至关重要的作用。

在做多个模型比较的时候，R 平方修正值的公式是：

$$R_a^2 = 1 - \left(1 - R^2\right) \times \frac{n-1}{n-k-1} \tag{7.21}$$

R 平方修正值最主要的特点是它将因变量个数 k 考虑在内。根据公式 7.21 可以看出，当 k 增加时，R 平方修正值就会变小。比如在以上问题中，将 X_2 加到原有的 Y 与 X_1 的模型中，这时 R 平方值会增加，而 R 平方修正值则不一定会增加。

综上所述，当有多个模型比较时，R 平方修正值更具有参考价值，它允许分析者在 R 平方值和因素数量上做出判断和取舍。一般情况下，模型的 R^2 值高，但是 R_a^2 值低，这就说明在模型中存在不显著甚至是完全无用的自变量 X，该模型不是最精简的，需要进一步分析。当 R^2 值与 R_a^2 值都较大而且比较相近时，说明模型比较精简。

这个问题还涉及一个多重共线性问题，那就是仔细观察四个自变量，可以发现自变量本身有一定的联系，并非相互独立。家庭收入较高的家庭很有可能旅游次数也多，那么 X_1 和 X_4 就有共线性，也就是说，X_1 解释 Y 的变化，X_4 也能解释这部分的变化。此外家庭收入似乎和年龄也有一定关系，相对来说中年人的收入会高一些，年轻的家庭往往收入没有中年家庭理想，那么 X_1 和 X_3 也有一定的共线性。这可以被理解为在 Y 和 X_1 模型中加入 X_3 并没有代理家庭收入以外的解释，因此 R 平方值也不可能有显著增加。如果可以增加其他因素对 Y 进行解释，类似“折扣力度”或者“季节”等因素就和“家庭收入”相互独立，那么增加这些因素可以给 R_2 贡献新的增长，使得模型更有解释力。

四、线性关系的检验

多元线性回归的相关关系检验与一元线性回归类似。用 F 检验比较回归方差和残差方差的比值，从而判断其线性关系是否显著。但与一元回归的区别是一元回归检验的是一个自变量 X 的关系，而多元回归检测的是变量总体的相关。如果是显著的，因变量与自变量之间存在线性关系，反之，因变量与自变量之间不存在线性关系。因此就能提出以下假设：

H_0：$\beta_1=\beta_2=\cdots=\beta_k=0$，线性关系不显著。

H_1：β_1，β_2，$\cdots$，β_k 至少有一个不等于 0，有显著的线性关系。

判断的依据是统计检验量 F 和显著性 α 的比较。

$$F=\frac{SSR/k}{SSE/(n-k-1)}=\frac{\sum_{i=1}^{n}(\hat{y}_i-\bar{y})^2\Big/k}{\sum_{i=1}^{n}(y_i-\hat{y})^2\Big/(n-k-1)}\sim F(k\,,n-k-1) \tag{7.22}$$

以上假设和公式 7.22 是非常标准的方差分析检验结构。如果 $F_{计算值}$大于 $F_{临界值}$，那么就可以拒绝 H_0，反之就不能拒绝 H_0。回到表 7–7 的报告，$F_{计算值}$值 10.770，大于 $F_{临界值}$值，所以，拒绝原假设，可以认为因变量“胜率”和自变量“2 分球 %”“3 分球 %”“失误次数”存在线性相关关系。这里，还要注意到 F 分布的自由度是（k，n–k–1）。在大多数统计软件的 F 结果报告中，F 值通常会被转换为 p 值，一同呈现在结果报告中。比如在表 7–7 中，ANOVA 部分的“显著性”值 0.000 就是 p 值。所以，对于 F 检验的结果可以直接用 p 值和 α 值进行比较。那么 F 值 0.00 小于 α 值 0.05，结论是 H_1 拒绝原假设。

在一元回归中方差分析得到了 H_1 的结论就已经可以判断 X 的变化会影响 Y。然而在多元回归情况中，即使得到了 H_1 的结论，依旧无法判断出是哪些 X 影响了 Y，哪些 X 没有起作用。在均值检验的方差分析中，已经介绍过这样的局限性，一般后期会用 TUKEY 测试或者 LSD 进一步检验。那么在多元回归中，就会用 t 检验对每一个自变量 X 的回归系数进一步检验。

五、回归系数的检验

在多元线性回归中，回归系数的检验非常重要。与一元回归不同，如果一元回归系数检查不成立，那么整个系数的 F 检验就不会通过，因为只存在一个因变量 X。而在多元线性回归中，一些 X 可能对模型有显著的作用，另一些可能根本没用。为了得到精简有效的模型，需要判断哪些因素需要保留，哪些无用的因素需要被剔除。

在“系数”结果报告中，可以看到 SPSS 对每一个自变量 X 都单独进行了 t 检验。t 检验是判断该因变量的斜率系数 β_i 是否显著。如果显著就说明随着这

个自变量 X 的变化，因变量 Y 会随之变化。所以提出了以下假设：

H_0：$b_i=0$（自变量 X_i 与因变量 Y 没有线性关系）。

H_1：$b_i \neq 0$（自变量 X_i 与因变量 Y 有线性关系）。

然后可以依据双尾 t 检验，计算出 $t_{计算值}$统计量并与 $t_{临界值}$比较，抑或直接将 t 统计量转化为 p 值。$t_{计算值}$统计量的计算公式是：

$$t=\frac{\hat{\beta}_i}{S_{\hat{\beta}_i}} \sim t(n-k-1) \qquad (7.23)$$

双尾 t 检验的结果用 p 值表示更便捷，所以结果报告中除了提供 t 值的检验统计量以外还直接给出了 p 值作为参考。如果 p 值大于 α，那么就可以拒绝 H_0，反之就不能拒绝 H_0。比如在表 7–7 中，“2 分球率”“3 分球率”“失误次数”的 p 值分别是 0.00，0.001，0.011。这些 p 值都小于显著性 α，因此就可以认为“2 分 %”“3 分球 %”“失误次数”这三个因素对模型有显著线性关系，并且其中“2 分率”的影响最大，因为其 p 值最小。

对于每个回归系数 $\hat{\beta}_i$ 来说是一个估计得到的统计参数，那么这个参数可能因为抽样等原因存在一定的误差。因此根据参数估计的原则，可以将这个 $\hat{\beta}_i$ 视为一个中心点，然后根据置信度划出一个置信区间。这个置信区间的计算公为：

$$\hat{\beta}_i \pm t_{\alpha/2}(n-k-1)S_{\hat{\beta}_i} \qquad (7.24)$$

其中，

$$S_{\hat{\beta}_i}=\frac{s_e}{\sqrt{\sum\left(x_i-\bar{x}\right)^2}} \qquad (7.25)$$

$S_{\hat{\beta}_i}$ 就是这个回归系数抽样的标准差。从公式 7.24 可以看出，计算得到的斜率参数并不是一个绝对正确的值。这意味着模型中不仅存在样本的随机误差，参数的斜率也可能存在一定的波动和变化。因此在“系数报告”中每个斜率参数都给出了“标准误差”作为参考。

在 SPSS 中计算该区间的方法是在线性回归命令窗口中点击统计量 statistics，如图 7–7 所示。

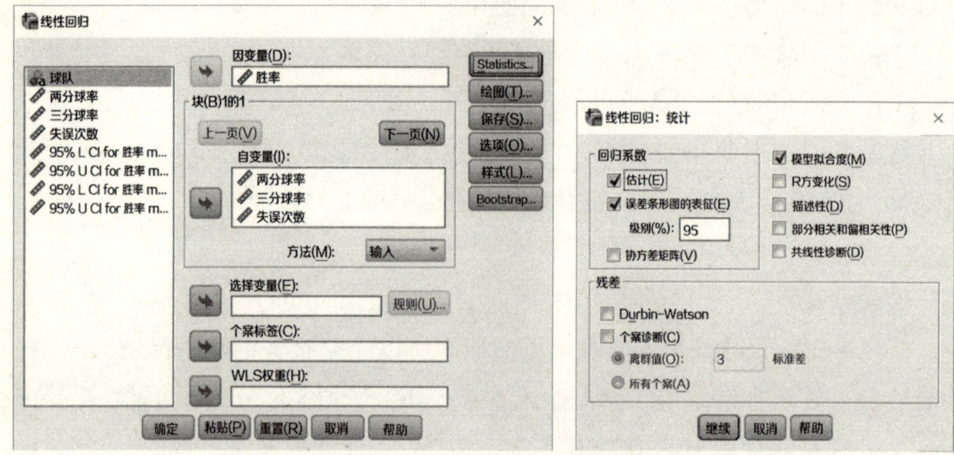

图 7-7 线性回归中的区间估计操作

然后，勾选“误差条形图的表征”并在级别中输入 95%。点击“继续”，再点击“确定”。生成的结果中就包含了 95% 的置信区间。如表 7-9 所示。

表 7-9 95% 置信区间的结果报告

系数 [a]

模型		非标准化系数		标准系数	t	显著性	B 的 95.0% 置信区间	
B		标准错误	贝塔			下限值	上限	
1	（常量）	–1.235	0.600		–2.057	0.050	–2.471	0.002
	2 分球率	4.817	1.183	0.545	4.071	0.000	2.380	7.253
	3 分球率	–2.589	0.704	–0.488	–3.678	0.001	–4.040	–1.139
	失误次数	0.034	0.013	0.366	2.747	0.011	0.009	0.060

a. 因变量：胜率

从表 7-9 中可以得到，比如，两分球命中率的参数区间是在 2.380 ~ 7.253 之间。之所以取值 4.817 是因为根据抽样的样本，斜率 4.817 的概率最大，而并非这个值是唯一的斜率参考标准。值得注意的是，这种方法不只适用于每一个 X 对应的参数 $\hat{\beta}_i$。对于常数项 $\hat{\beta}_0$ 也可以用这个方法得到对应的区间。根据区间估计的原理，可信度比较高的参数 $\hat{\beta}_i$ 应该是置信区间比较小，而且都不接近于 0 的值。

六、共线性和模型选择方法

（一）多重共线性

在先前的购买旅游产品价格问题中已经涉及了多重共线性的问题，客户购买旅游产品“价格”与“家庭收入”有着密切的关系。而“客户年龄”和“旅游次数”也都和“家庭收入”有着一定的关系。因此，这些自变量实际上在解释同意部分的因变量。

可以想象这样的一个情况，一支足球队中，上场11位队员。任何一个位置的球员表现出色都能提高该球队的表现。假设球队来了一个非常优秀的守门员，那么球队的防御能力必定大大提高。这时，球队又引进了一位同样优秀的守门员，那么球队的防御能力就不会再有什么提高，因为在比赛时只能派一位守门员。也就是说这两位守门员做的贡献是相同的。他们的能力都是守门，高度相关。那么如果球队可以引进其他位置的优秀球员，球队的整体实力又可以得到提升。

这种情况就是多重共线性（Multicollinearity），它指的是线性回归模型中的解释变量之间由于存在精确相关关系或高度相关关系而使模型估计失真或难以估计准确。出现了 y 和 x_1 相关，y 和 x_2 也相关，然而同时 x_1 和 x_2 也高度相关。那么模型中不需要同时出现 x_1 和 x_2，只需要一个就可以了。

写成数学形式就是以下线性回归模型：

$y=f(x_1, x_2)$

其中，

$x_2=g(x_1)$

这时，用 x_1 和 x_2 作为自变量和单独选择一个作为自变量结果应该没有区别。其中一个因素是多余的。而且，由于随机误差的介入可能会使回归的结果造成混乱，甚至会把分析引入歧途。而且，同时放入两个高度相关的变量可能对参数估计值的正负号产生影响，特别是各回归系数的正负号有可能同预期的正负号相反。在有多重共线性情况时一般会选择一个自变量，剔除另一个。就好像刚刚的足球队里，只需要一位技艺高超的守门员。

多重共线性的存在可能并没有之前所说的两个守门员这么绝对和显而易见，也就是说，X 之间存在的是弱相关，很难察觉。就好像购买旅游产品客户的“家庭收入”和“年龄”之间，收入高的家庭年龄应该偏中年及以上，但不是绝对的。

判断多重共线性的方法有许多，比较直观和简单的方法是观察模型的结论参数，如果 F 检验是显著的，然后对于因素的 t 检验却不显著。或者说模型的相关系数正负号与预期的相反，这时的模型中可能存在多重共线性。

处理方法一般是采用比对因素之间的相关系数。SPSS 中的处理方法是用"分析—相关—双变量"的命令。这里的双变量的意思并不是指分析两个变量，而是将变量和变量两两对比分析其相关系数。比如，我们把表 7-1 中的三个自变量"2 分球 %""3 分球 %""失误次数"进行共线性分析，如图 7-8 所示。

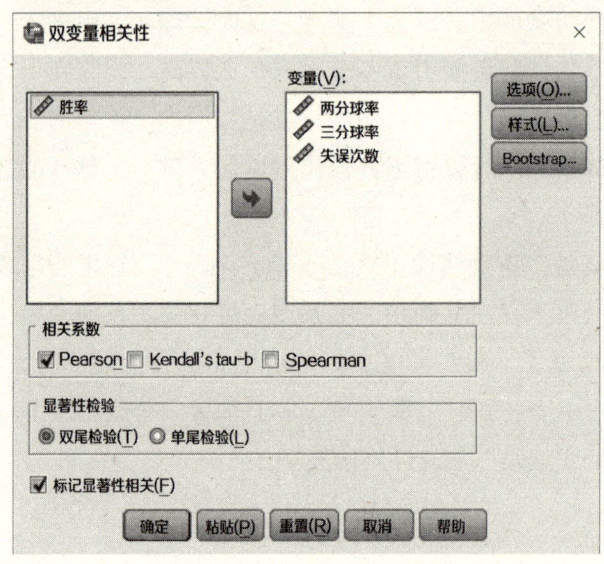

图 7-8 多重共线性分析

按照图 7-8，需要勾选一种相关系数，在这里，选择最常用的皮尔森相关系数。在"选项"窗口中还可以在结果中报告平均值等。这里分析需要的相关度，和平均值无关，所以这里不需要勾选。点击确定后，得到表 7-10 输出结果。

表 7-10 皮尔森相关系数输出结果

相关性

		2 分球率	3 分球率	失误次数
2 分球率	Pearson 相关性	1	0.098	-0.134
	显著性（双尾）		0.612	0.487
	N	29	29	29
3 分球率	Pearson 相关性	0.098	1	0.000
	显著性（双尾）	0.612		0.999
	N	29	29	29
失误次数	Pearson 相关性	-0.134	0.000	1
	显著性（双尾）	0.487	0.999	
	N	29	29	29

在这个表中横向和纵向都是三个自变量，表格中，左上角到右下角的对角线上的 1 代表自身完全相关。与其他变量的相关对比就以对角线对称的形式表现出来。比如可以看横坐标“2 分球”，纵坐标“3 分球”的相关度 0.098，显著性 p 值 0.612。由于 p 值大于显著性 α 值，可以认为 3 分球和 2 分球两个变量互相独立。这个结果与横坐标“3 分球”纵坐标“2 分球”的结果是一致的。在这里皮尔森相关分析是基于以下假设：

H_0：变量 X_i 和变量 X_j 互相独立（变量 X_i 不会因为 X_j 的变化而变化）。

H_1：变量 X_i 和变量 X_j 显著相关（变量 X_i 会因为 X_j 的变化而变化）。

这个相关度的分析本质是一个双尾显著性检验，然后转化为 p 值便于参考。从假设中可以看出，即使得到的结果是 H_0，也并不意味着两个变量完全相互独立，只是相关度并不显著而已。因为双尾分析是根据相关度在显著性水平 0.05 的基础上进行的。比如在以上例题中“2 分球率”和“3 分球率”并不应该判断为绝对独立。

在这个相关性分析中，如果出现了高度相关的自变量，此时就要考虑剔除其中某个或者多个。根据表 7-10，三个因素都独立，整体模型的 R 平方值还不算很高，说明还有一些因素没有找到。可能以后的分析会再多加入几个变量进模型。

（二）模型选择方法

先前已经讨论过，当模型有许多因变量 X 时，需要判断 t 检验的结果从而决定是否应该保留或剔除该变量。但是由于模型中X可能互相相关所以无法一次性将所有t检验不显著的自变量提出，需要注意移除比较模型的结果。这样一步一步的反复试验非常耗时，需要由电脑为提供快捷的决策方法。在SPSS中有多种变量筛选的方法，这里先介绍一种stepwise逐步式样方法。这个方法的逻辑是在每一步，将在方程中的具有F的概率最小的自变量被选入（如果该概率足够小）。对于已在回归方程中的变量，如果它们的F概率变得足够大，那么移去这些变量。如果不再有变量符合包含或移去的条件，那么该方法终止。SPSS的操作非常简单，就是在图7–5的窗口中将方法选择为“逐步”。点击“确定”后生成如表7–11。

表7–11 逐步分析的结果（变量输入输出）

已输入/除去变量[a]

模型	已输入变量	已除去变量	方法
1	2分球率		步进（准则：F–to–enter的概率 <=0.050，F–to–remove的概率 >=0.100）
2	3分球率		步进（准则：F–to–enter的概率 <=0.050，F–to–remove的概率 >=0.100）
3	失误次数		步进（准则：F–to–enter的概率 <=0.050，F–to–remove的概率 >=0.100）

a. 因变量：胜率

在这个表中我们看到SPSS的选择变量遵循以下逻辑。首先，它觉得“2分球”是最重要的因素，在先前的t检验中也证明了这点。它先将“2分球”加入模型中，然后它再把“3分球”作为第二重要的因素也加了进来。测试后，它对两个因素的模型满意。第三步，它没有将“2分球”或“3分球”中的任何一个剔除掉，因为它觉得两个因素对模型都有贡献。所以它又把第三个重要的因素“失误次数”也放在模型中。根据这些步骤给出了这样的报告，如表7–12所示。

表 7-12 逐步分析的结果（模型质量）

模型摘要

模型	R	R 平方	调整后的 R 平方	标准估算的错误
1	0.448[a]	0.201	0.171	0.12664
2	0.657[b]	0.432	0.388	0.10878
3	0.751[c]	0.564	0.511	0.09723

a. 预测变量：（常量），2 分球率
b. 预测变量：（常量），2 分球率，3 分球率
c. 预测变量：（常量），2 分球率，3 分球率，失误次数

SPSS 将刚才的三种情况汇总出一个表格。第一种当然就是 a，只有常量（截距）和“2 分球”；第二种 b，模型就包含了常量“2 分球”和“3 分球”；第三种 c，就是包含了所有因素。这样，就把三种情况的 R 平方值和 R 平方修正值纵向比对，一目了然。可见，随着自变量的增加 R 平方不断增加，R 平方修正也增加。因此包含了所有因素的模型是应该是最好的模型。在 ANOVA 的比对中也可得到相同的结论，如表 7-13 所示。

表 7-13 逐步分析的结果（方差分析）

ANOVA[a]

模型		平方和	自由度	均方	F	显著性
1	回归	0.109	1	0.109	6.786	0.015[b]
	残差	0.433	27	0.016		
	总计	0.542	28			
2	回归	0.234	2	0.117	9.892	0.001[c]
	残差	0.308	26	0.012		
	总计	0.542	28			
3	回归	0.305	3	0.102	10.77	0.000[d]
	残差	0.236	25	0.009		
	总计	0.542	28			

a. 因变量：胜率
b. 预测变量：（常量），2 分球率
c. 预测变量：（常量），2 分球率，3 分球率
d. 预测变量：（常量），2 分球率，3 分球率，失误次数

从方差分析来看，F 值不断增大，p 值不断减小，随着自变量数量的增加模型的线性显著性更高。这种分析结果也能提供系数表作为参考，如表 7-14

所示。

表 7-14 逐步分析的结果（系数[a]）

模型		非标准化系数		标准系数	t	显著性
		B	标准错误	贝塔		
1	（常量）	-1.221	0.662		-1.845	0.076
	2 分球率	3.958	1.519	0.448	2.605	0.015
2	（常量）	-0.529	0.607		-0.871	0.392
	2 分球率	4.378	1.311	0.496	3.338	0.003
	3 分球率	-2.563	0.788	-0.483	-3.254	0.003
3	（常量）	-1.235	0.6		-2.057	0.05
	2 分球率	4.817	1.183	0.545	4.071	0
	3 分球率	-2.589	0.704	-0.488	-3.678	0.001

a. 因变量：胜率

这个系数表将每一种情况的系数结果都展现出来。可以看到，随着自变量数量的增加，β 参数变化不大，这也从另一个角度说明了自变量之间的多重共线性并不显著。结果 3 中的各项显著性 p 值，都比较好。因此我们可以认为情况 3 的模型，包括所有因素的模型都是最好的模型。

除了 stepwise 之外，SPSS 中选择变量还有其他方法，比如：

移除（Remove）方法，将其在单步中移去一个块中的所有变量。

向后去除（Backward Elimination）方法，在该过程中将所有变量输入方程中，然后按顺序移去。考虑将与因变量之间的部分相关性最小的变量第一个移去。如果它满足消除条件，那么将其移去。移去第一个变量之后，考虑下一个，将方程剩余变量中具有最小的部分相关性的变量移去。直到方程中没有满足消除条件的变量，过程才结束。

向前选择（Forward Selection）方法，在该过程中将变量顺序输入模型中。第一个考虑要选入方程中的变量是与因变量之间具有最大的正或负的相关性的变量。要在该变量满足选入条件时才将它选入方程中。选入第一个变量之后，接下来考虑不在方程中的具有最大的部分相关性的自变量。当无满足选入条件的变量时，过程结束。

还有在 MiniTab 中 Best Subset Regression 也是非常受欢迎的方法。其原理是利用计算机的强大处理能力将所有可能性的模型全部做一遍，然后列出最佳的几个模型供分析者选择。在本课程的配套视频中将对这些方法和操作流程进一步展示。

在多元回归的学习过程中，可能会产生疑问，在变量选择其实没有一种绝对好的，绝对正确的选择方法。在变量选择过程中要把握几个重点，首先是 R 平方值和 R 平方修正值，这个统计量是帮助我们选择模型最有力的工具。其次就是考虑多重共线性。比如在篮球胜率的数据中增加一项“场均犯规”那么这一项就和失误高度相关，在 NBA 中许多犯规也会被计算入失误中，比如所有的进攻犯规都是失误。最后，得到结果要考虑模型的合理性。多元回归的根本目的是用数学公式解释因变量的特质，而非数学公式本身的精确程度。

【本章小结】

本章主要介绍回归方式的使用。一元线性回归是基础的回归方法，实际生活中多元线性回归分析的情况更多。回归的本质和方差分析十分类似，就是在所有产生的误差中寻找被方程式所揭示的误差比重，比重越高，模型也就越好。

本章在一元线性回归部分详细介绍了回归计算的方法。此外还介绍了如 R 平方值，方差项等计算细节。在多元线性回顾部分介绍了 R 平方修正值的计算方法和 R 平方修正值与 R 平方值的区别。

本章还着重介绍了在 SPSS 中如何建立模型，选择变量，判断检验的步骤。最后强调了在模型分析过程中的一些重要问题，比如多重共线性等的处理方法。

【本章重要公式】

本章公式主要分为两个部分，第一部分是一元线性回归中的计算，第二部分是多元线性回归计算。

一元回归主要公式有：

（1）$Y=aX+b$，线性表达式。

（2）$Y_i=\beta_0+\beta_1X_i+\varepsilon_i$，线性回归表达式。

（3）$\hat{Y}_i=b_0+b_1X_i$，预计值计算方法。

（4）$b_1=\dfrac{SSXY}{SSX}$，计算斜率。

（5）$SSXY=\sum_{1}^{n}(X_i-\overline{X})(Y_i-\overline{Y})=\sum_{1}^{n}X_iY_i-\dfrac{(\sum_{1}^{n}X_i)(\sum_{1}^{n}Y_i)}{n}$，计算 X 与 Y 乘积的平方和。

（6）$SSX=\sum_{1}^{n}(X_i-\overline{X})^2=\sum_{1}^{n}X_i^2-\dfrac{(\sum_{1}^{n}X_i)^2}{n}$，计算横坐标平方和。

（7）$b_0=\overline{Y}-b_1\overline{X}$，计算回归截距。

（8）$r=\dfrac{\sum(x-\overline{x})(y-\overline{y})}{\sqrt{\sum(x-\overline{x})^2\cdot\sum(y-\overline{y})^2}}$，计算相关系数 r。

（9）$r=\dfrac{n\sum xy-\sum x\sum y}{\sqrt{n\sum x^2-\left(\sum x\right)^2}\cdot\sqrt{n\sum y^2-\left(\sum y\right)^2}}$，计算相关系数 r。

（10）$SST=SSE+SSR$，计算总平方和。

（11）$SSR=\sum_{i=1}^{n}\left(\hat{y}_i-\overline{y}\right)^2$，计算 y 的回归平方和。

（12）$SSE=\sum_{i=1}^{n}\left(y_i-\hat{y}_i\right)^2$，计算 y 的误差平方和。

（13）$SST=\sum_{i=1}^{n}\left(y_i-\overline{y}\right)^2$，计算 y 的总平方和。

（14）$R^2=\dfrac{SSR}{SST}=\dfrac{\sum_{i=1}^{n}\left(\hat{y}_i-\overline{y}\right)^2}{\sum_{i=1}^{n}\left(y_i-\overline{y}\right)^2}=1-\dfrac{\sum_{i=1}^{n}\left(y_i-\hat{y}\right)^2}{\sum_{i=1}^{n}\left(\hat{y}_i-\overline{y}\right)^2}$，计算判定系数 R^2。

（15）$t=\dfrac{b_1-\beta_1}{S_{b_1}}$，计算因素显著性 t。

（16）$S_{b_1}=\dfrac{Syx}{\sqrt{SSX}}$，计算公式 7.15 中的标准差 S_{b1}。

（17）$SSX=\sum(X_i-\overline{X})^2$，计算公式 7.16 中的 X 平方和。

多元线性回归公式有：

（1）$Y=\beta_0+\beta_1x_1+\beta_2x_2+\cdots+\beta_kx_k+\varepsilon$，多元线性回归表达式。

（2）$\hat{y}=\hat{\beta}_0+\hat{\beta}_1x_1+\hat{\beta}_2x_2+\cdots+\hat{\beta}_kx_k$，多元线性回归 y 预计值计算方法。

（3）$\begin{cases}\left.\dfrac{\partial Q}{\partial\beta_0}\right|_{\beta_0=\hat{\beta}_0}=0\\ \left.\dfrac{\partial Q}{\partial\beta_i}\right|_{\beta_i=\hat{\beta}_i}=0 \quad (i=1,2,\cdots,\ k)\end{cases}$，多元线性回归最小二乘法。

（4）$R_a^2=1-\left(1-R^2\right)\times\dfrac{n-1}{n-k-1}$，计算 R 平方修正值。

（5）$F=\dfrac{SSR/k}{SSE/(n-k-1)}=\dfrac{\sum_{i=1}^{n}(\hat{y}_i-\bar{y})^2\Big/k}{\sum_{i=1}^{n}(y_i-\hat{y})^2\Big/(n-k-1)}\sim F(k,n-k-1)$，$F$ 值计算。

（6）$t=\dfrac{\hat{\beta}_i}{S_{\hat{\beta}_i}}\sim t(n-k-1)$，计算 t 检验值。

（7）$\hat{\beta}_i\pm t_{\alpha/2}(n-k-1)s_{\hat{\beta}_i}$，计算斜率 i 的区间估计。

（8）$s_{\hat{\beta}_i}=\dfrac{s_e}{\sqrt{\sum(x_i-\bar{x})^2}}$，计算斜率 i 的标准差。

【讨论案例】

美国曼哈顿的一家专业搬运公司，为纽约城内的办公室和家庭提供专业搬家服务。搬运所需时间是一个非常重要的指标。原先各搬运项目所需时间由专业的经理估算，但是结果并不理想。搬运公司的老板决定根据现有数据建立一个更精确的搬运用时模型。他认为，影响搬运时间最重要的因素有三个，搬运的面积（平方英尺）、大件物品个数和是否有电梯。表 7–15 是 36 个搬运工作数据。

表 7–15 搬运公司的数据

耗时	面积	大件	电梯	耗时	面积	大件	电梯
24.00	545	3	Yes	25.00	557	2	Yes
13.50	400	2	Yes	45.00	1028	5	Yes
26.25	562	2	No	29.00	793	4	Yes
25.00	540	2	No	21.00	523	3	Yes
9.00	220	1	Yes	22.00	564	3	Yes
20.00	344	3	Yes	16.50	312	2	Yes
22.00	569	2	Yes	37.00	757	3	No
11.25	340	1	Yes	32.00	600	3	No
50.00	900	6	Yes	34.00	796	3	Yes
12.00	285	1	Yes	25.00	577	3	Yes
38.75	865	4	Yes	31.00	500	4	Yes
40.00	831	4	Yes	24.00	695	3	Yes
19.50	344	3	Yes	40.00	1054	4	Yes

续表

耗时	面积	大件	电梯	耗时	面积	大件	电梯
18.00	360	2	Yes	27.00	486	3	Yes
28.00	750	3	Yes	18.00	442	2	Yes
27.00	650	2	Yes	62.50	1249	5	No
21.00	415	2	No	53.75	995	6	Yes
15.00	275	2	Yes	79.50	1397	7	No

用 SPSS 根据以上数据建立一个模型。模型的可靠程度是多少？这些因素都很重要吗？为什么重要或者不重要，判断依据是什么？

如果又有一个新的搬运项目，500 平方英尺，2 个大件，没有电梯。大概需要多少时间可以完成这个项目呢？

【本章习题】

1. 已知 10 只狗的血球体积及红血球的测量值如下［X（血球体积，mm），Y（血红球数，百万）］：

X	45	42	46	48	42	35	58	40	39	50
Y	6.53	6.30	9.25	7.50	6.99	5.90	9.49	6.20	6.55	7.72

求回归方程式。

2. 一些显示器在市场上热销，某专业评测机构对这些显示器按照品牌分类并打分，最高 100 分。具体得分见下表：

品牌	价格	得分
Dell	2800	62
Hisense	2800	53
Hitachi	2700	44
JVC	3500	50
LG	3300	54
Maxent	2000	39
Panasonic	4000	66
Phillips	3000	55
Proview	2500	34
Samsung	3000	39

价格和得分相关吗？有多相关？用 SPSS 生成结果并说明。

3. 环保节能对汽车来说非常重要，衡量汽车环保的一个重要标志就是油耗。欧州和美洲使用 MPG（miles per gallon）每加仑油英里数来衡量油耗。MPG 越高代表越省油，反之则越耗油。一位研究人员收集了以下数据（见下表），数据中不包括新能源汽车。

MPG	马力	重量	MPG	马力	重量	MPG	马力	重量
43.1	48	1985	20.2	85	2965	28	88	2605
19.9	110	3365	23.9	90	3420	24	92	2865
19.2	105	3535	29.9	65	2380	20.2	139	3570
17.7	165	3445	30.4	67	3250	20.5	95	3155
18.1	139	3205	36	74	1980	28	90	2678
20.3	103	2830	22.6	110	2800	34.7	63	2215
21.5	115	3245	36.4	67	2950	36.1	66	1800
16.9	155	4360	27.5	95	2560	35.7	80	1915
15.5	142	4054	33.7	75	2210	20.6	105	3380
18.5	150	3940	44.6	67	1850	31.3	75	2542
27.2	71	3190	32.9	100	2615	34.1	68	1985
41.5	76	2144	38	67	1965	34	88	2395
46.6	65	2110	24.2	120	2930	31	82	2720
23.7	100	2420	38.1	60	1968	27.4	80	2670
27.2	84	2490	39.4	70	2070	22.3	88	2890
39.1	58	1755	25.4	116	2900	28	79	2625
34.4	65	3465	17.6	85	3465			

MPG 和汽车马力相关吗？为什么？

MPG 和汽车重量相关吗？为什么？

试建立一个关于 MPG 的回归模型。

第八章　非线性回归模型

【本章学习目标】

1. 理解非线性回归模型建模原理和方法
2. 掌握各种常用非线性模型及特点
3. 掌握非线性模型线性化方法
4. 掌握非线性模型拟合评价方法
5. 用 SPSS 软件建立非线性模型的操作方法

【引导案例】

如图 8-1 所示，图中显示数据是收集了我国自 1978 年改革开放至 2005 年的人均可支配收入状况。通过画散点图，观察发现 1993 年是一个分水岭，在此之前，人均可支配收入是缓慢上升的。而自 1993 年邓小平南巡讲话以后，我国居民人均可支配收入上升的速度明显加快。因此，整个趋势线不能用直线来描述，必须配合曲线的趋势线，或者分段配合直线趋势线。

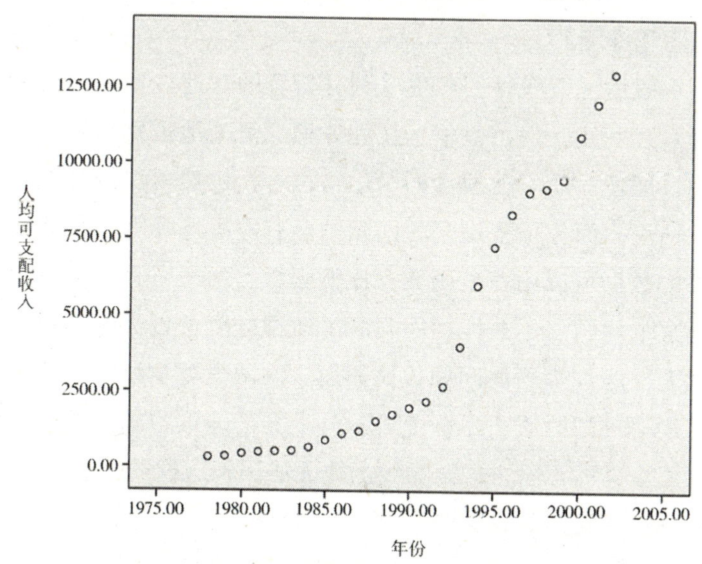

图 8-1　人均可支配收入和年份的散点图

第一节 常用的非线性回归模型

一、非线性回归模型与线性回归

当因变量和自变量之间存在线性关系时，建立线性回归模型是适当的。但在现实生活中，变量之间存在非线性关系是更常见的情形。例如，在建立生产函数时，用线性模型就不合适。因为建立线性生产函数 $Y=\beta_0+\beta_1K+\beta_2L$，实际上是假定各生产要素的边际生产率不变，即资本投入 K 每增加一单位，产出 Y 总是增加 β_1，劳动投入 L 每增加一单位，产出 Y 总是增加 β_2。在这种类型的生产函数中，资金和劳动之间能够完全替代，即便某一生产要素的投入为 0，只要另一生产要素的投入足够多，产出还会继续增加。显而易见，这是不符合现实的。而要建立边际生产率递减、生产要素之间可以替代但又不能完全替代这样一种更符合客观现实的生产函数，就必须考虑采用非线性回归模型。

（一）非线性回归的优缺点

实际上非线性的函数更能准确表述生活中的问题。线性函数的缺陷在于将自变量和因变量之间的关系假定为直线关系，Y 会随着 X 的变化而变化，这种变化程度可以用一个固定不变的斜率值解释。而非线性回归则认为应该根据实际情况，引入多种函数方程式提升拟合的效果，这样的非线性的方程式能更准确地解释问题和推测。

然而，一般情况下线性回归更受到分析者的欢迎。主要原因是线性回归虽然只能拟合直线回归，但可以根据线性方程式清晰地辨别出斜率带来的趋势。如图 8-1 中，即使只用一元线性回归进行拟合，仍然可以得到人均可支配收入不断上升的结论。而如果采用多元回归则会有应该选择哪一种非线性公式的疑问，图 8-1 中数据可以用三角函数、比例函数、两次方程式、多次方程式进行拟合。可见这个问题采用非线性回归后虽然拟合度可以大幅度提升，但是趋势会更模糊也会伴随许多新的问题。比如用二次函数抛物线的右侧拟合就可能出现在未来人均可支配收入将不断上升，且上升的速度也越来越快，那么这种上升能持续多久？会不会停止？抛物线函数无法回答这样的问题。

（二）非线性回归形式的选择

非线性回归函数有多种具体形式，需要根据研究的问题的性质并结合实际的样本观测结果进行选择。在对客观现象进行定量分析时，选择回归方程的具体形式应遵循以下原则：

首先，方程形式应与有关实质性科学的基本理论相一致。例如，根据经济学理论，生产函数采用幂函数的形式，能够较好地反映产出与要素投入的关系；而多项式方程能够较好地反映总成本与总产量之间的关系等。

其次，方程与观察数据有较高的拟合程度。因为只有这样，才能说明回归方程可以较好地反映现实问题的运行情况。

最后，方程的数学形式要尽可能简单，因为简洁的模型才有较强的可操作性。这个原则与多元线性回归中选择尽量少的变量是同样的逻辑。

从以上方程式选择中可以发现，非线性回归形式的选择没有统一的参照标准，类似于先前的多元线性回归中自变量的取舍。此外非线性模型的解释要比线性模型更难一些，比如二次函数的顶点位置是否准确，为什么在这个特定的点会使得趋势由上升（下降）转为下降（上升）等。从实际应用角度出发，一般非线性回归一般只用于未来短期的预测，很少会应用于长期趋势的估计。

二、常用非线性回归模型及其特点

非线性的回归模型有许多种类，在本书挑选出一些常用的非线性回归模型对其数学特点进一步说明和解释。

（一）抛物线

抛物线方程就是通常所说的二次函数，其具体形式为：

$$Y=a+bX+cX^2+e \tag{8.1}$$

其中，e 代表回归无法解释的误差。当 $c>0$ 时，意味着 Y 与 X 的关系呈 U 形曲线关系；当 $c<0$ 时，Y 与 X 的关系呈倒 U 形曲线关系，就是中学数学中所说的开口向上或向下。

抛物线函数用于拟合回归时就会出现如何解释顶点这样的难题。一般情况下，数据呈现向下或向上趋势时候，抛物线拟合度的 R^2 值与直线 R^2 差异不大时，更倾向于采用直线的回归方程式。图 8–2 演示了 $Y=X^2$ 的拟合抛物线。

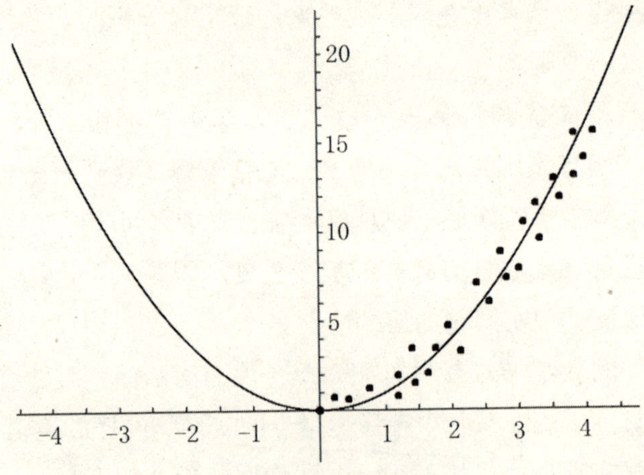

图 8-2 抛物线回归拟合

从图 8-2 中也能发现，这样的样本数据，用直线进行拟合虽然无法达到如该抛物线的 R^2，效果也会比较理想。因此，在回归拟合时并不需要单纯追求达到高的 R^2 值，而要考虑简洁和实用。

（二）双曲线

双曲线就是反比例函数，双曲线的方程式是：

$$Y=a+b(1/X)+e \tag{8.2}$$

假如 Y 随着 X 的增加而增加（或减少），最初增加（或减少）很快，以后逐渐放慢并趋于稳定，则可以选用双曲线来拟合。统计学中由于一般情况下不会出现负数，因此通常只取双曲线函数 X 和 Y 都大于 0 的那一条进行拟合。图 8-3 是以 $Y=1/X$ 的拟合双曲线。

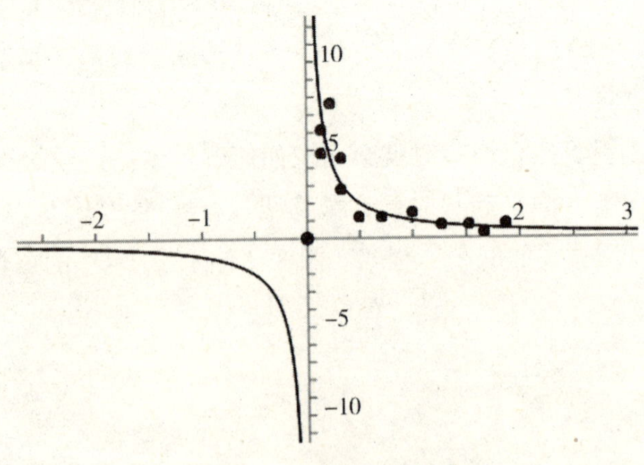

图 8-3 双曲线回归拟合

（三）幂函数

先前介绍的二次函数是幂函数的特殊情况，幂函数方程的一般形式是：

$$Y=aX^{b}+e \tag{8.3}$$

由于在统计学中样本的特征度量不太可能出现负数，因此幂函数主要反映了 X 对于 Y 的影响作用强弱，图 8–4 是 $Y=X^{4}$ 的拟合曲线，对比图 8–2，可以看出因变量对自变量的影响作用非常强。

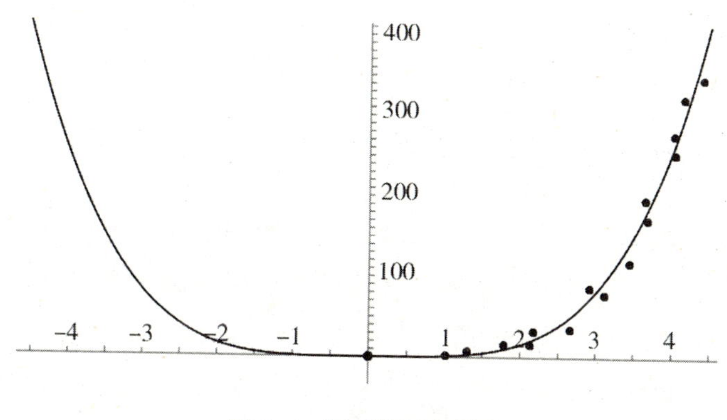

图 8–4　幂函数回归拟合

幂函数在生产函数分析和需求函数分析中得到了广泛的应用。其方程式是一个多元的幂函数：

$$Y=aX_{1}^{b1}X_{2}^{b2}\cdots\cdots X_{k}^{bk}+e \tag{8.4}$$

在这个公式中，幂函数方程中的参数 b_j 反映因变量 Y 对于某一个自变量的弹性。所谓 Y 对于 X_j 的弹性，是指在其他情况不变的条件下，X_j 变动 1 %时所引起 Y 变动的百分比。

（四）指数函数

指数曲线的函数为：

$$Y=ab^{x}+e \tag{8.5}$$

式中有两个待定参数 a 和 b。当 $a>0$，$b>1$ 时，曲线随 X 值的增加而弯曲上升趋于 + ∞；当 $a>0$，$0<b<1$ 时，曲线随 X 值的增长而弯曲下降趋于 0。图 8–5 分别用 $Y=2^{x}$ 和 $Y=0.7^{x}$ 两个指数函数演示了两种拟合回归情况。

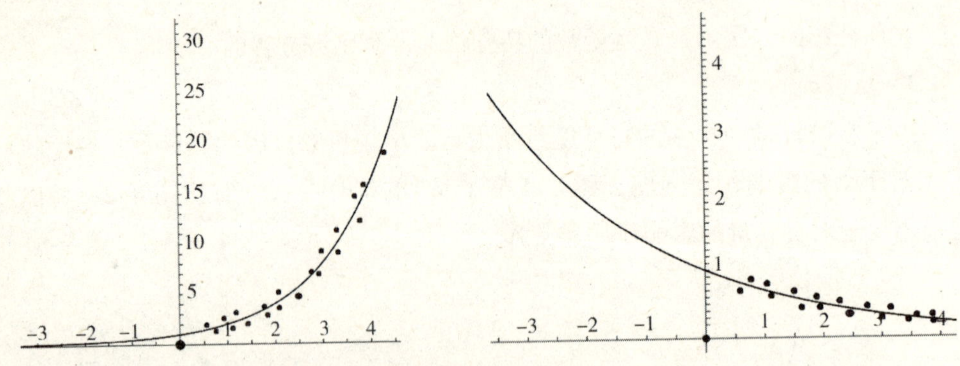

图 8–5 指数函数的回归拟合 $Y=2^x$（左侧），$Y=0.7^x$（右侧）

当自变量 X 表示时间时，这种曲线被广泛应用于描述客观现象按照一定比例增长（下降）的变动趋势。例如，产值、产量按一定比率增长，就符合第一种形式的曲线；如成本、原材料消耗按一定比例降低，就符合第二种形式曲线。

从图 8–5 中也能看出，同样的情况可以使用其他方式进行拟合，比如左侧的 $Y=2^x$ 可以使用二次函数进行拟合也能达到理想的效果；右侧的 $Y=0.7^x$ 更可以使用直线函数直接拟合。

（五）其他曲线函数

拟合过程中还可能实用到对数函数、三角函数、S 形曲线、多项式函数等多种数学公式。然而其根本依旧是追求样本点离开方程式曲线的差异最小。这与直线回归中采用最小二乘法的原理是一致的。一般来说每一类函数都有其适用的领域，比如对数函数的特点是随着 X 的增大，X 的单位变动对因变量 Y 的影响效果不断递减；S 逻辑曲线函数中，开始时随着 X 的增加，Y 的增长速度逐渐加快，但是 Y 达到一定水平之后，其增长速度又逐渐放慢，最后 Y 无限趋近于 L。逻辑曲线常被用来表现耐用消费品普及率的变化；多项式函数在非线性回归分析中占有重要的地位，因为根据数学上级数展开的原理，任何曲线、曲面、超曲面的问题，在一定的范围内都能够用多项式任意逼近。所以，当因变量与自变量之间的确实关系未知时，可以用适当幂次的多项式来近似反映。

需要注意的是，如果引入了非线性回归方法，那么就可能存在多种非线性相结合的非常复杂的多项式情况。图 8–6 中展示了这样的多项式函数回归 $y=\sin(x)+0.2x^2+0.1/x$

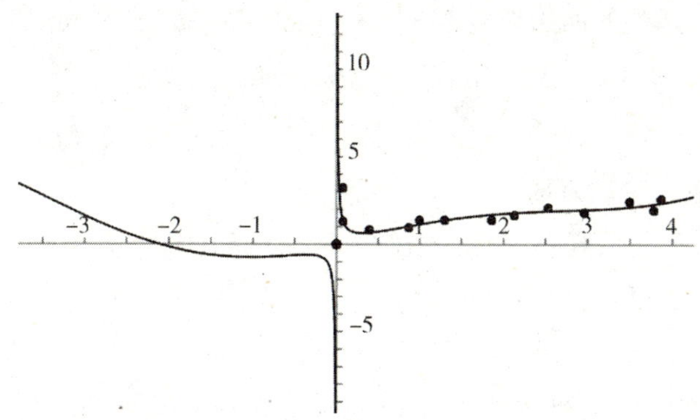

图 8-6 符合函数回归拟合

显然这样的回归是没有必要的，不但很难解释为何在 x=0.2 处出现了拐点，更无须采用如此复杂的多项式数学公式。图 8-6 中的样本完全可以用直线进行拟合，即使直线的 R^2 不及这个复杂的曲线。

（六）多元回归函数

对于同一个自变量 X 多元线性回归提供了多种拟合的手段，那么遇到多元模型时非线性的处理就十分复杂。在多元线性回归中采取的手段是对每一个自变量 X 进行直线拟合，从而得出最后的理想模型结论。即使适用了最简单的直线拟合，仍然存在多重共线性、每个自变量是否需要保留等复杂问题。那么可想而知，在多元非线性回归中对于每个自变量可以采取多种曲线拟合，再者自变量之间的交互作用也不再是直线形式的交互。按照这个逻辑推理，多元非线性的回归可以拟合出任何情况，从而将模型的 R^2 值逼近于 100%，显然这样做是没有必要的，一般情况下也很少对多元回归进行非线性的拟合。

三、非线性回归模型估计

许多非线性函数，通过适当的变换，可以转化为线性函数，然后再利用线性回归分析的方法进行估计和检验。常用的非线性函数的线性变换方法有以下几种：

第一，倒数变换方法。

例如，对于双曲线函数，令 $X^*=1/X$ 代入原方程式，可有：$Y=a+bX^*$。

第二，半对数变换方法。

例如，对于对数函数，令 $X^*=\ln X$，代入原方程，同样可得：$Y=a+bX^*$。

第三，双对数变换方法。

例如，对幂函数的两边求对数，可得：$\ln Y=\ln a+b_1\ln X_1+b_2\ln X_2+\cdots+b_k\ln X_k$。

令 $Y^*=\ln Y$，$b_0=\ln a$，$X_1^*=\ln X_1$，$\cdots$，$X_k^*=\ln X_k$，代入可得 $Y^*=b_0+b_1X_1^*+b_2X_2^*+\cdots+b_kX_k^*$。

第四，多项式变换方法。

例如，对于一元高次多项式，可令 $X_1^*=X$，$X_2^*=X_2$，$X_3^*=X_3$，$\cdots$，$X_k^*=X_k$，代入原方程，可得：$Y=b_0+b_1X_1^*+b_2X_2^*+b_3X_3^*+\cdots+b_kX_k^*$。

对于一些比较复杂的非线性函数，常常需要综合利用上述的几种方法。当然，并不是所有的非线性函数都可以通过变换得到与原方程完全等价的线性方程。在遇到这种情况时，还需要利用其他一些方法如泰勒级数展开法等进行估计。

为了叙述方便，我们省略了非线性回归函数中包含的随机误差项。但事实上与线性回归分析的场合一样，非线性回归分析也要考虑随机误差项的问题。只有当变换后的新模型中包含的误差项能够满足各种标准假定时，新模型中回归系数最小二乘估计量的各种理想性质才能成立。

此外，这些变换方法在实际处理问题时候被越来越少使用。一方面，人们依赖计算机处理这种复杂的计算，这意味着只需要决定采取什么方法进行拟合，至于拟合的计算是用计算机完成。另一方面，这种复杂函数的解释力度非常有限，更偏重了数学公式的解释而非实际调研问题的解释。

四、相关指数

变量之间存在的非线性相关的强弱，不能再用简单线性相关系数去判断。在这种场合，可以利用相关指数判断变量之间是否显著存在某种类型的非线性相关关系。所谓相关指数，也就是对非线性回归模型进行拟合时所得到的决定系数：

$$R^2=1-\frac{\sum e_t^2}{\sum(Y_t-\overline{Y})^2} \tag{8.6}$$

这个公式其实非常好理解，就是用 100% 减去了误差 e 所占的非线性回归的比重，那么剩余的就是回归模型可以解释变异的比重了。因此其判定的标准就与线性回归中 R^2 的标准完全一样，就是 R^2 越大，非线性回归方程与数据拟合得越好，反之非线性回归方差的拟合程度就越差。

五、非线性回归在SPSS中的实现

（一）常用的非线性拟合

许多统计软件都有非线性的拟合功能，然而大多数软件还是要求研究者手动选择非线性的拟合方法。虽然这样无法实现完全自动化，然而如果完全依赖电脑进行拟合，电脑可以凭借强大的处理功能在短时间内迭代出拟合度极高、极复杂的模型，而这样对解释问题并没有什么帮助。

以SPSS为例，对于常用的非线性模型，可以用曲线估计（curve estimation）工具来实现。其基本操作为：点击Analyze → regression → curve estimation，打开对话窗口，选择需要估计的模型（可一次多选，最终挑选最合适的模型），设置模型参数，点击“确定”。

在曲线估计工具中包括以下模型：

（1）线性模型（Linear）：$y=b_0+b_1x$

（2）对数模型（Logarithmic）：$y=b_0+b_1\ln(x)$

（3）双曲线（Inverse）：$y=b_0+\frac{b_1}{x}$

（4）二次曲线（Quadratic）：$y=b_0+b_1x+b_2x^2$

（5）三次曲线（Cubic）：$y=b_0+b_1x+b_2x^2+b_3x^3$

（6）幂函数（Power）：$b_0x^{b_1}$

（7）复合曲线（Compound）：$y=b_0b_1^x$

（8）s曲线（S-curve）：$y=e^{(b_0+\frac{b_1}{t})}$

（9）逻辑曲线（Logistic）：$y=\frac{1}{\frac{1}{u}+b_0b_1^x}$

（10）生长曲线（Growth）：$y=e^{b_0+b_1x}$

（11）指数曲线（Exponential）$y=b_0e^{b_1x}$

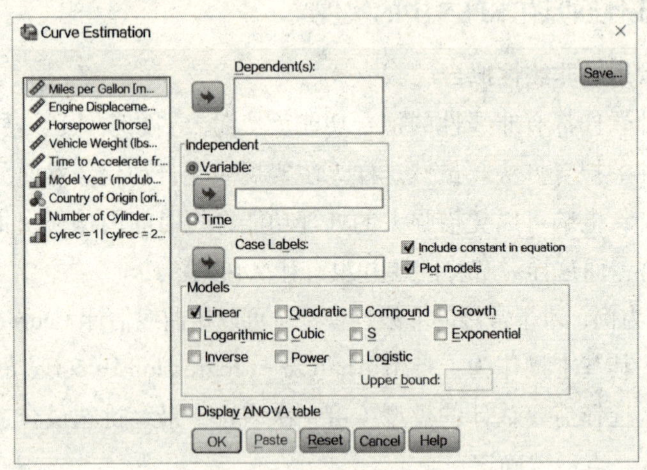

图 8-7 回归模型的选择

在图 8-7 中，Dependent（s）代表要研究的因变量 Y，这里虽然可以放入多个变量作为 Y，但分析时依然是一个一个进行分析，并不意味着可以同时处理两个因变量。Models 框中则是可以选择的曲线处理方法，其中也包括了直线方法“Linear”。

从图 8-7 中也可以看出，SPSS 不允许进行多元曲线回归，因此在 Independent 栏中只能放入一个变量作为 X。研究者可以对 Y 和 X 的相关性做出多种非线性的拟合研究，但无法将多个 X 放入一个非线性回归的大模型中。图 8-7 底部的“DisplayANOVAtable”就是将方差分析的结果呈现给研究者，这个结果非常类似线性回归中的方差分析结果。

【例题 8.1】用 SPSS 自带的数据 cars.sav 研究车重（weight）与每加仑汽油行驶的英里数（mpg）之间关系。

解：（1）画散点图，观察两个变量之间的关系。点击 graph → legacy dialogs → scatterplot，由图 8-8 可知两个变量之间是非线性关系。

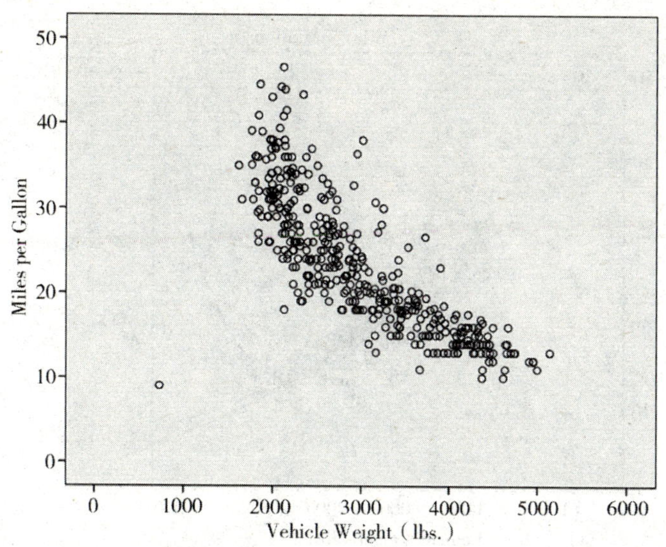

图 8-8 车重（weight）与每加仑汽油行驶英里数（mpg）之间的散点图

（2）进行曲线拟合估计。点击 Analyze → regression → curve estimation，选二次曲线（quadratic）、三次曲线（cubic）、复合指数（compound）三种曲线。表 8-1 是三种曲线的拟合结果，图 8-9 反映了三种方法拟合的结果。

表 8-1 三种曲线的拟合结果汇总

因变量：Miles per Gallon

方程	模型汇总					参数估计值			
	R 方	F	df1	df2	Sig.	常数	b1	b2	b3
二次	0.656	377.209	2	395	0.000	52.540	−0.012	7.597E−7	
三次	0.686	286.476	3	394	0.000	9.555	0.033	−1.434E−5	1.591E−9
复合	0.708	957.936	1	396	0.000	60.152	1.000		

自变量为 Vehicle Weight（lbs.）。

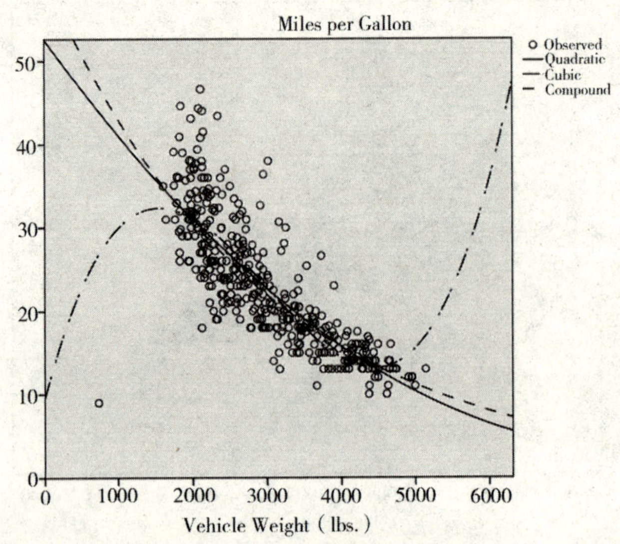

图 8-9 三种方法拟合的结果

在每种曲线的输出结果中，第一部分给出模型的 R^2、F 检验结果、自由度以及检验的 p 值；第二部分给出模型中系数点估计。

可以看出，三个模型均通过检验，复合曲线（Compund）的 R^2 最大，F 值最大。因此，最终选择模型为复合曲线，即：

$$mpg=60.152\times 1^{weight}$$

对于这个结果的解释也非常有限，只能给出拟合公式和 R^2 值作为参考，很难对其趋势等给出建议。而且这个模型只考虑的一个变量，认为油耗（mpg）只和重量有关。而这个结论也违背了通常的认知，车越重油耗应该越高。显然，这个模型没有把其他因素纳入考虑，比如轴距、汽缸数、车龄等。因此，需要慎用那些只凭借一元非线性回归得到的结论。

（二）其他非线性模型

对于非常用的非线性模型，可以用 SPSS 中的非线性估计（Nonliear）工具来实现。具体操作为：点击 Analyze → regression® Nonliear，打开对话窗口，输入自定义的模型公式，设置模型参数，点击“确定”。

【例题 8.2】零售商收集了投入的广告费用和公司销售额的若干历史数据（见 SPSS 软件中 sample 文件夹中的数据文件 advert.sav），用回归分析方法分析这两个变量之间的关系。

解：第一步，画出两个变量间关系的散点图。

在菜单中点击 Graphs/Chart Builder，打开画图窗口。选择 Scatter/Dot gallery 并选择 Simple Scatter。选择 Detrended sales 作为变量 y，Advertising spending 作为变量 x。点击“OK”。过程如图 8–10，产生结果如图 8–11。

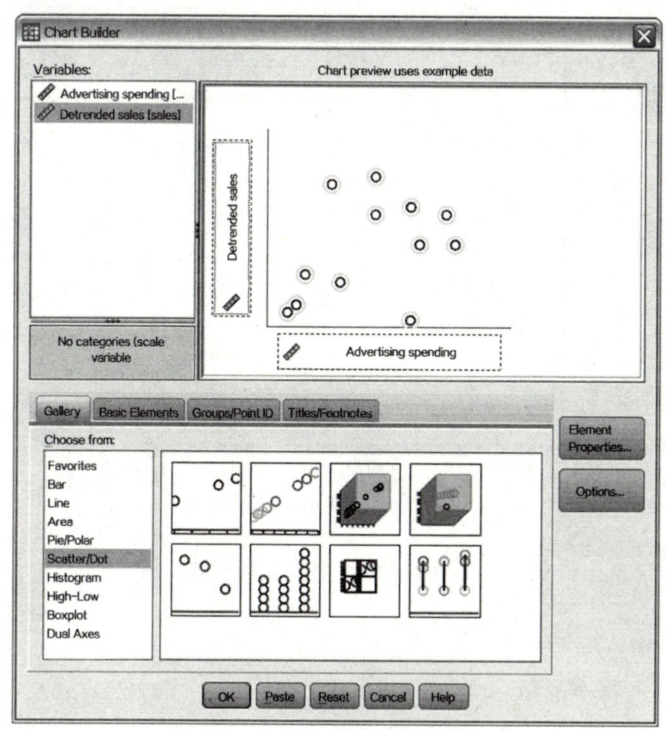

图 8–10 画散点图操作

第二步，观察散点图，初步找出合适的回归曲线。

由散点图看出，销售额随着广告费的增加而增加（如图 8–11），但是销售对广告的回报率却在下降，直到消失。适合这种模式的模型是渐进指数函数回归模型，形式为：

$y=b_1+b_2e^{b_a x}$，$b_1>0$，$b_2<0$，$b_3<0$

这种模型的特点是：一开始随着 x 的增加 y 增加很快，然后增加速度逐渐降低，直到为 0，此时 y 达到最大值 b_1。

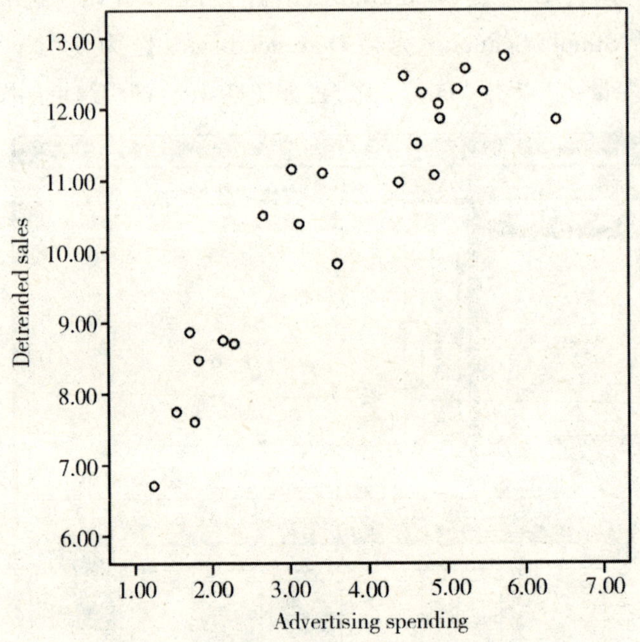

图 8-11 销售额与广告费之间的散点图

第三步，输入回归模型。

在菜单中选择 Analyze/ Regression / Nonlinear，选择 Detrended sales 作为因变量，如图 8-12，输入模型表达式 b_1+$b_2$exp（$b_3$advert）。

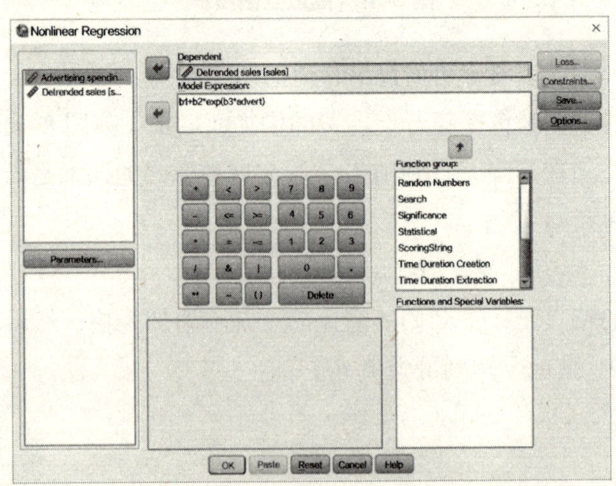

图 8-12 输入非线性回归模型

第四步，定义参数初始值。

非线性回归要求提供模型中参数的初始值，这需要熟悉模型特点。在这个模型中，b_1 表示销售额的上渐近线，从图中观察到，销售额的最大值接近 13，因此，将 13 作为 b_1 的初始值是合理的。b_2 是 x=0 时的 y 值与上渐近线的值之差，等于 y 的最小值减去 b_1。从图中看出，b_2 大约等于 7−13=−6。b_3 可以大致根据图中两点间的斜率的相反数进行估计。从图中看出，根据 x=2 时 y=8 和 x=5 时 y=12 这两个点计算的斜率为（12−8）/（5−2）=1.33，所以 b_3 的初始估计值为 −1.33。

具体操作为：在图 8−12 中，点击参数（parameters），打开设置参数窗口如图 8−13。分别输入每个参数的名称和初始值，点击 Add，最后点击 Continue，回到主窗口。

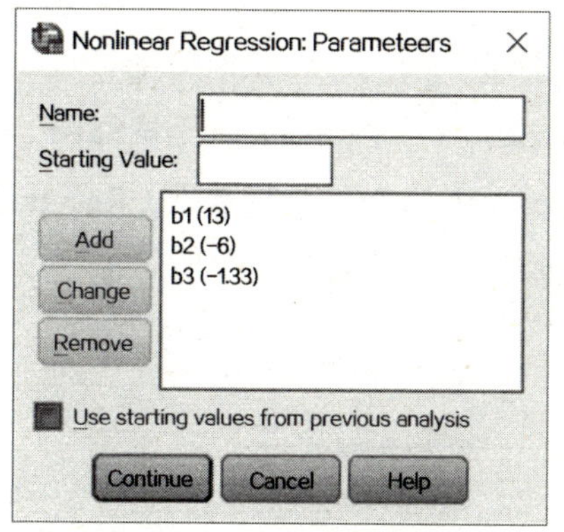

图 8−13 设置参数初始值

第五步，定义模型约束。

在非线性回归对话窗口（图 8−12）中点击“约束”Constraints 按钮，打开参数约束设置窗口（图 8−14）。选择 b_1 作为定义约束的参数，定义 b_1>=0，点击 Add。类似地，定义 b_2<=0，b_3<=0，最后点击 Continue，回到非线性回归窗口。

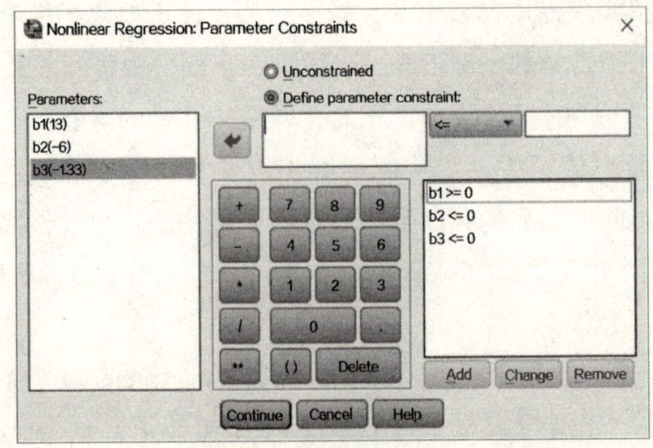

图 8–14 参数约束设置

第六步，定义保存变量。

在非线性回归对话窗口中（图 8–12）点击 Save，打开保存变量窗口。选择“预测值”（Predicted values）和“残差”（Residuals）（如图 8–15），点击 Continue，回到非线性回归对话窗口。

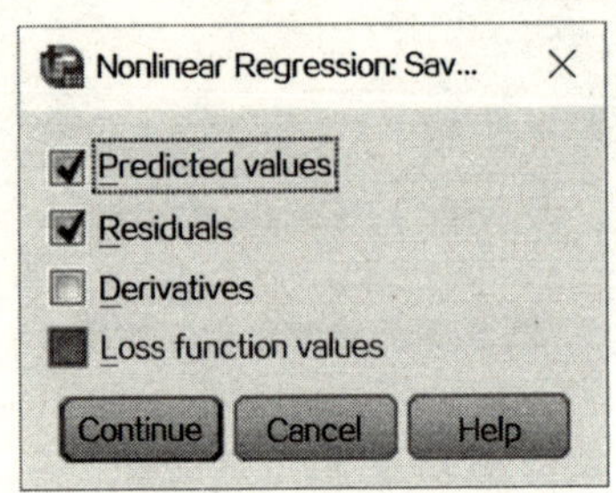

图 8–15 保存变量窗口

第七步，估计模型。

在非线性回归对话窗口，点击 OK。在警告提示下再次点击 OK，用二次规划算法进行计算。表 8–2 和表 8–3 是主要的输出结果，参数估计表概括给出了各个参数的估计值。非线性回归模型中的参数和线性回归模型中的参数的解释是不一样的，每个具体模型的参数都有不一样的解释。如前所述，在此模型中，b_1 表示广告无限投入时最大的销售额，估计值为 12.904。相对于 b_1 的值，其标准误差很小，说明估计的置信度较大。

b_2 表示最大的销售额与没有广告投入时销售额之差，估计值为 –11.268。相对于 b_2 的值，其标准误差较大，说明 b_2 的估计有一定的不确定性。

b_3 控制着最大值达到时的广告回报率，估计值为 -0.496。与 b_2 一样，它的估计也存在不确定性。

表 8-2 参数估计结果

参数	估计	标准误	95% 置信区间	
			下限	上限
b_1	12.904	0.610	11.636	14.173
b_2	-11.268	1.581	-14.556	-7.979
b_3	-0.496	0.138	-0.782	-0.209

方差分析表反映了因变量 Y 的变化性的分解情况。Regression（回归）行给出此模型所能解释的 Y 的变化性，Residual（残差）行给出此模型所不能解释的 Y 的变化性。Uncorrected Total（修正前总量）表示因变量 Y 的全部变化性，Corrected Total（修正后总量）表示平均销售额的变化性。R^2=0.909 表示模型能解释 Y 的变化性的 90.9%。

表 8-3 方差分析表（ANOVA）

源	平方和	df	均方
回归	2748.519	3	916.173
残差	6.778	21	0.323
未更正的总计	2755.297	24	
已更正的总计	74.520	23	

因变量：Detrended sales

a. R^2=1-（残差平方和）/（已更正的平方和）=0.909。

由于刚才选择了保存残差和预测值，回到数据中就可以看到，多了两列变量，分别是 PRED 代表预测值和 RESID 代表残差。为了得到拟合值的残差散点图，再次回到作图工具 Chart Builder，选择 Residuals 作为 Y，选择 Predicted Values（预测值）作为 X，点击 OK，得到残差的散点图，如图 8-16 所示。

残差的散点图没有任何有规律的形状出现，说明残差独立于拟合值，分布也比较均匀合理，因此，可以判断渐近线模型是可以接受的。

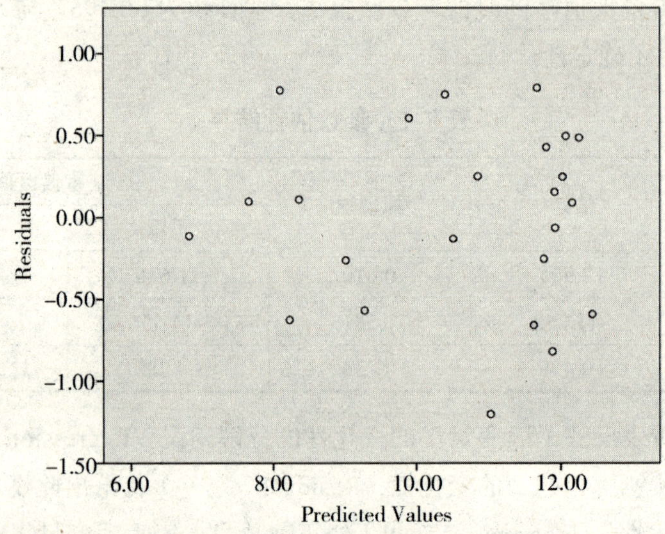

图 8-16 残差散点图

至此得到了一个比较合理的结论模型：

$sales=12.904-11.268e^{-0.196advert}$

SPSS 中无法在非线性模型中直接绘制出拟合曲线，可以借助 MiniTab 中非线性回归的功能将相同的函数模型输入得到拟合曲线如图 8-17 所示。

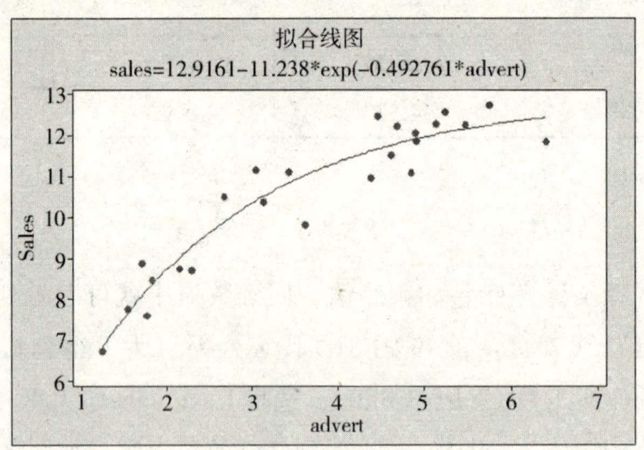

图 8-17 指数函数拟合曲线

这个模型的 R^2 拟合度达到了大约 91%，可以较好地解释销售与广告之间的关系。如果用一元线性回归解释这个问题，也能达到 84% 的 R^2，二次函数和三次函数更是已经达到了 90% 的 R^2，此时已经很难判断是进阶的指数函数模型更好还是直接套用二次或者三次函数的模型更好。如图 8-18 所示，左侧是二次函数拟合曲线，右侧是三次函数的拟合曲线。

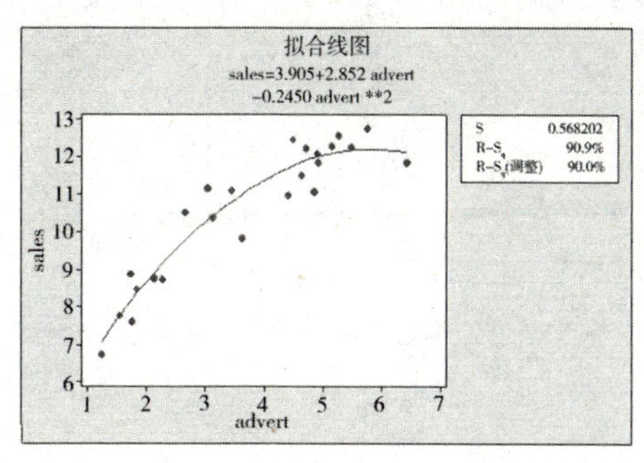

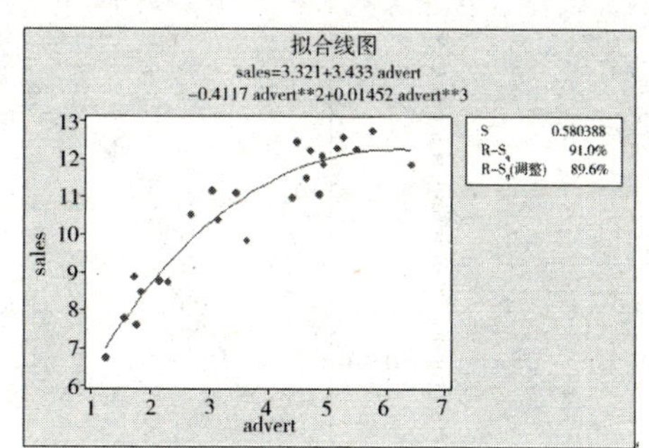

图 8-18　二次函数（左侧）和三次函数（右侧）拟合曲线结果

采用自定的非线性模型，研究者需要有一定的经验。以此模型为例，研究者在看到散点图后需要考虑到用指数函数模型 $y=b_1+b_2e^{b_3x}$ 进行拟合。当然选择其他的模型也可以拟合出较高的 R^2 值，如果对复杂的函数不太熟悉可以用 MiniTab 的“非线性回归”中的“目录”功能。它提供了研究者多种现成的函数和曲线，研究者只需要根据撒点图的特性选择对应的函数图形就可以。在课程的配套视频中将进一步介绍其他函数的拟合方法。

【例题 8.3】一家网络服务提供商（ISP）正在研究某种病毒在网络上的传播效应。他们跟踪研究从发现病毒到病毒被隔离这个期间，被感染的电子邮件的百分比随时间的变化。相关数据参见 SPSS 的 Sample Files 中的数据文件 virus.sav。试用非线性回归模型拟合电子邮件的病毒感染比例的变化模型。

解：（1）生成电子邮件感染比例随时间变化的散点图，如图 8-19 所示。

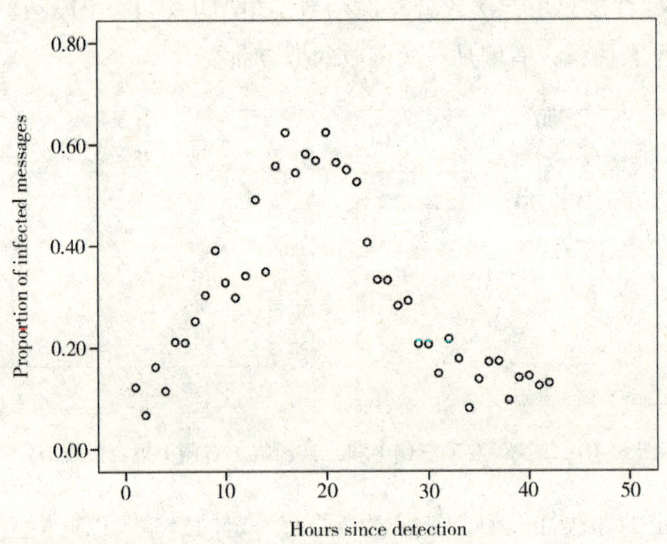

图 8-19　电子邮件感染比例随时间变化的散点图

从散点图看出，邮件感染比例先上升，然后水平，最后下降。图的形状不太可能只用一个非线性模型就可以有良好的拟合和充分的解释。仔细观察可以发现，用分段模型更合适。

散点图中，初始的一段曲线具有 S 形状：在快速上升之前有一个弯曲，紧接着又一个弯曲而后水平。在大约第 20 小时，电子邮件的感染比例陡然下降，一直下降到病毒感染最终消失。因此，可以将这个模型分成两段即前 20 小时和后 20 小时处理。

（2）选择前半段模型和设定初始值。初步拟定模型的形式为：$y=b_1/(1+b_2e^{-b3x})$，$b_1>0$，$b_2>0$，$b_3>0$，b_1 表示病毒增长的上渐近线，从图 8-19 中可看，图形从不到 0.65 的位置开始下降，因此，最大值的合理估计值为 0.65。

b_2 可以用上渐进线和 x=0 时的 y 值（y 的最小值）之间的比率粗略来估计（实际应该再减去 1）。从图 8-19 中看，大约为 0.65/0.13=5。

b_3 可以粗略地用图中两点之间的斜率作为估计值。从图 8-19 中看到，有若干点在 x=3，y=0.12 和 x=19，y=0.60 附近。这两点之间的斜率大概是（0.60-0.12）/（19-3）=0.03，因此，b_3 的初始估计为 0.03。

（3）选择后半段回归模型和设定初始值。后半段可以用渐进回归模型的形式 $y=a_1+a_2e^{a3x}$，其中 $a_1>0$，$a_2>0$，$a_3<0$，这个模型初始时随着 x 的值增加而快速下降，随后下降速度变慢直到最后在 a_1 上方趋于稳定。

a_1 表示感染邮件比例的下渐近线，最低值可能是零，因此用零作为初始值。

a_2 是 x=20 时的 y 值与下渐近线之差，可以用 y 的最大值减去 a_1 作为初始值，在图 8–19 中，大致为 0.6–0.0=0.6。

a_3 可以粗略地用图中两组点之间的斜率作为估计值。从图 8–19 中看到，有若干点在 x=20，y=0.6 和 x=40，y=0.1 附近。这两组点之间的斜率大概是（0.60–0.1）/（20–40）=–0.025，因此，a_3 的初始估计为 –0.025。

（4）估计非线性回归模型。在菜单中选择 Analyze /Regression/Nonlinear，选择 Proportion of infected messages 作为因变量，输入（time<20）*b_1/（1+b_2*exp（–b_3*time））+（time>=20）*（a_1+a_2*exp（a_3*（time–19）））作为模型表达式。如图 8–20 所示。

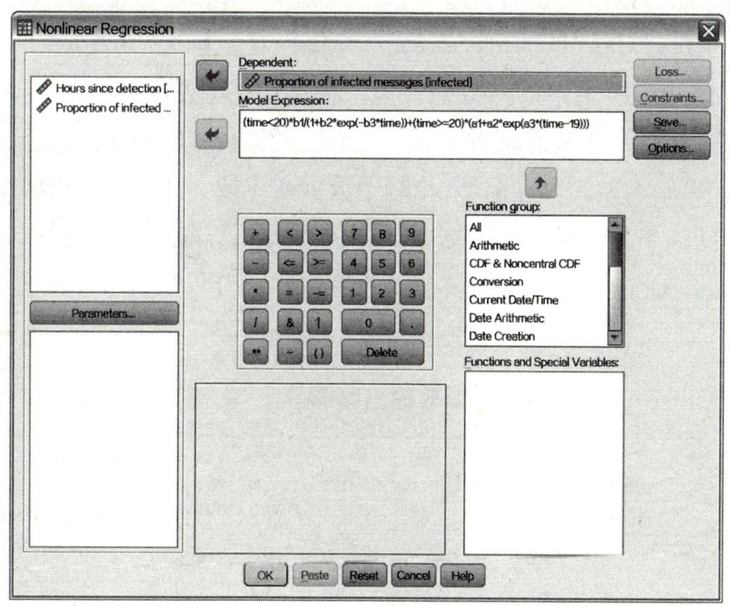

图 8–20 非线性公式输入

注意表达式中的（time<20）和（time>=20），当它们为真时返回 1，为假时返回 0，用来产生分段模型。当时间（time）小于 20 时，logistic 模型生效，反之则渐进回归模型生效。另外，注意渐进回归模型中的（time–19），它设定左渐近线在 19。初始值点击 Parameters，出现的对话窗口设定如图 8–21 所示。

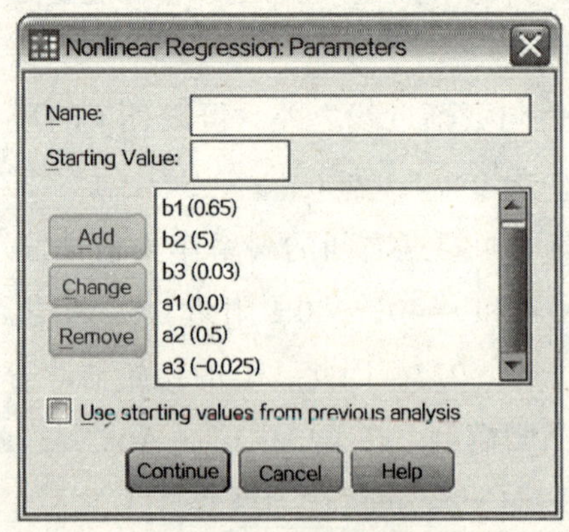

图 8-21 参数设置

点击非线性回归对话窗口中的 Define parameter constraints，定义参数约束如下。点击非线性回归对话窗口中的 Save，选择保存变量并执行分析。

参数估计表概括了模型中的参数估计值。模型中的参数估计的标准误差（相对于估计值）显然大于渐进回归模型。一个原因是较少的观察值是能够拟合 logistic 模型，另一个原因是在前 20 小时中数据变化较大。方差分析表进行平方和的分解，反映了这个模型中因变量的变化。Regression 行表示此模型能解释的部分，Residual 行表示的是此模型不能解释的部分，如表 8-4 和表 8-5 所示。

表 8-4 参数输出结果

Parameter	Estimate	Std. Error	95% Confidence Interval	
			Lower Bound	Upper Bound
b_1	0.734	0.127	0.477	0.991
b_2	7.428	1.375	4.638	10.217
b_3	0.184	0.040	0.103	0.265
a_1	0.091	0.030	0.030	0.153
a_2	0.661	0.044	0.572	0.750
a_3	−0.150	0.027	−0.205	−0.095

表 8-5 回归结果

Source	Sum of Squares	df	Mean Squares
Regression	4.884	6	0.814
Residual	0.082	36	0.002
Uncorrected Total	4.966	42	
Corrected Total	1.212	41	

Dependent variable: infected

a. R squared=1–(Residual Sum of Squares)/(Corrected Sum of Squares)=0.933

Uncorrected Total 表示因变量的全部变化，而 Corrected Total 是调整为仅仅有关平均销售额的变化。R^2=0.933 表示这个模型解释了因变量变化的 93.3%。

为了得到拟合值的残差散点图，再次回到作图工具 Chart Builder，选择 Residuals 作为 y，选择 Predicted Values（预测值）作为 x，点击 OK，得到残差的散点图。残差的散点图没有任何有规律的形状出现，说明残差独立于拟合值，因此，模型可以接受。

在这个例题中，主要是强调使用强大功能的统计工具可以将函数按照一定规则分为几段，从而对每一段进行逐一拟合，进而达到非常高的 R^2 值。借助 MiniTab 得到其拟合的图形如图 8-22。

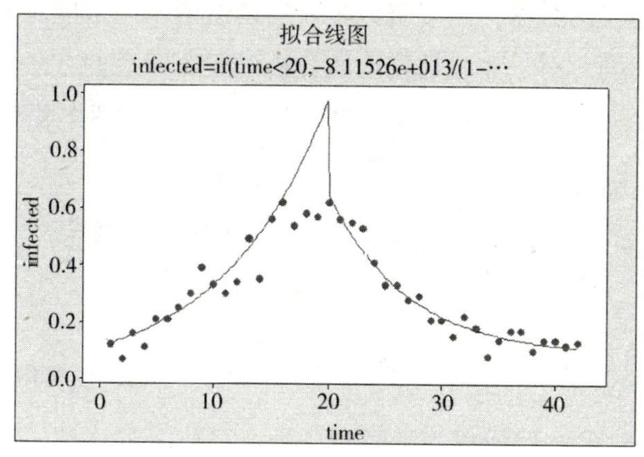

图 8-22 分段后两个函数拟合回归结果

不得不承认这是一个十分复杂的函数，并且使用 SPSS 拟合的结果和 MiniTab 的结果有微小的出入。不过这个问题的核心是将样本分段，用两个函数对其进行拟合。实际上只要考虑对这个问题进行分段，哪怕是采用简单的直线回归也要好于套用二次或者三次函数的回归。如图 8-23 所示，左侧是三次函数的回归拟合图形，右侧是分段的直线回归。可以看出分段的直线回归拟合度也略好于三次函数的曲线拟合。

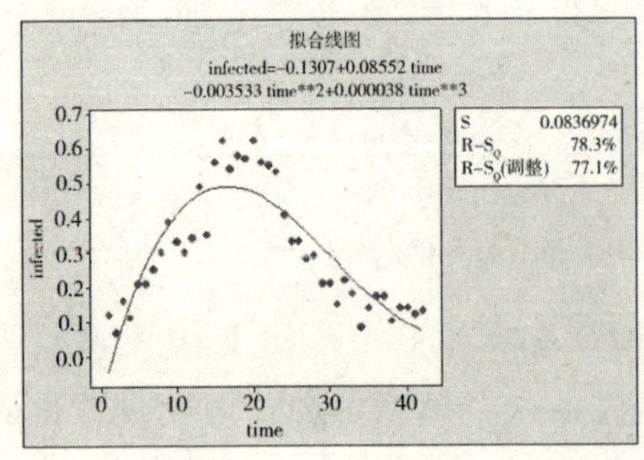

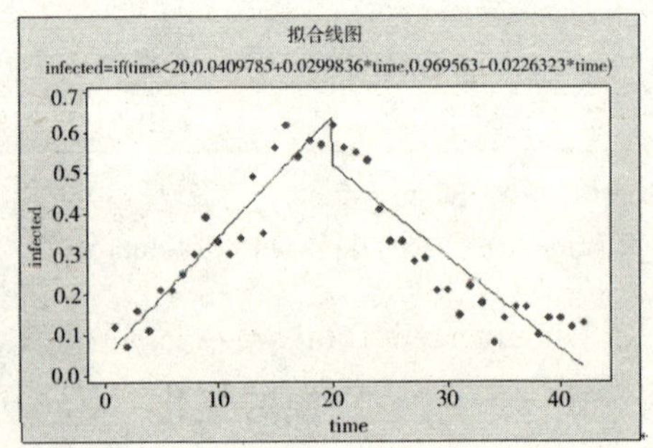

图 8-23 三次函数（左侧）和分段直线函数（右侧）的回归拟合

另外，应注意到在 MiniTab 中分段函数使用了 Excel 中类似 if 的函数句型。当 time 小于 20 时，按照第一个函数进行拟合；而当不小于 20（大于等于）时就依照第二个函数进行拟合。从图 8-23 中也可以看出，即使研究者对这个问题采用了三次函数拟合的结果依然达到了 78% 的 R^2 值，也是一个比较理想的结果。

总结非线性函数的拟合过程，其中研究者的经验和选择的模型对结果有很大的影响。同样的数据，由于研究者采用模型的不同可能对问题的介绍和预测的结果截然不同。对于非线性模型的分析过程更可靠的方法是拟合出多种方案，再结合实际问题的情况，筛选出比较有代表性的模型作最终结果。

第二节 Logistic 回归模型介绍

一、二分类变量 Logistic 回归模型（Binary Logistic regression model）

Logistic 回归也被翻译成逻辑回归，是一种广义的线性回归分析模型。与先前介绍的回归最大的区别在于 Logistic 回归中因变量 Y 是一个二进制的分类型数据；而先前介绍的回归中因变量 Y 都是数值型的数据。由于其自变量是二进制的性质，Logistic 回归经常被用来研究“男”“女”“真”“假”“是”“非”“涨”“跌”等两分类问题。其结果一般用数值“0”和“1”来表示。

需要注意的是，这里的“0”和“1”并没有数学意义，只是用来区分两个类别。不代表“1”就一定比“0”好，或者“1”是“0”的无限多倍等。这种方法在先前的假设检验中也有类似的处理方法。一般回归中对系数的估计决定了模型最后的形态。而在逻辑回归中，系数成为自变量 X 对因变量 Y 的比率的估计。

在许多情况下，人们想要得到的是二分类的结果。比如，什么样的生活更容易得心脏病？在这个问题中得心脏病就是二进制的因变量，结果就是“有”或“没有”。那么不同的生活方式有许多，可以选取一些类似“吸烟”“酗酒”“运动”“饮食”“熬夜”“睡眠”等作为测量心脏病的“有”或者“无”。其中有些变量是分类变量，如“吸烟”只存在吸和不吸两种，而有些是数值型变量如“运动”，可以衡量每周运动的时间。那么这样的模型结果就是二分类的结论，可以分析得出吸烟和不吸烟的人（分类型自变量 X）心脏病发病比率的差别（分类型因变量 Y），或者运动量大小（数值型自变量 X）和心脏病发病比率等结果。

逻辑回归的公式稍显复杂，由于其本身的非线性，图形的形态如图 8-24 所示。那么一元的逻辑回归函数就是：

$$\pi = \frac{e^{\beta_0}}{1+e^{\beta_0+\beta_1 x_1}} \tag{8.7}$$

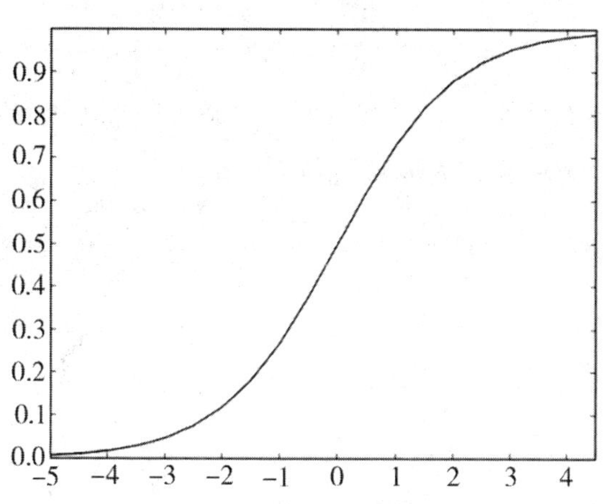

图 8-24 Logistic 回归图形的形态

其中的重要参数 β_1 表现为，如果其值较大，那么图形就有一个非常清晰的分界点；相反，如果其值较小，那么图形的分界就不够清楚。图 8-25 表现了

β_1 值大和小的图形区别。

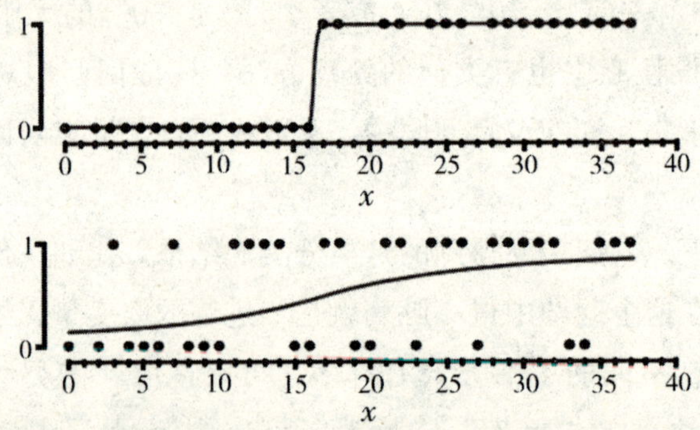

图 8-25 分界明显 β_1 值较大（上），分界模糊 β_1 值较小（下）

从图中可以看出，二分类变量是一个针对因变量 Y 的概率函数。线性回归中研究的是 X 的值与 Y 的值之间的关系，而 Logistic 回归则研究 X 的值与 Y 发生与否的概率之间的关系。

二、二分类变量 Logistic 回归模型的性质和特征

对于这种二进制的 Y，也可以建立多元的回归模型。可以理解为有多个自变量 X 都会影响 Y 发生与否的概率。这个逻辑和多元线性回归没有本质的区别。因此就有了多元的回归公式：

$$\pi=P(y=1/X_1=x_1,\ \cdots X_n=x_n)=\frac{e^{\beta_0+\beta_1x_1+\ldots+\beta_nx_n}}{1+e^{\beta_0+\beta_1x_1+\ldots+\beta_nx_n}} \tag{8.8}$$

这个公式是非线性的，其中可以纳入多个因变量 X 对 Y 的概率进行解释。为了方便计算和理解，可以对其进行数学处理：

$$1-\pi=P(y=1/X_1=x_1,\ \cdots X_n=x_n)=\frac{1}{1+e^{\beta_0+\beta_1x_1+\ldots+\beta_nx_n}}$$

$$\frac{\pi}{1-\pi}=\frac{\dfrac{e^{\beta_0+\beta_1x_1+\ldots+\beta_nx_n}}{1+e^{\beta_0+\beta_1x_1+\ldots+\beta_nx_n}}}{\dfrac{1}{1+e^{\beta_0+\beta_1x_1+\ldots+\beta_nx_n}}}=e^{\beta_0+\beta_1x_1+\ldots+\beta_nx_n}$$

那么就有了多元 Logistic 回归的函数：

$$g(x_1,\ x_2\cdots x_n)=\log\left(\frac{\pi}{1-\pi}\right)=\beta_0+\beta_1x_1+\cdots+\beta_nx_n \tag{8.9}$$

需要注意的是，与最小二乘法不同的是，参数估计不存在精确的解，只能通过迭代法获得极大似然估计的数值解。换言之，其估计的参数不再是斜率、

截距等具体数值，而变成了概率。因此很难就观察的结果进行精确的判断。

另外，与线性回归一样，拟合时也要考虑模型是否合适，哪些变量该保留，以及拟合效果等问题。线性回归常用的 R^2、t 检验、F 检验等工具，然而在概率模型中这些指标并不适合。事实上，逻辑回归质量的好坏更多时候取决于研究者人为判断。

这种特征使二分类回归的结果很难作为有力的证据。即使得到了一个回归的模型，对其进行检验也具有很大的不确定性。试想如果用二分类回归拟合明天股票市场的起伏，那么 Y 就是“上涨”或者“下跌”。无论模型拟合出哪种结果，其必然具有不确定性，给人的感觉也是这样的模型不可靠。

三、利用计算机处理 Logistic 回归模型

从公式中可以看出，Logistic 回归计算比较复杂，需要借助计算机完成。一般的统计软件中都会有二分类回归的功能。

【例题 8.4】静息心率又称为安静心率，是指人在清醒、不活动的安静状态下，每分钟心跳的次数。这个指标是反映身体健康状况的一个有效参考标准。研究者想找出静息心率的高低与吸烟、体重的关系。收集数据后整理得到三个变量，92 个样本。

静息心率：1= 速率较高；0= 速录较低。

吸烟：1= 吸烟； 0= 不吸烟。

体重：磅。

那么这个问题就是在研究因变量 Y（静息心率）与自变量 X_1（吸烟）和自变量 X_2（体重）之间的关系。其中自变量 X_1（吸烟）是一个分类的变量，而非数值变量。利用 SPSS 中的“Analyze-Regression—BinaryLogistics”命令可以对问题进行回归分析。BinaryLogistics 如图 8-26 所示。

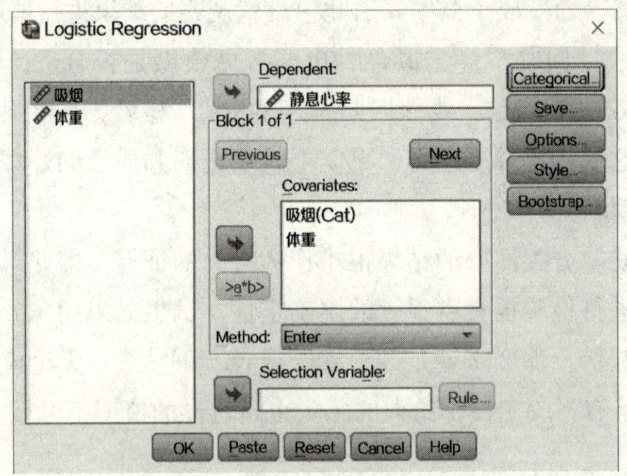

图 8-26 Logistic 二分类回归命令界面

由于在这个问题中，吸烟也是一个分类数据，因此需要对其进行说明和定义。点击 Categorical 按钮，出现分类变量定义界面如图 8-27 所示。

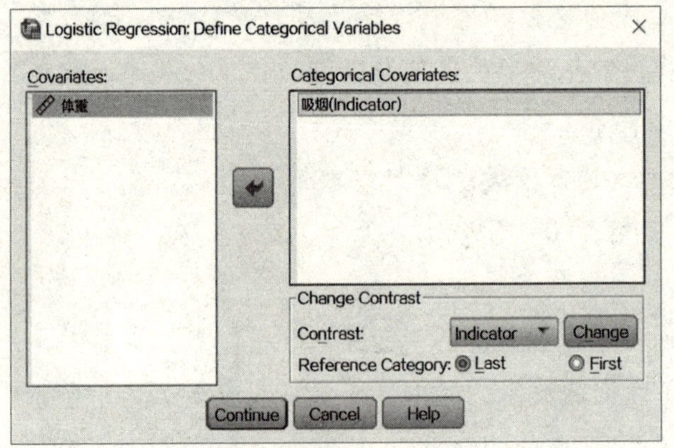

图 8-27 在分类变量定义窗口

在 Categorical Covariate 中将“吸烟”变量放入其中，Contrast 类型保持不表变。点击 Continue 返回到图 8-26 的窗口。在 Save 窗口中，可以将计算的结果数据生成新的变量，保持在数据表中，如图 8-28 所示。

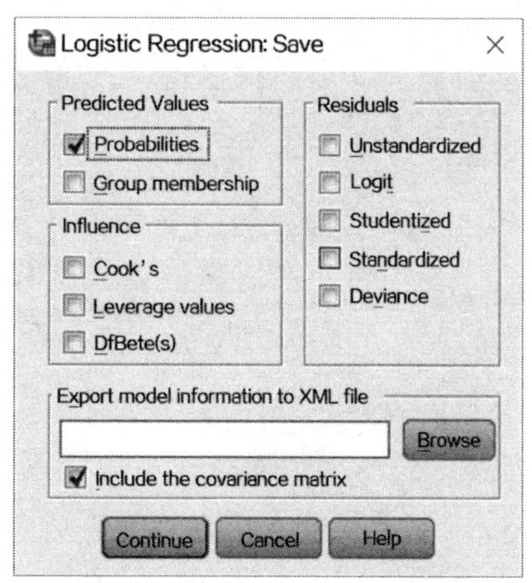

图 8-28　保持数据的计算结果

勾选预测值框中的概率“Probability”。如果需要对残差做进一步分析，也可以勾选“残差框”内的不同类型的残差。SPSS 对这里复杂的分析计算有一个比较方便的功能，就是将运算结果直接导出成为一个文件。这里可以选择一个 XML 格式的文件保持计算分析的结果。点击 Continue 后回到图 8-26 界面。

然后，点击主界面中的“Option”选项按钮，调出选项窗口如图 8-29 所示。

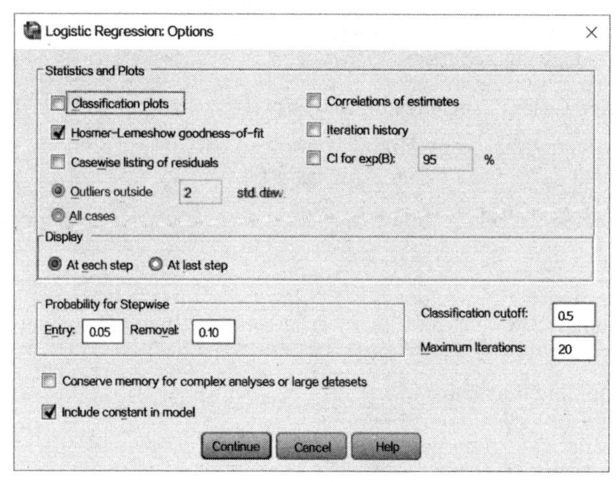

图 8-29　二分类回归选项窗口和统计量选择

在图 8-29 中可以对所要观测的统计量进行选择，比如这里选择了一个叫“Hosmer-Lemeshow”的拟合优度统计量。此外，其中的“display”可以选择显示最后一步和显示每一步。一般来说二分类回归的计算过程非常烦琐，尤其是当自变量因素为多个的时候。此时研究者可以选择只显示最后一步的计算结果。点击“继续”后回到主窗口（图 8-26）。

从以上过程可以看出，这个例题虽然只有两个自变量 X，但是一个非常典型的多元回归问题，而且自变量中夹杂着数值型数据和分类型数据。那么就会和多元线性回归一样面临自变量选择的问题。依此在图 8-26 的 Method 下拉栏中可以选择多种筛选变量的方式，这些方式和多元线性回归非常类似，主要有 Enter 将变量一次性放入；Forward 按照一定规则逐一将主要的变量加入；Backward 按照规则逐一提出不重要的变量，直至简洁。这其中的计算过程比较复杂，所以在 Option 中允许研究者直接看最后的结果“At last step”。此例题中自变量只有两个，因此就选用 Enter 直接放入。

确定之后 SPSS 进行分析并给出结果。由于过程中可以选择和设置大量的统计量和变量，因此 SPSS 报告的结果也会有所不同。输出的报告主要分为三个部分。

第一部分，主要是对模型中变量的一些总结和说明，相当于一个简单的描述统计，这部分主要给出两张表，如表 8-6 所示。

表 8-6 Logistic 回归的总结描述

Case Processing Summary

Unweighted Cases[a]		N	Percent
Selected Cases	Included in Analysis	92	100.0
	Missing Cases	0	0.0
	Total	92	100.0
Unselected Cases		0	0.0
Total		92	100.0

a. If weight is in effect, see classification table for the total number of cases.

Dependent Variable Encoding

Original Value	Internal Value
0.00	0
1.00	1

这两张表的内容十分简单，第一张表 Case Processing Summary 主要讲

述了选取案例的个数，在这个例题中就是 92 个样本。第二张表是 Dependent Variable Encoding，主要作用是对因变量 Y 进行编码处理。由于因变量 Y 代表心率的高和低，在数据整理过程中已经进行了编码，因此可以看出代表低心率的原始值“0.00”相当于 0，这里依旧编码“0”进行处理，反之，代表高心率的“1.00”也被编码成 1 处理。SPSS 中，二分类回归的处理方法与先前章节中双样本 t 检验有所不同，先前要求将变量进行数学编码才能进行分析，而在二分类回归中个，允许对字符串形的变量进行分析。因此就出现了对因变量进行编码的步骤。

报告的第二部分主要表述了第 0 步骤的处理过程。也就是说是一个初始的模型，在这个初始模型中，不把任何自变量 X 放入模型中，只有常量（constant），并对其进行预测，如表 8-7 所示。

表 8-7 第 0 步分析过程

Classification Table[a,b]

Observed			Predicted		
			静息心率		Percentage Correct
			0.00	1.00	
Step 0	静息心率	0.00	70	0	100.0
		1.00	22	0	0.0
	Overall Percentage				76.1

a. Constant is included in the model.

b. The cut value is 0.500

Variables in the Equation

		B	S.E.	Wald	df	Sig.	Exp(B)
Step 0	Constant	−1.157	0.244	22.425	1	0.000	0.314

Variables not in the Equation

			Score	df	Sig.
Step0	Variables	吸烟（1）	3.081	1	0.079
		体重	2.721	1	0.099
	Overall Statistics		7.249	2	0.027

这个步骤其实是一个计算的过程，如果先前选择了只要最后一步那么这一段就会不显示。在实际操作过程中，SPSS 会从第一步开始逐渐改良模型，一

直到第 n 步，得到最后结果。其中第 n 步之前，都是数据的计算过程可以选择忽略。

表 8-7 主要显示了初始模型中只有一个常量的情况，在 Classification Table 中，构建了观测值和预测值的矩阵，可以看出，SPSS 处理的办法是全部预测为心率低，这样的预测值有 76.1% 的准确率。Variables in the Equation 显示了只有常量时模型的显著性和 B 相当于 β 是常数项的系数，其显著性是 0.00 代表了非常显著（0.05 为 α）。Variablesnot in the Equation 代表了还未列入模型的因素。SPSS 会根据先前选择的不同的方法将这些因素加入模型中分析比对，再给出比较好的结果。此例题中选择的是 Enter，因此，下一步就是将这些变量全部放入到模型中。

第三部分的表可以再进一步分为两块，第一块是对模型的拟合优度进行检验，主要体现在表 8-8 中。

表 8-8　二分类模型的拟合优度检验

Model Summary

Step	-2 Log likelihood	Cox & Snell R Square	Nagelkerke R Square
1	93.640[a]	0.079	0.118

a. Estimation terminated at iteration number 5 because parameter estimates changed by less than.0.001.

Hosmer and Lemeshow Test

Step	Chi-square	df	Sig.
1	7.561	8	0.477

这里已经进入了第一步，所以显示 step1。如果这是个非常复杂的模型，还可以看到 step2，step3，…，stepn 的结果。第一张 Mode Summary 主要给出了 R^2 值。此处主要参考的是 Nagelkerke R^2 值，其取值范围是 0 到 1，与先前学过的线性回归中的 R^2 值类似，易于理解。而 Cox&Snell 的 R^2 值即使在非常完美的模型中也无法取值到 1，会略小一些。这里可以看出，模型的结果并不是非常理想，Nagelkerke R^2 值只有 11.8%。结合实际问题来看，静息心率是个非常复杂的结果，只考虑吸烟和体重两个因素就可以达到 11.8% 其实已经很不错了，因此也不应该只凭借这个数据就否定了模型。

Hosmer and Lemeshow 检验是测试模型的数据是否足够进行二分类回归

检验，如果 p 值（Sig. 值）小于 0.05，就不建议继续进行检验了。这里 p 值是 0.477 可以继续进行分析。在输出结果中还可以找到 contengency table for Hosmer and Lemeshow，这是一个 SPSS 特有的处理方法，将类似样本分组后进行估算。

第二块内容也是最后一步分析的核心内容，是关于最适用的模型，模型预测质量和系数的最终呈现，如表 8-9 所示。

表 8-9 模型参数的结果

Classification Table[a]

Observed			Predicted		
			静息心率		Percentage Correct
			0.00	1.00	
Step 1	静息心率	0.00	68	2	97.1
		1.00	20	2	9.1
	Overall Percentage				76.1

a. The cutvalue is 0.500

Variables in the Equation

		B	S.E.	Wald	df	Sig.	Exp(B)
Step1[a]	吸烟（1）	-1.193	0.553	4.654	1	0.031	0.303
	体重	-0.025	0.012	4.169	1	0.041	0.975
	Constant	3.180	1.871	2.888	1	0.089	24.050

a. Variable(s) entered on step 1：吸烟，体重

其中，Classification Table 主要体现的是预测值的结果，可以看出于第 0 步不同，采用了体重和吸烟两个因素后，模型预测了心率 1 的数量。然而这个结果并不十分理想，原因是即使预测了 1 的数量，但是其总体的正确率还是 76.1%，并没有提升许多。再看 Variables in the Equation 表格，这部分就是系数的结果表格，相当于多元线性回归中的“系数”表格。其中是对每个变量的 Wald 统计量进行检验产生 p 值（Sig.）。如果 p 值小于 0.05（5% 的显著性水平）说明这个因素对模型有帮助。这个逻辑和线性回归依靠 t 值检验做出判断是一样的。B 类是每个因素的参数，这里的参数和线性回归中不太一样，反映在 Y 上的是一个概率而不是具体的数值。相比之下 Exp（B）更好理解，它反映的是解释变量增加一单位导致发生比变动倍数 Exp（B）的估计值。比

如体重是 0.975，那么这意味着，体重每增加 1 磅，高心率的概率就是原先的 0.975 倍。

【本章小结】

本章主要介绍了非线性回归的拟合过程和二分类 logistic 回归的过程。在第一节非线性回归中，主要探索了因变量 Y 是数值型变量的探索过程。为了更好理解，这里探讨的是一个数值型因变量 Y 和一个数值型自变量 X 之间的关系。采取的方法主要是参考数学函数和该函数的图形进行拟合。拟合的结果判定标准与多元线性回归基本相似，可以通过观察残差分布情况、R^2 等手段进行判定。

Logistic 二分类的回归和先前的方法不同，二分类的回归因变量 Y 是个分类变量，且只有两个处理水平，通常是“对与错”“好与坏”“是或否”“同意或不同意”这样的对立的变量，因变量则可以是数值型也可以是分类型的变量。本章节中只介绍了二分类的分析方法，实际中还存在多分类有顺序的因变量回归，如对“优、良、中、差”“一等品、二等品、次品”“头等舱、公务舱、经济舱”等因变量进行回归处理。这种回归的结果不再是 0 或者 1。此外还存在对无顺序多分类的回归处理，比如“红、黄、蓝、绿”“东、南、西、北”进行回归处理。可见，Logistic 回归可以学习的内容还是有许多的。

Logistic 二分类回归判定的方法与先前有很大区别，拟合过程也不再基于最小二乘法，而用了最大似然值的方法。评判质量的参考指标虽然也被称为 R^2，但计算的方法已经不同。其系数的表达形式不再描述一个准确的数值，而是对可能性进行推测。总之，Logistic 回归其实是由于因变量 Y 的结构不同而出现的另一种回归方法，这种回归方法的核心思想是概率。

【本章习题】

1. 下表给出了 1978—2002 年我国不变价人均 GDP（按照 978 年不变价格）的数据，根据这些数据，建立不变价人均 GDP（y）与时间 t 的回归方程。

年份 t	GDP（不变价）y	年份 t	GDP（不变价）y
1978	379	1991	969
1979	402	1992	1093
1980	428	1993	1226
1981	445	1994	1366
1982	478	1995	1493

续表

年份 t	GDP（不变价）y	年份 t	GDP（不变价）y
1983	523	1996	1619
1984	594	1997	1745
1985	665	1998	1863
1986	713	1999	1978
1987	783	2000	2119
1988	858	2001	2261
1989	879	2002	2424
1990	899		

数据来源：费宇等 . 统计学 . 北京：高等教育出版社，2010：165.

绘制 GDP（不变价）y 对于年份 t 的散点图，观察 y 与 t 的相关关系。

用 spss 软件得出 y 对于 t 直线拟合模型及相关检验结果。

用 spss 软件得出 y 对于 t 二次曲线拟合模型及相关检验结果。

用 spss 软件得出 y 对于 t 三次曲线拟合模型及相关检验结果。

用 spss 软件得出 y 对于 t 复合（compound）曲线拟合模型及相关检验结果。

用 spss 软件得出 y 对于 t 幂函数曲线拟合模型及相关检验结果。

用 spss 软件得出 y 对于 t 生长曲线拟合模型及相关检验结果。

用 spss 软件得出 y 对于 t 指数曲线拟合模型及相关检验结果。

你认为上述模型中哪个比较合适？

2. 下表是我国某汽车企业 1988—2001 年的汽车销售量（万辆）数据，为了制订企业的长期市场发展计划，管理者希望预测接下来几年的汽车销量。

年份	1988	1989	1990	1991	1992	1993	1994
销量	65	59	51	71	106	130	135
年份	1995	1996	1997	1998	1999	2000	2001
销量	145	146	157	160	183	208	236

预测时要求回答以下问题：

变量之间是否存在数量关联趋势？

如果存在数量关联趋势，那么是线性的还是非线性的？

数据中是否存在明显偏离散点图主体的较远的散点？

结合我国经济的实际发展过程，哪段数据可以弃之不用?

试从二次曲线、三次曲线、指数曲线中选取拟合指数最高的模型，预测接下来两年的汽车销量的95%置信区间。

对残差的独立性、正态性、齐次性进行分析。

数据中有无强影响点?

第九章　时间序列分析

【本章学习目标】

1. 了解时间序列的不同种类和意义
2. 理解时间序列的构成要素及分析方法
3. 掌握平稳时间序列的预测方法
4. 掌握非平稳时间序列的预测方法

【引导案例】

A公司需要安排某产品下一年的生产活动，包括制订生产计划、确定原材料的采购量、设计库存策略和设定销售定额等，而这些都需要基于该产品下一年的销售量。由于下一年销售量未知，只能进行预测。预测的好坏将直接影响公司的收益：一旦预测过高，必将导致生产过量，库存积压，成本上升；反之，如果预测过低，则会生产不足，导致供不应求，无法实现利润最大化。

第一节　时间序列的分类

如何预测来年销售量？简单来说，某一季的销售量和经济状况好坏、产品周期、市场情况以及消费者心理预期等因素息息相关，可据此做出粗略估计，但是结果通常不太准确。在多元回归分析中已经学习过，许多自变量 X 都可以对因变量 Y 有一定的影响。在实际分析过程中是无法穷尽 X 做出精准的解释模型的。那么，在这个案例中，如何准确合理地预测下一年的销售量呢？时间序列方法与先前的回归分析不同，提供了新的解决思路。

一、时间序列的定义

时间序列（time series）是某一变量在连续时期或者连续时点上测量的观测值按时间先后次序排列而形成的数列，也叫时间数列、动态序列。例如，中国从1970年到2014年每年的GDP构成一个时间序列，2014年每天中午12点北京市的气温的数据也构成一个时间序列。

观测的时间间隔可以是任意一个固定的时间长度，如一秒、一分钟、一小时、一天、一年等。（时间序列的观测点可以是固定间隔，也可以是非固定间隔，如股票交易数据只在非节假日有记录。本书只讨论具有固定间隔的时间序列，对于具有非固定间隔的序列，另有相关的处理方法，不在本书讨论范围）

时间序列在统计分析和经济分析中具有重要的作用。时间序列可以直观展示变量随时间推移的发展过程；同一时间段中不同时间序列的对比，可以揭示不同变量之间的依存关系；不同地域同一变量的时间序列对比，可以展示变量在不同空间条件下的发展差异。利用时间序列的历史数据，可以研究变量过去的活动规律，将这种运动规律推广到未来，即可预测变量的未来值，这种预测是各级部门和企业制定长远规划、各项政策、指导工作以及进行统计分析的重要依据。

时间序列的处理方法与回归最大的差别在于，时间序列不追求某个（或某些）自变量因素对因变量 Y 的影响，它更关注于时间变化对 Y 的影响。换句话说，在某一个时刻上的 Y 值，其实是多个自变量 X 对其影响的结果，而时间序列分析是将这些 X 对 Y 的影响以时间点进行了概括。在时间序列的分析中，只研究因变量 Y 和时间 t 之间的关系。时间序列的图表表现也非常直观，纵轴通常是因变量的值，横轴通常表示时间。

二、时间序列分类

时间序列是变量的观测值所构成的序列，具有多种类型，构成时间序列的变量所具有的不同特性赋予时间序列不同的特征和意义，适用的分析方法也不完全相同。所以，在进行时间序列分析之前，需要分清时间序列的类型，这是进行时间序列分析的关键步骤。

时间序列按其指标表现形式的不同，分为绝对数时间序列、相对数时间序列和平均数时间序列三种类型，其中绝对数时间序列是基本的时间序列，而相对数时间序列和平均数时间序列则是由绝对数时间序列派生而来。具体分类方法见图 9-1。

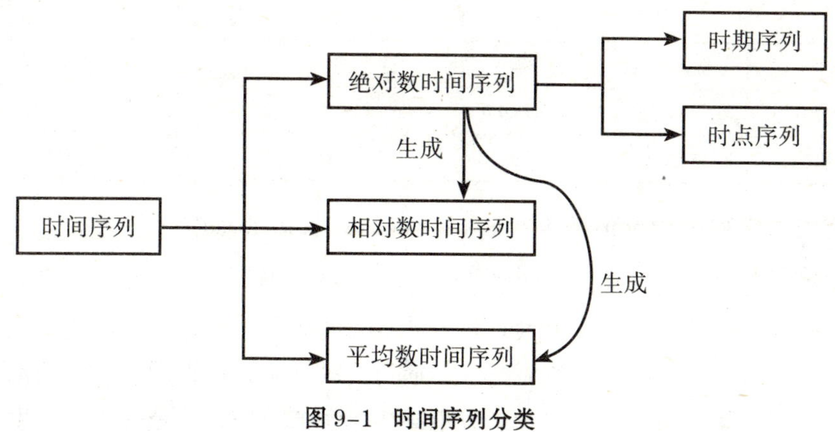

图 9-1 时间序列分类

（一）绝对数时间序列

如果时间序列的数值是某一总量指标按时间顺序排列而来，即指标为绝对数值，则称为绝对数序列。它主要反映的是某现象的总体规模或是水平在不同时间点上的总量指标。由于一个总量指标反映的可以是一段时期内的累积数值（时期指标），也可以反映某一具体时点的瞬时数值（时点指标）。所以，绝对数时间序列又分为时期序列和时点序列。

1. 时期序列

时期序列中排列的指标数值是时期指标，它反映在一定时期内事物发展过程的累积总量，即现象发展变化的累积结果，通过时期序列可以动态地观察事物发展变化的过程。时期序列具有如下特点：

第一，时期序列具有可加性，序列中若干连续项指标值可以相加，其和表示现象在若干期内发展的累积总量。例如，表 9-1 中 2004 年和 2005 年的地区生产总值相加，则是上海市这两年的生产总值。如果 2001 年至 2005 年的地区生产总值相加，则是这五年的生产总值，意义十分明确。

表 9-1 上海市历年生产总值 （单位：亿元）

年份	生产总值	年份	生产总值	年份	生产总值
1985	466.75	1992	1114.32	1999	4188.73
1986	490.83	1993	1519.23	2000	4771.17
1987	545.46	1994	1990.86	2001	5210.12
1988	648.3	1995	2499.43	2002	5741.03
1989	696.54	1996	2957.55	2003	6694.23

续表

年份	生产总值	年份	生产总值	年份	生产总值
1990	781.66	1997	3438.79	2004	8072.83
1991	893.77	1998	3801.09	2005	9247.66

第二，序列中指标值的大小直接受各时期长短的影响。一般地，时期越长，指标数值越大，反之，时期越短，指标数值就越小。上海市某一年的生产总值必然大于该年内一个月或一个季度的生产总值。

第三，时期序列的指标数值一般是通过连续性调查而得到，反映的是在该时期内发展的累计总量。例如，上海市某年的生产总值，就是这年每月生产量连续记录后累加而得。

2. 时点序列

时点序列中排列的指标数值是时点指标，反映现象在某个时点上的总量，即现象发展变化在某一时点（瞬间）时的水平。通过时点序列可以从现象发展变化过程中的各个瞬间静态地观察现象发展的状态。许多身体健康指标是时点序列，比如血糖、白血球等指标。表 9-2 中全国年底人口数序列，就说明在各年年末这个时点上全国的人口数总量。时点序列的时间指的不是“时期”，而是“间隔”。表 9-2 中的时点序列的间隔为 1 年。

表 9-2 中国历年总人口 （单位：万人）

年份	人口数	年份	人口数	年份	人口数
1980	98705	1992	117171	2004	129988
1981	100072	1993	118517	2005	130756
1982	101654	1994	119850	2006	131448
1983	103008	1995	121121	2007	132129
1984	104357	1996	122389	2008	132802
1985	105851	1997	123626	2009	133450
1986	107507	1998	124761	2010	134091
1987	109300	1999	125786	2011	134735
1988	111026	2000	126743	2012	135404
1989	112704	2001	127627	2013	136072
1990	114333	2002	128453	2014	136782
1991	115823	2003	129227	2015	137462

时点序列具有如下特点：

第一，时点序列中的指标数值是不能相加的。表 9–2 中 2013 年年底的人口总数为 136072 万人，2014 年年底为 136782 万人，两数相加为 272854 万人，却不是任何时刻的总人口，也没有意义。因此，时点序列不具可加性。

第二，时点序列的指标数值的大小与其时间间隔的长短没有直接联系。时点序列反映的是某一具体时点上的总量，因而时间间隔的长短对指标数值的大小并不产生直接的影响。例如，表 9–3 中 2011 年第一季度的国内生产总值就比 2010 年第四季度低（受到季节因素的影响）。

表 9–3　国内生产总值当季值　（单位：亿元）

季度	生产总值	季度	生产总值	季度	生产总值
2010 年第 3 季度	104950.6	2012 02	130765.8	2014 01	138738
2010 年第 4 季度	118208.2	2012 03	126722.9	2014 02	155201
2011 年第 1 季度	103456.9	2012 04	150486.4	2014 03	162367
2011 年第 2 季度	118465	2013 01	128083.5	2014 04	178732.8
2011 年第 3 季度	125279.3	2013 02	143031.8	2015 01	147961.8
2011 年第 4 季度	136922.3	2013 03	150719.8	2015 02	166216.4
2012 年第 1 季度	116147.9	2013 04	166183.6	2015 03	173595.3

（二）相对数时间序列

相对数时间序列：如果时间序列的数值是某一相对指标按时间顺序排列而来，即指标为相对数值，则称为相对数时间序列。相对指标是由两个相互联系的总量指标对比生成，所以相对数时间序列可以看成是两个绝对数序列对比计算产生，因而是派生数列。产生相对序列的两个绝对数序列可能同为时期序列，可能同为时点数列，也可能一个是时期序列，一个是时点序列。相对数时间序列反映的是不同社会经济现象之间相互关系的发展变化过程。对于相对数时间序列，由于各期时间点计算相对指标的基期水平不同（为当期时间分母序列的绝对数值），因而相对数时间序列不同时期的指标值不能直接相加，否则没有意义。

（三）平均数时间序列

如果时间序列的数值是某一个平均指标按时间顺序排列而来，即指标为平均数值，则称为平均数时间序列。平均指标是由总量数列除以单位总量计算而得。比如，由不同时期的平均成本、平均人数或平均成绩等平均指标编制的时间序列，都是平均数时间序列。由于各个不同时期时间点的单位总量不相同，因而平均数时间序列也不能直接相加，否则没有任何意义。

第二节 时间序列的构成要素

时间序列所代表的变量的发展变动是由许多因素共同作用的结果。人们发现尽管不同的序列的情况千变万化，但是序列的各种变化都可以归纳为四大类因素的综合影响：

一、时间序列的影响因素

时间序列的主要影响因素归为四种，分别用字母 T、S、C 和 I 来代替。它们分别是：

（1）长期趋势（T，long term trend），也称趋势变动，是时间序列在较长时期内呈现出的明显的长期趋势（递增、递减等）。例如，中国的 GDP 总的来说是呈逐年上升的趋势；这种趋势可以是线性的，也可以是非线性的，如指数关系等。长期趋势通常由某种固定性因素长期作用于事物产生，其发展具有持续性。例如，人口总数的增加或者减少、人口总体特征、工艺和顾客偏爱的变化，等等。这一长期趋势特性有利于我们根据以往的观测值对未来进行预测的主要依据。

（2）季节变动（S，seasonal fluctuation），是时间序列在一年内重复出现和季节变化相关的稳定的周期性波动。季节波动中的“季节”，不仅可以指一年中的四季，还可以指一年中的任何一种周期，如月、周、日、时等。季节波动多是由自然因素和生产或生活条件的影响引起的，具有重复性。常见的季节变动序列有四季的气温、旅游景点不同月份的旅游人次、某种商品不同月份的销售量等。例如，农牧业生产、时令商品的销售、客流运输、城市的交通等现象往往呈现出季节性的周期变动。

（3）循环变动（C，cyclical fluctuation），是时间序列较长时间内（通常为一年以上）上下起伏的周期性波动。循环变动不同于长期趋势，它是一种涨落相间的交替波动，它也不同于季节变动，它的周期长短不一、幅度高低不同，不具有重复性。循环变动比较典型的例子是商业循环，商业循环由繁荣、衰退、萧条、复苏等时期组成，循环的周期长度不同，从几年到几十年不等。例如，果树产量有大、小年的变化，降雨量有几年大、几年小的变化，经济危机若干年发生一次。

（4）随机波动（I，irregular variation），除了长期趋势、季节变动和循环变动外，序列还会受到其他各种因素的综合影响，而这些影响导致序列呈现出一定的随机波动。它包括时间序列中所有没有明显规律性的变动，它是时间序列剔除长期趋势、季节变动、循环变动后的偶然性波动，又称剩余变动或随机变动。不规则变动多是由随机事件或突发事件（如战争、自然灾害等）引起的。

时间序列分析的目的，就是要对以上这几个构成因素进行测定，从而解释现象变动的规律和特征，为认识和预测事物的发展提供科学依据。任何一个时间序列都可以分解为以上一种或几种变动。如果要对一个时间序列本身进行比较深入的观察和研究，则可以建立时间序列分解模型，通过对时间序列的分解来了解这个时间序列发展变化的构成内容和影响因素。如果要对一个时间序列进行预测，则需要估计模型中各种变动的参数，将各种变动的预测值合成为时间序列的最终预测值。因此，构建时间序列的分解模型是时间序列进行分解的基础。

在实际分析时，人们发现没有固定周期的循环变动与长期趋势的影响很难严格地分解开，而有固定周期的循环变动和季节变动又很难严格地分解开。近年来，人们对四类因素的确定性分析作了改进，现在通常把序列分解为三大因素的综合影响。

（1）长期趋势波动，它包括长期趋势和无固定周期的循环波动。

（2）季节性变化，它包括所有具有稳定周期的循环波动。

（3）随机波动，除了长期趋势波动和季节性变化之外，其他因素的综合影响归为随机波动。

二、时间序列分解模型

测定和分析时间序列的构成要素，并用一定的数学形式加以表示，就形成时间序列构成要素的分解模型。时间序列构成要素的分解模型的基本形式有乘法模型、加法模型和混合模型。设时间序列为 y，就有乘法模型：

$$y=T\cdot S\cdot C\cdot I \tag{9.1}$$

加法模型：

$$y=T+S+C+I \tag{9.2}$$

还有混合模型，即在模型中既有乘积关系又有相加关系，如 $T\cdot S+C\cdot I$。

其中最常用的是乘法模型，假定各因素之间是相互影响的，其中长期趋势是与 y 同计量单位的绝对量指标是影响的基数，其他因素的影响以相对数表示，是以长期趋势为基础的比率，表现为对于长期趋势的一种相对变化幅度，通常以百分数表示，在 100% 上下波动。乘法模型还要求数据是正值。利用乘法模型可以将四个因素很容易地从时间序列中分离出来，因而在时间序列分析中被广泛地运用。本节所介绍的时间序列分析法，也均以乘法模型为例。

加法模型是假定各因素间是相互独立的，均为与 y 同计量单位的绝对量，各因素的影响相加构成对 y 的影响。

上面两个模型中包含了所有四类因素，但是并不是每一个时间序列所代表的现象都受这四个因素的影响。因此，具体来说，以乘法模型为例，时间序列有多种不同的组合模式，比如：

趋势模式：$y=T\times I$；

趋势季节模式：$y=T\times S\times I$。

三、影响因素分析

（一）长期趋势分析

有些时间序列具有非常显著的趋势，进行时间序列分析的首要目的就是要找到序列中的这种长期趋势，并利用这种趋势对序列的未来值进行预测。长期趋势的测定就是要用各种方法找到这种长期趋势，下面讨论几种最常用的方法。

1. 移动平均法

移动平均法是测定时间序列趋势的基本方法。首先确定平均期数，然后在时间序列中按这一期数逐项移动计算平均数，以达到对原始序列进行平滑修匀的目的。从较长时期看，短期数据由于偶然因素影响而形成的差异，在平滑加总过程中会相互抵消，从而移动平均序列能够显示原时间序列的基本趋势。移动平均法有多种形势，这里介绍简单移动平均法。

简单移动平均法也称中心移动平均法，指的是计算出的移动平均数代表移动平均中间项的趋势测定值。中心化的公式因移动平均期数的奇偶而不同，因而移动平均法有奇数项和偶数项移动平均法之分。具体来说，设时间序列的指标值依次为 y_1，y_2，…，y_{t-1}，y_t，y_{t+1}，则中心化简单移动平均数经一次移动计算就可得出，公式为：

$$\widetilde{y}_t=\begin{cases}\dfrac{1}{n}(y_{t-\frac{n-1}{2}}+y_{t-\frac{n-1}{2}+1}+\ldots+y_t+\ldots+y_{t+\frac{n-1}{2}-1}+y_{t+\frac{n-1}{2}})\text{，}n\text{为奇数}\\ \dfrac{1}{n}(\dfrac{1}{2}y_{t-\frac{n}{2}}+y_{t-\frac{n-1}{2}+1}+\ldots+y_t+\ldots+y_{t+\frac{n-1}{2}-1}+y_{t+\frac{n}{2}})\text{，}n\text{为偶数}\end{cases}\quad(9.3)$$

其中 n 是移动平均的期数，其选取不是任意的：n 的大小会影响平滑后的序列，一般来说移动平均的周期选取主要考虑三个方面。

第一，对趋势平滑程度的要求。一般移动平均的期数越多，修匀序列越平滑，表现出的长期趋势就越清晰。

第二，对趋势反映短期变化敏感程度的要求。用移动平均方法确定事件的发展趋势都具有一定的滞后性。移动平均的期数越多，滞后性越大，移动平均的期数越少，平均序列对近期变化的反应就越敏感。除此之外，还要考虑事件原本的周期性。

第三，如果事件的发展具有一定的周期性，一般以周期长度作为移动平均的间隔长度，即期数 n。比如研究每月的平均气温变化趋势，就应该做 12 期移动平均。通过周期平滑消除季节效应的影响。

综合以上三方面的考虑，在结合序列本身周期性的基础上，如果想得到长期趋势，就应该做期数比较大的移动平均，如果需要密切关注序列的短期趋势，就应该做期数较小的移动平均。

最常见的移动平均数据是股票分析中，图 9-2 中显示了上证 A 股在一段时期内的 K 线图。K 线图中通常包含了多种移动平均值作为趋势分析的参考值。

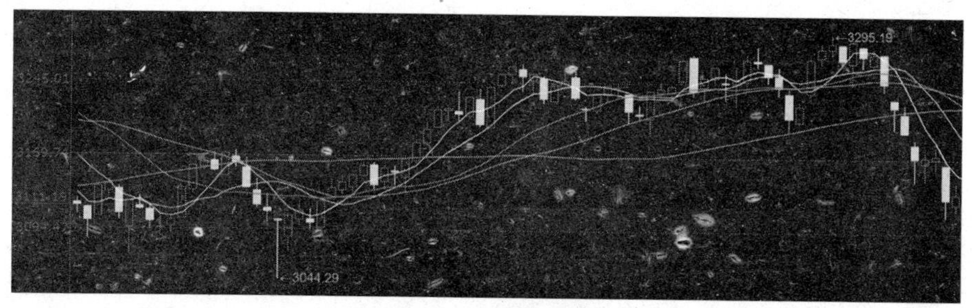

图 9-2 移动平均线

图 9–2 中，波动最大的曲线是 MA5，代表了 movingaverage5，意思是 5 日均线。其他曲线分别代表了 10 日、20 日、30 日和 60 日的均线值。从中可以看出，5 日均线最为敏感，而相比下 60 日均线过滤了起伏，更凸显了趋势。一些分析师也会采用时间更长的 120 日均线或 240 日均线。

2. 函数拟合法

函数拟合法是把时间作为自变量，把相应的序列值作为因变量，建立序列值随时间变化的回归模型的方法。根据回归模型的现象或非线性特征，函数拟合法又可分为线性拟合和曲线拟合。具体步骤为，根据时间序列的数据特征，建立一个合适的趋势方程来描述时间序列的趋势变动，确定各时期趋势的值。由于趋势方程往往具有确定的形式，但其参数是未知的，所以需要通过一定的方法来求解参数。其中，最常见的是最小二乘法，其原理是使拟合后的残差平方和达到最小。这里介绍几种比较常见的拟合方法：

第一类，线性拟合。如果时间序列的长期趋势呈现出线性特征，那么可以用线性模型来拟合它，模型可以具体写为：

$$y_t=a+bt+I_t \tag{9.4}$$

其中 $\{I_t\}$ 为随机波动项，t 表示时间，令 $\tilde{y}_t=a+by$ 是消除了随机波动影响后的趋势，则 a 表示趋势线在纵轴上的截距，b 表示趋势线的斜率，即时间 t 每变动一个单位时，趋势值 $\tilde{y}_t$ 为变动的数量。如果 y_t 各期的拟合增长量大体相同，则可以认为其长期趋势为线性函数，可进行线性拟合。

模型估计：根据最小二乘法的原理，a，b 是使得残差平方和达到最小的参数值，即：

$$(a,b)=\arg\min\sum_{t=1}^{n}(y_t-\hat{y}_t)^2=\arg\min\sum_{t=1}^{n}(y_t-a-bt)^2 \tag{9.5}$$

由于残差平方和是 a 和 b 的二次多项式，且二次项为正数，上式等价于：a，b 是使得残差平方和达到极小值的参数值。利用微积分中求极值的方法，a，b 满足如下正规方程组：

$$\begin{cases}\sum_{t=1}^{n}y_t=na+b\sum_{t=1}^{n}t\\ \sum_{t=1}^{n}ty_t=a\sum_{t=1}^{n}t+b\sum_{t=1}^{n}t^2\end{cases} \tag{9.6}$$

方程组的解是 a，b 的最小二乘解：

$$\begin{cases} b = \dfrac{n\sum_{t=1}^{n} ty - \sum_{t=1}^{n} t \sum_{t=1}^{n} y_t}{n\sum_{t=1}^{n} t^2 - (\sum_{t=1}^{n} t)^2} \\ a = \overline{y} - b\overline{t} \end{cases} \tag{9.7}$$

这种方法和一元线性回归方法十分相似，只是将一元回归中的自变量 X 替换成了时间变量 t。它的本质是通过最小二乘法寻求拟合度最好的直线解。

第二类，曲线拟合。在实际社会经济生活中，很多自然现象和社会经济现象并不总是呈现出线性趋势，也就是说现象变动的变化率或者趋势线的斜率在一个较长的时期中并不一定保持不变。如果同时现象的长期趋势又有一定的规律性，则称此时间序列的长期趋势是非线性发展趋势，或曲线发展趋势。曲线的形式多种多样，如二次曲线、指数曲线、修正指数曲线、Logistic 曲线、Gompertz 曲线等。本书主要介绍二次曲线和指数曲线。

二次曲线适用于各期增长的速度（即加速度）大体相同的时间序列。此时序列的长期趋势近似一个二次多项式形态，可以考虑使用二次曲线来拟合，拟合方程为如下二次函数：

$$\widetilde{y}_t = a + bt + ct^2 + I_t \tag{9.8}$$

其中 $\{I_t\}$ 为随机波动项，t 表示时间，令 $\widetilde{y}_t = a + bt + ct^2$ 是消除了随机波动影响后的趋势，其中 a 是趋势方程的截距项，$2c$ 是趋势方程的加速度。

根据最小二乘法的逻辑，a，b，c 是使得残差平方和最小的参数值，和线性函数类似，这等价于 a，b，c 满足以下正规方程：

$$\begin{cases} \sum_{t=1}^{n} y_t = na + b\sum_{t=1}^{n} t + c\sum_{t=1}^{n} t^2 \\ \sum_{t=1}^{n} ty_t = a\sum_{t=1}^{n} t + b\sum_{t=1}^{n} t^2 + c\sum_{t=1}^{n} t^3 \\ \sum_{t=1}^{n} t^2 y_t = a\sum_{t=1}^{n} t^2 + b\sum_{t=1}^{n} t^3 + c\sum_{t=1}^{n} t^4 \end{cases} \tag{9.9}$$

为了运算简单，可以对 t 采取坐标变换，即令 $\sum_{t=1}^{n} t = 0, \sum_{t=1}^{n} t^3 = 0$，则上面三个方程式可以简化，联立方程组的解为：

$$\begin{cases} a=\dfrac{\sum\limits_{t=1}^{n}y_t}{n}-\dfrac{c\sum\limits_{t=1}^{n}t^2}{n}=\overline{Y}-ct^2 \\ b=\dfrac{\sum\limits_{t=1}^{n}ty_t}{t^2} \\ c=\dfrac{n\sum\limits_{t=1}^{n}t^2y_t-\sum\limits_{t=1}^{n}t^2\sum\limits_{t=1}^{n}y_t}{n\sum\limits_{t=1}^{n}t^4-(\sum\limits_{t=1}^{n}t^2)^2} \end{cases} \tag{9.10}$$

这种方法与先前章节中使用二次函数进行非线性拟合非常类似，除了自变量变为 t 之外其他处理方法几乎相同。由于自变量是时间 t，方程的 $2c$ 代表了趋势方程的加速度，有实际意义。

另一种常见的拟合方式是指数曲线拟合，其适用的时间序列为：在一定时期内，有些变量的变动随着时间的变化，按相同的增长率不断增加或减少，即现象发展的环比发展速度或环比增长速度大体相同时。指数曲线模型虽然不是线性的，但经过一定的变量替换，可以转化为线性模型，因而指数曲线趋势也被称为可直线化的曲线趋势。

其一般模型为：

$$y_t=ab^tI_t \tag{9.11}$$

其趋势项为：

$$\hat{y}_t=ab^t \tag{9.12}$$

其中 a 为动态序列的基期水平，b 为现象的一般发展速度，a、b 均为待定参数。t 期与 $t-1$ 期指标的比值为固定常数 b，所以指数曲线具有各期环比增长速度大体相同的特点，表现为时间序列的逐期趋势值一定的百分比递增或递减。

用指数曲线模型分析长期趋势时，一般是先将指数方程取对数，转化成直线方程然后根据直线方程方法，估计待定参数，再对直线方程求得的结果，查反对数进行还原。对上述趋势项方程式两端取对数，得：

$$\lg\hat{y}_t=\lg a+t\log b \tag{9.13}$$

令 $y'=\lg\hat{y}_t$，$A=\lg a$，$B=t\log b$，则原方程可以转化为：$y'_t=A+Bt$。对于新的方程使用最小二乘法，则可以根据线性方程的求解方法给出 A 和 B 的估计值，并进一步求出参数 a 和 b 的值。

（二）季节变动的分析

现实中的许多自然现象和社会现象由于季节变化的影响而发生周期性的变动，如四季的气温、空调每季度的零售额、热带景点季度游客人数等，我们把这种周期性称为“季节性”。这里，“季节”是一个广义的概念，代表每一个循环所需的时间，实际上是周期的代名词，常不大于一年。这种周期可以是一年的四季，也可以是一个自然月、一周或一天，通常反映某种经济现象。具有季节变动的时间序列在一年内存在的变化，而在若干年却呈现出每一年重复的有规律的变动，这种变动称为季节变动，是时间序列构成的一种主要成分，其产生的原因可分为两类：第一类是自然的，如自然界季节变动的影响而使现象产生季节性周期变动。第二类是人为的，如风俗习惯、制度等因素造成的变动。

季节变动有时的确存在，但却由于其他成分的干扰而不能明显地表现出来，因此，有必要将其分解出来。分析季节变动的目的，一是分解时间序列，以测定季节变动成分和反映现象的基本变化规律与趋势性，二是调整季节因素，即从原序列中剔除季节因素的影响，以便更清楚地呈现长期趋势，进而建立适当的预测模型，对现象进行预测。分析季节变动的主要方法是计算季节比率。季节比率是反映时间序列季节变动程度的一种相对数，通常用百分数表示，也称季节指数。季节比率高，称为“旺季”，反之，称为“淡季”。常用的计算季节比率的方法主要有两种：同期平均法和趋势剔除法。

同期平均法也称为月平均法，是用时间序列各年同一时期的平均数与各年的总平均数的对比来求季节比率的方法。这种方法主要适用于没有明显的趋势变动，时间序列主要受季节变动和不规则变动影响的情况。通过对原始序列进行同期平均和总平均，可以消除不规则变动但不剔除长期趋势因素，两者的比值即为季节指数。其基本步骤为：

（1）假设一个循环周期有 k 个不同的时期（如，一个周期有 k=12 个月，或者 k=4 个季度），计算各年同期（月或季）的平均数 $\overline{Y}_i$（其中 i 代表月份或者季度），平均的目的是消除各年同一季度（月份）数据上的不规则变动。

（2）计算全部数据的总平均数 $\overline{Y}$，即求出整个数列的水平趋势。

（3）计算季节指数 S_i，其公式为：

$$S_i = \frac{\overline{Y}_i}{\overline{Y}} \times 100\% \qquad (9.14)$$

假设所有数据构成 N 个季节周期，每个季节周期有 k 个时期，使用 j 表示季节周期，同期平均法仅仅适用于没有明显的长期趋势和循环变动的时间序列，对于不满足这一假设的时间序列，则需要使用趋势剔除法来提取季节变动成分。

趋势剔除法是在序列包含有明显的趋势或循环变动因素的情况下，先从序列中消除趋势因素和循环因素，然后再用平均方法消除不规则变动，从而分解出季节变动成分。

仍假定时间序列的各影响因素是以乘法模型形式组合，其结构为 $y=T\cdot C\cdot S\cdot I$，序列的长期趋势可用移动平均法或拟合法测定，如以移动平均法为例，季节变动的提取方法步骤如下：

（1）对原序列使用上节介绍的移动平均法或函数拟合法，这样得到的序列是剔除了季节变动和不规则变动后的长期趋势和循环变动，即 $T\cdot C$。

（2）从总的模型中剔除上面得到的移动平均序列，则得到只包含季节趋势和不规则变动的 $S\cdot I$，即 $\dfrac{T\cdot C\cdot S\cdot I}{T\cdot C}=S\cdot I$。

（3）对上面消除了长期趋势和循环变动后的序列使用同期平均法。即将各年同月（或同季）的数据平均以消除不规则变动（I），再分别除以总平均数，即得季节变动指数 S。

如果时间序列显示出持续超过一年的在趋势线的上下交替的点序列，则存在循环模式。比如太阳黑子的活动周期一般是 11.2 年，这种规律的周期也远超过一年。在人类的经济活动中，时间序列的循环成分归因于多年的经济周期。例如，温和的通货膨胀时间之后紧接着是急剧的通货膨胀时期，导致时间序列通常会围绕一条增长的趋势线上下波动。然而，经济周期的预测有时是不可能的，或者至少是非常困难的。因此，循环影响通常与长期趋势影响合并，称为趋势循环影响。在时间序列的实际问题分析中，通常不会专门讨论循环变动，而是认为循环变动被长期趋势吸收了。

第三节　平稳时间序列分析与预测

一、预测精度

本章的目的是介绍时间序列分析及预测方法，这有别于前面章节讲述的回归预测方法。预测方法分为定性预测和定量预测，前者往往基于以往经验和理论对未来走势做一个粗略判断，不给出具体预测数值。定量预测则根据数量模型给出具体的预测值，其假设变量过去的信息可测，并且变量之间满足的关系模型持续到未来。在此假设下，根据序列历史数据建立变量之间的模型，并通过模型预测未来值。

数量预测法分为因果预测法和时间序列法。前者是基于因变量与自变量之间存在因果关系的假设，通过已知的自变量预测因变量，我们前面介绍的回归分析就是这类方法。时间序列法与因果预测法不一样，它是基于事物的动态发展规律，认为被预测变量在某时刻的数值与其历史数值之间存在依赖关系，对这种依赖关系进行建模并以此进行预测。

进行预测时，通常需要对几种模型的预测效果进行比较，从中选择最优模型。比较的方法是计算预测值与实际值的差距，即预测误差。

预测误差 = 实际值 - 预测值，预测误差为正表明低估，预测不足，预测为负表明高估，预测过高，预测误差绝对值越小，则预测效果越好。如何衡量预测精度？一个简单直接的想法是计算预测误差的平均值。但是，由于预测误差有正有负，正负误差的相互抵消会使得平均误差往往较小，无法正确反映预测的好坏，因而，此方法没有得到使用。现在用来衡量预测精度的常用指标有以下三个：

（1）平均绝对误差（mean absolutely deviation，MAD）。

（2）均方误差（mean square error，MSE）。

（3）平均绝对百分比误差（mean absolute percentage error，MAPE）。

这三种指标从不同方面衡量了预测误差，适用的场合也不一样。前两种是反映误差绝对水平的指标，其数值受计量单位的影响，因此只适合比较同一数据模型的预测效果。MAPE 是反映误差相对水平的指标，可以用来衡量不同数据模型的预测效果。另外，MSE 是对误差的平方运算，比 MAD 更容易受异常值的影响，但是此指标是二次数据的二次函数，在数学推导过程中具有许多优良性质，应用十分广泛。由于这几个指标的优点不同，适用场合也不一样，关于这三个指标的选取，需要根据实际情况进行判断。

二、平稳时间序列

时间序列按其统计性质是否随时间变化可分为非平稳时间序列和平稳时间序列两类。

平稳时间序列（stationary time series）是指统计性质与时间独立的时间序

列，简单来说，即：

（1）序列的均值不随时间的推移而改变。

（2）序列的变异性不随时间的推移而改变。

所谓时间序列的变异性，严格来讲指任意多个时间点所构成的高维变量的变异性，这种意义上的平稳称为严平稳，较难满足。我们通常只讨论更宽松的变异性，即要求序列不同时间点之间的二阶矩不随时间变化而改变，这种序列称为宽平稳时间序列。本章涉及的平稳时间序列也特指宽平稳时间序列。

通常而言，结合时间序列的构成要素来分析，非平稳时间序列通常包含长期趋势、季节性或周期性等一种或几种特征。而平稳序列的特征则表现为各观测值基本在个固定水平上下波动，并且波动不存在明显的规律性。平稳序列又可以细分为纯随机序列和非纯随机序列两类。纯随机序列的变化没有任何规律可循，不同时间点的数值相互独立，因而不能由历史值推测未来值，无法用模型拟合。对于平稳的非纯随机时间序列，则有

很多模型可以用来拟合，其中最常用的是 ARMA（auto regression moving average）模型。ARMA 模型包括自回归模型（auto-regressive）、移动平均模型（moving average）和自回归移动平均模型（auto egressiveand moving average）三种形式，是拟合平稳序列最常用的模型。

三、平稳时间序列的预测

平滑法是最常用的时间序列预测方法，它的基本思想是通过加权平均等方式消除随机波动的影响，使序列展示其长期发展趋势。前面我们提到过平滑法可以用来揭示序列的长期趋势，这里，我们介绍使用平滑法来进行短期预测。

（一）简单移动平均法

简单移动平均法是对过去的 k 期观察值取简单平均并将其作为下一时期预测值的方法。假设时间序列已经有 t 期观察值 y_1，y_2，…，y_t: 取移动平均期数为 k（$1<k<t$），即第 l 期预测值为 $\hat{y}_{t+1}$，则

$$\hat{y}_{t+1}=\frac{y_{t-k+1}+y_{t-k+2}+\cdots+y_t+\hat{y}_{t+1}+\cdots+y_{t+1-1}}{k} \tag{9.15}$$

当 l=1，即第一期预测为：

$$\hat{y}_{t+1}=\frac{(y_{t+1-k}+y_{t+2-k}+\cdots+y_t)}{k} \tag{9.16}$$

其中，移动平均期数 k 的大小直接影响预测结果的好坏。一般来说，k 越大，随机波动产生的影响减少得越多，长期趋势提取越充分，所得到的曲线也越平滑。但是，k 越大，预测值受远期历史数据的影响也越大，近期历史数据所占比重越小，表现为预测值对近期数值的变化不敏感。因此，我们需要根据预测的需要来选取 k，如果关注序列的短期趋势和变化情况，可以选取较小的 k，反之，如果更注重时间序列的长期趋势，则可以选取较大的 k。

【例题 9.1】表 9-4 展示了使用移动平均法预测相关年份我国居民消费价格指数的结果，其中 k 选取不同的数值。通过简单移动平均预测我国居民消费价格指数。

表 9-4 我国居民消费价格指数的简单移动平均预测值

年份	价格指数（%）	k=3	误差平方	k=5	误差平方
1990	103.1				
1991	103.4				
1992	106.4				
1993	114.7	104.3	108.16		
1994	124.1	108.17	253.87		
1995	117.1	115.07	4.13	110.34	45.7
1996	108.3	118.63	106.78	113.14	23.43
1997	102.8	116.5	187.69	114.12	128.1
1998	99.2	109.4	104.04	113.4	
1999	98.6	103.43	23.36	110.3	136.89
2000	100.4	100.2	0.04	105.2	23.04
2001	100.7	99.4	1.69	101.86	1.35
2002	99.2	99.9	0.49	100.34	1.3
2003	101.2	100.1	1.21	99.62	2.5
2004	103.9	100.37	12.48	100.02	15.05
2005	101.8	101.43	0.13	101.08	0.52
2006	101.5	102.3	0.64	101.36	0.02
2007	104.8	102.4	5.76	101.52	10.76
2008	105.9	102.7	10.24	102.64	10.63
2009	99.3	104.07	22.72	103.58	18.32

续表

年份	价格指数（%）	*k*=3	误差平方	*k*=5	误差平方
2010	103.3	103.33	0	102.66	0.41
2011	105.4	102.83	6.59	102.96	5.95
2012	102.6	102.67	0	103.74	1.3
2013		103.77		104.74	
平均			42.5		34.83

将上面的数据拷贝到 Excel 表格中，最左上角的单元格的位置为 A1，右下角的单元格位置为 F26。以 *k*=3 为例，1993 年的预测值 104.3 就是 1990—1992 年三年的平均值，2013 年的预测值就是 2010—2012 年的平均值。在 Excel 中这个 C5 单元格的公式写成“=AVERAGE（B2：B4）”，这样也便于往下拖拽进行填充计算。D5 误差平方的计算公式写成“=（B5–C5）^{2}”表示了实际值与预测值差异的平方。1993 年到 2012 年 20 年间的均方误差为 42.5，D26 单元格的计算公式是“=SUM（D5：D25）/20”。当 *k*=5 时，均方误差相对较小，只有 34.83，因此我们选择 5 期移动平均进行预测，即 2013 年的预测值为 104.74。图 9–3 更直观地显示了 *k*=5 时，预测曲线和实际曲线更加接近。这一结果印证了之前的关于期数 *k* 的大小会影响预测效果的论述。

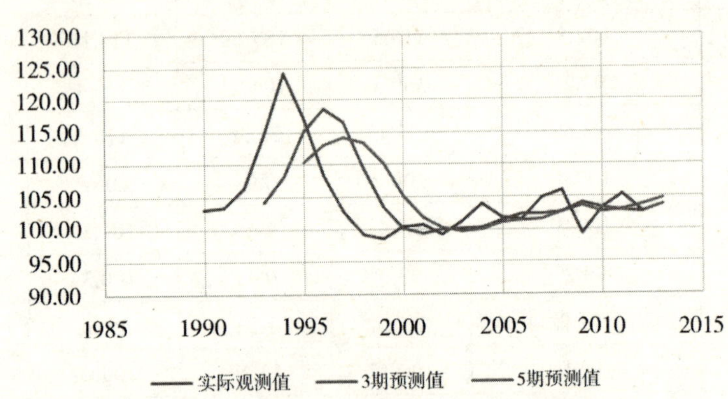

图 9–3 我国居民消费价格指数的预测值和实际值

（二）加权移动平均法

简单移动平均法中，所有的观测值都被赋予了相同的权重 1/*k*，当 *k* 较大的时候，预测值对于近期观测的敏感性不够强，不容易反映短期内时间序列的变化情况。然而，在实际中，序列在未来的数值受到近期数列的影响比远期数列更大，体现在权重上，即近期序列的权重应当更大。我们仍假设 k 期移动平均的权重为 w_1，w_2，…，w_k，满足 $w_1+w_2+\cdots+w_k=1$，则加权移动平均法第 $t+1$ 期的预测值为：

$$\hat{y}_{t+1}=w_1 y_{t+1-k}+w_2 y_{t+1-k+1}+\cdots+w_{k-1+1} y_t+w_{k+1+2} y_{t+1}+\cdots+w_k\ \hat{y}_{t+1\ -1}$$

同移动期数 k 一样，加权移动平均法的权重可以根据预测误差来选择，即选择一个使得误差最小的权重的组合。

（三）指数平滑法

指数平滑法是加权移动平均法的一种特殊形式，对距离越远的观测值赋予的权重越小，并且权重的大小随着时间间隔的增大呈指数衰减。按平滑的次数来分，指数平滑法包括一次指数平滑、二次指数平滑、多次指数平滑等。一次指数平滑法适合对平稳的时间序列，而二次和多次指数平滑适合非平稳时间序列的预测。我们主要介绍一次指数平滑。

一次指数平滑法也称单一指数平滑法，因为它只有一个平滑系数 $0<a<1$，它以第 t 期观测值和预测值的线性组合作为第 $t+1$ 期的预测值，即：

$$\hat{y}_{t+1}=ay_t+(1-a)\ \hat{y}_t,$$

设 $\hat{y}_1=y_1$，并不断向后进行迭代，可以得：

$$\hat{y}_{t+1}=ay_t+a(1-a)y_{t-1}+a(1-a)^2 y_{t-2}+\cdots+a(1-a)^{t-1}y_1,$$

从上式可以看出，一次指数平滑法是使用所有的历史观测值的线性组合来预测未来的数值，由于 $0<a<1$，权重随着时间的推移而呈指数衰减。

上式可以看出，a 直接决定了权重系数，其数值大小影响预测结果。a 越大，则近期序列的影响越大；反之，近期序列影响越小。因此，如果已知近期的序列变化较大，且认为这种变化会影响到未来，则可取较大的 a；反之，如果更关注长期趋势，则可选取较大的 a。

【例题 9.2】考虑例题 9.1 中的数据，以平滑系数 0.1，0.5 和 0.9 计算我国居民消费指数的平滑预测值，其结果如表 9-5 所示。

表9-5 我国居民消费指数的平滑预测值

年份	价格指数	0.1	误差平方	0.5	误差平方	0.9	误差平方
1990	103.1	103.1		103.1		103.1	
1991	103.4	103.1	0.09	103.1	0.09	103.1	0.09
1992	106.4	103.13	10.69	103.25	9.92	103.37	9.18
1993	114.7	103.46	126.41	104.83	97.52	106.1	74.01
1994	124.1	104.58	380.98	109.76	205.56	113.84	105.27
1995	117.1	106.53	111.66	116.93	0.03	123.07	35.69
1996	108.3	107.59	0.5	117.02	75.96	117.7	88.31
1997	102.8	107.66	23.63	112.66	97.18	109.24	41.47
1998	99.2	107.17	63.6	107.73	72.74	103.44	18.01
1999	98.6	106.38	60.49	103.46	23.66	99.62	1.05
2000	100.4	105.6	27.04	101.03	0.4	98.7	2.88
2001	100.7	105.08	19.18	100.72	0	100.23	0.22
2002	99.2	104.64	29.61	100.71	2.27	100.65	2.11
2003	101.2	104.1	8.4	99.95	1.55	99.35	3.44
2004	103.9	103.81	0.01	100.58	11.04	101.01	8.33
2005	101.8	103.82	4.07	102.24	0.19	103.61	3.28
2006	101.5	103.62	4.47	102.02	0.27	101.98	0.23
2007	104.8	103.4	1.95	101.76	9.24	101.55	10.57
2008	105.9	103.54	5.55	103.28	6.87	104.47	2.03
2009	99.3	103.78	20.06	104.59	27.98	105.76	41.7
2010	103.3	103.33	0	101.94	1.84	99.95	11.25
2011	105.4	103.33	4.29	102.62	7.71	102.96	5.93
2012	102.6	103.54	0.87	104.01	1.99	105.16	6.54
2013		103.44		103.31		102.86	
平均			41.07		29.73		21.44

将上面的数据拷贝到Excel表格中，最左上角的单元格的位置为A1，右下角的单元格位置为H26。在Excel中处理这个表格，需要对于1990年各个平滑系数的预测值做手工输入，这样可以方便后期的填充计算。以平滑系数0.1为例，在C2中可以手动输入103.1，然后在C3单元格输入平滑的计算公式“=B2*0.1+C2*0.9”。当计算平滑系数为0.5时候就在E3单元格输入

"=B2*0.5+C2*0.5"。平滑系数 0.9 的计算以此类推。图 9–4 展示了不同平滑系数的结果。

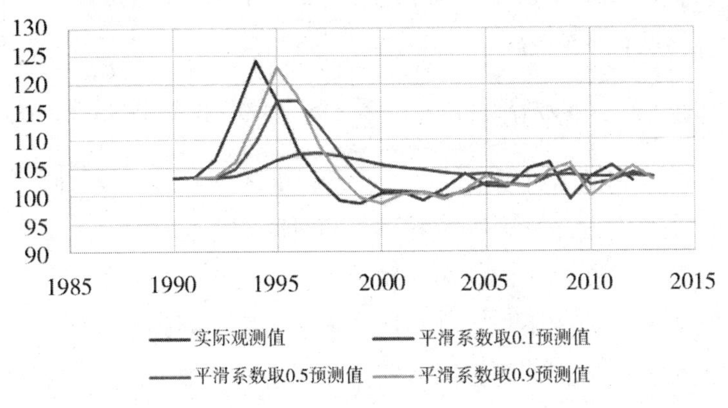

图 9–4 一次指数平滑法预测结果

如上图所示，不同的平滑系数值给出的预测结果差异明显，并具有不同的均方误差。在本例中，0.9 的平滑系数给出的均方误差最小，因而选取 102.86 作为 2013 年的预测值。

从例题 9.1 和例题 9.2 可以看出，平滑的结果许多时候是非常主观的，平滑几个周期、平滑系数取值多少直接影响了结果，判定的只能参考平均误差。因此结果的选择更需要结合实际情况进行分析，进而可以得到更可靠的预测结果。

第四节 非平稳时间序列分析与预测

一、时间序列的分解

上一节介绍了平稳时间序列的分析与预测方法，但是现实生活中，绝大多数序列是非平稳的，因而研究非平稳时间序列的分析和预测更加普遍和重要。在研究非平稳时间序列之前，我们先介绍时间序列的分解。

Cramer 分解定理：任何一个时间序列都可以分解为两部分的叠加：其中一部分是由多项式决定的确定性趋势成分，另一部分是平稳的零均值误差构成的随机成分，即

$y_t=\mu_t+\varepsilon_t=\sum_{j=0}^{d}\beta_j t^j+\Psi(B)a_t$，其中 $d<\infty$，β_t 为常数系数，$\{a_t\}$ 是零均值白噪声序列，B 为延迟算子。下面我们来分析序列的确定性和随机性部分的性质。根据白噪声的性质有 $E(\varepsilon_t)=E(\Psi(B)a_t)=\Psi(B)E(a_t)=0$。

进而，$E(y_t)=E(\mu_t)+E(\varepsilon_t)=E(\mu_t)=\sum_{j=0}^{d}\beta_j t^j$，此为确定性部分，而 $\varepsilon_t=\Psi(B)a_t$ 则反映的是序列受到的随机因素的影响，是随机部分。

对于一个平稳时间序列，其变异性不随时间的变化而变化，因而其确定性部分和随机性部分都是稳定的，与时间独立。而对于非稳定性时间序列，确定性和随机性任何一方面的不稳定都会造成最终时间序列的不稳定。根据我们之前对时间序列成分的分析，趋势因素、循环因素以及季节因素、随机因素都可能带来时间序列的非平稳性，其中前三种主要是影响时间序列确定性部分的稳定性，而随机因素是影响时间序列的随机性部分的稳定性。

随机因素带来的非平稳性往往难以确定和分析，而确定性部分的不稳定性则通常显示出明显的规律性，具体表现为显著的趋势或者是固定的周期变化，体现在时间序列成分上即是长期趋势、循环和季节性波动，在本章第二节中我们已经初步讨论过这三种因素的提取方法，在本节中，我们将学习如何利用之前介绍的方法分析具体的时间序列并进行预测。

二、趋势模型的预测

（一）趋势回归预测

对于具有明显趋势的时间序列，我们用前面介绍函数拟合的方法找到趋势方程。假设趋势方程已经通过前面的方法得出，则根据趋势方程，即可预测未来时刻的序列值。具体来说，

对于已经确定了具体趋势函数的时间序列，可以直接代入时间 t 进行预测。以线性趋势为例：假设趋势函数为 $\hat{y}_t=a+bt$，如果要预测 t=11 时刻的数值，则代入 t=11，有 $\hat{y}_{11}=a+11b$。对于其他曲线趋势函数，也可以一样进行预测。

（二）Holt 线性指数平滑预测

Charles Holt 建立了用于预测具有线性趋势的时间序列的指数平滑形式，这有别于前一节讲的简单指数平滑方法。具体来说，Holt 两参数指数平滑法适用于对含有线性趋势的序列进行修匀。它的基本思想是假定序列有一个比较固定的线性趋势，即每期都递增 r 或递减 r，那么第 t 期的估计值就应该等于

第 t–1 期的观察值加上每期固定的趋势变动值，即 r。线性指数平滑（Linear exponential smoothing）方法用两个平滑常数和和三个方程进行预测。

用两个平滑常数和 β 和三个方程进行预测。

$$\tilde{y}_t = \alpha y_t + (1-\alpha)(\tilde{y}_{t-1} + r_{t-1})$$

$$r_t = \beta(\tilde{y}_t - \tilde{y}_{t-1}) + (1-\beta) r_{t-1}$$

$$\hat{y}_{t+k} = \tilde{y}_t + r_t k$$

其中，r_t 是第 t 期时间序列斜率的估计值，$\tilde{y}_t$ 是第 t 期时间序列的估计值。$0<\alpha$，$\beta<1$，其中 α 是时间序列自身的平滑系数，β 是时间序列斜率的的平滑系数。前面两个表达式分别是对时间序列 t 时刻的水平值和斜率进行了估计，最后一个表达式则是根据前面的估计进行预测，预测期数是 k，则在第 t 期的基础上加 k 个斜率。和简单指数平滑一样，我们也面临确定初始值的问题，在此需要确定两个待估序列的初始值。

（1）平滑时间序列的初始值：可以简单定义为 $\tilde{y}_0=y_1$；

（2）斜率序列的初始值：最简单的方法是在时间序列中任取两个时间点，计算两点之间的斜率，即 $r_0 = \dfrac{y_{a+1} - y_a}{1}$。

三、具有季节效应模型的预测

具有季节效应模型时间序列的预测，分为两种情况，一种是没有趋势的时间序列，另一种是有时间趋势的时间序列。

（一）没有时间趋势的季节效应模型

如果序列没有时间趋势，则时序图很可能表现出在某一水平线上下波动，并且波动具有明显的周期性。如果通过时序图可以清楚地分别季节的交替，则可以使用虚拟变量来对时间序列进行拟合和预测。假设在一个季节周期内有 k 个时期（如 4 个季度，12 个月等），则我们需要 k–1 个虚拟变量。假设数据随季节的交替呈现出明显的季节波动，即 k=4，则我们建立以下 3 个虚拟变量：

$$D_1 = \begin{cases} 1, \text{第1季度} \\ 0, \text{其他} \end{cases} \quad D_2 = \begin{cases} 1, \text{第2季度} \\ 0, \text{其他} \end{cases} \quad D_3 = \begin{cases} 1, \text{第3季度} \\ 0, \text{其他} \end{cases}$$

则回归模型为 $\hat{y}_t = b_0 + b_1 D_1 + b_2 D_2 + b_3 D_3$，不同季节虚拟变量取值为：

$$(D_1, D_2, D_3) = \begin{cases} (1,0,0), & \text{第1季度} \\ (0,1,0), & \text{第2季度} \\ (0,0,1), & \text{第3季度} \\ (0,0,0), & \text{第4季度} \end{cases}$$

利用最小二乘法，我们可以估计出（b_0, b_1, b_2, b_3），并进行预测第 1，2，3，4 季度预测销售量分别为 b_0+b_1，b_0+b_2，b_0+b_3 和 b_0。

（二）有时间趋势的季节效应模型的预测

如果模型既有趋势性，又有季节性，则我们首先要确定是使用乘法模型还是加法模型。

如果使用加法模型，即 $y_t=T_t+S_t+I_t$，其中长期趋势波动和季节波动 S_t 可以分别使用函数拟合方法和虚拟变量回归方法提取。同样假设序列随四季的交替呈现出明显的季节波动，即 $k=4$，则我们如上节一样构造 3 个虚拟变量（D_1，D_2，D_3），假设序列的长期趋势为线性趋势，则回归模型的预测值为：

$\tilde{y}_t = b_0+b_1D_1+b_2D_2+b_3D_3+b_4t$，

其中：

t 代表序列处于第 t 年的某个季度

$$(D_1, D_2, D_3, t) \begin{cases} (1,0,0,t), & \text{第}t\text{年第1季度} \\ (0,1,0,t), & \text{第}t\text{年第2季度} \\ (0,0,1,t), & \text{第}t\text{年第3季度} \\ (0,0,0,t), & \text{第}t\text{年第4季度} \end{cases}$$

通过最小二乘法，可以估计出模型的参数，并进行预测。

具体来说，第 t 年第 1，2，3，4 季度预测销售量分别为：

$b_0+b_1+b_4t$，$b_0+b_2+b_4t$，$b_0+b_2+b_3t$，b_0+b_4t。

如果使用乘法模型 $y_t=T_tS_tI_t$，或者混合模型 $y_t=S_t(T_t+I_t)$，则需要通过前面章节介绍的季节指数提取季节性波动，见下例分析。

【例题 9.3】对中国社会消费品零售总额进行预测。

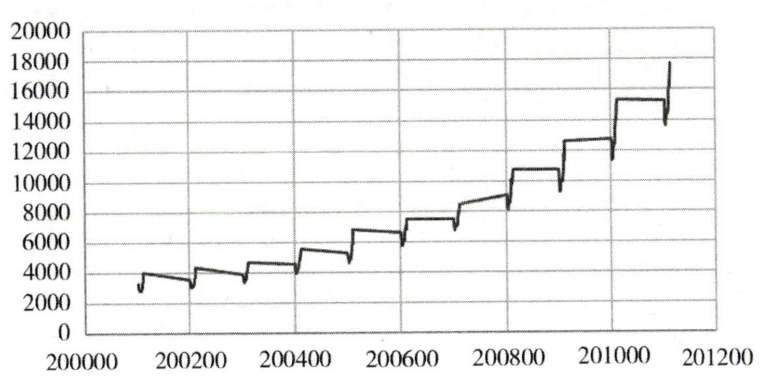

图 9-5 中国社会消费品零售总额时序图

数据来源：中国统计局网站。

图 9-5 中，横坐标的最后两位代表了月份，可以看出，序列具有明显的长期递增趋势并体现出以年为固定周期的季节波动，因而尝试使用混合模型 $y_t=S_t(T_t+I_t)$ 拟合该序列。

Step 1，计算该序列的季节指数 $\hat{S}_i(i=1，2，\cdots，12)$，根据 2001 年 1 月至 2011 年 12 月的数据，我们可以计算 12 个季节指数如表 9-6 所示。

表 9-6 社会消费品零售总额的季节指数

月份	季节指数	月份	季节指数
1	101.6	7	94.56
2	93.56	8	96.23
3	90.1	9	104.04
4	89.93	10	110.25
5	95.78	11	108.26
6	95.2	12	120.49

从上面的季节指数可以看出，1，9，10，11，12 月是消费品零售的旺季，其他季节为淡季。

Step2，消除季节影响：$\dfrac{y_t}{S_t}=T_t+S_t$，其中如果 $S_t=\hat{S}_i$，如果 t 时期是某年的第 i 个月。结果见图 9-6，其中折线为消除季节影响后的消费品零售额月度数据，由于数据呈现较明显的线性趋势，我们用线性函数拟合长期趋势，即$\hat{T}_i=a+bt$。令 2001 年 1 月对应的 t 为 1，2011 年 12 月对应的 t 为 132，则使用最小二乘法回归得到的结果为：$\hat{T}_i=962.3246+96.72t$。图中的直线序列即为去掉季节波动后拟合的直线趋势。

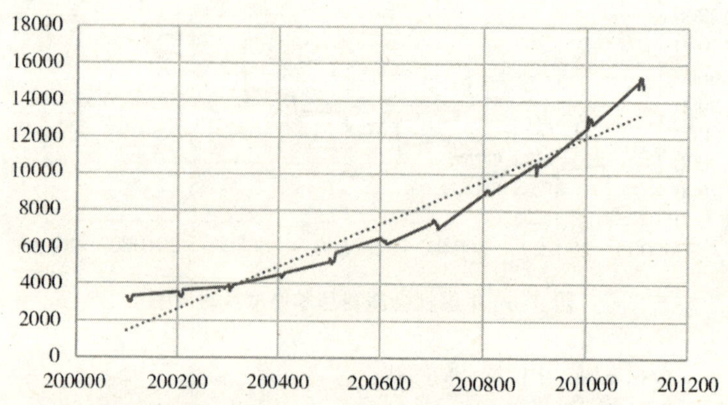

图 9-6 消除季节影响后的消费品零售额月度数据

基于此趋势函数和前面的季节性波动，我们可以进行如下预测：

$\hat{y}_t=S_t(962.3246+96.72t)$，其中 t 为表示所要预测月份的序号，S_t 为相应月份的季节指标。通过上述公式可以预测 2012 年 12 个月的数据如表 9-7 所示。

表 9-7 2012 年消费品零售总额月度预测值

月份	预测零售总额	月份	预测零售总额
1	14046.73	7	13623.03
2	13025.79	8	13955.99
3	12632.19	9	15189.38
4	12695.11	10	16203.57
5	13613.21	11	16015
6	13622.97	12	17940.66

衡量预测好坏的一个标准是信息是否提取完全，即时间序列的模型是否合适。如果季节趋势和长期趋势的信息提取充分，且模型的形式选取正确，则残差将满足不相关假设。如此一来，我们可以通过检验残差的相关性来判断模型分析和预测是否合理。残差的不相关性可以通过统计量进行检验，也可以直观地通过观察其序列图来分析。

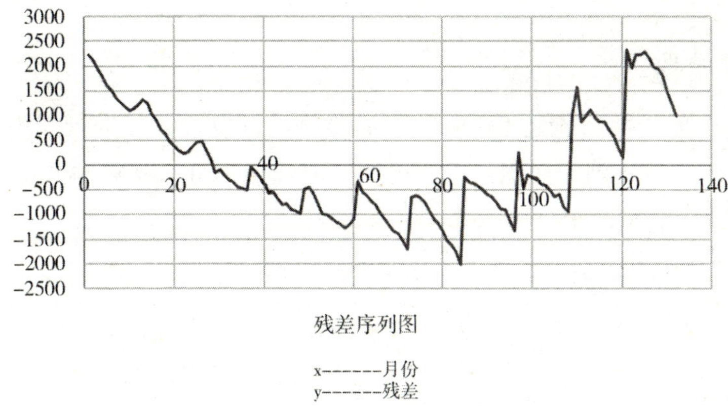

图 9-7 预测残差时序图

图 9-7 中的残差的序列图明显具有较强的趋势性，这很有可能是原序列的长期趋势里遗留下来的信息。所以，我们之前的长期趋势选择并不太合理，需要进一步优化。考虑去掉季节性波动后的序列，我们发现序列的增长可能更加符合指数型函数，因而可以考虑使用指数函数进行拟合。

四、具有循环趋势的预测

在进行具有循环趋势的预测之前，首先要估算循环波动。然而，不同于季节波动的规律性，循环波动的周期长短和波动幅度前后不一致，往往表现出不规则性，不容易获得较精确的估计。常见的做法是基于时间序列的分解模型，从原时间序列中分离出前面估计的趋势项和季节变动项，将剩余部分当作循环趋势项，此方法即为剩余法。

【本章小结】

本章主要介绍了时间序列分析方法。时间序列分析方法和本书前面章节介绍的回归分析方法不一样，它是动态地分析事物的发展过程，假设变量的未来值和历史数值之间存在动态规律，并将这个规律推广到未来进行预测。

时间序列根据变量的数据特点可以分为绝对数时间序列、相对数时间序列和平均数时间序列，不同的序列代表的经济意义和可以进行的操作不一而同。根据序列统计性质与时间独立与否，时间序列可分为平稳时间序列和非平稳时间序列，并适用不同的预测方法。

本章还介绍了时间序列的构成因素，即长期趋势、季节波动、循环变动和波动性，以及如何分析提取这几要素。此外，我们还介绍了如何进行时间序列的预测，如何根据预测精度来选择时间序列模型。

【本章习题】

1. 通过指数函数对例题 9.2 中的长期趋势进行拟合，并进行与例 9.2 一样的分析，即使用与此例中相同的乘法模型对时间序列进行建模，并检验残差序列是否满足残差的不相关性。

2. 下表为 1950～1985 年日本人均月食品支出的数据（lnF）。

年份	lnF	年份	lnF	年份	lnF	年份	lnF
1950	9.2288	1959	9.4684	1968	9.742	1977	9.9188
1951	9.1858	1960	9.5176	1969	9.7855	1978	9.9124
1952	9.2755	1961	9.5659	1970	9.8222	1979	9.905
1953	9.3358	1962	9.5992	1971	9.8456	1980	9.8929
1954	9.3334	1963	9.5481	1972	9.8755	1981	9.894
1955	9.3484	1964	9.6022	1973	9.902	1982	9.8969
1956	9.3823	1965	9.6342	1974	9.9071	1983	9.8953
1957	9.4174	1966	9.6513	1975	9.9271	1984	9.8952
1958	9.4641	1967	9.6998	1976	9.9325	1985	9.8844

（1）表中数据是否存在长期趋势？如果有，请分别使用简单平均法和拟合法分离长期趋势。

（2）数据是否有季节波动？如果有，确定季节效应，如何解释？并使用本章的方法提取季节效应，即计算季节指数。

（3）使用本章介绍的方法，预测 1986 年的人均月平均支出额。

第十章　统计指数

【本章学习目标】

1. 了解统计指数的种类

2. 掌握综合指数的编制方法

3. 了解常用的指数

【引导案例】

我们看一则新闻报道：2016 年 4 月以来，猪肉价格一直延续了春节以后的上涨势头，这两天更是连创新高。比 2015 年高多了，已经高了四五块钱。除了猪肉外，其他商品也出现了不同程度的上涨。猪肉价格同比上涨 33.5%，蔬菜价格同比涨幅达 22.6%，医疗保健、其他用品和服务、衣着、居住、教育文化和娱乐、生活用品及服务的价格都分别有所上涨，交通和通信价格下降 2.4%。

从这则新闻我们知道了相关商品的具体上涨幅度。但是，这样的信息无法穷尽与生活相关的所有物品，而且种类繁多，信息冗长。有时候我们并不关心具体商品的变化，而对所有消费品的综合物价变化感兴趣，此时就需要一个数字直观地告诉对民众整体而言物价的波动情况。我们看下面一则新闻：

"中国国家统计局公布，2016 年 4 月，中国居民消费价格总水平，也就是 CPI 同比上涨 2.3%，涨幅与上月持平。分析人士指出，CPI 连续三个月涨幅超过 2%，其主要因素是猪肉等食品价格的持续上涨。"

在这则新闻里，CPI 同比上涨 2.3% 即反映了消费品价格的整体变化情况。那么，CPI 指数是如何构成的呢？

第一节　统计指数及其种类

一、统计指数概述

统计指数一般简称为指数，是一种相对数形式的指标，通常以百分比表示。其一般含义为：固定某一时期为基期，以基期水平为100%，则指数代表报告期的水平相对于基期水平是多少。统计指数有广义和狭义之分。广义指数是指一切用以描述社会经济现象数量在时间或者空间上变动的相对数。狭义指数则是一种特殊的相对数，也称总指数，用以刻画由多个要素组成的复杂总体的空间和时间变化情况。这里复杂现象总体，是指总体的各个部分的性质不同，其数量特征不能直接加总或直接对比。以商品零售价格指数为例，全部零售商品构成了一个复杂总体，其中不同商品的实用价值和计量单位各不相同，其价格是不能直接相加或对比的，为了综合反映所有商品零售价格的综合变化情况，需要使用总指数的特殊计算方法，从而构成零售商品价格指数。

在本章，我们讨论的统计指数，指的就是狭义指数，或简称为总指数，指数。根据指数的定义，可以得出指数的如下性质：

（1）综合性。指数的实质是测定多个要素构成的总体的变动情况，是其在时间和空间上的一个综合对比，而不仅仅是其中某个单一个体变动的表现。例如，零售价格指数反映的是零售市场上多种商品价格变化的综合状况，指数方法研究的是如何将多项内容合在一起从整体上反映这一类事物的变化情况。

（2）相对性。指数是一个综合对比指标，是一个相对性的数值，反映了总体在不同时间，或不同空间上水平的对比，以刻画总体在时间和空间上的发展情况。

（3）平均性。指数是总体中各要素变动的综合反映，其表现的是所有要素变动的平均水平。例如，假设某一期商品零售价格指数为108%，则表明平均而言，所有的商品零售价格相对基期而言，上涨了8%。

（4）代表性。指数的目的是反映某个总体所包含的所有要素的综合变动情况，但是在实际构造指数时，无法将所有要素纳入计算范围内，因而我们往往只选取一定数量具有代表性的要素构造综合指数。

二、统计指数分类

从不同的角度出发，统计指数可以划分为以下几种主要类型：

1. 按照所反映指标的性质分类

按照所反映指标的性质不同，可以将指数分为数量指数和质量指数。数量指数是反映数量指标综合变动程度的相对数，如商品销售量指数、工业产品产量指数等。质量指标指数是反映质量指标变动程度的相对数，如商品价格指数、产品单位成本指数和劳动生产率指数等。

除了上面提到的两种指数，还有一种“总指数”，如商品销售额指数、总产值指数等。它们所对比的现象虽然都属于数量指标，但却具有“价值总额”的特殊意义。这些价值总额通常表示成为一个数量指标与一个质量指标的乘积，反映的是两个指标共同作用的结果，因其既不属于数量指标指数，也不属于质量指标指数。例如，商品销售额指数中，销售额 = 销售量 × 销售价格，价值总额分解为数量指标和价格指标的乘积。

2. 按照考察对象的范围分类

按照考察对象的范围的不同，可分为个体指数和总指数。个体指数是反映某单个要素的数量在时间或空间上变动的相对数，如某种产品的产量指数、某种商品的价格指数等。总指数是综合反映由多个要素构成的复杂总体数量变动的相对数，如多种商品价格构成的综合价格指数等。总体指数和个体指数的区别不仅在于考察范围不同，还在于计算方法不同，后者可以直接计算，而前者则需要使用专门的编制方法综合考虑。

3. 按计算形式分类

按照计算方式的不同，可分为简单指数和加权指数。简单指数把计入指数的各个要素的重要性视为相同，即赋予同样的权重，而加权指数则对纳入指数的各个要素依据其重要程度赋予不同的权重。实际应用中，往往由于缺少必要的权重资料，或者由于指数的编制频率或时效性要求较高，可以采用简单指数。加权指数可分为两种，即综合形式和平均形式，两种形式下编制的加权指数分别称为加权综合指数和加权平均指数。

4. 按照时间状态分类

按照指数的时间状态的不同，可以分为动态指数和静态指数。动态指数又称时间指数，是将不同时间上的同类现象水平进行对比的结果，反映现象在时间上的变化过程和程度，我们常见的物价指数、股票价格指数等都属于动态指数。通常我们所讨论的统计指数也指动态指数。静态指数则是以非动态的现象为研究对象，包括空间指数和计划完成程度指数。空间指数是将不同空间（如不同的国家、地区等）的同类现象水平进行比较的结果，反映同类现象的数量在不同空间下的差异程度。计划完成程度指数则是将某种现象的实际水平与计划目标对比的结果，反映实际执行情况与计划的差异程度。

5. 按照采用的基期分类

按照采用的基期不同，可以分为定基指数和环比指数。在指数数列中，如果各个指数采用某一固定时期为基期，则这种指数称为定基指数，它反映在一段时间内现象的变动情况；如果各个指数都以相邻前一期为基期，则这种指数称为环比指数，它反映的是相邻两期的变化情况。

三、指数编制中的问题

综合指数编制的过程中，需要解决的问题主要有选择要素、确定基期、确定权数以及选择计算方法等。

1. 选择要素

综合指数反映复杂总体数量的综合变动程度，以力求反映总体的全面综合情况。但在实际中，不可能将总体的全部要素都计算在内，所依据的数据只可能是样本数据。因此为了确保指数能准确反映总体的综合变动情况，所选的样本要求具备以下特征。

（1）代表性。要求样本能反映总体的特征，即抽取的样本能够反映总体的结构。例如，在编制价格指数时，首先应对商品项目进行科学的分类使“类内同质”“类间异质”。然后在各类中选择能代表价格变动趋势的商品作为代表商品。

（2）充分性。要求样本量足够大，较大的样本数量，才能使指数比较准确地反映总体的变动情况。

（3）可比性。由于指数是总体水平在不同时间或空间上对比的结果，所以构成总指数的各要素的样本项目在定义、计算口径、计算方法、计量单位等方面都要保持一致。

2. 确定基期

指数一个相对值，反映的是报告期总量与基准（基期）总量对比的结果，那么对于固定的报告期，基期的不同会导致指数的不同，因此构造指数首先明确对比的基期。由于不同的基期所隐含的指标意义和反映的对象千差万别，所以基期的选择需要根据研究目标来确定。以动态指数为例，基期的选择直接影响指数所展示的比照对象，体现了事物的发展过程，其选取过程需要注意以下几点：基期是基准和参考对象，所以基期需要是正常时期或典型时期，这样才能代表事物发展的正常状态或典型状态。反之，波动时期通常不具有代表性、不宜选作基期。例如，在 2008 年金融危机时期，我国的社会经济受到很大影响，各项指标都呈现异常状况，则此时期不宜作为基期。由于指数是报告期与基期数量的比值，那么两个时期时间间隔大小直接影响最后比值的大小和范围。间隔的选取取决于研究目的和所研究现象的特点。如果某总体水平发展变化较快，则选取较短的时间间隔，以使指标变化速度平缓；反之如果总体发展水平发展变化较慢，则选取较长时间间隔，以使指标有所变化。同时，为了防止总体结构发生较大变化而使得指数失去意义，一般应选距离报告期较近的时期作为基期。

3. 确定权数

综合指数是对代表要素的加权平均，因而，如何选择合理的权重是指数构建的一个极其重要的步骤。权重的确定方法主要有两种：主观决定的和根据客观信息构造的。主观权重是由指标编织者根据主观经验来决定的，这种权重因构造者的不同观念而变化较大，常见于社会现象的指数编制。如消费舒适度指数，是将反映感受到的消费舒适度不同方面的指标综合后得到的总指数，每个指标的权重则是指数编造者决定，类似的还有幸福度指数，等等。另一种是基于已有的信息构造权重。即对于总体中的所有要素，找到一个共同的指标来衡量每个要素对总体的影响大小，并使用这个指标作为权重来构造综合指数。

总指数的计算方法可以有许多种，根据指数所测定的研究对象的不同，编制指数的数据来源不同，可以选取不同的指数。本章将介绍几种不同的综合指数，分析每种方法的特点和适用情况。

第二节 综合指数

一、指数编制方法

由于统计研究的对象经常是某个复杂的总体，所以本节讨论的指数编制都只针对总指数而言，其编制的基本方法大致可以分为两类：一类是简单指数法，另一类是加权指数法。简单指数法又分为简单综合指数法和简单平均指数法。

简单综合指数法编制总指数，即将每个要素的指标进行直接相加，作为一个整体求出总指数。这种简单相加的方法往往存在较大问题，即构成总体的各要素的指标在很多情况由于度量不同而不能直接相加，需要先进行度量同化，然后才能相加。

简单平均指数法则是先求出各要素的个体指数，然后取其平均作为总指数。这种方法是历史上最早采用的总指数构造方法。其缺点是：实际问题中各要素的变动对总体变动的影响程度各不相同，简单的平均指数无法客观反映这种差异，因而不够准确。

为了解决上述两种指数编制方法的问题，经济学家和统计学家提出了加权指数法，并建立了完善的理论，利用此方法构造了众多指数，成功解决了许多经济分析问题，因而获得了日益广泛的应用。而加权指数法又包括加权综合指数法和加权平均指数法。本章重点介绍加权指数法。

二、简单指数

简单指数主要有两种，简单综合指数与简单平均指数。

简单综合指数是将报告期的指标总和与基期的指标总和相对比得到的指数。该指数是先将样本数据综合，然后对比得到。

简单平均指数是将个体指数进行简单平均得到的总指数。该指数是先将样本数据对比，然后综合得到。

【例题 10.1】假设有 n 种商品，其在基期和报告期的价格和销量如表 10-1 所示：

表 10-1 商品价格销量表

商品类别	计量单位	销售价格		销售量		个体指数	
		基期	报告期	基期	报告期	价格指数	数量指数
		p_0	p_1	q_0	q_1	$\frac{p_1}{p_0}$	$\frac{q_1}{q_0}$
1	吨	p_{01}	p_{11}	q_{01}	q_{11}	$\frac{p_{1\,1}}{p_{0\,1}}$	$\frac{q_{1\,1}}{q_{0\,1}}$
2	千克	p_{02}	p_{12}	q_{02}	q_{12}	$\frac{p_{1\,2}}{p_{0\,2}}$	$\frac{q_{1\,2}}{q_{0\,2}}$
⋮	盎司	p_{0i}	p_{1i}	q_{0i}	q_{1i}	$\frac{p_{1\,i}}{p_{0\,i}}$	$\frac{q_{1\,i}}{q_{0\,i}}$
$n-1$	米	p_{0n-1}	p_{1n-1}	q_{0n-1}	q_{1n-1}	$\frac{p_{1n-1}}{p_{0n-1}}$	$\frac{q_{1n-1}}{q_{0n-1}}$
n	箱	p_{0n}	p_{1n}	q_{0n}	q_{1n}	$\frac{p_{1n}}{p_{0n}}$	$\frac{q_{1n}}{q_{0n}}$

其中，p 表示质量指标，q 表示数量指标，I_p 表示质量指标指数，I_q 表示数量指标，下标 1 表示报告期，下标 0 表示基期。个体指数：对于独立个体，如果要考察其价格或销售量的变动情况，只需要将其在报告期与基期的价格或销量进行直接对比，即可得到相应的反映价格或数量变动的价格指数和数量指数。即 $I_p=\frac{p_1}{p_0}$ 和 $I_q=\frac{q_1}{q_0}$。

表 10–2　简单综合指数和简单平均指数的区别

指数类型	简单综合指数	简单平均指数
价格指数	$I_p=\frac{\sum p_1}{\sum p_0}$	$I_p=\frac{\sum\frac{p_1}{p_0}}{n}$
数量指数	$I_q=\frac{\sum q_1}{\sum q_0}$	$I_q=\frac{\sum\frac{q_1}{q_0}}{n}$

简单综合指数和简单平均指数构造方法不同，具有不同的优缺点。简单综合指数的优点在于计算简单，对数据要求少。其缺点在于绝对数量小的个体对总指数的影响会被覆盖，无法得到体现。以价格指数为例，在参与计算的商品价格有较大差异时，价格低的商品的价格波动会被价格高的商品所掩盖，从而显示不出来，对总指数的影响不大。相应地，其适用的情况是所有个体指标值相差不大的总体，当个体之间有较大差异时，这种方法不能反映实际变动水平。

简单平均指数的优点在于，每个个体报告期的水平与其基期水平进行对比，因而每个个体的变化都会对总指数产生影响。以价格指数为例，每个个体指数是某一商品在不同时期价格的对比，从而消除了不同商品价格水平的影响，不存在一种商品价格相对太小以至于在总指数中体现不出来的情况。简单平均指数的缺点在于，总指数时个体指数的简单平均，即简单平均指数赋予所有个体相同的权重，然而，实际生活中，各种商品对整个市场价格的影响程度大不相同，这种差异难以通过简单平均指数反映，不满足某些分析的需要。综合简单平均指数的优点和缺点，我们不难得出，简单平均指数适用于所有个体对总体的贡献相差不大的情况。

总的来说，简单综合指数和简单平均指数都存在方法上的缺陷，计算结果难以反映实际情况。另外，将重要程度不同的个体简单相加，不符合理论和实际需求，因而使用较少。

三、加权指数

前面我们讨论过，不同个体的变化对总体的影响程度不一样，所以在构造总指数时应当区别对待。为了体现不同个体的重要性差异，最简单的办法是赋予个体不同的权重。加权指数就是对指数所纳入的各个项目赋予不同的权数以体现其重要程度的差别。权重的选择对于指数的构造十分重要，权重的合理与否直接决定了加权指数的好坏：合适的加权可以提高指数的准确性和代表性。权数的选择有多种类别，根据所采用的权数不同可将加权指数分为加权综合指数和加权平均指数。

（一）加权综合指数

表 10-3 显示了上海某农产品市场部分商品的销售情况。下面我们讨论如何根据表中的信息构造一个指数综合体现物价的变化。如果使用前面提到的简单综合指数来编制销售量指数，则可以将基期和报告期的销售量分别加总然后对比，然而，这样简单的加总没有实际意义，因为五种商品的价值不一样，对整个农产品市场销售情况的影响程度不一。如土豆的销量增加达到 25 吨，但土豆单价低，价格的绝对波动小，对市场的总体销售额影响有限，鳊鱼的销量增加了 12 吨，但是其单价高，价格的绝对波动大，对市场的总体销售额影响反而更大。同样的，价格指数也不能直接简单相加。

表 10-3　上海某农产品批发市场农产品销售情况

产品名称	2014 年 5 月		2015 年 5 月	
	价格（元 /kg）	销售量（吨）	价格（元 /kg）	销售量（吨）
白萝卜	1.1	200	2	180
白条鸡	12.5	15	14	14
鳊鱼	13	100	19	112
土豆	3.4	450	2.8	475
西红柿	3.2	350	4.8	365

从上面的例子中可以看出，在编制销售量指数或者是价格指数时，由于不同商品的使用价值不同，计量单位不同，使用数量不同，无论是价格还是销售量都不能简单相加。综合指数需要对商品的重要性加以考虑，并以重要性赋予

相应权重计算综合指数。怎样找到反映重要性的权重呢?

以价格指数为例，在价格一定的情况下，商品的销售量越高，其价格变动带来的影响越大，因此，可以根据商品的销售量来衡量商品重要性的，并作为该商品的权重。类似地，构造数量指标时，可以使用价格作为权重以衡量其重要性。

从另一方面来说，权重的选择遵循可比性原则。以价格指数为例，由于各商品的销售量不同，价格的大小不能反映一类商品的总价值，因而不能直接加总。同时我们注意到商品的销售额变化可以反映价格的涨跌和销售量的增减，且商品销售额体现了商品对整个市场的影响大小，因而可以加总。这样一来，我们可以借助销售量，将价格的加总改变为销售额的加总。因此，我们将销售量称为“媒介因素”，即价格向销售额转换的媒介。类似地，如果需要编制销售量总指数，则可以使用价格作为媒介因素。

虽然已经了解如何寻找权重，即媒介因素，那么在构造价格指数时，作为权重的销售量在基期和报告期是不同的，是应该选择当期的销售量作为权重还是选择基期的销售量作为权重呢?

如果选择当期权重，即将加总后两个时期的销售额进行对比，则得到销售额指数:

$$I_{pq}=\frac{\sum q_1p_1}{\sum q_0p_0} \tag{10.1}$$

综合指标结果为:

$$I_{pq}=\frac{2\times180+14\times14+19\times112+2.8\times475+4.8\times365}{1.1\times200+12.5\times15+13\times100+3.4\times450+3.2\times350}=\frac{5766}{4357.5}=132.32\%$$

这里 I_{pq} 反映的是销售额的变动，是销售量和价格变化共同作用的结果，却无法体现任何一项的单独变化，所以各自选择当期权重是不可取的。为了体现所要研究对象的变动，在将报告期和基期数据进行对比时，我们需要将媒介因素固定下来。以价格指数为例，我们固定某一时期（基期或者报告期）的销售量作为权重，对比加权后的价格总和得到综合价格指数 I_p。类似地，我们也可以构成销售量指数 I_q:

$$I_p=\frac{\sum qp_{1i}}{\sum qp_{0i}},\ I_q=\frac{\sum pq_{1i}}{\sum pq_{0i}} \tag{10.2}$$

注意，公式 10.2 中的作为权重的变量没有代表时期的数字下标 1 或 0，这是因为权重是固定住的。使用固定权重会极大地简化数据搜集的复杂程度。以综合价格指数为例，在具体数据采集中，我们只需选取固定时期的销售量数据，以及所有时期的价格数据。

由于媒介因素可以固定在不同时期，不同的选择导致综合指数具有不同的计算形式，也适用于不同的情形，最常见的选择是基期和报告期，所形成的指数分别叫作拉氏指数和帕氏指数。

1. 拉氏指数

如果在计算综合指数时权重选为同度量因素在基期的数值，则我们将此综合指数称为拉氏指数，它是德国统计学家拉斯贝尔斯（Laspeyres）于1684年提出。我们将指标按其经济意义分为数量指标和质量指标，由于两者的乘积反映了个体的综合情况，可以进行相加和对比，我们令两者互为权重。对应到上例中，销售量和价格分别为数量指标和质量指标。对数量指标和价格指标进行加权综合分别得到数量指标综合指数和价格指标综合指数：

数量指标综合指数：

$$I_q=\frac{\sum p_0q_1}{\sum p_0q_0} \tag{10.3}$$

质量指标综合指数：

$$I_p=\frac{\sum q_0p_i}{\sum q_0p_0} \tag{10.4}$$

式中，I_q 和 I_p 分别表示数量和质量指标指数，q_0 和 q_1 分别表示基期和报告期的数量指标值，而 p_0 和 p_1 则分别表示基期和报告期的质量指标值。

使用拉氏指数，根据表10–3重新计算价格指数和数量指数得：

$$I_q=\frac{\sum p_0q_1}{\sum p_0q_0}=\frac{1.1\times180+12.5\times14+13\times112+3.4\times475+3.2\times365}{1.1\times200+12.5\times15+13\times100+3.4\times450+3.2\times350}=\frac{4622}{43575}=106\%$$

$$I_p=\frac{\sum q_0p_i}{\sum q_0p_0}=\frac{2\times200+14\times15+19\times100+2.8\times450+4.8\times350}{1.1\times200+12.5\times15+13\times100+3.4\times450+3.2\times350}=\frac{5450}{43575}=125.07\%$$

即2015年5月与2014年5月相比，几种商品的销量和价格平均增长了6%和25%。

2. 帕氏指数

如果在计算综合指数时权重选为同度量因素在报告期的数值，则我们将此综合指数称为帕氏指数，它是德国统计学家帕舍（H.Paasche）于1874年提出。

此时，数量综合指数和质量综合指数的具体计算与拉氏计算方法略有不同。

数量指标综合指数：

$$I_q=\frac{\sum p_1q_1}{\sum p_1q_0} \tag{10.5}$$

质量指标综合指数：

$$I_p=\frac{\sum q_1p_i}{\sum q_1p_0} \tag{10.6}$$

式中，I_q、I_p、q_0、q_1、p_0 和 p_1 的意义和拉氏指数中的一样。

使用帕氏指数，根据表 10–3 重新计算价格指数和数量指数得：

$$I_q=\frac{\sum p_1q_1}{\sum p_1q_0}=\frac{2\times180+14\times14+19\times112+2.8\times475+4.8\times365}{2\times200+14\times15+19\times100+2.8\times450+4.8\times350}=\frac{5766}{5450}=105.8\%$$

$$I_p=\frac{\sum q_1p_i}{\sum q_1p_0}=\frac{2\times180+14\times14+19\times112+2.8\times475+4.8\times365}{1.1\times180+12.5\times14+13\times112+3.4\times475+3.2\times365}=\frac{5766}{4612}=105.8\%$$

即报告期 2015 年 5 月与基期 2014 年 5 月相比，几种商品的销售量和价格平均增长了 5.8% 和 25.02%。

比较拉氏和帕氏两种不同指数计算方法所得的结果，发现两种指数都表明几种商品的平均销售量和价格均有了一定程度的增长，且增长幅度非常接近。需要注意的是，由于两种指数的构造方法不同，一般情况下两种指数算出的结果不大相同。通常，拉氏指数所得的结果大于帕氏指数结果。以价格指数为例，一般价格大幅上涨的商品，其销售量相对下降，而价格上涨较小的商品，其销售量相对上升。这种情况下，在物价上升时期，帕氏指数选取报告期销售量作为权重，而拉氏指数选取基期销售量作为权重，则在价格上升幅度大的商品上前者具有相对较小权重而后者具有较大权重，这样一来，价格上升幅度大的商品在拉氏指数中将起到相对更大的影响，使得拉氏指数结果大于帕氏指数结果。类似的，当商品帕氏价格下降时，下降幅度大的商品其销售额将相对增加较多，其对帕氏指数带来的影响将大于拉氏指数，从而使得前者具有较小数值。

经过比较两组公式，我们可以知道，如果纳入综合指标的个体销售量的变化率越接近，则两种价格指数会越接近，而如果指销售量的变化率和价格的变化率高度相关，则两种指数相差越大。总体来说，如果所有个体在质量指标（数量指标）上变化率接近，则两种情况下的综合数量（质量指标）指数越接近。

拉氏指数和帕氏指数由于选取了不同的度量因素，具有不同的经济意义。以价格指数为例，拉式指数固定选取基期的销售数量作为商品的权重，则其价格指数体现的是维持基期购买数量的情况下两个时期购买所有商品所需要开支的变动情况。相应地，帕氏指数固定选取报告期销售量作为商品的权重，其价格指数体现的是在报告期的销售量结构下，价格的变动使得销售额发生了怎样的变化。两种指数的关注对象不一样，看待问题的视角也不一致，具有不同的经济意义。在实际经济生活中，人们更关心目前销售量结构下的价格变动，因而主要采取帕氏指数计算指标。

如果观察的数列较长，则随着时间的推进，基期和报告期会不断变换，拉氏指数和帕氏指数的权重也会相应地不断变化，导致研究者无法长期比较数量指标或质量指标的变化。除了拉氏指数和帕氏指数以外，还可以使用某一固定的具有代表性的特定时期的同度量因素作为权重。这样一来，权重不会随基期或者是报告期的改变和变化，指数的编制可以更加灵活。除此之外，由于一段时间内各期指数都是以这个特定期的销售量或是价格作为权重，指数之间具有可比性，所以可以通过纵向比较各期指数，以研究相应变量的长期发展趋势和规律性。

（二）加权算术平均指数

由于加权综合指数是对所有个体的数量指标进行加权得到的，因此计算加权综合指数需要的资料较多。以拉氏价格指数为例，计算综合指数需要所有商品在基期和报告期的价格，以及作为权重的各商品在基期的销售量。一旦有数据缺失，加权综合指数即无法计算。然而，因为想要获得所有商品的全面资料往往非常困难，这种无法获得加权综合指数的情况在实际生活中经常发生。

为了解决加权综合指数对资料要求高这一问题，统计学者提出了加权算术平均指数。加权算术平均指数是基于简单平均指数的改进，它仍以个体指数为基础，和简单平均指数不同，它是对个体指数进行加权算术平均得来。具体来说，对纳入综合指数的所有个体，先计算其个体指数，然后根据其对综合指数的重要性程度赋予相应的权重，加权算术平均求得的结果即为加权平均指数，即：

$$I_q=\frac{\sum\omega\frac{q_1}{q_0}}{\sum\omega},\quad I_p=\frac{\sum\omega\frac{p_1}{p_0}}{\sum\omega}\tag{10.7}$$

其中，$\Sigma\omega=1$，ω_i 为第 i 个个体的权重，$\frac{q_1}{q_0}$ 是个体数量指数，$\frac{p_1}{p_0}$ 是个体价格指数。

相对简单平均指数而言，加权算术平均指数中权重的引入可以反映每个个体的重要程度，更具有现实意义。相对加权综合指数而言，加权平均指数的权重相对简单，是一种不需要使用全面资料的综合指数构造方法。它以某一固定时期个体指标相对应的总量指标作为权重，对个体指标加权平均而得。这里总量指标一般取为质量指标和数量指标的乘积（也称价值总额）pq，如销售额、支出额、产值等。根据总量指标所在的时期不同，加权平均指数可以分为两类。

第一类，以个体在基期的价值总额 p_0q_0 为权重的加权算术平均指数。

经过计算，发现以基期价值总量为权重的加权算术平均数实际上等价于拉氏综合指数。

$$I_q=\frac{\sum p_0q_0\frac{q_1}{q_0}}{\sum p_0q_0}=\frac{\sum p_0q_1}{\sum p_0q_0}\text{为拉氏数量指数}$$

$$I_p=\frac{\sum p_0q_0\frac{p_1}{p_0}}{\sum p_0q_0}=\frac{\sum q_0p_1}{q_0p_0}\text{为拉氏价格指数}$$

第二类，以某一固定权数进行加权算术平均指数

$$I_q=\frac{\sum\omega\frac{q_1}{q_0}}{\sum\omega}\text{为数量指数}$$

$$I_p=\frac{\sum\omega\frac{p_1}{p_0}}{\sum\omega}\text{为价格指数}$$

现实经济生活中很多指数都是加权算术平均指数。例如，我国的商品零售价格指数就是采用固定权数加权算术平均的方法构造的。由于权数是否能够准确反映个体的重要性直接影响指数的可靠性，我国每年会根据居民家庭收支调查的资料调整一次权数以反映近期变化，之所以采取一年而不是更高的变更频率，是为了同时保证一年内权重的一致性，从而我们能够比较不同月份商品零售价格的变化规律。具体到价格指数的计算，由于某一商品在一年内的物价不

可能全国范围内进行调查，只能在部分地区进行抽查，在我国根据人力、财力的安排，大约选 200 个市、100 个县城作为物价变动资料的基层填报单位。在城市选商品 350 种左右，在县城选商品 400 种左右。每种商品的价格采用代表规格品的平均价格计算。

（三）加权调和平均指数

加权调和平均指数与加权算术平均指数类似，不同之处在于平均数的计算方法采用了调和平均数的算法，即对个体指数赋予相应权重并计算其加权调和平均值作为综合指数。以价格指数为例，假设个体价格指数和数量指数分别为 $\frac{p_1}{p_0}$ 和 $\frac{q_1}{q_0}$，其对应的权重为 ω_i，则相应的加权调和平均指数为：

数量指数：

$$I_q = \frac{\sum \omega}{\sum \omega \Big/ \frac{q_1}{q_0}} = \frac{\sum \omega}{\sum \omega \frac{q_0}{q_1}} \tag{10.8}$$

价格指数：

$$I_p = \frac{\sum \omega}{\sum \omega \Big/ \frac{p_1}{p_0}} = \frac{\sum \omega}{\sum \omega \frac{p_0}{p_1}} \tag{10.9}$$

具体来说，对纳入综合指数的所有个体，先计算其个体指数，然后根据其对综合指数的重要性程度赋予相应的权重，加权调和平均求得的结果即为加权调和平均指数。与加权算术平均指数类似，加权调和平均指数的权数也是与个体指数对应的价值总额，并且根据权数的不同，加权调和平均指数也有两种形式：

第一，以报告期价值总额 p_1q_1 为权重的加权调和平均指数。

经过计算，发现以报告期价值总量为权重的加权调和平均数实际上等价于帕氏综合指数。

$$I_q = \frac{\sum p_1q_1}{\sum p_1q_1 \frac{q_0}{q_1}} = \frac{\sum p_1q_1}{\sum p_1q_1}$$ 为帕氏数量指数

$$I_p = \frac{\sum p_1q_1}{\sum p_1q_1 \frac{p_0}{p_1}} = \frac{\sum q_1p_1}{\sum q_1p_1}$$ 为帕氏价格指数

第二，以某一固定权数进行加权调和平均指数。

$$I_q = \frac{\sum \omega \frac{q_1}{q_0}}{\sum \omega}$$ 为数量指数

$$I_p = \frac{\sum \omega \frac{p_1}{p_0}}{\sum \omega}$$ 为价格指数

加权综合指数与加权平均指数都是通过对个体指数进行加权平均得来的，其区别主要在于：

第一，加权综合指数是先加权综合后对比，而加权平均指数则采用先对比后加权综合；

第二，二者所需要的资料不同，加权综合指数需要掌握全面资料来编制，而加权平均指数有时候可以采用抽样资料来编制；

第三，二者权数要求不同，加权综合指数的权数一般采用某个实际的变量（同度量因素）作权数，而加权平均指数除此选择外还可采用固定权数。

两者的相互联系在于：在一定条件下，加权平均指数实际上是加权综合指数的一种变形应用。对于加权算术平均指数，如果其权重选为基期的同度量因素，则其等价于拉氏指数；对于加权调和平均指数，如果其权重选为报告期的同度量因素，则其等价于帕氏指数。

第三节　常用统计指数介绍

上一节我们已经介绍了计算综合指数的多种方法，并以价格指数和销售量指数为例进行了举例说明。统计指数是一种重要的经济分析指标和方法，尤其是综合指数在我国以及世界范围内得到了非常广泛的应用，用以描述相关经济现象。在不同背景和场合，我们应当根据指数需要解释的经济意义、实际编制的可行性，以及指数分析性质的要求选取合适的指数构造方法。本节我们将介绍几种常用的统计指数。

一、消费价格指数

消费价格指数（consumer price index，CPI）是世界各国普遍编制的一种指数，是对整个国家生活费用水平的基本度量，是反映一定时期内居民家庭所购买的生活消费品和服务项目价格变动情况的宏观经济指标。具体而言，它通过度量一组具有代表性的消费商品及服务项目的价格水平随时间而变动的相对数，来反映居民家庭购买消费商品及服务的综合价格水平的变动情况。此指数在不同国家具有不同名字，在我国被称为居民消费价格指数。

根据不同需要，可以编制不同的消费价格指数。比如，可对城乡分别编制城市居民消费价格指数和农村居民消费价格指数，也可编制地区消费价格指数或全国居民消费价格总指数。在构造总指数时，所涉及的地区越广泛，覆盖人口越多，则构造指数所需要考虑的问题越多。以最复杂的全国居民消费价格总指数为例，指数需要反映全国全部商品的价格指数，这在搜集资料上是无法实现的。所以在具体操作中，只能选取有代表性的样本计入计算。

以美国消费价格指数为例，它的编制涉及400个商品构成的购物篮。购物篮中包括食品、住房、服装、交通运输和医疗保健等商品项目。通过对全美城市家庭的定期调查，获得购物篮中每个商品项目的权数。同样地，我国全国居民消费价格指数（CPI）也是通过对全国有代表性的地区的代表性商品和服务价格计算而来。在搜集资料和计算的过程中，我们需要解决以下几个问题：

1. 调查范围：选择典型地区

虽然构造全国居民消费价格指数的目的是反映全国范围内居民消费产品的价格波动，本应包含所有地区，然而这是无法实现的。那么在实际操作中，只能选择具有代表性的地区编制价格指数。为了综合反映全国所有地区的情况，所选择的地区应当具有多样性，并广泛分布于全国各地。以我国为例，现阶段全国居民消费价格指数的数据来源于全国31个省（区、市）500个市县、8.3万余家价格调查点，包括商场（店）、超市、农贸市场、服务网点和互联网电商等。

2. 统计项目范围：选择代表性商品和服务

全国居民消费价格指数本应涉及全社会的所有消费品和服务，然而，搜集所有消费品和服务的价格是不现实的，在指数的编制中，我们需要选择部分代表性的消费品和服务进行统计。我国在制定消费价格指数时，即按用途将所有消费品和服务进行分类，并选取了涵盖全国城乡居民生活主要消费的食品烟酒衣着、居住、生活用品及服务、交通和通信、教育文化和娱乐、医疗保健、其他用品和服务8大类，262个基本分类的商品与服务价格。

3. 价格采集："三定"原则

调查点确定后，需要采用"三定"原则进行收集调查登记，"三定"原则即定点、定时、定人直接采价。定点，就是到固定的调查点采价，以保障价格资料的稳定性和可比性。定时，即在固定的时间来采价，以保证基期价格和报告期价格在时间上具有可比性，因为采集价格的时间不同，商品的价格也存在差异。定人，就是在一定时期内由固定调查人员去调查，以保持价格资料的稳定性、连续性和可比性。

4. 计算公式：加权算术平均指数

我国居民消费价格指数采用加权算术平均指数，那么每一类消费品或服务的权数如何确定呢？根据上一节中加权算术平均指数权数的选择，我们知道权数应当选择商品支出额在总量中的占比或其变形形式，即消费支出结构决定了权重的分配。在实际编制中，我国采用每一类消费品或服务的支出占所有支出的百分比作为其权重，所有权重的和为100。在上一节讨论加权算术平均指数时，我们知道，权数取不同时期的消费品支出比例，得到的计算公式和计算结果不同。我国使用固定权数，并规定权数每五年调整一次。然而，随着经济持续快速的发展，城乡居民生活水平不断提高，消费结构也在发生变化，为了更准确地反映当时的消费支出情况，实际编制指数时权数每年调整一次，且权数的调整是根据全国12万户城乡居民的消费变动进行的。具体计算公式为：

$$I_p = \frac{\sum \omega \frac{p_1}{p_0}}{\sum \omega}$$

其中，$\frac{p_1}{p_0}$ 为每一类的个体价格指数，ω为固定权数。

居民消费价格指数体现的是城乡居民所购买生活消费品和服务的价格变动情况，同人民群众的生活密切相关，同时在整个国民经济价格体系中也具有重要的地位。它是进行经济分析和决策、价格总水平监测和调控及国民经济核算的重要指标。具体来说，它的作用有：

（1）度量通货膨胀（通货紧缩）。CPI是度量通货膨胀的一个重要指标。通货膨胀是物价水平普遍而持续的上升。CPI的高低可以在一定水平上说明通货膨胀的严重程度。

（2）反映货币购买力变动。货币购买力是指单位货币能够购买到的消费品和服务的数量。消费者物价指数上涨，货币购买力则下降；反之则上升。此外，消费者物价指数的倒数就是货币购买力指数。

（3）反映对职工实际工资的影响。消费者物价指数的提高意味着实际工资的减少，消费者物价指数的下降意味着实际工资的提高。因此，可利用消费者物价指数将名义工资转化为实际工资。

（4）消费者价格指数在国民经济核算中用以体现价格因素的影响，也与股市的表现正相关，即物价高时股价上涨，物价低时股价下跌。

表 10-4 我国 2014 年 4 月至 2016 年 4 月 CPI 数据

月份	全国	同比	城市	同比	农村	同比
	当月指数		当月指数		当月指数	
2016 年 4 月	102.3	0.023	102.3	0.023	102.4	0.024
2016 年 3 月	102.3	0.023	102.3	0.023	102.2	0.022
2016 年 2 月	102.3	0.023	102.3	0.023	102.2	0.022
2016 年 1 月	101.8	0.018	101.8	0.018	101.5	0.015
2015 年 12 月	101.6	0.016	101.7	0.017	101.5	0.015
2015 年 11 月	101.5	0.015	101.5	0.015	101.3	0.013
2015 年 10 月	101.3	0.013	101.3	0.013	101.2	0.012
2015 年 9 月	101.6	0.016	101.6	0.016	101.5	0.015
2015 年 8 月	102	0.02	102	0.02	101.8	0.018
2015 年 7 月	101.6	0.016	101.7	0.017	101.5	0.015
2015 年 6 月	101.4	0.014	101.4	0.014	101.2	0.012
2015 年 5 月	101.2	0.012	101.3	0.013	101	0.01
2015 年 4 月	101.5	0.015	101.6	0.016	101.3	0.013
2015 年 3 月	101.4	0.014	101.4	0.014	101.2	0.012
2015 年 2 月	101.4	0.014	101.5	0.015	101.2	0.012
2015 年 1 月	100.8	0.008	100.8	0.008	100.6	0.006
2014 年 12 月	101.5	0.015	101.6	0.016	101.3	0.013
2014 年 11 月	101.4	0.014	101.5	0.015	101.3	0.013
2014 年 10 月	101.6	0.016	101.7	0.017	101.4	0.014
2014 年 9 月	101.6	0.016	101.7	0.017	101.4	0.014
2014 年 8 月	102	0.02	102	0.02	101.9	0.019
2014 年 7 月	102.3	0.023	102.3	0.023	102.1	0.021
2014 年 6 月	102.3	0.023	102.4	0.024	102.1	0.021
2014 年 5 月	102.5	0.016	102.5	0.025	102.3	0.023
2014 年 4 月	101.8	0.018	101.9	0.019	101.6	0.016

数据来源：国家统计局

因为居民消费价格指数是报告期平均价格对基期平均价格的百分比，根据价格指数就可以直接算出价格的同比增长幅度。如表 10–4 所示，我国在近年都保持较稳定的价格增长。

二、工业生产指数

工业生产指数（industrial production index）是根据某国家和地区特定时间内工业生产的总量编制的指数，由制造业、矿业及公用事业等组成，以反映工业综合发展速度。

以美国为例，其工业生产指数由联邦储备局统计，数据来自代表 27 种不同工业的 250 家企业，包括工业和矿业产值，是分析和判断投资市场的重要经济指标。美国工业生产指数以 1987 年为基期，1987 年指数为 100。

世界各国非常重视工业生产指数的编制，但不同国家使用的方法却不尽相同。美国等国家关注工业品的增加值，并采用加权算术平均指数的构造方法。首先依据报告期各种代表产品产量与基期相比计算出个体指数，然后依据各种产品在工业经济中重要性程度赋予相应权数，加权算术平均的结果即为总指数。这里权数一般取为其相应工业品的基期增加值，以说明工业增加值中的平均变化情况，具体计算公式为：

$$I_q = \frac{\sum i_q q_0 p_0}{\sum q_0 p_0} \tag{10.10}$$

其中，I_q 是个体产量指数，$q_0 p_0$ 是某类产品权数，是其在基期的增加值。在实际操作时，为了编制简单，在一段时间内将使用固定的权数，即相应工业品的在某个时期的增加值，具体计算公式为：

$$I_q = \frac{\sum i_q \omega}{\sum \omega} \tag{10.11}$$

在我国，工业生产指数则是通过计算各工业产品的不变价格产值来编制的，采用的是加权综合指数的形式。由于不变价格产值不能直接加总，我们通过不变价格标准将其转变为可以加总的不变价格产值，将不同时期的不变价格总值对比，就得到相应时期的工业生产总值。记 t 时期的不变价格产值为 qt，基期的不变价格产值为 q_0，其相应的不变价格标准为 p_c，则 t 时期的工业生产总值为：

$$I_q = \frac{\sum q_t p_c}{\sum q_0 p_c} \tag{10.12}$$

如果基期没有确定，工业生产指数可以采用 t 时期与 t–1 时期的比值，即为环比指数，即：

$$I_q=\frac{\sum q_t p_c}{\sum q_{t-1} p_c} \quad (10.13)$$

三、股票价格指数

股票市场价格总的波动和走向可以反映经济形势，是影响投资人投资行为的重要指标。股票市场上股票数量众多，如何综合反映这些股票的变化呢？股票价格指数就是这样一个综合指数，它根据精心选择的具有代表性和敏感性强的样本股票在某个时点的平均市场价格计算动态相对数，用以反映某一市场股票价格总的变动趋势，也被称为市场经济的“晴雨表”。股票价格指数的计算方法有很多种，最常用的是综合指数公式：以发行量为权数对股票价格进行加权综合计算，具体公式为：

$$I_p=\frac{\sum qp_1}{\sum qp_0} \quad (10.14)$$

其中，p_1 是报告期的股票价格，p_0 是基期的股票价格，q 是股票的发行量，通常采用报告期的发行量。股票价格指数的单位习惯上用“点”表示，一般基期为 100 点。

标准普尔指数（Standard & Poor’ s）是由美国最大的证券研究机构标准普尔公司于 1923 年开始编制发表。自 1957 年起，这一股票价格指数的范围扩大到 500 种股票，包括 400 种工业股票，20 种运输业股票，40 种公用事业股票和 40 种金融业股票。该股票指数以抽样股票在 1941～1943 年的平均价格作为基期价格，以基期上市股票数为权数进行加权计算，即使用拉氏价格指数。与很多股票价格指数不同的是，标准普尔指数的基点数是 10，而不是 100。由于标准普尔指数样本股票多达 500 支，覆盖了纽约证券交易所上市股票 75% 市值，所以能够全面地反映股票市场价格的变动，在国际金融市场具有非常大的影响力。

我国的上海证券交易所股价指数和深圳证券交易所股价指数也采取加权综合指数。其中上海证券交易所股价指数以在上海证券交易所上市的所有股票为编制对象，以股票发行量为权数，基期为 1990 年 12 月 19 日，基期点数为 100，深圳证券交易所股价指数以在上海证券交易所上市的所有股票为编制对象，以股票发行量为权数，基期为 1991 年 4 月 3 日，基期点数为 100。

道琼斯平均指数（dow Jones averages），也叫道琼斯工业股票平均价格指数，是最著名的股票价格指数之一，它是根据 30 家大公司的普通股票价格的综合与某个数相除计算出来的。不像其他价格指数，道琼斯平均指数不能表示为某年价格的一个百分数。最初，它以入选股票价格的简单平均作为平均指数，即样本股票的价格 / 公司数。然而，随着股票市场的发展，由于增资和折股等各种非市场因素对股票总股数产生了较大影响，简单算术平均无法满足需要，需要修正。现阶段使用的平均指数等于：样本股票价格总数 / 修正后的新除数。修正后的新除数受到拆股和公司整合影响，具体形式为：$\dfrac{\text{考虑非市场因素影响后的各种样本股票理论价格之和}}{\text{考虑非市场因素影响前的各种样本股票收盘价之和}}\times$ 未增资和折股前的总股数。

【本章小结】

指数可以综合反映现象总体的综合变化情况，是一种重要的统计方法。本章分类介绍了综合指数中的简单指数和加权指数。简单指数包括简单平均指数和简单综合指数，较为简单直接。

加权指数是计算综合指数的常用形式，分为加权综合指数、加权平均指数。其中加权综合指数采用同度量因素将不能直接加总的指标转换为可以加总的总价值指标，将报告期和基期的总价值对比得到总指数，这里的同度量因素即可看作权数。根据权数的选取方法不同，可以分为拉氏指数和帕氏指数及固定权数的指数，前者是以同度量因素在基期的值为权数，后者是以同度量因素在报告期的值为权数。

加权平均指数则是通过报告期和基期的对比获得个体指数，然后对个体指数进行加权求平均得到。根据采取的平均方法的不同，分为加权算术平均指数和加权调和平均指数。加权算术平均指数和加权调和平均指数在权数为一定条件时，等价于拉氏指数或帕氏指数。

综合指数在经济生活中有非常广泛的应用，消费价格指数、工业生产指数以及多种股票价格指数是非常重要的经济指数。这些指数根据经济意义和数据情况，分别采用了多种不同的综合指数构造方法。

【本章重要公式】

（1）$I_{pq}=\dfrac{\sum q_1p_1}{\sum q_0p_0}$，销售量指数。

（2）$I_p=\dfrac{\sum qp_{1i}}{\sum qp_{0i}}$，$I_q=\dfrac{\sum pq_{1i}}{\sum pq_{0i}}$，综合价格指数和综合数量指数。

（3）$I_q=\dfrac{\sum p_0q_1}{\sum p_0q_0}$，拉氏数量指标指数。

（4）$I_p=\dfrac{\sum q_0p_i}{\sum q_0p_0}$，拉氏质量指标指数。

（5）$I_q=\dfrac{\sum p_1q_1}{\sum p_1q_0}$，帕氏数量指标指数。

（6）$I_p=\dfrac{\sum q_1p_i}{\sum q_1p_0}$，帕氏质量指标指数。

（7）$I_q=\dfrac{\sum \omega\dfrac{q_1}{q_0}}{\sum \omega}$，$I_p=\dfrac{\sum \omega\dfrac{p_1}{p_0}}{\sum \omega}$，加权算术平均指数。

（8）$I_q=\dfrac{\sum \omega}{\sum \omega\Big/\dfrac{q_1}{q_0}}=\dfrac{\sum \omega}{\sum \omega\dfrac{q_0}{q_1}}$，加权调和平均指数。

（9）$I_p=\dfrac{\sum \omega}{\sum \omega\Big/\dfrac{p_1}{p_0}}=\dfrac{\sum \omega}{\sum \omega\dfrac{p_0}{p_1}}$，加权调和平均指数，价格指数。

（10）$I_q=\dfrac{\sum i_qq_0p_0}{\sum q_0p_0}$，美国工业生产指数。

（11）$I_q=\dfrac{\sum i_q\omega}{\sum \omega}$，工业生产指数简单版。

（12）$I_q=\dfrac{\sum q_tp_c}{\sum q_0p_c}$，我国工业生产指数（定基）。

（13）$I_q=\dfrac{\sum q_tp_c}{\sum q_{t-1}p_c}$，我国工业生产指数（环比）。

（14）$I_p=\dfrac{\sum qp_1}{\sum qp_0}$，标准普尔股票价格指数。

【本章习题】

1.试根据下列资料分别用拉氏指数和帕氏指数计算销售量指数和几个指数。

商品名称	计量单位	销售数量		单价	
		基期	报告期	基期	报告期
甲	支	400	600	0.25	0.2
乙	件	500	600	0.4	0.36
丙	个	200	180	0.5	0.6

2. 价格某证券经纪人有限公司选择了四只股票来编制反映股票市场行情的指数。以 2007 年为基期，四只股票 2009 年 1 月及 3 月的每股价格如下表所示。基期的数量及四只股票的历史数量为基础。以 2007 年为基期，计算 2009 年 1 月和 3 月的指数。比较该指数和股票市场行情，指数对股票市场的行情反映程度如何？根据该指数，可以推知股票市场发生了什么情况？

股票	行业	2007 年数量	每股价格（美元）		
			2007 年基期	2009 年 1 月	2009 年 3 月
A	石油	100	31.50	22，75	22.50
B	计算机	150	65.00	49.00	47.50
C	钢铁	75	40.00	32.00	29.50
D	房地产	50	18.00	6.50	3.75

附　录

附录1：Excel常用统计函数

注：Excel 2017 及更早的版本无法执行以下部分函数。

=AVERAGE（ ）　返回参数的平均值（算术平均值）。例如，如果范围 A1：A20 包含数字，则公式 =AVERAGE（A1：A20）将返回这些数字的平均值。

=AVERAGEA（ ）　计算参数列表中数值的平均值（算术平均值）。与 =AVERAGE（ ）不同在于 =AVERAGEA（ ）将参数列表中的文本值作为 0 进行处理，而 =AVERAGE（ ）不会将文本单元格列入计算范围。

=BINOM.DIST（ ）　返回一元二项式分布的概率。BINOM.DIST 用于处理固定次数的试验或实验问题，前提是任意试验的结果仅为成功或失败两种情况，实验是独立实验，且在整个试验过程中成功的概率固定不变。例如，BINOM.DIST 可以计算三个即将出生的婴儿中两个是男孩的概率。

=BINOM.INV（ ）　返回一个数值，它是使得累积二项式分布的函数值大于等于临界值的最小整数。

=CHISQ.DIST（ ）　返回 x^2 分布左侧概率值。

=CHISQ.DIST.RT（ ）　返回 x^2 分布右侧概率值。

=CHISQ.DIST（ ）　返回 x^2 分布的左侧概率的反函数。

=CHISQ.DIST.RT（ ）　返回 x^2 分布的右侧尾概率的反函数。

=COUNT（ ）　COUNT 函数计算包含数字的单元格个数以及参数列表中数字的个数。使用 COUNT 函数获取区域中或一组数字中的数字字段中条目的个数。例如，可以输入以下公式计算区域 A1：A20 中数字的个数：=COUNT（A1：

A20）。在这个示例中，如果此区域中有 5 个单元格包含数字，则答案就为 5。

=COUNTA（ ） 数计算范围中不为空的单元格的个数。

=COUNTBLANK（ ） 计算指定单元格区域中空白单元格的个数。

=COUNTIF（ ） 统计满足某个条件的单元格的数量。

=COVARIANCE.P（ ） 返回总体协方差，即两个数据集中每对数据点的偏差乘积的平均数。利用协方差确定两个数据集之间的关系。例如，检查教育程度与收入是否成正比。

=COVARIANCE.S（ ） 返回样本协方差，即两个数据集中每对数据点的偏差乘积的平均值。

=F.DIST（ ） 返回 *F* 概率分布函数的函数值。使用此函数可以确定两组数据是否存在变化程度上的不同。例如，分析进入中学的男生、女生的考试分数，来确定女生分数的变化程度是否与男生不同。

=F.DIST.RT（ ） 返回两个数据集的（右尾）*F* 概率分布（变化程度）。使用此函数可以确定两组数据是否存在变化程度上的不同。

=F.TEST（ ） 返回 *F* 检验的结果，即当 array1 和 array2 的方差无明显差异时的双尾概率。使用此函数可确定两个示例是否有不同的方差。

=FORECAST.ETS（ ） 计算指数平滑（ets）算法的使用 AAA 版本或基于现有值（历史）预测未来值。预测值是指定的目标日期，应为时间线的延续标记中的历史值的延续标记。可以使用此函数来预测未来销售额、库存需求或消费趋势。此函数需要时间线与不同点间常量步骤进行组织。

=FORECAST.LINEAR（ ） 根据现有值计算或预测未来值。预测值为给定 x 值后求得的 y 值。已知值为现有的 x 值和 y 值，并通过线性回归来预测新值。可以使用该函数来预测未来销售、库存需求或消费趋势等。

=FREQUENCY（ ） 计算数值在某个区域内的出现频率，然后返回一个垂直数组。例如，使用函数 FREQUENCY 可以在分数区域内计算测验分数的个数。由于 FREQUENCY 返回一个数组，所以它必须以数组公式的形式输入。

=GEOMEAN（ ）　返回一组正数数据或正数数据区域的几何平均值。例如，可以使用 GEOMEAN 计算可变复利的平均增长率。

=GROWTH（ ）　使用现有数据计算预测的指数等比。GROWTH 通过使用现有的 x 值和 y 值，返回指定的一系列的新 x 值和 y 值。也可以使用 GROWTH 工作表函数以拟合指数曲线与现有的 x 值和 y 值。

=F.INV（ ）　返回 F 概率分布函数的反函数值。如果 p=F.DIST（x，...），则 F.INV（p，...）=x。在 F 检验中，可以使用 F 分布比较两组数据中的变化程度。例如，可以分析美国和加拿大的收入分布，判断两个国家 / 地区是否有相似的收入变化程度。

=HARMEAN（ ）　返回一组数据的调和平均值。调和平均值与倒数的算术平均值互为倒数。

=KURT（ ）　返回一组数据的峰值。峰值反映与正态分布相比某一分布的相对尖锐度或平坦度。正峰值表示相对尖锐的分布。负峰值表示相对平坦的分布。

=LARGE（ ）　返回数据集中第 k 个最大值。您可以使用此功能根据其相对位置选择一个值。例如，可以使用 LARGE 返回最高、第二或第三的分数。

=LINEST（ ）　通过使用最小二乘法计算与现有数据最佳拟合的直线，来计算某直线的统计值，然后返回描述此直线的数组。也可以将 LINEST 与其他函数结合使用来计算未知参数中其他类型的线性模型的统计值，包括多项式、对数、指数和幂级数。

=LOGEST（ ）　在回归分析中，计算最符合数据的指数回归拟合曲线，并返回描述该曲线的数值数组。因为此函数返回数值数组，所以它必须以数组公式的形式输入。

=LOGNORM.DIST（ ）　返回 x 的对数分布函数，此处的 ln（x）是含有 Mean 与 Standard_dev 参数的正态分布。使用此函数可以分析经过对数变换的数据。

=LOGNORM.INV（ ） 返回 x 的对数累积分布函数的反函数值，此处的 ln（x）是服从参数 Mean 和 Standard_dev 的正态分布。如果 p=LOGNORM.DIST（x，...），则 LOGNORM.INV（p，...）=x。使用对数分布可分析经过对数变换的数据。

=MAX（ ） 返回一组值中的最大值。

=MEDIAN（ ） 返回一组已知数字的中值。中值是一组数的中间数。

=MIN（ ） 返回一组值中的最小值。

=MODE.MULT（ ） 返回一组数据或数据区域中出现频率最高或重复出现的数值的垂直数组。如果有多个众数，则将返回多个结果。因为此函数返回数值数组，所以它必须以数组公式的形式输入。

=MODE.SNGL（ ） 返回在某一数组或数据区域中出现频率最多的数值。

=NORM.DIST（ ） 返回指定平均值和标准偏差的正态分布函数。此函数在统计方面应用范围广泛（包括假设检验）。

=NORM.INV（ ） 返回指定平均值和标准偏差的正态累积分布函数的反函数值。

=NORM.S.DIST（ ） 返回标准正态分布函数（该分布的平均值为 0，标准偏差为 1）。可以使用此函数代替标准正态曲线面积表。

=NORM.S.INV（ ） 返回标准正态累积分布函数的反函数值。该分布的平均值为 0，标准偏差为 1。

=PEARSON（ ） 返回皮尔生（Pearson）乘积矩相关系数 r，这是一个范围在 -1.0 到 1.0 之间（包括 -1.0 和 1.0 在内）的无量纲指数，反映了两个数据集合之间的线性相关程度。

=PERCENTILE.EXC（ ） 返回区域中数值的第 k 个百分点的值，其中 k 为 0 到 1 之间的值，不包含 0 和 1。

=PERCENTILE.INC（ ） 返回区域中数值的第 k 个百分点的值，k 为 0 到 1 之间的百分点值，包含 0 和 1。可以使用此函数来确定接受的阈值。例如，可以决定检查得分高于第 90 个百分点的候选人。

=PHI（）	返回标准正态分布的密度函数值。
=POISSON.DIST（）	返回泊松分布。泊松分布的一个常见应用是预测特定时间内的事件数，例如1分钟内到达收费停车场的汽车数。
=PROB（）	返回区域中的数值落在指定区间内的概率。如果未提供upper_limit，则返回x_range中的值等于lower_limit的概率。
=QUARTILE.EXC（）	基于0到1之间（不包括0和1）的百分点值返回数据集的四分位数。
=QUARTILE.INC（）	根据0到1之间的百分点值（包含0和1）返回数据集的四分位数。四分位点通常用于销售和调查数据，以对总体进行分组。例如，可以使用QUARTILE.INC查找总体中前25%的收入值。
=RANK.AVG（）	返回一列数字的数字排位：数字的排位是其大小与列表中其他值的比值；如果多个值具有相同的排位，则将返回平均排位。
=RANK.EQ（）	返回一列数字的数字排位。其大小与列表中其他值相关；如果多个值具有相同的排位，则返回该组值的最高排位。如果要对列表排序，则数字排位可作为其位置。
=SKEW（）	返回分布的偏斜度。偏斜度表明分布相对于平均值的不对称程度。正偏斜度表明分布的不对称尾部趋向于更多正值。负偏斜度表明分布的不对称尾部趋向于更多负值。
=SLOPE（）	返回通过known_y's和known_x's中数据点的线性回归线的斜率。斜率为垂直距离除以线上任意两个点之间的水平距离，即回归线的变化率。
=SMALL（）	返回数据集中的第 k 个最小值。使用此函数以返回在数据集内特定相对位置上的值。
=STANDARDIZE（）	返回由mean和standard_dev表示的分布的规范化值。
=STDEV.P（）	计算基于以参数形式给出的总体的标准偏差（忽略逻辑值和文本）。标准偏差可以测量值在平均值（中值）附

	近分布的范围大小。
=STDEV.S（ ）	计算基于以参数形式给出的样本的标准偏差（忽略逻辑值和文本）。
=T.DIST（ ）	返回学生的左尾 t 分布。t 分布用于小型样本数据集的假设检验。可以使用该函数代替 t 分布的临界值表。
=T.DIST.2T（ ）	返回学生的双尾 t 分布。学生的 t 分布用于小样本数据集的假设检验。可以使用该函数代替 t 分布的临界值表。
=T.DIST.RT（ ）	返回学生的右尾 t 分布。t 分布用于小型样本数据集的假设检验。可以使用该函数代替 t 分布的临界值表。
=T.INV（ ）	返回学生的 t 分布的左尾反函数。
=T.INV.2T（ ）	返回学生 t 分布的双尾反函数。
=T.TEST（ ）	返回与学生 t– 检验相关的概率。使用函数 T.TEST 确定两个样本是否可能来自两个具有相同平均值的基础总体。
=TREND（ ）	返回线性趋势值。找到适合已知数组 known_y’s 和 known_x’s 的直线（用最小二乘法）。返回指定数组 new_x’s 在直线上对应的 y 值。
=TRIMMEAN（ ）	返回数据集的内部平均值。TRIMMEAN 计算排除数据集顶部和底部尾数中数据点的百分比后取得的平均值。当您要从分析中排除无关的数据时，可以使用此函数。
=VAR.P（ ）	计算基于整个样本总体的方差（忽略样本总体中的逻辑值和文本）。
=VAR.S（ ）	估算基于样本的方差（忽略样本中的逻辑值和文本）。
=Z.TEST（ ）	返回 Z 检验的单尾 P 值。对于给定的假设总体平均值 x，Z.TEST 返回样本平均值大于数据集（数组）中观察平均值的概率，即观察样本平均值。

附录 2：检验量表格

一、左侧 Z 检验表格

基于标准正态分布 Z 值（从 -∞ 到 0）与 P 值的转化表格。由函数 norm.s.dist 得到。

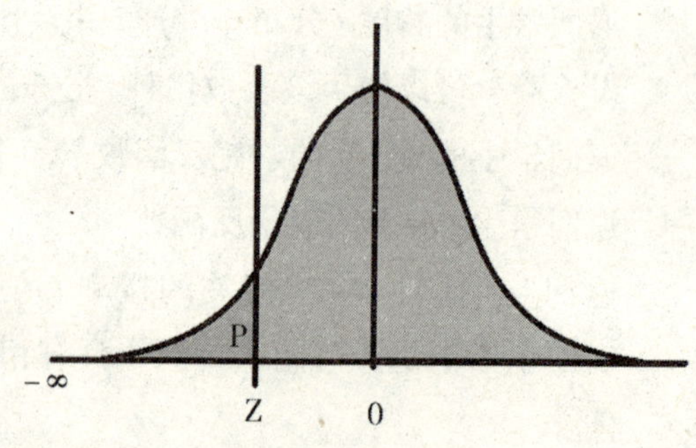

累计概率（P 值）

Z 值	0	−0.01	−0.02	−0.03	−0.04	−0.05	−0.06	−0.07	−0.08	−0.09
−3	0.00135	0.001306	0.001264	0.001223	0.001183	0.001144	0.001107	0.00107	0.001035	0.001001
−2.9	0.001866	0.001807	0.00175	0.001695	0.001641	0.001589	0.001538	0.001489	0.001441	0.001395
−2.8	0.002555	0.002477	0.002401	0.002327	0.002256	0.002186	0.002118	0.002052	0.001988	0.001926
−2.7	0.003467	0.003364	0.003264	0.003167	0.003072	0.00298	0.00289	0.002803	0.002718	0.002635
−2.6	0.004661	0.004527	0.004396	0.004269	0.004145	0.004025	0.003907	0.003793	0.003681	0.003573
−2.5	0.00621	0.006037	0.005868	0.005703	0.005543	0.005386	0.005234	0.005085	0.00494	0.004799
−2.4	0.008198	0.007976	0.00776	0.007549	0.007344	0.007143	0.006947	0.006756	0.006569	0.006387
−2.3	0.010724	0.010444	0.01017	0.009903	0.009642	0.009387	0.009137	0.008894	0.008656	0.008424
−2.2	0.013903	0.013553	0.013209	0.012874	0.012545	0.012224	0.011911	0.011604	0.011304	0.011011
−2.1	0.017864	0.017429	0.017003	0.016586	0.016177	0.015778	0.015386	0.015003	0.014629	0.014262
−2	0.02275	0.022216	0.021692	0.021178	0.020675	0.020182	0.019699	0.019226	0.018763	0.018309
−1.9	0.028717	0.028067	0.027429	0.026803	0.02619	0.025588	0.024998	0.024419	0.023852	0.023295
−1.8	0.03593	0.035148	0.03438	0.033625	0.032884	0.032157	0.031443	0.030742	0.030054	0.029379
−1.7	0.044565	0.043633	0.042716	0.041815	0.04093	0.040059	0.039204	0.038364	0.037538	0.036727
−1.6	0.054799	0.053699	0.052616	0.051551	0.050503	0.049471	0.048457	0.04746	0.046479	0.045514
−1.5	0.066807	0.065522	0.064255	0.063008	0.06178	0.060571	0.05938	0.058208	0.057053	0.055917
−1.4	0.080757	0.07927	0.077804	0.076359	0.074934	0.073529	0.072145	0.070781	0.069437	0.068112

续表

Z值	0	–0.01	–0.02	–0.03	–0.04	–0.05	–0.06	–0.07	–0.08	–0.09
–1.3	0.0968	0.095098	0.093418	0.091759	0.090123	0.088508	0.086915	0.085343	0.083793	0.082264
–1.2	0.11507	0.113139	0.111232	0.109349	0.107488	0.10565	0.103835	0.102042	0.100273	0.098525
–1.1	0.135666	0.1335	0.131357	0.129238	0.127143	0.125072	0.123024	0.121	0.119	0.117023
–1	0.158655	0.156248	0.153864	0.151505	0.14917	0.146859	0.144572	0.14231	0.140071	0.137857
–0.9	0.18406	0.181411	0.178786	0.176186	0.173609	0.171056	0.168528	0.166023	0.163543	0.161087
–0.8	0.211855	0.20897	0.206108	0.203269	0.200454	0.197663	0.194895	0.19215	0.18943	0.186733
–0.7	0.241964	0.238852	0.235762	0.232695	0.22965	0.226627	0.223627	0.22065	0.217695	0.214764
–0.6	0.274253	0.270931	0.267629	0.264347	0.261086	0.257846	0.254627	0.251429	0.248252	0.245097
–0.5	0.308538	0.305026	0.301532	0.298056	0.294599	0.29116	0.28774	0.284339	0.280957	0.277595
–0.4	0.344578	0.340903	0.337243	0.333598	0.329969	0.326355	0.322758	0.319178	0.315614	0.312067
–0.3	0.382089	0.37828	0.374484	0.3707	0.366928	0.363169	0.359424	0.355691	0.351973	0.348268
–0.2	0.42074	0.416834	0.412936	0.409046	0.405165	0.401294	0.397432	0.39358	0.389739	0.385908
–0.1	0.460172	0.456205	0.452242	0.448283	0.44433	0.440382	0.436441	0.432505	0.428576	0.424655
0	0.5	0.496011	0.492022	0.488034	0.484047	0.480061	0.476078	0.472097	0.468119	0.464144

例如，需要查找Z值为–1.28对应的P值。纵坐标找到–1.2，横坐标找到–0.08，因此对应的累计概率P值就是0.100273，也就是10.0273%，更简单的方式是直接实用Excel函数“=norm.s.dist（–1.28，TRUE）”。

二、Z右侧检验表格

基于标准正态分布Z值（从0到∞）与P值的转化表格。由函数norm.s.dist得到。

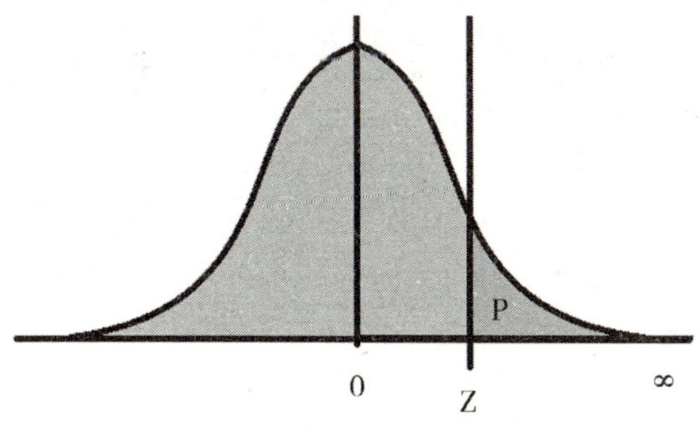

累计概率

Z 值	0	0.01	0.02	0.03	0.04	0.05	0.06	0.07	0.08	0.09
0	0.5	0.503989	0.507978	0.511966	0.515953	0.519939	0.523922	0.527903	0.531881	0.535856
0.1	0.539828	0.543795	0.547758	0.551717	0.55567	0.559618	0.563559	0.567495	0.571424	0.575345
0.2	0.57926	0.583166	0.587064	0.590954	0.594835	0.598706	0.602568	0.60642	0.610261	0.614092
0.3	0.617911	0.62172	0.625516	0.6293	0.633072	0.636831	0.640576	0.644309	0.648027	0.651732
0.4	0.655422	0.659097	0.662757	0.666402	0.670031	0.673645	0.677242	0.680822	0.684386	0.687933
0.5	0.691462	0.694974	0.698468	0.701944	0.705401	0.70884	0.71226	0.715661	0.719043	0.722405
0.6	0.725747	0.729069	0.732371	0.735653	0.738914	0.742154	0.745373	0.748571	0.751748	0.754903
0.7	0.758036	0.761148	0.764238	0.767305	0.77035	0.773373	0.776373	0.77935	0.782305	0.785236
0.8	0.788145	0.79103	0.793892	0.796731	0.799546	0.802337	0.805105	0.80785	0.81057	0.813267
0.9	0.81594	0.818589	0.821214	0.823814	0.826391	0.828944	0.831472	0.833977	0.836457	0.838913
1	0.841345	0.843752	0.846136	0.848495	0.85083	0.853141	0.855428	0.85769	0.859929	0.862143
1.1	0.864334	0.8665	0.868643	0.870762	0.872857	0.874928	0.876976	0.879	0.881	0.882977
1.2	0.88493	0.886861	0.888768	0.890651	0.892512	0.89435	0.896165	0.897958	0.899727	0.901475
1.3	0.9032	0.904902	0.906582	0.908241	0.909877	0.911492	0.913085	0.914657	0.916207	0.917736
1.4	0.919243	0.92073	0.922196	0.923641	0.925066	0.926471	0.927855	0.929219	0.930563	0.931888
1.5	0.933193	0.934478	0.935745	0.936992	0.93822	0.939429	0.94062	0.941792	0.942947	0.944083
1.6	0.945201	0.946301	0.947384	0.948449	0.949497	0.950529	0.951543	0.95254	0.953521	0.954486
1.7	0.955435	0.956367	0.957284	0.958185	0.95907	0.959941	0.960796	0.961636	0.962462	0.963273
1.8	0.96407	0.964852	0.96562	0.966375	0.967116	0.967843	0.968557	0.969258	0.969946	0.970621
1.9	0.971283	0.971933	0.972571	0.973197	0.97381	0.974412	0.975002	0.975581	0.976148	0.976705
2	0.97725	0.977784	0.978308	0.978822	0.979325	0.979818	0.980301	0.980774	0.981237	0.981691
2.1	0.982136	0.982571	0.982997	0.983414	0.983823	0.984222	0.984614	0.984997	0.985371	0.985738
2.2	0.986097	0.986447	0.986791	0.987126	0.987455	0.987776	0.988089	0.988396	0.988696	0.988989
2.3	0.989276	0.989556	0.98983	0.990097	0.990358	0.990613	0.990863	0.991106	0.991344	0.991576
2.4	0.991802	0.992024	0.99224	0.992451	0.992656	0.992857	0.993053	0.993244	0.993431	0.993613
2.5	0.99379	0.993963	0.994132	0.994297	0.994457	0.994614	0.994766	0.994915	0.99506	0.995201
2.6	0.995339	0.995473	0.995604	0.995731	0.995855	0.995975	0.996093	0.996207	0.996319	0.996427
2.7	0.996533	0.996636	0.996736	0.996833	0.996928	0.99702	0.99711	0.997197	0.997282	0.997365
2.8	0.997445	0.997523	0.997599	0.997673	0.997744	0.997814	0.997882	0.997948	0.998012	0.998074
2.9	0.998134	0.998193	0.99825	0.998305	0.998359	0.998411	0.998462	0.998511	0.998559	0.998605
3	0.99865	0.998694	0.998736	0.998777	0.998817	0.998856	0.998893	0.99893	0.998965	0.998999

例如，需要查找 Z 值为 1.4 对应的 P 值。纵坐标找到 1.4，横坐标找到 0，因此对应的累计概率值就是 0.919243，也就是 91.9243%。该值对于右侧检验来说并非 P 值，需要再处理。P 值等于 1–0.919243，因此 P 值应该为 0.080757。更简单的方式是直接使用 Excel 函数“=norm.s.dist（1.4，TRUE）”。

三、t 值检验表格

基于 t 分布的检验值。纵坐标为自由度，横坐标为常用显著性水平。需要注意 t 分布形状的变化受到自由度影响。统计量值使用 Excel 函数“=T.INV（）”获得。

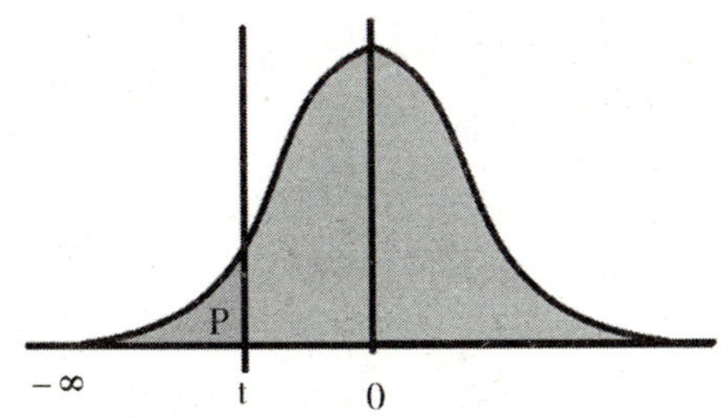

t 值（左侧）

自由度 / 显著性	0.005	0.01	0.025	0.05	0.1	0.25
1	−63.6567	−31.8205	−12.7062	−6.31375	−3.07768	−1
5	−4.03214	−3.36493	−2.57058	−2.01505	−1.47588	−0.72669
10	−3.16927	−2.76377	−2.22814	−1.81246	−1.37218	−0.69981
15	−2.94671	−2.60248	−2.13145	−1.75305	−1.34061	−0.6912
20	−2.84534	−2.52798	−2.08596	−1.72472	−1.32534	−0.68695
25	−2.78744	−2.48511	−2.05954	−1.70814	−1.31635	−0.68443
30	−2.75	−2.45726	−2.04227	−1.69726	−1.31042	−0.68276
35	−2.72381	−2.43772	−2.03011	−1.68957	−1.30621	−0.68156
40	−2.70446	−2.42326	−2.02108	−1.68385	−1.30308	−0.68067
45	−2.68959	−2.41212	−2.0141	−1.67943	−1.30065	−0.67998
50	−2.67779	−2.40327	−2.00856	−1.67591	−1.29871	−0.67943
55	−2.66822	−2.39608	−2.00404	−1.67303	−1.29713	−0.67898
60	−2.66028	−2.39012	−2.0003	−1.67065	−1.29582	−0.6786
65	−2.6536	−2.3851	−1.99714	−1.66864	−1.29471	−0.67828
70	−2.6479	−2.38081	−1.99444	−1.66691	−1.29376	−0.67801
75	−2.64298	−2.3771	−1.9921	−1.66543	−1.29294	−0.67778
80	−2.63869	−2.37387	−1.99006	−1.66412	−1.29222	−0.67757
85	−2.63491	−2.37102	−1.98827	−1.66298	−1.29159	−0.67739
90	−2.63157	−2.3685	−1.98667	−1.66196	−1.29103	−0.67723
95	−2.62858	−2.36624	−1.98525	−1.66105	−1.29053	−0.67708

续表

自由度 / 显著性	0.005	0.01	0.025	0.05	0.1	0.25
100	–2.62589	–2.36422	–1.98397	–1.66023	–1.29007	–0.67695
200	–2.60063	–2.34514	–1.9719	–1.65251	–1.2858	–0.67572

上表是基于左侧 t 检验的统计量表格。由于 t 分布是对称分布，右侧 t 检验统计量只需要将表格内负数值变为正数。

比如，做左侧 t 检验时，要找出自由度 35 显著性水平 0.01 的 t 临界值。纵坐标 35，横坐标 0.01，所以 t 值就是 –2.43772。也可以使用“=T.INV（0.01，35）”获得。

做右侧 t 检验是，需要获得自由度 30，显著性水平 0.05 的 t 临界值。可以将查表的“–1.69726”转化为正数，或者右侧的 0.05 显著性水平，可以推测出左边的面积应该是 95%（1–0.05），所以也可以用“=T.INV（0.95，30）”获得。

再如，做双侧 t 检验，需要获得自由度 25，显著性 0.05 的 t 临界值。此时由于是双侧检验，将会产生左右对称的两个临界值。因此显著性 0.05 需要平均分摊到两边，所以左侧就是 0.025。那么查询 0.025，自由度 25 可以得到 –2.05954，因此两个临界值就是 ± 2.05954，也可以直接使用“=T.INV.2T（0.05，25）”获得，需要注意的是 Excel 只返回正数。

四、卡方检验

基于卡方分布的检验值。纵坐标为自由度，横坐标为常用显著性水平。需要注意卡方分布形状的变化受到自由度影响，统计量值使用 Excel 函数“=CHISQ.INV（ ）”获得。

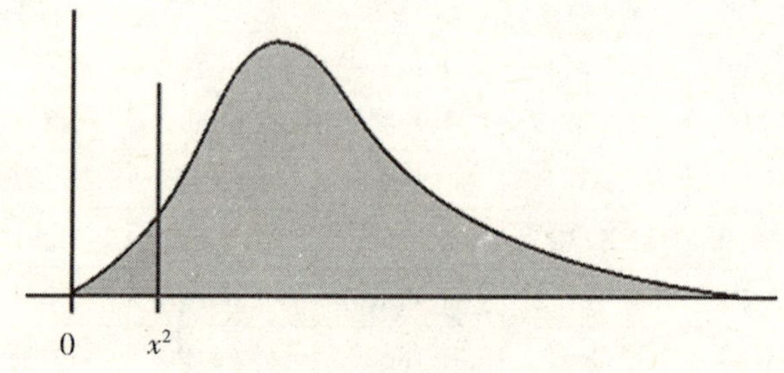

卡方值

自由度 / 显著性	0.005	0.01	0.025	0.05	0.1	0.95	0.975
1	0.00003927	0.000157	0.000982	0.003932	0.015791	3.841459	5.023886
5	0.411741904	0.554298	0.831212	1.145476	1.610308	11.0705	12.8325
10	2.155856481	2.558212	3.246973	3.940299	4.865182	18.30704	20.48318
15	4.600915572	5.229349	6.262138	7.260944	8.546756	24.99579	27.48839
20	7.433844263	8.260398	9.590777	10.85081	12.44261	31.41043	34.16961
25	10.51965211	11.52398	13.11972	14.61141	16.47341	37.65248	40.64647
30	13.78671986	14.95346	16.79077	18.49266	20.59923	43.77297	46.97924
35	17.19182034	18.50893	20.56938	22.46502	24.79665	49.80185	53.20335
40	20.70653532	22.16426	24.43304	26.5093	29.05052	55.75848	59.34171
45	24.31101416	25.90127	28.36615	30.61226	33.35038	61.65623	65.41016
50	27.99074887	29.70668	32.35736	34.76425	37.68865	67.50481	71.4202
55	31.73475747	33.57048	36.39811	38.95803	42.05962	73.31149	77.38047
60	35.53449108	37.48485	40.48175	43.18796	46.45889	79.08194	83.29767
65	39.38314083	41.44361	44.60299	47.44958	50.88294	84.82065	89.17714
70	43.27517955	45.44172	48.75756	51.73928	55.32894	90.53123	95.02318
75	47.20604772	49.47503	52.94194	56.05407	59.79456	96.21667	100.8393
80	51.17193189	53.54008	57.15317	60.39148	64.27784	101.8795	106.6286
85	55.16960428	57.63393	61.38877	64.7494	68.77716	107.5217	112.3934
90	59.19630418	61.75408	65.64662	69.12603	73.29109	113.1453	118.1359
95	63.24964851	65.89836	69.92487	73.51984	77.81843	118.7516	123.858
100	67.32756331	70.06489	74.22193	77.92947	82.35814	124.3421	129.5612
150	109.1422481	112.6676	117.9845	122.6918	128.2751	179.5806	185.8004
200	152.2409917	156.432	162.728	168.2786	174.8353	233.9943	241.0579

比如，做左侧卡方检验，要查出自由度 30，显著性水平为 0.025，就可以用“=CHISQ.INV（0.025，30）”。

同样是自由度 30 显著性水平 0.025，如果要执行右侧检验，就可以用“=CHISQ.INV.RT（0.025，30）”或者“=CHISQ.INV（0.975，30）”实现。

五、F 检验

基于 F 分布的检验值。注意，F 分布的自由度有两个。F 检验最常用的功能是方差分析，两个自由度通常被称为组间自由度和随机误差自由度。方差分析以右侧检验为主，下表就是以 0.05 为显著性水平，纵坐标为组间自由度，横坐标为误差自由度用 Excel 函数 =F.DIST.RT（ ）生产的统计量表格。如果需要做左侧检验，可以使用 =F.INV（ ）函数实现。

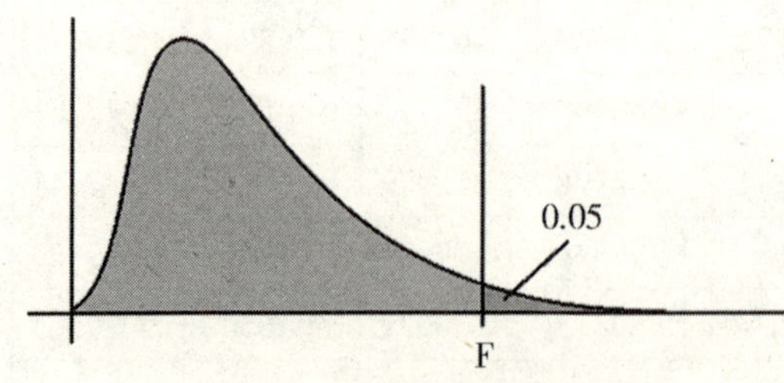

自由度	1	5	10	15	20	25	30	50	100	200
1	161.448	6.608	4.965	4.543	4.351	4.242	4.171	4.034	3.936	3.888
2	199.500	5.786	4.103	3.682	3.493	3.385	3.316	3.183	3.087	3.041
3	215.707	5.409	3.708	3.287	3.098	2.991	2.922	2.790	2.696	2.650
4	224.583	5.192	3.478	3.056	2.866	2.759	2.690	2.557	2.463	2.417
5	230.162	5.050	3.326	2.901	2.711	2.603	2.534	2.400	2.305	2.259
6	233.986	4.950	3.217	2.790	2.599	2.490	2.421	2.286	2.191	2.144
7	236.768	4.876	3.135	2.707	2.514	2.405	2.334	2.199	2.103	2.056
8	238.883	4.818	3.072	2.641	2.447	2.337	2.266	2.130	2.032	1.985
9	240.543	4.772	3.020	2.588	2.393	2.282	2.211	2.073	1.975	1.927
10	241.882	4.735	2.978	2.544	2.348	2.236	2.165	2.026	1.927	1.878
11	242.983	4.704	2.943	2.507	2.310	2.198	2.126	1.986	1.886	1.837
12	243.906	4.678	2.913	2.475	2.278	2.165	2.092	1.952	1.850	1.801
13	244.690	4.655	2.887	2.448	2.250	2.136	2.063	1.921	1.819	1.769
14	245.364	4.636	2.865	2.424	2.225	2.111	2.037	1.895	1.792	1.742
15	245.950	4.619	2.845	2.403	2.203	2.089	2.015	1.871	1.768	1.717
16	246.464	4.604	2.828	2.385	2.184	2.069	1.995	1.850	1.746	1.694
17	246.918	4.590	2.812	2.368	2.167	2.051	1.976	1.831	1.726	1.674
18	247.323	4.579	2.798	2.353	2.151	2.035	1.960	1.814	1.708	1.656
19	247.686	4.568	2.785	2.340	2.137	2.021	1.945	1.798	1.691	1.639
20	248.013	4.558	2.774	2.328	2.124	2.007	1.932	1.784	1.676	1.623

续表

自由度	1	5	10	15	20	25	30	50	100	200
25	249.260	4.521	2.730	2.280	2.074	1.955	1.878	1.727	1.616	1.561
30	250.095	4.496	2.700	2.247	2.039	1.919	1.841	1.687	1.573	1.516
50	251.774	4.444	2.637	2.178	1.966	1.842	1.761	1.599	1.477	1.415
100	253.041	4.405	2.588	2.123	1.907	1.779	1.695	1.525	1.392	1.321
200	253.677	4.385	2.563	2.095	1.875	1.746	1.660	1.484	1.342	1.263

要在 0.05 显著性水平下，查询右侧自由度（3，30）的 F 临界值就是 2.534，也可以用“=F.INV.RT（0.05，3，30）”实现。注意，该值是右侧检验的结果，如果要相同自由度左侧的临界值，可以使用“=F.INV（0.05，3，30）”获取。

附录 3：学习资料下载

一、微信公众号

本教材会在微信公众号推送各种学习资料，主要有学习经验分享、学习笔记、案例分析、常见问题回答等。

扫描以下二维码或搜索“统计学微视频课”关注。

二、课程微视频

课程内容已经根据章节的编排录制成了微视频。为了减少视频广告困扰，课程的微视频发布在无广告的视频网站 bilibili。

每个视频的时长不超过 10 分钟，便于利用碎片的时间进行学习。

视频对重点知识点和概念进行解说。此外，视频还展示了具体的统计软件操作步骤，便于对专业统计软件快速模仿学习。

视频地址：http：//www.bilibili.com/video/av9051072/

或直接扫描二维码可以用手机访问。

三、数据文件

教材中使用的数据可以在以下网址进行下载。

http：//pan.baidu.com/s/1i4PiCbb。

附录4：参考文献

[1] 贾俊平 . 统计学（第三版）. 清华大学出版社有限公司，2006.

[2]David Anderson，Dennis Sweeney，Thomas Williams. Statistics for business & economics，12ed. South-Western College Pub，2013.

[3]Bruce Bowerman，Richard O' Connell，Emilly Murphree.Business Statistics in Practice：Using Data，Modeling，and Analytics，McGraw-Hill Education，2016.

[4]Richard I. Levin. Statistics for Management（reprint）.Pearson Education，2008.

[5]David M. Levine，David F. Stephan，Timothy C. Krehbiel，Kathryn A. Szabat，Mark L. Berenson. Statistics for Managers 7ed. Pearson Education，2013.